中华现代学术名著丛书

贞元六书

（下卷）

冯友兰 著

商务印书馆
创于1897　The Commercial Press

目　录

（下）

新原人

新原道（中国哲学之精神）

新知言

新 原 人

自　序

　　"为天地立心,为生民立命,为往圣继绝学,为万世开太平。"此哲学家所应自期许者也。况我国家民族,值贞元之会,当绝续之交,通天人之际、达古今之变、明内圣外王之道者,岂可不尽所欲言,以为我国家致太平,我亿兆安心立命之用乎? 虽不能至,心向往之。非曰能之,愿学焉。此《新理学》、《新事论》、《新世训》及此书所由作也。此书虽写在《新事论》、《新世训》之后,但实为继《新理学》之作。读者宜先观之。书中所征引,多有不及注出处者。盖以乱离颠沛,检查不便。亦以此书非考据之作。其引古人之言,不过以与我今日之见相印证,所谓六经注我,非我注六经也。此书属稿时,与金龙荪先生岳霖同疏散于昆明郊外龙泉镇。汤锡予先生用彤亦时来。承阅全稿,并予批评指正,谨此致谢。书中各章,皆先在《思想与时代》月刊中发表。承允重印,以广流传,亦谨此致谢。书中字句,有与前所刊布不同者,以此为正。昔尝以《新理学》、《新事论》、《新世训》为"贞元三书",近觉所欲言者甚多,不能以三书自限,亦不能以四书自限。世变方亟,所见日新,当随时尽所欲言,俟国家大业告成,然后汇此一时所作,总名之曰"贞元之际所著书",以志艰危,且鸣盛世。民国三十一年三月,冯友兰。

第一章　觉解

我们常听见有些人问：人生究竟有没有意义？如其有之，其意义是什么？有些人觉得这是一个很严重底问题。如果这个问题不能得到确切底答案，他们即觉得人生是不值得生底。

在未回答这个问题之先，我们须问：所谓人生的意义者，其所谓意义的意义是什么？此即是问：其所谓意义一词，究何所谓？

我们常问：某一个字或某一句话的意义是什么？此所谓意义，是说某一个字的所谓或某一句话的所说。我们不知某一个字的意义，我们可以查字典，于字典中，我们可以知某一个字的所谓。我们不知某一句话的意义，我们可以请说话底人解释，于解释中，我们可以知某一句话的所说。这是意义一词的一个意义。

所谓人生意义者，其所谓意义，显然不是意义一词的这一个意义。因为人生是一件事，不是一个字或一句话。一个字有所谓，而人生则无所谓。人生这两个字，当然亦有所谓。人生的意义是什么？这一句话当然亦有所说。不过现在我们所讨论者，并不是这两个字，亦不是这一句话。

我们亦常问：某一件事物的意义是什么？此所谓意义有时是说某一事物所有底性质，如一个人所了解者。例如我们问：此次苏德战争的意义是什么？有人说，此次苏德战争，是共产主义底国家与法西斯主义底国家间底战争，是有阶级性底。此即是说，在此派人的了解中，此次苏德战争有阶级斗争的意义。有人说，此次苏德战争，是德国人与俄国人两个民族间底战争，是只有民族性底（此所谓民族性是对阶级性而言，不是一部分人所谓民族性，如德国人的民族性，俄国人的民族性等）。此即是说，在此派人的了解中，苏德战争还是只有民族斗争的意义。

所谓某一事的意义，有时是说某一事所可能达到底目的，或其可能引起底后果，如一个人所了解者。例如有人说：此次苏德战争的意义，是决定欧洲将为法西斯主义所统治，或为共产主义所统治。有人说：此次苏德战争的意义，是决定欧洲将成为一俄罗斯帝国或德意志帝国。此所谓意义，是说一事可能达到底目的，或其所可能引起底后果，如一个人所了解者。

所谓某一事物的意义，有时是说，某一事物与别事物底关系，如一个人所了解者。例如我们问：此次苏德战争，对于此次欧战有什么意义？有人说：此次欧战，本是帝国主义底国家间底战争，现在苏联加入，欧战即变质了。有人说：苏联本身，也是一帝国主义底国家。其卷入欧战，不过使欧战的范围更扩大而已。此所谓一事的意义，是说一事与别事底关系，如一个人所了解者。就意义的此意义说，一事物对于某别事物底关系愈重要者，此事物对于某别事物，即愈有意义。

我们可以说，一事物所以可能达到某种目的或可能引起某种后果，或所以与别事物有某种关系者，正因其有某性。例如上所说，苏德战争所可能达到底目的，或所可能引起底后果，及其与欧洲战争底关系，若分析之，还是要说到苏德战争，是有阶级性底，或是只有民族性底。不过虽是如此，人于说某一事物的意义时，其意所注重，可有不同，如上所说。

　　一事物的意义，各人所说，可以不同。其所说不同，乃因持此各种说法者，对于此事底了解不同。其对于此事底了解不同，所以此事对于他底意义亦不同。一件事的性质，是它原有底。其所可能达到底目的，或其所可能引起底后果，这些可能亦是原有底。其与别事物底关系，亦是原有底。但一件事的意义，则是对于对它有了解底人而后有底。如离开了对它有了解底人，一事即只有性质，可能等，而没有意义。我们可以说一事的意义，生于人对于一事底了解。人对于一事底了解不同，此事对于他们即有不同底意义。

　　虽同一事物，但人对于它底了解，可有不同。如上所举，苏德战争即其一例。又譬如我们在此上课。假如一狗进来，它大概只见有如此如此底一些东西，这般这般底一串活动。严格地说，它实亦不了解什么是东西，什么是活动，不过我们姑如此说而已。又设如一未受过教育底人进来，也可看见许多桌椅、许多人，听见许多话，但不了解其是怎样一回事。又设如一受过教育底人进来，他不但看见许多桌椅、人等，不但听见许多话，而且了解我们是在此上课。此一狗二人对于同一事底了解不同，所以此同一事对于他们底意义，亦即不同。其了解愈深愈多者，此事对于他底意义，亦即愈丰富。设更有一人进来，他不但了解我们是在此上课，而且了解我们在此所上底课，是何科目，并且了解此科目在学问中底地位，并且了解学问在人生中底地位，等等，如此则其对于我们在此上课一事底了解，更深更多，而此事对于他底意义亦即更丰富。

　　上文所谓了解，我们亦称为解。对于一事物有了解，我们亦称为对之有解。人对于一物，如了解其是怎样一个东西，对于一事，如了解其怎样一回事，则他们对于此事或物，即已有解，有解则此事物对于他们即有意义。不过说了解一物是怎样一个东西，说了解一事是怎样一回事,这了解又可有程度的不同。例如一地质学家了解一座山是哪一种岩石所构成底山,固是了解其为怎样一个东西,但一个人若只了解其是山,亦不能不算是了解其为怎样一个东西。一个人了解一个讲演是哪一种讲演,固是了解其为怎样一回事,但一个人若只了解其是一讲演,亦不能不算是了解其为怎样一回事。其了解的深浅多少不同,其所得底意义亦异。深底了解,可以谓之胜解。最深底了解,可以谓之殊胜解。不过本章说了解,乃就最低程度底了解说起。

究竟怎样底了解,算是最低程度底了解?了解某物是怎样一个东西,或了解某事是怎样一回事,即是了解某事物是属于某一类者,是表现某理者。例如我们了解这座山是山,此即是了解"这座山"是属于山之类者,是表现山之理者。有最大底类,有最大底类所表现底理。对于一事物,若一人完全不了解其所属于底类,完全不了解其所表现底理,则此人对于此事物,即为完全无解。此事物对于此人,即为完全地浑沌,完全地无意义。对于一事物,若一人仅了解其是属于最大底类,表现此类的理,例如一人仅了解一事物是一事物,则此人对于此事物所有底了解,即只是最低程度底了解。

人对于理底知识,谓之概念。上所说,如用另一套话说之,我们可以说,对于事物底了解必依概念。凡依内涵最浅底概念底了解,即是最低程度底了解。如一人看见一座山而了解其是山,此是了解其是怎样一个东西,此是对于它有解。但如另一人看见一座山,而只了解其是一个物,此亦是了解其是怎样一个东西,亦是对之有解。此二人的了解,均依概念,一依山的概念,一依物的概念。但物的概念,比山的概念内涵较浅,故仅了解一山是物,比于了解一山是山者,其了解的程度较低。因此我们说:凡依内涵最浅底概念所有底了解,是最低程度底了解。

最低程度底了解,虽是最低程度底,但比之无解又是高底了。例如一个狗,看见一座山,它只感觉一如此如此、这般这般,不但不了解其是怎样一个东西,并且未必了解其是东西。又例如在空袭警报中,狗亦随人乱跑,但它不但不了解这是怎样一回事,而且未必有事的概念。狗是无了解底。其所有底经验,如亦可谓之经验,对于他只是一个浑沌。

无概念底经验,西洋哲学家谓之纯粹经验。詹姆士说:有纯粹经验者,只取其经验的"票面价值",只觉其是如此,不知其是什么。此种经验,如亦可谓之经验,对于有此经验者,只是一个浑沌。浑沌不是了解的对象。因为被了解者,即不是浑沌。因此浑沌是不能有意义底。康德说:"概念无知觉是空底,知觉无概念是盲底。"此话的后段,我们亦可以说。我们于上文即说明无概念底经验是盲底。所谓盲者,即浑沌之义。

下文第七章说到同天境界。在同天境界中底人,自同于大全。大全是不可思议底,亦不可为了解的对象。在同天境界中底人所有底经验,普通谓之神秘经验,神秘经验有似于纯粹经验。道家常以此二者相混,但实大不相同。神秘经验是不可了解底,其不可了解是超过了解;纯粹经验是无了解底,其无了解是不及了解。

我们说:康德的话的后段,我们亦可以说。为什么只是后段?因为照我们所谓概念的意义,我们不能说,概念是空底。我们所谓概念,是指人对于理底知识说。一个人可对于理有知识或无知识。如其有知识,则即有概念,其概念不是空底。如其无知识,则即无概念,亦不能说概念是空底。

　　但从另一方面说，一个人可有名言底知识，名言底知识可以说是空底。例如一个人向未吃过甜东西，未有甜味的知觉，但他可以听见别人说，甜味是如何如何，而对于名言中底甜字的意义有了解。此甜字的意义，本是代表甜味的概念。但人若只了解甜字的意义，而无知觉与之印证，则其所了解者，是名言的意义，而不是经验的意义。就其了解名言的意义说，名言底知识，不是空底；就其所了解底意义，不是经验的意义说，名言的知识亦可以说是空底。所谓空者，是就其无经验底内容说。例如有些人讲道德，说仁义，而实对于道德价值，并无直接底经验。他们不过人云亦云，姑如此说。他们的这些知识，都是名言底知识。这些名言底知识，照上所说底看法，对于这些人，都可以说是空底。

　　一名言底知识，在经验中得了印证，因此而确见此名言所代表底概念，及此概念所代表底理。因此此经验与概念联合而有了意义，此名言与经验联合而不是空底。得此种印证底人，对于此经验及名言即有一种豁然贯通底了解。此名言对于此人，本是空底，但现在是有经验底内容了；此经验对于此人，本是浑沌底，但现在知其是怎么一回事了。例如一学几何的人，不了解其中底某定理，乃于纸上画图以为例证，图既画成，忽见定理确是如此。又如一广东人，虽常见书中说风花雪月，而实未尝见雪，及到北平见雪，忽了解何以雪可与花月并列，此种忽然豁然贯通底了解，即是所谓悟。此种了解是最亲切底了解，亦可以说是真了解。用道学家的话说，此即是"体念有得"。陆桴亭说："凡体验有得处皆是悟。只是古人不唤作悟，唤作物格知至。"（《思辨录》）伊川说："某年廿时，解释经义与今无别。然思今日觉得意味，与少时自别。"（《遗书》卷十八）何以能有别？正因他体验有得之故。

　　以下我们再举两例，以见普通所谓悟，其性质是如上所说者。杨慈湖初见象山，问："如何是本心？"象山说："恻隐，仁之端也；羞恶，义之端也；辞让，礼之端也；是非，智之端也。此即是本心。"慈湖又问："简儿时已晓得，毕竟如何是本心？"凡数问，象山终不易其说，慈湖亦未省。慈湖时正任富阳主簿，偶有鬻扇者，讼至于庭。慈湖断其曲直讫，又问如初。象山说："适闻断扇讼，是者知其为是，非者知其为非。此即敬仲本心。""慈湖大觉，忽省此心之无始末，忽省此心之无所不通。""恻隐，仁之端也"等，慈湖儿时已晓得，但无经验为之印证，则这些话对于慈湖都是名言底知识。象山以当前底经验，为之印证，慈湖乃"大觉"，此大觉即是悟。又如阳明"居夷处困，动心忍性，因念圣人处此，更有何道。忽悟致知格物之旨，圣人之道，吾性自足，不暇外求。"大学格物致知之语，亦是阳明儿时已晓得者，但此晓得只是名言底知识，必有经验以与此名言底知识相印证，阳明始能忽悟其旨。

　　禅宗所用教人底方法，大概都是以一当前底经验，使学者对于某名言底知识，得到印证；或者以一名言底知识，使学者对于当前底经验，得到意义。此二者本是一件事的两方面，都可称为指点。指点或用简单底言语表示，或用简单底姿态表示，此表示谓之机锋。既有一表示，然后以一棒或一喝，使学者的注意力，忽然集中。往往以此使学者得悟。禅宗所用教人方法的原理，大概如此。

　　或可问：有没有对于事物底最高程度底了解，即所谓殊胜解？

　　于此我们说：就理论上说，这种了解是可能有底。一事物所表现底理，我们若皆知之，则我们对于此事物，即可谓有完全底了解。完全底了解，即最高程度底了解也。不过最高程度底了解，理论上虽是可能有底，而事实上是不能有底。因为一事物之为一事物，其构成底性质，是极多底。此即是说，其所属于底类，及其所表现底理，是极多底。我们知一事物所表现底一理，我们即可就此事物，作一我们于《新理学》中所谓是底命题，即普通所谓真命题。我们若完全知一事物所表现底理，我们即可就此事物，作许多是底命题。这许多是底命题，即构成我们对于一事物底完全底了解，亦构成此事物对于我们底完全底意义。于是我们始可以说，我们完全了解此事物是怎样一个东西，怎样一回事。但事实上这是不可能底，因此我们对于一事物底了解总是不完全底，而一事物对于我们底意义亦总是不完全底。

以上所说，有些是对于一事一物说底。此所说对于某类物，某类事，亦同样可以应用。例如我们可以离开某一山，而对于山有了解；离开上某课，而对于上课有了解。照上文所说，我们于了解山时，需藉助对于某一山底经验；于了解上课时，需藉助对于上某课底经验。但于了解以后，我们可以离开某一山，而对于山有了解；离开上某课，而对于上课有了解。对于某类事物有了解，即是知某类事物的理所涵蕴底理。例如我们说："人是动物。"此命题即表示人类的理涵蕴动物的理，此命题即代表我们对于人类底了解。我们对于某类事物有了解，某类事物对于我们即有意义。我们对之了解愈深愈多者，其意义亦愈丰富。我们对于一类事物亦可能有最低程度底了解，可能有最高程度底了解。我们说"人是物"，此命题表示我们对人类底最低程度底了解。我们若知人类的理所涵蕴底一切底理，我们即对于人类有最高程度底了解。最高程度底了解，即是完全底了解。一类事物所涵蕴底理，可以是极多底。所以对于一类事物底完全底了解，亦是极不容易得到底。虽不容易得到，但比对于某一事物底完全底了解，又比较容易得到一点。

人生亦是一类底事,我们对于这一类底事,亦可以有了解,可以了解它是怎样一回事。我们对于它有了解,它即对于我们有意义,我们对于它底了解愈深愈多,它对于我们底意义,亦即愈丰富。

哲学或其中底任何部分,都不是讲"因为什么"底学问。或若问:因为什么有宇宙? 因为什么有人生? 这一类的问题,是哲学所不能答,亦不必答底。哲学所讲者,是对于宇宙人生底了解,了解它们是怎样一个东西,怎样一回事。我们对于它们有了解,它们对于我们即有意义。

宇宙人生等,即使我们对于它们不了解,或无了解,它们还是它们。宇宙之有,不靠人的了解,即使宇宙间没有人,它还是有底。若使没有人,固然没有人生,但如有了人生,虽人对于它不了解,或无了解,它还是有底。

上文说,对于一事物底完全了解,事实上是不可能底。对于一类事物底完全了解,亦是极不容易得到底。因此人对于宇宙人生,亦不易有完全底了解。所以人虽都在宇宙之中,虽都有人生,但对于它们,有了解其是如此如此者,亦有了解其是这般这般者,亦有对之全不了解,或全无了解者。《易·系辞》说:"仁者见之谓之仁,智者见之谓之智,百姓日用而不知。"《中庸》说:"人莫不饮食也,鲜能知味也。"对于宇宙人生全不了解或全无了解者,即所谓"百姓日用而不知",及饮食而不知味者也。

对于一事物或一类事物底完全了解,是极不容易有底。但其最特出显著底性质,是比较易于引起我们的注意,而因以易使我们在此方面,对于某事物,或某类事物,得到了解底。人生亦有其最特出显著底性质,此即是其是有觉解底。

解是了解,我们于上文已有详说。觉是自觉。人做某事,了解某事是怎样一回事,此是了解,此是解;他于做某事时,自觉其是做某事,此是自觉,此是觉。若问:人是怎样一种东西?我们可以说:人是有觉解底东西,或有较高程度底觉解底东西。若问:人生是怎样一回事?我们可以说,人生是有觉解底生活,或有较高程度底觉解底生活。这是人之所以异于禽兽,人生之所以异于别底动物的生活者。

上文说:了解必依概念,自觉是否必依概念?于此我们说:了解是一种活动,自觉是一种心理状态,它只是一种心理状态,所以并不依概念。我们有活动,我们反观而知其是某种活动,知其是怎样一回事。此知虽是反观底,但亦是了解,不过其对象不是外物而是我们自己的活动而已。我们于有活动时,心是明觉底。有了解的活动时,我们的心,亦是明觉底。此明觉底心理状态,谓之自觉。

人与禽兽是同有某活动底,不过禽兽虽有某活动而不了解某活动是怎样一回事,于有某活动时,亦不自觉其是在从事于某活动。人则有某活动,而并且了解某活动是怎样一回事,并且于有某活动时,自觉其是在从事于某活动。例如人吃,禽兽亦吃。同一吃也,但禽兽虽吃而不了解吃是怎样一回事,人则吃而并且了解吃是怎样一回事。人于吃时,自觉他是在吃。禽兽则不过见可吃者,即吃之而已。它于吃时未必自觉它是在吃。由此方面说,吃对于人是有意义底,而对于禽兽则是无意义底。

又例如一鸟筑巢,与一人筑室,在表面上看,是一类的活动。但人于筑室时,确知筑室乃所以御寒暑避风雨。此即是说,他了解筑室是怎样一回事。他于筑室时,他并且自觉他是在筑室。但一鸟筑巢,则虽筑巢而不了解筑巢是怎样一回事;于筑巢时,亦未必自觉它是在筑巢。由此方面说,筑室对于人是有意义底,筑巢对于鸟则是无意义底。

又例如一群蚂蚁，排队与另一群打架，与一国人出兵与另一国人打仗，在表面上看，是同一类底活动。但人于打仗时，了解打仗是为其国争权利，争自由，并了解打仗是拼命底事，此去或永不回来。此即是说，他了解打仗是怎样一回事；于打仗时，他并且自觉他是在打仗。蚂蚁则虽打仗而不了解打仗是怎样一回事。于打仗时，它亦未必自觉它是在打仗。由此方面说，打仗对于人是有意义底，对于蚂蚁是无意义底。

朱子《延平答问》中有一条云："问：熹昨妄谓，仁之一字，乃人之所以为人，而异乎禽兽者，先生不以为然。熹因以先生之言思之，而得其说，复求正于左右。熹窃谓：天地生万物，本乎一源。人与禽兽草木之生，莫不具有此理。其一体之中，即无丝毫欠剩；其一气之运，亦无顷刻停息：所谓人（疑当作仁）也。气有清浊，故禀有偏正。惟人得其正，故能知其本具此理而存之，而见其为仁；物得其偏，故虽具此理，而不自知，而无以见其为仁。然则仁之为仁，人与物不得不同；知人（疑当作仁）之为人（疑当作仁）而存之，人与物不得不异。故伊川夫子既言'理一分殊'，而龟山先生又有'知其理一，知其分殊'之说。而先生以为全在知字上着力，恐是此意也。"（《李延平集》卷二）朱子此所说，不尽与我们相合，但其注意于知，则与我们完全相同。

或又可问：有觉解诚是人生的最特出显著底性质，但人在宇宙间，对于宇宙，究竟有何重要？有许多人颇欲知，人在宇宙间有何重要。他们问：人生的意义是什么？实即是问：人在宇宙间，有何重要？

于此我们说：有觉解是人生的最特出显著底性质。因人生的有觉解,使人在宇宙间,得有特殊底地位。宇宙间有人无人,对于宇宙有很重大底干系。有人底宇宙,与无人底宇宙,是有重要底不同底。从此方面看,有觉解不仅是人生的最特出显著底性质,亦且是人生的最重要底性质。

从人的观点看,人若对于宇宙间底事物,了解愈多,则宇宙间底事物,对人即愈有意义。从宇宙的观点看,人之有觉解对于宇宙有很重大底干系,因为有人底宇宙,与无人底宇宙是有重要底不同底。

有人说:宇宙间有许多人为底事物,例如国家、机器、革命、历史等。这些事物,总而言之,即普通所谓文化。文化是人的文化,是待人而后实有者。宇宙间若没有人,宇宙间即没有文化。在这一方面,我们可以说,有人底宇宙,与没有人底宇宙,其不同是很大底。中国旧日底思想,向以天地人为三才。以为对于宇宙,天地人同是不可少底。董仲舒说:“天、地、人,万物之本也。天生之,地养之,人成之。”所谓成之者,即以文化完成天地所未竟之功也。《礼运》云:“人者,天地之心。”朱子《语录》有云:“问:人者天地之心。曰:教化皆是人做。此所谓人者,天地之心也。”(《语类》卷八十七)朱子此所说,亦正上所说之意。

从此方面,我们固可以说,有人底宇宙,与没有人底宇宙的不同。但我们亦可以说,这种说法,是完全从人的观点出发。从人的观点看,有人以后,固然有人为底事物,有人的文化。但鸟巢亦是待鸟的实有,而后实有底。从它们的观点看,它们亦有它们的文化。它们岂不亦可说是“与天地参”? 我们固然可以说,人的文化的范围,比它们的大得多。但以宇宙之大,这个范围大小的差别,从宇宙的观点看,是无足轻重底。由此方面说,我们不能仅因人有人的文化,而说有人底宇宙,与没有人底宇宙,有重大底不同。

人与鸟或蜂蚁的差别,不在于他们是否有文化,而在于他们的文化是否是有觉解底。人的文化,与鸟或蜂蚁的文化的不同,不专是范围大小的差别。人的文化,是心灵的创造,而鸟或蜂蚁的文化,是本能的产物,至少可以说,大部分是本能的产物。我们固然可以说,人的文化,若究其本原,亦是所以满足人的本能的需要者。不过虽是如此,人的文化,并不是人的本能所能创造底。心是有觉解底,本能是无觉解底。所以鸟或蜂蚁虽可以说是有文化,但其文化是无觉解底,至少可以说,大部分是无觉解底。人的文化,则是有觉解底。宇宙间若没有鸟或蜂蚁,不过是没有鸟或蜂蚁而已。但宇宙间若没有人,则宇宙间即没有解,没有觉,至少是没有较高程度底觉解。宗教家及有些哲学家以为于人之上还有神,其觉解较人更高。但这是不可证明底。宇宙间若没有人,则宇宙只是一个浑沌。朱子引某人诗云:"天不生仲尼,万古常如夜。"此以孔子为人的代表,所谓"人之至者"。我们可以说,天若不生人,万古常如夜。所以我们说,有人底宇宙与无人底宇宙是有重大底不同底。

宇宙间有觉解,与宇宙间有水有云,是同样不可否认底事实。不过宇宙间有水有云,不过是有水有云而已。而宇宙间有觉解,则可使其他别底事物被了解。如一室内有桌椅,有灯光。就存在方面说,灯光与桌椅的地位,是相等底。但有桌椅不过是有桌椅而已。有灯光则室内一切,皆被灯光所照。宇宙间之有觉解,亦正如是。宇宙间底事物,本是无意义底,但有了觉解,则即有意义了。所以在许多语言中,明亮等字,多引申有了解之义。如"明"字本义为明亮,引申为明白、了解。

我们于以上所说,都是就实际方面说。就实际方面说,任何事物之理,皆是"平铺在那里","冲漠无朕"而"万象森然",其有固不待人之实有而有。但实际上若没有人,这些理亦是不被知底。被知与不被知,与其有固不相干。但若不被知,则亦不被了解。不被了解,则亦是在"无明"中。

人不但有觉解,而且能了解其觉解是怎样一回事,并且于觉解时,能自觉其觉解。例如我们现在讲觉解,即是了解觉解是怎样一回事;于讲觉解时,我们亦自觉我们的觉解。龟山讲知,朱子讲知,亦是觉解其觉解。这是高一层底觉解。高一层底觉解,并不是一般人皆所有底,所谓"百姓日用而不知"也。一般人觉解吃饭,觉解筑室,觉解打仗,但未必觉解其觉解。

若借用佛家的名辞,我们可以说,觉解是"明",不觉解是"无明"。宇宙间若没有人,没有觉解,则整个底宇宙,是在不觉中,是在无明中。及其间有人,有觉解,宇宙间方有"始觉"。

或可问:上文说,人对于人生愈有觉解,则人生对于他,即愈有意义。佛家对于人生底觉解并不为少,何以佛家以为人生是无意义底?

于此,我们说,上文说,一事对于一人底意义,随此人对于此事底了解不同而不同。人生对于佛家的人底意义,与对于我们底意义,固有不同,但不能说,人生对于他们是无意义底。普通以为,佛家以为人生是无意义底。此所说人生是无意义底,意思是说,佛家的人,以为人生中底事,是空虚幻灭底。照我们于上文所说,意义的意义,此即是人生对于他们底意义。不过佛家亦并非谓人生中所可能有底一切事,皆是空虚幻灭底。他们只说,普通人所做底事、所求达到底目的,是空虚幻灭底。至于佛家的人所做底事,如参禅打坐等,所求达到底目的,如得佛果等,则并不是空虚幻灭底。

照佛家的说法,此等事、此等目的,人必须于其是人时做之、求之。若其是畜生,则无知,不知有此等目的,不知做此等事。若其是"天",则无苦,不愿求此等目的,不愿做此等事。所以他们常说,"人身难得"。这亦是人生对于他们底意义。果有"天"与否,我们不敢说。但就人与禽兽说,有知无知,确是其间很大底分别。佛家注重人的有知,他们亦觉解人的觉解。在这些方面,佛家与我们相同。

照佛家中底一派的说法,佛家的人,于得到他所求底目的时,或即于了解他所求底目的时,他又可见,即普通人所做底事、所求底目的,虽是虚妄幻灭,而却皆是"常住真心"的表现。由此方面看,则"举足修途,皆趋宝渚;弹指合掌,咸成佛因","担水砍柴,无非妙道"。以普通人所做底事、所求底目的,为虚妄幻灭者,乃是人于其了解在某阶段中所有底偏见。我们上文说,人对于一事底了解不同,则此事对于他底意义亦不同。佛家此意,正与我们相同。

从另一方面说,此见并不是偏见。佛做普通人所做底事,此事即不是虚妄幻灭底。但普通人做普通人所做底事,则此事正是虚妄幻灭底。尝与一文字学家谈。此文字学家,批评某人写一某字为白字。我说,此乃假借字,非白字。此文字学家说:"我若如此写,即是假借字。他若如此写,即是白字。"此说正可为上所说作一例。此某人与此文字学家,对于此字底了解不同。所以他们虽同写一字,而此字的写法对于他们底意义则不同。某人如此写此字,是由于他的无解,而此文字学家如此写此字,则是由于他的解。一个如此写是出于无明,一个如此写是出于明。

上所说佛家的此一派的意思,颇可与本章的主要底意思相发明。佛家的此一派的意思,是中国佛家的人所特别发挥、特别提倡底。不过他们虽如此提倡,而其行为,仍以出家出世为主。宋明道学家,则以为,儒家的圣贤,并不必做与普通人所做不同底事。圣贤所做,就是眼前这些事。虽是眼前的这些事,但对于圣贤,其意义即不同。学圣贤亦不必做与普通人所做不同底事。就是眼前这些事,学圣贤底人做之,即可希圣希贤,所以宋儒说:"洒扫应对,可以尽性至命。"这是与上所说底意思,较为一致的说法。

"洒扫应对,可以尽性至命",与禅家所说,"担水砍柴,无非妙道",意思相同。对于普通人,洒扫应对,只是洒扫应对;担水砍柴,只是担水砍柴。但对于对世界人生有很大了解底人,同一洒扫应对、同一担水砍柴,但其意义即大不同了,此所谓"不离日用常行内,直到先天未画前"。

觉解是明,不觉解是无明。觉解是无明的破除。无明破除,不过是无明之破除而已,并非于此外,另有所得获、另有所建立。佛家说,佛虽成佛,而"究竟无得"。孟子说:"予,天民之先觉者也。"程子释之云:"天民之先觉,譬之皆睡,他人未觉来,以我先觉,故摇摆其未觉者,亦使之觉。及其觉也,元无少欠。盖亦未尝有所增加也,通一般尔。"(《遗书》卷二上)

第二章　心性

　　人之所以能有觉解,因为人是有心底。人有心,人底心的要素,用中国哲学家向来用的话说,是"知觉灵明"。宇宙间有了人,有了人底心,即如于黑暗中有了灯。

　　宇宙间除了人之外,是不是还有别底有心底? 就我们的经验所知,非生物是无心底。在生物中,植物虽有生而亦是无心底。佛家所谓"有情",不包括植物。现在科学中,亦只有动物心理学,没有植物心理学。人以外底别底动物,虽亦有有心者,但其心未必能到所谓知觉灵明的程度,至少我们亦可说,其知觉灵明,不到上章所说较深底觉解的程度。有以为于人之上有神,有如佛教所谓天,有如耶教回教等所谓上帝。如果有这些神等,他们的心的知觉灵明的程度,当然比人更高。如有全知全能底上帝,其心的知觉灵明,尤非人所能比拟。不过这些神的存在,不是我们的经验或思辨所能证明。有些有所谓神秘经验底人,以为对于上帝的存在,他们是有经验底。不过有这种经验底人所谓上帝,有时实即大全。我们于第七章中亦说:在同天境界中底人,有自同于大全的经验。自同于大全底经验,并非经验者与有人格底神直接交通底经验。所以人有这种经验,并不足证明有有人格底神的存在。有些宗教家,自以为能听见一个有人格底神的直接呼唤。不过这一类底经验的主观成分,是很大底。当然凡经验都有主观底成分。但如其成分

530

过大,则这经验即不足以保证其对象的客观性。西洋中世纪的宗教家、哲学家,曾设法用思辨证明上帝的存在。但从严格的逻辑看,其证明都是不充分底。凡非经验或思辨所能证明者,从信仰的立场看,我们虽可信其有,不信其无;但从义理的立场看,我们都只能说其无,不能说其有。由此方面看,我们可以说,在宇宙间,有心底虽不只人,而只有人的心的知觉灵明的程度是最高底。由此我们可以说:"人者,天地之心。"(《礼运》语)由此我们可以说:没有人底宇宙,即是没有觉解底宇宙。有觉解底宇宙与没有觉解底宇宙,是有重大底不同底。

没有觉解底宇宙,是个浑沌。这并不是说,没有觉解底宇宙,是没有秩序、乱七八糟底。它还是有秩序底。它还与有觉解底宇宙,同样有秩序。不过它的秩序,不被觉而已,不被解而已。譬如于黑夜间,事物还是事物,秩序还是秩序,不过是不被见而已。由此我们说:天若不生人,万古常如夜。

有些哲学家亦以为,没有心底宇宙,不但是一个浑沌,而且是个漆黑一团。所谓漆黑一团,即是没有秩序底意思。照他们的说法,宇宙间底秩序,本是心的秩序。心不是仅能知宇宙间底秩序者,而是能给予宇宙以秩序者。康德说:为心所知底世界,经过心的知而始有秩序,秩序是知识的范畴所给予底。在中国哲学史中,陆王一派,以为"理在心中","舍我心而求物理,无物理矣"。其所持亦是这一类的说法。这一类的说法是有困难底。

对于这一类的说法,我们先问:所谓给予宇宙以秩序底心,是个人底心,例如你的心、我的心,抑或是宇宙底心? 于此我们须附带说:照我们的说法,所谓宇宙底心,与所谓宇宙中底心不同,其不同,我们于《新理学》中已有说明。(在《新理学》中,我们称宇宙中底心为宇宙的心。宇宙的心亦可有与宇宙底心相似底意义,所以我们现在不用宇宙的心一词。《新理学》中,亦应照改。)我们以为有宇宙中底心。照我们于上文所说,人的心即是宇宙中底心。但宇宙底心则是我们所不说底。因为以为有宇宙底心者,其所谓宇宙底心,空泛无内容,实是可以不必说底,此点于下文可见。

给予宇宙以秩序底心,如是个人底心,则此种说法,是很新奇动人底。不过如照此种说法,则宇宙间何以能有公共底秩序,是很难解释底。此所谓公共者,是大家都承认的意思。若说宇宙间底秩序,是个人底心所给予底,何以各个人底心,皆给予外界某部分以某秩序?换句话说,何以外界某部分的某秩序,为各个人所皆承认?我们固然可以说:这是由于"人同此心,心同此理"的缘故。但此理虽同,而给予此理与外界某部分,则可以不必同。若说:因外界某部分有某性,所以有同心者,必给予同理,则此某部分的某性,并不是个人底心所给予者,而正是我们所说客观底理的表现。说至此,则须承认外界本有理、本有秩序。

例如照康德的说法,在人所知底事物中,有些事物,人以为是必然底;有些事物,人以为是偶然底。因为在人的心中,本有必然与偶然二范畴。在心了解外界时,外界的有些部分,经过必然的范畴,所以其秩序即是必然底;有些经过偶然的范畴,所以其秩序即是偶然底。如果此所说心是个人底心,则外界的有些部分,或于此人了解之之时,是经过其必然的范畴,因而在此人的知识中,其秩序是必然底。而此同一部分于彼人了解之之时,是经过其偶然的范畴,因而在此人的知识中,其秩序是偶然底。如此,则此人所以为是必然底者,彼人或以为是偶然底。我们不能说,此二人中,必有一个是错误底。正如一个人说:"我到过云南。"另一个人说:"我没有到过云南。"此二人所说虽不合,但我们不能说,其中一人,必是错误底。但事实上,至少对于有些外界底秩序的必然性或偶然性,各个人的见解,是一致底。若说是偶合,何以能偶合如此? 即对于有些秩序的必然性或偶然性,各个人的见解,不一致时,一般人亦以为,这是由于有些人的错误。事实上错误底人,后亦往往自知其错误,自承其错误。何以是如此? 若说给予宇宙以秩序底心,是个人底心,这都是很难解释底。

康德一派底观念论者所谓心,如是一个人底心,则有如上所述底困难。如其所谓心,是所谓宇宙底心,以为宇宙间底秩序,是一宇宙底心所给予者,则固可无上所述底困难,但亦不能如上所述底说法之新奇动人。此宇宙底心,虽说是心,但不能如个人底心,那样有思虑、有知识、有情感。无思虑、无知识、无情感底心,其内容是很空洞底。有些讲康德哲学者,以为康德所谓心,并不是个人底心,而是一"逻辑底我"的心。如此说,则所谓范畴者,一方面离具体底事物而自有,一方面对于个人底心说,亦是客观底。如此说范畴,亦是我们所赞成底。不过,我们说,这些范畴,无所靠而自有,不必说有一逻辑底我,以装盛之。犹之,我们说,理世界无所靠而自有,不必说有一宇宙底心,以装盛之。因为这些装盛之者,除了装盛这些范畴或理世界以外,没有别的内容可说。所以我们以为是不必说底。

有些哲学家,以为实际底事物的存在,亦在心中。如柏克累说:"存在即知觉。"在中国哲学史中,陆王一派,亦有持此说法的倾向。阳明《传习录》中有云:"先生游南镇,一友指岩中花树问曰:'天下无心外之物,如此花树在深山中,自开自落,与我心亦何相关?'先生云:'你未看此花时,此花与汝心,同归于寂。你来看此花时,则此花颜色,一时明白起来。便知此花,不在你的心外。'"又云:"先生曰:'你看这个天地中间,什么是天地的心?'对曰:'尝闻人是天地的心。'曰:'人又什么叫做心?'对曰:'只是一个灵明。''可知充塞天地,中间只有这个灵明。人只为形体自间隔了。我的灵明,便是天地鬼神的主宰。……天地鬼神万物,离却我的灵明,便没有天地鬼神万物了。我的灵明,离却天地鬼神万物,亦没有我的灵明。如此便是一气流通底,如何与他间隔得。'"照阳明的此种说法,则陆王一派,不只以为"理在心中",且以为,即天地万物的存在,亦在心中。

但其所谓心者,是个人底心,例如你底心、我底心,抑或是宇宙底心?上所引阳明语录,前一段所说底心,是个人底心,后一段所说底心,则是宇宙底心。在西洋哲学史中,这一类底含混,亦是常有底。若说天地万物,存在于个人底心中,此说亦有许多不可解决底困难,我们于此,不及详述。所可注意者,在事实上,哲学家中,没有认真以为,天地万物,存在于个人底心中者。柏克累虽主张"存在即感觉"之说,但亦以为,我虽不看此桌子,但因有上帝看它,所以此桌子仍存在。如此说,则此桌子的存在,仍与常识所说底桌子存在无异,不过是多一上帝看它而已。佛家唯识宗,以为外境不离内识,然最后亦以为识亦是依他起,执识为实有,亦是遍计所执,最后亦须推到常住真心。而常住真心,亦是上所谓宇宙底心,除可作为一切存在的背景外,其内容亦是很空虚底。这样底宇宙底心或上帝,我们以为,亦是不必说底。

上所说底一类哲学,把心看得过于伟大,还有一类哲学,则把心看得过于渺小。此类哲学的说法,以为人不过是宇宙间万物中之一物,有心不过是宇宙间万事中之一事。物质论者,以为所谓心者,不过是人的脑子的活动,与其他物质的活动,同是一类底,就其本质说,并没有什么可以特别重视。

于此我们说:心底存在,必以人的脑子的活动为其基础,这是我们所承认底。但我们不能以一物的存在的基础,为其要素。人的脑子的活动,是人的心的存在的基础。知觉灵明,是人的心的要素。此二者不可混为一谈。将此二者混为一谈,是物质论者的错误,亦是有些反对物质论者的错误。试就普通所谓精神物质二名词说。物质论者,以为精神的存在,必以物质为基础。精神的存在,既靠物质,所以物质必比精神较为实在。有些反对物质论者,以为说精神的存在,必以物质为基础,则即为轻视精神。所以他们不承认,物质可以为精神存在的基础。这些见解,都是错误底。其错误都由于不明上述底分别。照我们的看法,我们可以说,人的心的存在,靠人的脑子的活动;但我们不能说,人的心"不过是"人的脑子的活动。我们可以说一幅画的存在,靠颜色与纸;但我们不能说,一幅画"不过是"颜色与纸。说人的心的存在,靠人的脑子的活动,并不为轻视心。说一幅画的存在,靠颜色与纸,亦不为轻视艺术。

就存在方面说,亦可说,人不过是宇宙间万物中之一物,人有心不过是宇宙间万事中之一事。但就觉解方面说,宇宙间有了人,有了心,天地万物便一时明白起来。有心底宇宙与没有心底宇宙,有重大不同。由此方面说,我们可以说,人与天地参。我们固不可把人的心看得过于伟大,亦不可将其看得过于渺小。

或可问:照心理学说,人的心不但有觉解,且有感情欲望等。今专以知觉灵明说心,似乎与心理学不合。

于此我们说:我们亦以为,心有感情、欲望等,但有感情、欲望等,并不是人的心的特异处。禽兽亦有喜有怒,但于其喜时,它未必自觉其自己是在喜,亦不了解其所喜是怎样一回事;于其怒时,它未必自觉其自己是在怒,亦不了解其所怒是怎样一回事。人则于喜时,自觉其自己是在喜,并了解其所喜是怎样一回事;于怒时自觉其自己是在怒,并了解其所怒是怎样一回事。此之谓有觉解。有觉解是人的心的特异处。禽兽可有冲动,但不能有意志,因为意志必有其对象,对象必被了解而后可为对象。由此说,则严格地说,禽兽亦不能有欲望。因为欲望亦必有对象,对象亦必被了解而后可为对象。意志与欲望的分别,似乎只在于其对象,是间接底或直接底、远底或近底。其对象都需要被了解而后可为对象。所以即就有欲望说,了解亦是必需底。有觉解是人的心的特异之处,所以我们专就知觉灵明说心。

或又问:向来说人之所以异于禽兽者时,多注重于人的道德行为方面。如孟子说:"无父无君,是禽兽也。"普通亦说不道德底人"不是人"。上文说人之所以异于禽兽者时,注重于人的有较高程度底知觉灵明,注重于人的有觉解,此似与旧说不合。

于此我们说,就人的道德行为方面,说人之所以异于禽兽者,我们亦以为是可以底。不过严格地说,凡可称为道德底行为,必同时亦是有觉解底行为。无觉解底行为,虽亦可合于道德律,但严格地说,并不是道德底行为。前人说:"虎狼有父子,蜂蚁有君臣。"此话若是说,在事实上,蜂蚁亦有社会,蜂蚁亦是社会动物,此话本是不错底。但人的君臣,是一种人伦,其关系是一种道德关系。若谓蜂蚁有君臣,其所谓君臣者,亦是如此底关系,则此话是很可批评底。因为,照原则说,人之有君臣,是有觉解底行为。他于有此种行为时,他可以清楚地了解其行为是怎样一回事,而又可以清楚地自觉其是有此种行为。而蜂蚁的有"君臣",则是无觉解底行为。无觉解底行为,不能是道德底。又例如蚂蚁打仗,每个蚂蚁皆各为其群,奋不顾身。在表面上看,与人所组织底军队,能为其国家打仗,奋不顾身者,似乎没有什么分别。但人去打仗,是有觉解底行为。在枪林弹雨中,前进是极危险底,亦是人所觉解底。奋不顾身底兵士,其行为可以是道德底,此觉解是其是道德底的一个必要条件。若蚂蚁打仗,虽奋不顾身,但其行为则只是本能底、无觉解底。所以严格地说,其行为并不是道德底。

若离开了有觉解这一点,以为只要是社会底行为,即是道德底行为,则人虽有社会,于其中能有社会底行为,而仍可以是与禽兽无别。因为蜂蚁亦有社会,于其中亦能有社会底行为。

我们的说法,所注重者,诚与旧说不完全相同,然亦非与旧说完全不同。觉解是构成道德底一重要成分,前人本亦似有此说。谢上蔡云:"横渠教人,以礼为先,……其门人下稍头溺于刑名度数之间。行得来困无见处,如吃木札相似。更无滋味,遂生厌倦。明道先生则不然,先使学者有知识,穷得物理,却从敬上涵养出来,自然是别。""涵养须用敬,进学在致知",本是程门的修养方法。关于此点,于第八章中,另有专论。现所须注意者,所谓"横渠教人,以礼为先",即使人循规蹈矩,作不甚有觉解底、合乎道德底行为。程门教人,"先有知识,穷得物理",使人于行道德时,对于其行为,必亦有较完全了解底。有较完全了解底行为,与不甚有了解底行为,表面上虽可相同,但对于行为者底意义,则大不相同。朱子语录亦云:"或问:'力行若何是浅近语?'曰:'不明道理,只是硬行。'又问:'何以为浅近?'曰:'他是见圣贤所为,心下爱,硬依他行。这是私意,不是当行。若见得这理时,皆是当恁地行。'"(《语类》卷九十五)

此皆说，了解对于行道德底重要。朱子直说力行是浅近语，是出于私意，更合我们上述之意。

所以，照上所说，我们可以为，有知觉灵明，或有较高程度底知觉灵明，是人所特异于禽兽者。旧说人为万物之灵，灵即就知觉灵明说。知觉灵明是人的心的要素。人将其知觉灵明，充分发展，即是"尽心"。范浚《心箴》云："茫茫堪舆，俯仰无垠。人于其间，渺然有身。是身之微，太仓稀米，参为三才，曰惟心耳。往古来今，孰无此心？心为形役，乃兽乃禽。"（朱子《孟子集注》引）我们亦可引此文，以为心颂。

有些物不必有心，而凡物皆必有性。一类底物的性，即一类底物所以成此类底物，而以别于别底物者。所谓人性者，即人之所以为人，而以别于禽兽者。无心或觉解底物，虽皆有其性，但不自知之。人有觉解，不但能知别物之性，且于其知觉灵明充分发展时能自知其性，自知其所以为人而别于禽兽者。充分发展其心的知觉灵明是"尽心"。尽心则知性。孟子说："尽其心者，知其性也。知其性则知天矣。"关于知天，我们于第七章中，另有详论，现只说，人知性则即可努力使此性完全实现，使此性完全实现，即是"尽性"。照上文所说，人所以特异于禽兽者，在其有较高底知觉灵明。有较高底知觉灵明是人的性。所以人的知觉灵明发展至知性的程度，即有上章所谓高一层底觉解。因为知性即是知觉灵明的自知，亦即是觉解的自觉解。人的知觉灵明愈发展，则其性即愈得实现，所以尽心，亦即是尽性。

我们普通所谓性，有两种意义。照其一种意义，性是逻辑上底性。照其另一种意义，性是生物学上底性。例如我们说：圆底东西有圆性。此性是逻辑上底性。孔子说："性相近也，习相远也。"告子说："生之为性。"荀子说："不可学，不可事，而在人者谓之性"；"性者，本始材朴也。"此所谓性是生物学上底性。

所谓性的这两种意义，从前人多不分别。有许多不必要底争论，都从此不分别起。例如人之所以异于禽兽者，即人之所以为人者，是人的逻辑上底性。孟子以为人之所以异于禽兽者，在于其"父子有亲，君臣有义"。荀子亦说："人之所以为人者何也？曰：以其有辨也。"在这一点，孟荀并没有什么不同。他们的不同，在于另一问题。人的逻辑上底性，虽是如此，但人是不是生来即有这些性？孟荀对于这个问题底答案不同，因此他们中间即有了主要底差异。

为免除混乱起见，我们可称所谓逻辑上底性为性，称所谓生物学上底性为才。"性即理也"，是一种事物的"当然之则"。才是一种事物所生来即有底能力，以实现其性者。例如文学家的性，是实际底文学家的最高底标准。实际文学家，必有一点合乎此标准。这大都是由于他们的才有大小。

或问：说人特异于禽兽，是未有天演论以前底旧说。自达尔文的天演论成立，无人不知人是从低一点底动物演化来底。即于其是人之后，人还是一种动物。以上所说，是否需否认人是一种动物，否认人的低底来源，否认达尔文的天演论？

于此我们说：达尔文的天演论，是否不错，并不在我们的讨论的范围之内。不过我们于以上所说，与达尔文的天演论，并没有冲突。以天演论批评我们以上所说，其批评是完全不相干底。我们可以承认，人是从低一点底动物演化来底。但虽如此，低一点底动物与人的差别，仍是有底。人仍是有人之所以为人，而异于低一点底动物者；低一点底动物仍是有其所以为低一点底动物，而异于人者。如其不然，则低一点底动物即是人，又何待于演化？我们可以承认人是动物，但并不因此我们即需承认动物是人。人固然是动物，但又是某一种底动物。此"某一种底"，即人之所以特异于其他别种底动物者。旧日所谓禽兽，即指异于人底别种动物而言。照我们于以上所说，我们可以说，人是最灵底动物。此与普通说人是理性底动物者，大意相同。此命题与人是动物，及人是由低一点底动物演化来底，两命题，并无冲突。

我们对于人所有底动物性，亦不是不注意。此于本书下文可见。人是动物，他亦有一般动物所共有底性。他亦要吃喝，要休息，要睡觉。不过从这一方面看，人不过是万物中之一物。其在宇宙间，虽九牛之一毛，太仓之一粟，尚不足以喻其微小，完全说不到与天地参，与天地并。从这一方面看人，我们也不能说是错，不过这只是人的一方面而已。从别一方面看，人可以与天地参，又确是可以说底。其确是可以说，又有其确定底理由，并不是由于人的主观底妄自尊大。这是从上文所说，可以看到底。

人求尽心尽性，须要发展他的心的知觉灵明。求发展他的心的知觉灵明，他须要求觉解，并求上章所说底高一层底觉解。于上章我们说，有觉解是明，无觉解是无明。但若只有觉解，而无高一层底觉解，则其明仍是在无明中，如人在梦中做梦。梦中之梦虽醒，但其醒仍是在梦中。《庄子·齐物论》说："方其梦也，不知其梦也。梦之中又占其梦焉。觉而后知其梦也。且有大觉而后知此其大梦也。"有高一层底觉解者，可以说是大觉者。

由此方面看，程朱所讲底，入圣域的方法，注重格物致知，是很有理由底。朱子说："大学物格知至处，便是凡圣之关。物未格，知未至，如何杀也是凡人。须是物格知至，方能循循不已，而入于圣贤之域。纵有敏钝迟速之不同，头势也都自向那边去了。今物未格，知未至，虽是要过那边去，头势只在这边。如门之有限，犹未过得在。"(《语类》卷十五) 又说："致知诚意，是学者两个关。致知乃梦与觉之关，诚意乃善与恶之关。透得致知之关则觉，不然则梦。透得诚意之关则善，不然则恶。"(同上) 照我们的说法，就觉解方面说，圣人与平常人中间底主要底分别，在于平常人只有觉解，而圣人则觉解其觉解。觉解其觉解底觉解，即是高一层底觉解。只有觉解，比于无觉解，固已是觉不是梦，但比于有高一层底觉解，则仍是梦不是觉。所以有无高一层底觉解，是梦觉关。过此以后，固然还需要工夫，然后才可常住于圣人之域。但已过此门限，以后总是所谓门槛内底人了。如未过此门限，则无论如何，总是平常人，所谓"如何杀也是凡人"。

或问：科学家研究科学，是否亦是发展其心的知觉灵明，是否亦是求尽心尽性？

于此我们说，科学底知识，虽是广大精微，但亦是常识的延长，是与常识在一层次之内底。人有科学底知识，只表示人有觉解，但觉解只是觉解，而不是高一层底觉解。所以科学家虽研究许多事物，有许多知识，但仍是在上所谓梦觉关的门限之梦的一边。所以科学家研究科学，虽事实上亦是发展其心的知觉灵明，但他对于尽心尽性，并无觉解。普通研究科学者，多不自觉其研究是发展其心的知觉灵明，既不自觉，所以于其做此等研究时，他是在梦觉关的梦边，而不是在其觉边，还是在无明中，而不是在明中。用海格尔的话说，他发展其心的知觉灵明，是"为他底"而不是"为自底"。所以他研究科学，虽事实上亦是发展他的心的知觉灵明，但对于他并没有求尽心尽性的意义。所以他虽可对科学有很大底成就，但不能有圣人所能有底境界,如本书下文所说者。

所谓求尽心尽性,固亦不能平空求之。"必有事焉。"此事可以是很平常底事。洒扫应对,担水砍柴,尚可以是尽心尽性底事,研究科学等,自然亦无不可。"不离日用常行内,直到先天未画前。"但看人于做这些事的时候,它对于他们的意义是如何,如上文所说。

上文的意思,可用另一套话说之。人于发展其心的知觉灵明时,亦自知其是发展其心的知觉灵明。此即是他已有上文所谓高一层觉解。普通研究科学者,既无此等高一层底觉解,故其研究,只能使其对于科学的对象有了解,而不能使其对于其心性有自觉。故其研究虽亦可发展其心的知觉灵明,但其发展仍是在不觉中,其发展对于他即无尽心尽性的意义,但对于心性有觉解者,其发展其心的知觉灵明是在觉中,故研究科学亦即是尽心尽性之事。

或问:研究心理学者,可谓对于心性有了解,或至少是在求了解。如此则研究心理学者,应即有上文所说底高一层底觉解,其研究与所谓尽心尽性之事,不应再有差别。

于此我们说:心理学虽亦研究心性,但其所研究者,只是事实上底心、生物学上底性。它不了解人的逻辑上底性,亦不了解心的理。因此他亦不知什么是人之所以为人者,不知什么是心之所以为心者,不知人及人的心在宇宙间有何地位。此即是说,研究心理学者,专就其研究心理学说,并没有上文所说底高一层底觉解。他所研究底虽是心,但其研究仍是在不觉中行之。其情形正如上所说,关于别底科学底研究的情形相同。

哲学与科学的不同,在于哲学底知识,并不是常识的延长,不是与常识在一层次上底知识。哲学是由一种自反底思想出发。所谓自反者,即自觉解其觉解。所以哲学是由高一层底觉解出发者。亚力士多德谓:思以其自己为对象而思之,谓之思思。思思是最高底思。哲学正是从思思出发底。科学使人有了解,哲学使人觉解其觉解。我们可以说:有科学底格物致知,有哲学底格物致知。此二种底格物致知,其所格底物,可同可不同。但其所致底知则不同。科学底格物致知,所致底知,是与常识在一层次上底知。哲学底格物致知,所致底知,则是高一层次底知。科学底格物致知,不能使人透过梦觉关。而哲学底格物致知,则能使人透过此关。

　　不过研究科学,既在事实上亦是发展其心的知觉灵明,所以科学家如能本其所有底知识,自反而了解其知识的性质及其与宇宙人生底关系,则此自反即是觉解的自觉解。能如此,则其以前所有底知识,以及研究的工作,对于他即有不同底意义。如此,则他的境界,亦即有不同。如此,则此以前所有底知识,即转成智慧。借用佛家的话说,此可谓之"转识成智"。此自反底觉解,借用孟子的话说,可谓之"反身而诚"。我们所谓"反身而诚",即谓自反而有高一层底觉解。

　　或问:世人尽有有知识而做不道德底事者。不道德底人,其知识愈多,愈足以济其恶。作恶底人用他的知识,是否亦是发展其心的知觉灵明?

　　于此我们说,可以助人做不道德底事底知识,是与常识在一层次上底知识。这些知识,对于道德,本来是中立底。人可以用之以为善,亦可以用之以为恶。这些知识,可以说是人的一种工具。利用这些工具以作恶者,是利用其心的知觉灵明,而不是发展其心的知觉灵明。他如此利用其心的知觉灵明,与尽心尽性是无干底。所谓尽心尽性的最要义,是充分发展人的高一层底觉解。高一层底觉解不是一种工具。其发展亦不能有实际底用处。但它可以改变人所有底境界。一人如觉解其可以与天地参，及其所以与天地参者，他的境界即比我们所谓道德境界，又高一层。此于第三章中可见。在此境界中，他当然只做道德底事，但于做道德底事时，其事对于他底意义，又不仅只是道德底。希腊人谓知识即道德。此知识必须是已"转识成智"底知识，然后可说知识即道德。不过有此等知识底人，其行为虽必是道德底，而其行为对于他底意义，又不仅是道德底。所以严格地说，知识即道德，仍是不能说底。

或问：人为什么要尽心尽性？

有许多人说，人尽心尽性，可以得到一种境界，于其中人可以得到一种快乐。道学家亦常教人"寻孔颜乐处，所乐何事"。王艮作《学乐歌》，说："乐是乐此学，学是学此乐。不乐不是学，不学不是乐。"此所谓学，是学圣贤之学，乐是乐圣贤之乐。尽心尽性，可使人得到一种境界，此正是我们于下章所要说者。在此种境界中，人可有一种快乐，这也是我们所承认底。不过我们以为，人只可以此种快乐为此种境界的副产品，而不能以此种快乐为其求尽心尽性的所为。我们不能说，人求尽心尽性，所为底就只是求此种快乐。

以求快乐为目的而求尽心尽性者，必不能尽性。因为求快乐并不是人之所以特异于禽兽者。严格地说，我们不能说，禽兽亦求快乐，因为禽兽不知快乐是快乐。但禽兽与人在此点底分别，亦仍是在有了解或无了解。禽兽所求底对象，与人所称为快乐者，是一类底。因此人若以求快乐为目的而求尽性，其所尽是其动物之性，而不是其人之性。所以以求快乐为目的而求尽人之性，是一种自相矛盾底说法。以求圣人的乐处而学圣人，是一种自相矛盾底行为。

　　或可说：求孔颜乐处者，所求底快乐，与一般人所求底快乐，有性质上底不同。有高等底快乐，有低等底快乐，此二者不可一般而论。于此我们说，关于快乐有性质上底不同之说，我们于第五章中，另有讨论。即令其果有性质上底不同，而所谓求快乐者，必是求"我的"快乐。以求"我的"快乐为目的者，无论其所求是何种高尚底快乐，其境界只是下章所谓功利境界。功利境界，并不是很高底境界，未到最高底境界者，不能是已尽心尽性。圣人并不是以求"我的"快乐为目的底。当然在他的境界中，他是自有一种很大底快乐。不过这一种快乐是在圣人境界中底人所不求而自至底。人到此种境界，则自有此种快乐。但若专以求此种快乐为目的，则永不能到此种境界。

　　究竟人为什么要尽心尽性？我们于下文试作详说。

　　"性即理也"，理是一类事物的标准。宇宙间无论什么事物，都有其标准，道学家所谓"有物必有则"。人的生活，亦有其标准。此标准并不是什么人随意建立，以强迫人从之者，而是本然有底。有标准亦并不是有什么外力加于人者，而是事实上他所本来依照底。此即是人之理，亦即道学家所谓天理。人的生活在事实上是本来依照此标准底。此即是说，人在事实上是本来依照此标准而生底。在事实上，生活能完全合乎此标准底人，固是"绝无仅有"，但生活完全不合乎此标准底人，亦是绝对没有底。例如就觉解说，有完全觉解底人，固是"绝无仅有"，但完全无觉解底人，亦是绝对没有底。就道德说，完全道德底人，固是"绝无仅有"，但完全不道德底人，亦是绝对没有底。说没有完全不道德底人，似乎有人以为不合事实，但事实是如此底。关于此点，我们在别处已有证明（《新世训·绪论》），兹不再详说。

宇宙间无论什么事物,都有其理。某种事物,事实上都依照某理,但事实上都不完全合乎某理。此即是说,在事实上它都是不完全底,无觉解底物,不能超过事实,不知有所谓标准,则亦只安于事实上底不完全。人是万物之灵,他不但知事实,并且知事实所依照底标准。知事实所依照底标准,即是超过事实。所以他在事实上虽不能完全合乎标准,而却知有标准。知有标准,他即知有一应该。此应该使他求完全合乎标准。人之所以为人者,就其本身说,是人之理,对于具体底人说,是人之性。理是标准,能完全合乎此标准,即是穷理,亦即是尽性。

有些人虽知有应该,而仍安于事实上底不完全,此等人即是所谓"自暴自弃",自比于禽兽,因为禽兽亦是安于事实上底不完全底。

照本章前段所说,人的心的知觉灵明,是人之所以特异于禽兽者。事实上,人都有知觉灵明。但其知觉灵明却不完全合乎人之理所规定底标准。充分发展其知觉灵明,使其完全合乎此标准,是尽心,亦是尽性。人的知觉灵明愈发展,他对于应该,所知愈多。对于应该所知愈多,他愈不能安于事实上底不完全。伊川说:"人苟有'朝闻道,夕死可矣'之志,则不肯一日安于所不安也。何止一日,须臾不能,如曾子易箦,须要如此乃安。人不能若此者,只为不见实理。实理得之于心自别。""古人有捐躯殒命者,若不实见得善恶能如此? 须是实见得,生不重于义,生不安于死也。故有杀身成仁者,只是成就一个是而已。"朱子说:"只理会此身,其他都是闲物事。缘我这身,是天造地设底,担负许多道理。尽得这道理,方成个人,方可拄天踏地,方不负此生。若不尽得此理,只是空生空死,空具形骸,空吃了多年人饭。见得道理透,许多闲物事,都没要紧。"我们可以说,人所以要尽性,因为他觉解有标准,觉解有应该,不安于事实上底不完全。他要"尽得这道理","成就一个是而已"。此外没有别底为什么。

人若能完全合乎人之所以为人的标准,则到道学家所谓"人欲尽处,天理流行"的境界。或可问:凡实际底事物,都必依照其理。人的感情欲望及自私,亦必依照其理。凡理都是天理。何必俟"人欲尽处",乃始"天理流行"?

于此我们说,人的感情欲望及自私等,所依照底理,亦是天理。虽都是天理,但不是人之所以为人的天理。人充分发展其欲望,亦可说是尽性,但不是尽人之性。人既然是人,则必求尽人之性。于此可附带一说道学家所谓人心及道心的区别。

人不但是人,而且是生物,是动物。他有人之性,亦有生物之性、动物之性。于《新理学》中,我们说,生物之性、动物之性,亦是人所有底,但不是人之性,而是人所有之性。感情欲望等,大概都是从人的人所有之性发出底。从人的人所有之性发出者,道学家谓之人心。从人的人之性发出者,道学家谓之道心。"人心惟危,道心惟微",是道学家所常引用底一句话。朱子说:"人心便是饥而思食,寒而思衣底心。饥而思食后,思量当食与不当食;寒而思衣后,思量当着与不当着:这便是道心。圣人时,那人心也不能无。但圣人是常合着那道心,不教人心胜了道心。"(《语类》卷七十八)饥而欲食一类底欲求,是人与一般动物所同有底。但对于一般动物,于欲食时,只有能食不能食的问题。人于欲食时,在有些情形下,虽能食,而尚有应该食或不应该食的问题。只欲食,又只问能食不能食,这是出于人心。虽欲食,而于不应该食时,即知不应该食,这是出于道心。虽知不应该食,但因欲食,而往往不能不食,这是道心为人心所胜。一般人虽有道心而未必能见之于行事。所以说:"道心惟微。"欲食虽不必是不应该底,但往往可以使人做不应该做底事。所以说:"人心惟危。"

有许多人以为,道学家所谓人心,即是他们所谓人欲。这是完全错误底。所谓人欲者,是指人心之带有损人利己的成分,即所谓私的成分者。所以人欲亦称私欲。人欲或私欲,照定义即是恶底。人心则不必是恶底,不过颇易流于恶。所以说:"人心惟危。"朱子说:"人心不全是不好,若人心是全不好底,不应只下个危字。盖为人心易得走从恶处去,所以下个危字。若全不好,则是都倒了,何止于危? 危是危殆。道心惟微,是微妙,亦是微昧。"(《语类》卷七十八)人欲照定义即是恶底,所以道学家以为人不可有人欲或私欲。他们说私欲,注重在私字。他们有时只说欲,亦是指私欲,亦注重在私字。有人以为,道学家所谓欲者,如饮食男女之类是也。道学家不教人有欲,将亦教人绝饮食男女乎? 此批评是完全错误底。饮食男女等欲求,是人心,不是人欲。妨碍别人的饮食男女,以求自己的饮食男女,才是人欲。无论从哪一派底伦理学的观点看,人欲都不能说不是恶底。

以前中国哲学家常说心、性、情,三者常是相提并论底。所谓情,有时是说性之已发。性是未发,情是已发。心则包括已发未发。此所谓心统性情。理学一派底道学家所谓情,其意义如此。照所谓情的此意义说,所谓情者,不是恶底。所谓情,有时是说道学家所谓人欲。照所谓情的此意义说,所谓情者是恶底。董仲舒说性善情恶。王弼说:"性其情。""性其情",即以性制情。

人的心有感情欲望等,此是人之同于或近于禽兽者。道学家称此为人心,以与道心相对。感情欲望等之有私的成分者,道学家称之为人欲，以与天理相对。道学家似乎是轻视人底。我们以有知觉灵明为人之所以异于禽兽者，以人之所以异于禽兽者为人的心的要素。就字面上看，我们是重视人底。不过这不过在字面上看是如此。我们的说法，是从人与禽兽的不同说起。道学家的说法，则是从人与天的不同说起。从人与禽兽的不同说起，则其高出于禽兽者，即是人之所以为人者。从人与天的不同说起，则其不及于天者，即是其"人的成分"。人有其"人的成分"，亦有其"神的成分"。道学家所谓道心天理等，都是说人的"神的成分"。由此方面说，道学之重视人，比我们有过之无不及。

第三章　境界

人对于宇宙人生底觉解的程度,可有不同。因此宇宙人生,对于人底意义,亦有不同。人对于宇宙人生在某种程度上所有底觉解,因此宇宙人生对于人所有底某种不同底意义,即构成人所有底某种境界。

佛家说,每人各有其自己的世界。在表面上,似乎是诸人共有一世界;实际上,各人的世界,是各人的世界。"如众灯明,各遍似一。"一室中有众灯,各有其所发出底光。本来是多光,不过因其各遍于室中,所以似乎只有一光了。说各人各有其世界,是根据于佛家的形上学说底。但说在一公共底世界中,各人各有其境界,则不必根据于佛家的形上学。照我们的说法,就存在说,有一公共底世界。但因人对之有不同底觉解,所以此公共底世界,对于各个人亦有不同底意义,因此,在此公共底世界中,各个人各有一不同底境界。

例如有二人游一名山,其一是地质学家,他在此山中,看见些地质底构造等。其一是历史学家,他在此山中,看见些历史底遗迹等。因此,同是一山,而对于二人底意义不同。有许多事物,有些人视同瑰宝,有些人视同粪土。有些人求之不得,有些人,虽有人送他,他亦不要。这正因为这些事物,对于他们底意义不同。事物虽同是此事物,但其对于各人底意义,则可有不同。

世界是同此世界，人生是同样底人生，但其对于各个人底意义，则可有不同。我们的这种说法，是介乎上所说底佛家的说法与常识之间。佛家以为在各个人中，无公共底世界。常识则以为各个人都在一公共底世界中，其所见底世界，及其间底事物，对于各个人底意义，亦都是相同底。照我们的说法，人所见底世界及其间底事物，虽是公共底，但它们对于各个人底意义，则不必是相同底。我们可以说，就存在说，各个人所见底世界及其间底事物，是公共底；但就意义说，则随各个人的觉解的程度的不同，而世界及其间底事物，对于各人底意义，亦不相同。我们可以说："仁者见之谓之仁，智者见之谓之智。"

我们不能说，这些意义的不同，纯是由于人之知识的主观成分。一个地质学家所看见底，某山中底地质底构造，本来都在那里。一个历史学家所看见底，某山中底历史底遗迹，亦本来都在那里。因见这些遗迹，而此历史家觉有"数千年往事，涌上心头"。这些往事，亦本来都在那里。这些都与所谓主观无涉，不过人有知与不知、见与不见耳。庄子说："岂惟形骸有聋盲哉，夫知亦有之。"就其知不知、见不见说，就其知见时所有底心理状态说，上所说诸意义的不同，固亦有主观的成分。但这一点底主观的成分，是任何知识所都必然有底。所以我们不能说，上文所说意义的不同，特别是主观底。由此，我们说，我们所谓境界，固亦有主观的成分，然亦并非完全是主观底。

各人有各人的境界，严格地说，没有两个人的境界，是完全相同底。每个人都是一个体，每个人的境界，都是一个个体底境界。没有两个个体，是完全相同底，所以亦没有两个人的境界，是完全相同底。但我们可以忽其小异，而取其大同。就大同方面看，人所可能有底境界,可以分为四种:自然境界,功利境界,道德境界,天地境界。此四种境界,以下各有专章详论,本章先略述其特征,以资比较。

自然境界的特征是:在此种境界中底人,其行为是顺才或顺习底。此所谓顺才,其意义即是普通所谓率性。我们于上章说,我们称逻辑上底性为性,称生物学上底性为才。普通所谓率性之性,正是说,人的生物学上底性。所以我们不说率性,而说顺才。所谓顺习之习,可以是一个人的个人习惯,亦可以是一社会的习俗。在此境界中底人,顺才而行,"行乎其所不得不行,止乎其所不得不止";亦或顺习而行,"照例行事"。无论其是顺才而行或顺习而行,他对于其所行底事的性质,并没有清楚底了解。此即是说,他所行底事,对于他没有清楚底意义。就此方面说,他的境界,似乎是一个浑沌。但他亦非对于任何事都无了解,亦非任何事对于他都没有清楚底意义。所以他的境界,亦只似乎是一个浑沌。例如古诗写古代人民的生活云:"凿井而饮,耕田而食,不识不知,顺帝之则。""日出而作,日入而息,不识天工,安知帝力?"此数句诗,很能写出在自然境界中底人的心理状态。"帝之则"可以是天然界的法则,亦可以是社会中人的各种行为的法则。这些法则,这些人都遵奉之,但其遵奉都是顺才或顺习底。他不但不了解此诸法则,且亦不觉有此诸法则。因其不觉解,所以说是不识不知。但他并非对于任何事皆无觉解。他凿井耕田,他了解凿井耕田是怎样一回事。于凿井耕田时,他亦自觉他是在凿井耕田。这就是他所以是人而高于别底动物之处。

严格地说,在此种境界中底人,不可以说是不识不知,只可以说是不著不察。孟子说:"行之而不著焉,习矣而不察焉,终身由之,而不知其道者众也。"朱子说:"著者知之明,察者识之精。"不著不察,正是所谓没有清楚底了解。

有此种境界底人,并不限于在所谓原始社会中底人。即在现在最工业化底社会中,有此种境界底人,亦是很多底。他固然不是"日出而作,日入而息","凿井而饮,耕田而食",但他却亦是"不识不知,顺帝之则"。有此种境界底人,亦不限于只能做价值甚低底事底人。在学问艺术方面,能创作底人,在道德事功方面,能做"惊天地,泣鬼神"底事底人,往往亦是"行乎其所不得不行,止乎其所不得不止","莫知其然而然"。此等人的境界,亦是自然境界。

功利境界的特征是:在此种境界中底人,其行为是"为利"底。所谓"为利",是为他自己的利。凡动物的行为,都是为他自己的利底。不过大多数底动物的行为,虽是为他自己的利底,但都是出于本能的冲动,不是出于心灵的计划。在自然境界中底人,虽亦有为自己的利底行为,但他对于"自己"及"利",并无清楚底觉解,他不自觉他有如此底行为,亦不了解他何以有如此底行为。在功利境界中底人,对于"自己"及"利",有清楚底觉解。他了解他的行为,是怎样一回事。他自觉他有如此底行为。他的行为,或是求增加他自己的财产,或是求发展他自己的事业,或是求增进他自己的荣誉。他于有此种种行为时,他了解这种行为是怎样一回事,并且自觉他是有此种行为。

在此种境界中底人,其行为虽可有万不同,但其最后底目的,总是为他自己的利。他不一定是如杨朱者流,只消极地为我,他可以积极奋斗,他甚至可牺牲他自己,但其最后底目的,还是为他自己的利。他的行为,事实上亦可是于他人有利,且可有大利底。如秦皇汉武所做底事业,有许多可以说是功在天下,利在万世。但他们所以做这些事业,是为他们自己的利底。所以他们虽都是盖世英雄,但其境界是功利境界。

道德境界的特征是:在此种境界中底人,其行为是"行义"底。义与利是相反亦是相成底。求自己的利底行为,是为利底行为;求社会的利底行为,是行义底行为。在此种境界中底人,对于人之性已有觉解。他了解人之性是涵蕴有社会底。社会的制度及其间道德底政治底规律,就一方面看,大概都是对于个人加以制裁底。在功利境界中底人,大都以为社会与个人,是对立底。对于个人,社会是所谓"必要底恶"。人明知其是压迫个人底,但为保持其自己的生存,又不能不需要之。在道德境界中底人,知人必于所谓"全"中,始能依其性发展。社会与个人,并不是对立底。离开社会而独立存在底个人,是有些哲学家的虚构悬想。人不但须在社会中,始能存在,并且须在社会中,始得完全。社会是一个全,个人是全的一部分。部分离开了全,即不成其为部分。社会的制度及其间底道德底政治底规律,并不是压迫个人底。这些都是人之所以为人之理中,应有之义。人必在社会的制度及政治底道德底规律中,始能使其所得于人之所以为人者,得到发展。

在功利境界中,人的行为,都是以"占有"为目的。在道德境界中,人的行为,都是以"贡献"为目的。用旧日的话说,在功利境界中,人的行为的目的是"取";在道德境界中,人的行为的目的是"与"。在功利境界中,人即于"与"时,其目的亦是在"取";在道德境界中,人即于"取"时,其目的亦是在"与"。

天地境界的特征是:在此种境界中底人,其行为是"事天"底。在此种境界中底人,了解于社会的全之外,还有宇宙的全,人必于知有宇宙的全时,始能使其所得于人之所以为人者尽量发展,始能尽性。在此种境界中底人，有完全底高一层底觉解。此即是说，他已完全知性，因其已知天。他已知天，所以他知人不但是社会的全的一部分，而并且是宇宙的全的一部分。不但对于社会，人应有贡献；即对于宇宙，人亦应有贡献。人不但应在社会中，堂堂地做一个人；亦应于宇宙间，堂堂地做一个人。人的行为，不仅与社会有干系，而且与宇宙有干系。他觉解人虽只有七尺之躯，但可以"与天地参"；虽上寿不过百年，而可以"与天地比寿，与日月齐光"。

用庄子等道家的话，此所谓道德境界，应称为仁义境界；此所谓天地境界，应称为道德境界。道家鄙视仁义，其所谓仁义，并不是专指仁及义，而是指我们现在所谓道德。在后来中国言语中，仁义二字联用，其意义亦是如此。如说某人不仁不义，某人大仁大义，实即是说，某人的品格或行事，是不道德底；某人的品格或行事，是道德底。道家鄙视仁义，因其自高一层底境界看，专以仁义自限，所谓"蹩躠为仁，踶跂为义"者，其仁义本来不及道家所谓道德。所以老子说："失道而后德，失德而后仁，失仁而后义。"但有道家所谓道德底人，亦并不是不仁不义，不过不专以仁义自限而已。不以仁自限底人所有底仁，即道家所谓大仁。

我们所谓天地境界，用道家的话，应称为道德境界。《庄子·山木》篇说："乘道德而浮游"，"浮游乎万物之祖，物物而不物于物"，此是"道德之乡"。此所谓道德之乡，正是我们所谓天地境界。不过道德二字联用，其现在底意义，已与道家所谓道德不同。为避免混乱，所以我们用道德一词的现在底意义，以称我们所谓道德境界。

境界有高低。此所谓高低的分别，是以到某种境界所需要底人的觉解的多少为标准。其需要觉解多者，其境界高；其需要觉解少者,其境界低。自然境界,需要最少底觉解,所以自然境界是最低底境界。功利境界,高于自然境界,而低于道德境界。道德境界,高于功利境界,而低于天地境界。天地境界,需要最多底觉解,所以天地境界,是最高底境界。至此种境界,人的觉解已发展至最高底程度。至此种程度人已尽其性。在此种境界中底人,谓之圣人。圣人是最完全底人,所以邵康节说:"圣人,人之至者也。"

在自然境界及功利境界中底人,对于人之所以为人者,并无觉解。此即是说,他们不知性,无高一层底觉解。所以这两种境界,是在梦觉关的梦的一边底境界。在道德境界及天地境界中底人,知性知天,有高一层底觉解,所以这两种境界,是在梦觉关的觉的一边底境界。

因境界有高低,所以不同底境界,在宇宙间有不同底地位。有不同境界底人,在宇宙间亦有不同底地位。道学家所说地位,如圣人地位、贤人地位等,都是指此种地位说。在天地境界中底人,其地位是圣人地位;在道德境界中底人,其地位是贤人地位。孟子说:有天爵,有人爵。人在政治上或社会上底地位是人爵。因其所有底境界,而在宇宙间所有底地位是天爵。孟子说:"君子所性,虽大行弗加焉,虽穷居弗损焉,分定故也。"此是说:天爵不受人爵的影响。

一个人,因其所处底境界不同,其举止态度,表现于外者,亦不同。此不同底表现,即道学家所谓气象,如说圣人气象、贤人气象等。一个人其所处底境界不同,其心理底状态亦不同。此不同底心理状态,即普通所谓怀抱、胸襟或胸怀。

人所实际享受底一部分底世界有小大。其境界高者,其所实际享受底一部分底世界大;其境界低者,其所实际享受底一部分底世界小。公共世界，无限地大，其间底事物，亦是无量无边地多。但一个人所能实际享受底，是他所能感觉或了解底一部分底世界。就感觉方面说，人所能享受底一部分底世界，虽有大小不同，但其差别是很有限底。一个人周游环球，一个人不出乡曲。一个人饱经世变，一个人平居无事。他们的见闻有多寡的不同，但其差别是很有限底。此譬如一个"食前方丈"底人，与一个仅足一饱底人，所吃固有多寡的不同，但其差别，亦是很有限底。但就觉解方面说，各人所能享受底世界，其大小的不同，可以是很大底。有些人所能享受底一部分底世界，就是他所能感觉底一部分底世界。这些人所能享受底一部分底世界，可以说是很小底。因为一个人所能感觉底一部分底世界，无论如何，总是很有限底。有些人所能享受底，可以不限于实际底世界。这并不是说，一个人可将世界上所有底美味一口吃完，或将世界上所有底美景一眼看尽。而是说，他的觉解，可以使他超过实际底世界。他的觉解使他超过实际底世界，则他所能享受底，即不限于实际底世界。庄子所说："乘云气，御飞龙，而游乎四海之外。""乘天地之正，御六气之辩，以游无穷。"似乎都是用一种诗底言语，以形容在天地境界中底人所能有底享受。

或可问：上文说，在高底境界中底人，其所享受底一部分底世界大。在低底境界中底人，其所享受底一部分底世界小。这种说法，对于在自然境界中底人及在天地境界中底人，是不错底。在自然境界中底人，只能享受其所感觉底事物；在天地境界中底人所能享受底，则不限于实际底世界。他们所能享受底境界，一个是极小，一个是极大。但道德境界，虽高于功利境界，而在功利境界中底人所能享受底一部分底世界，是否必小于在道德境界中底人所能享受底，似乎是一问题。例如一个天文学家，对于宇宙，有很大底知识。但其研究天文，完全是由于求他自己的名利。如此，则他的境界，仍只是功利境界。虽只是功利境界，但他对于宇宙底知识，比普通行道德底事底人的知识，是大得多了。由此方面看，岂不亦可说，在功利境界中底人所能享受底世界，比道德境界中底人所能享受者大？

于此我们说，普通行道德底事底人，其境界不一定即是道德境界。他行道德底事，可以是由于天资或习惯。如其是如此，则其境界即是自然境界。他行道德底事，亦可以是由于希望得到名利恭敬。如其是如此，则他的境界，即是功利境界。必须对于道德真有了解底人，根据其了解以行道德，其境界方是道德境界。这种了解，必须是尽心知性底人，始能有底。我们不可因为三家村的愚夫愚妇，亦能行道德底事，遂以为道德境界，是不需要很大底觉解，即可以得到底。愚夫愚妇，虽可以行道德底事，但其境界，则不必是道德境界。

天文学家及物理学家虽亦常说宇宙，但其所谓宇宙，是物质底宇宙，并不是哲学中所谓宇宙。物质底宇宙，虽亦是非常地大，但仍不过是哲学中所谓宇宙的微乎其微底一部分。物质底宇宙，并不是宇宙的大全。所以对于物质底宇宙有了解者，不必即知宇宙的大全，不必即知天。在道德境界中底人，已尽心知性，对于人之所以为人，而异于别底动物者，已有充分底了解。知性，则其所知者，即已不限于实际底世界。所以其所享受底一部分底世界，大于在功利境界中底人所享受底。

境界有久暂。此即是说，一个人的境界，可有变化。上章说，人有道心，亦有人心人欲。"人心惟危，道心惟微。"一个人的觉解，虽有时已到某种程度，因此，他亦可有某种境界。但因人欲的牵扯,他虽有时有此种境界,而不能常住于此种境界。一个人的觉解,使其到某种境界时,本来还需要另一种工夫,以维持此种境界,以使其常住于此种境界。伊川说:"涵养须用敬,进学在致知。"致知即增进其觉解,用敬即用一种工夫,以维持此增进底觉解所使人得到底境界。关于此点,我们于以下另有专章说明。今只说,平常人大多没有此种工夫,故往往有时有一种较高底境界,而有时又无此种境界。所以一个人的境界,常有变化。其境界常不变者,只有圣贤与下愚。圣贤对于宇宙人生有很多底觉解,又用一种工夫,使因此而得底境界,常得维持。所以其境界不变。下愚对于宇宙人生,永只有很少底觉解。所以其境界亦不变。孔子说,"回也三月不违仁,其余日月至焉而已。"此即是说,至少在三个月之内,颜回的境界,是不变底。其余人的境界,则是常变底。

上所说底四种境界,就其高低的层次看,可以说是表示一种发展,一种海格尔所谓辩证底发展。就觉解的多少说,自然境界,需要觉解最少。在此种境界中底人,不著不察,亦可说是不识不知,其境界似乎是一个浑沌。功利境界需要较多底觉解。道德境界,需要更多底觉解。天地境界,需要最多底觉解。然天地境界,又有似乎浑沌。因为在天地境界中底人,最后自同于大全。我们于上文尝说大全。但严格地说,大全是不可说底,亦是不可思议,不可了解底(详见第七章)。所以自同于大全者,其觉解是如佛家所谓"无分别智"。因其"无分别",所以其境界又似乎是浑沌。不过此种浑沌,并不是不及了解,而是超过了解。超过了解,不是不了解,而是大了解。我们可以套老子的一句话说:"大了解若不了解。"

再就有我无我说,在自然境界中,人不知有我。他行道德底事,固是由于习惯或冲动。即其为我底行为,亦是出于习惯或冲动。在功利境界中,人有我。在此种境界中,人的一切行为,皆是为我。他为他自己争权夺利,固是为我,即行道德底事,亦是为我。他行道德底事,不是以其为道德而行之,而是以其为求名求利的工具而行之。在道德境界中,人无我,其行道德,固是因其为道德而行之,即似乎是争权夺利底事,他亦是为道德底目的而行之。在天地境界中,人亦无我。不过此无我应称之为大无我。《论语》谓:"子绝四,毋意,毋必,毋固,毋我。"横渠云:"四者有一焉,则与天地不相似。"象山说:"虽欲自异于天地,不得也。此乃某平日得力。""与天地相似",不得"自异于天地",可以作大无我的注脚。道学家常用"人欲尽处,天理流行"八字,以说此境界。人欲即人心之有私的成分者,有为我的成分者。

　　有私是所谓"有我"的一义。上所说无"我",是就此义说。所谓"有我"的另一义是"有主宰"。"我"是一个行动的主宰,亦是实现价值底行动的主宰。尽心尽性,皆须"我"为。"宇宙内事,乃己分内事。"由此方面看,则在道德境界及天地境界中底人,不惟不是"无我",而且是真正地"有我"。在自然境界中,人不知有"我"。在功利境界中,人知有"我"。知有"我"可以说是"我之自觉"。"我之自觉"并不是一件很容易底事。有许多小孩子,别人称他为娃娃,亦自称为娃娃。他知道说娃娃,但不知道于说娃娃时,他应当说"我"。在功利境界中,人有"我之自觉",其行为是比较有主宰底。但其作主宰底"我",未必是依照人之性者。所以其作主宰底"我",未必是"真我"。在道德境界中底人知性,知性则"见真吾"。"见真吾"则可以发展"真我"。在天地境界中底人知天,知天则知"真我"在宇宙间底地位,则可以充分发展"真我"。上文所说,人在道德境界及天地境界中所无之我,并不是人的"真我"。人的"真我",必在道德境界中乃能发展,必在天地境界中,乃能完全发展。上文说,上所说底四种境界,就其高低的层次看,可以说是表示一种发展。此种发展,即是"我"的发展。"我"自天地间之一物,发展至"与天地参"。

所以在道德境界中及天地境界中底人,才可以说是真正地有我。不过这种"有我",正是上所说底"无我"的成就。人必先"无我"而后可"有我",必先无"假我",而后可有"真我"。我们可以说,在道德境界中底人,"无我"而"有我"。在天地境界中底人,"大无我"而"有大我"。我们可以套老子的一句话说:"夫惟无我耶,故能成其我。"

在上所说的发展中,自然境界及功利境界是海格尔所谓自然的产物。道德境界及天地境界是海格尔所谓精神的创造。自然的产物是人不必努力,而即可以得到底。精神的创造,则必待人之努力,而后可以有之。就一般人说,人于其是婴儿时,其境界是自然境界。及至成人时,其境界是功利境界。这两种境界,是人所不必努力,而自然得到底。此后若不有一种努力,则他终身即在功利境界中。若有一种努力,"反身而诚",则可进至道德境界及天地境界。

此四种境界中,以功利境界与自然境界中间底分别,及其与道德境界中间底分别,最易看出。道德境界与天地境界中间底分别,及自然境界与道德境界及天地境界中间底分别,则不甚容易看出。因为不知有我,有时似乎是无我或大无我。无我有时亦似乎是大无我。自然境界与天地境界,又都似乎是浑沌。道德境界与天地境界中间底分别,道家看得很清楚。但天地境界与自然境界中间底分别,他们往往看不清楚。自然境界与道德境界中间底分别,儒家看得比较清楚。但道德境界与天地境界中间底分别，他们往往看不清楚。

但此各种境界，确是有底，其间底分别，我们若看清楚以后，亦是很显然底。例如《庄子·逍遥游》说："若夫乘天地之正，御六气之辩，以游无穷者，彼且恶乎待哉？故曰：至人无己，神人无功，圣人无名。"此无已是大无我，到此种地位底人，其境界是天地境界。《庄子·应帝王》说："泰氏其卧徐徐，其觉于于。一以己为马，一以己为牛。""于于"，司马彪说是"无所知貌"。此种人亦可说是无己底，但其无已是不知有己。在此种境界中底人，其境界是自然境界。此两种境界是绝不相同底。但其不同，道家似未充分注意及之。又例如张横渠铭其室之两牖，东曰砭愚，西曰订顽，即所谓《东铭》、《西铭》也。此二铭，在横渠心目中，或似有同等底地位，然《西铭》所说，是在天地境界中底人的话。此于本书第七章所论可见。《东铭》说戏言戏动之无益，其所说至高亦不过是在道德境界中底人的话。又如杨椒山就义时所作二诗，其一曰："浩气返太虚，丹心照千古。平生未了事，留与后人补。"其二曰："天王自圣明，制作高千古。平生未报恩，留作忠魂补。"此二诗，在椒山心目中，或亦似有同等地位。但第一首乃就人与宇宙底关系立言，其所说乃在天地境界中底人的话。第二首乃就君臣的关系立言，其所说乃在道德境界中底人的话。又如张巡、颜杲卿死于王事，其行为本是道德行为，其人所有底境界，大概亦是道德境界。但如文天祥《正气歌》所说："为张睢阳齿，为颜常山舌"，则此等行为的意义又不同。此等行为，本是道德行为，但《正气歌》以之与"天地有正气"联接起来，则是从天地境界的观点，以看这些道德行为。如此看，则这些行为，又不止是道德行为了。这些分别，以前儒家的人，似未看清楚。

或可问：凡物皆本在宇宙中，皆本是宇宙的一部分。本来如是。凡物皆"虽欲自异于天地不得也"，何以象山独于此"得力"？何以只有圣人的境界，才是天地境界？

于此我们说：人不仅本在宇宙之内，本是宇宙的一部分，人亦本在社会之内，本是社会的一部分，皆本来如是，不过人未必觉解之耳。觉解之则可有如上说底道德境界天地境界。不觉解之则虽有此种事实而无此种境界。孟子说："终身由之而不知其道者众也。"（《尽心》上）此道是人人所皆多少遵行者，虽多少遵行之，而不觉解之，则为众人；觉解之而又能完全遵行之，则为圣人。所以圣人并非能于一般人所行底道之外，另有所谓道。若舍此另求，正可以说是"骑驴觅驴"。

所以虽在天地境界中底人，其所做底事，亦是一般人日常所做底事。伊川说："后人便将性命别作一般事说了。性命孝悌，只是一统底事。就孝悌中，便可尽性至命。至于洒扫应对，与尽性至命，亦是一统底事。无有本末，无有精粗。""然今时非无孝悌之人，而不能尽性至命者，由之而不知也。"（《遗书》卷十八）由之而不知，则一切皆在无明中，所以为凡；知之则一切皆在明中，所以可为圣。圣人有最高底觉解，而其所行之事，则即是日常底事。此所谓"极高明而道中庸"。

所以上文所说底各种境界，并不是于日常行事外，独立存在者。在不同境界中底人，可以做相同底事，虽做相同底事，但相同底事，对于他们底意义，则可以大不相同。此诸不相同底意义，即构成他们的不相同底境界。所以上文说境界，都是就行为说。在行为中，人所做底事，可以就是日常底事。离开日常底事，而做另一种与众不同底事,如参禅打坐等,欲另求一种境界,以为玩弄者,则必分所谓"内外""动静"。他们以日常底事为外,以一种境界为内,以做日常底事为动,以玩弄一种境界为静。他们不能超过此种分别,遂重内而轻外,贵静而贱动,他们的生活,因此即有一种矛盾。此点我们于下文第五章第七章中另有详论。

或问:所谓日常底事,各人所做,可不相同,例如一军人的日常底事是上操或打仗,一个学生的日常底事是上课或读书。上文所说日常底事,果指何种事?

于此我们说:所谓日常底事,就是各色各样底日常底事。一个人是社会上底某种人,即做某种人日常所做底事。用战时常用底话说,各人都站在他自己的"岗位"上,做其所应做底事。任何"岗位"上底事,对于觉解不同底人,都有不同底意义。因此,任何日常底事,都与"尽性至命"是"一统底事"。做任何日常底事,都可以"尽性至命"。

或又问:人专做日常底事,岂非不能有新奇底事,有创作,有发现?

于此我们说,所谓做日常底事者,是说,人各站在他自己的"岗位"上做其所应做底事。并不是说,他于做此等事时,只应牢守成规,不可有新奇底创作。无论他的境界是何种境界,他都应该在自己的"岗位"上,竭其智能,以做他应做底事。既竭其智能,则如果他们的智能,能使他有新奇底创作,又如果他的境界是天地境界,则他的新奇创作,亦与"尽性至命"是"一统底事"。

这一点我们特别提出,因为宋明道学家说到"人伦日用",似乎真是说,只是一般人所同样做底事,如"事父事君"等。至于其余不是一般人所同样做的事,如艺术创作等,他们以为均是"玩物丧志"，似乎不能是与"尽性至命""一统底事"。这亦是道学家所见的不彻底处。洒扫应对，可以尽性至命，作诗写字，何不可以尽性至命？照我们上文所说，人于有高一层底觉解时，真是"举足修途，都趋宝渚；弹指合掌，咸成佛因"。无觉解则空谈尽性至命，亦是玩物丧志；有觉解则作诗写字，亦可尽性至命。

宋明人的语录中，有许多讨论，亦是不必要底。例如他们讨论人于用居敬存诚等工夫外，名物制度，是不是亦要讲求。这一类底问题，是不成问题底。如果一个人研究历史，当然他须研究名物制度。如果一个人研究工程，当然他须研究"修桥补路"的方法。他们如要居敬存诚，应该就在这些研究工作中，居敬存诚。道学家的末流，似乎以为如要居敬存诚，即不能做这些事。他们又蹈佛家之弊，所以有颜李一派的反动。

我们于《新理学》中说，凡物的存在，都是一动。动息其物即归无有。人必须行动。人的境界，即在人的行动中。这是本来如此底。上文说："极高明而道中庸。"中庸并不是平凡庸俗。对于本来如此底有充分底了解，是"极高明"；不求离开本来如此底而"索隐行怪"，即是"道中庸"。

第四章　自然

　　所谓自然境界与所谓自然界不同。自然界是客观世界中底一种情形。自然境界是人生中底一种境界。《庄子·马蹄》篇说："故至德之世，其行填填，其视颠颠。当是时也，山无蹊隧，泽无舟梁。万物群生，连属其乡。禽兽成群，草木遂长。是故禽兽可系羁而游，鸟鹊之巢可攀援而窥。夫至德之世，同与禽兽居，族与万物并，恶乎知君子小人哉？同乎无知，其德不离；同乎无欲，是为素朴。素朴而民性得矣。"在人类的历史中，是否果有如此底"至德之世"，我们于此不论。所须注意者，即此段所说，"山无蹊隧，泽无舟梁"，"禽兽成群，草木遂长"等，是自然界。"其行填填，其视颠颠"等，是自然境界。有自然境界底人，不一定都是接近自然界底人。不过大多数接近自然界底人，其境界是自然境界。过原始生活底人，多是接近自然界底人，所以大多数过原始生活底人，其境界是自然境界。

　　我们于上章说，在自然境界中底人，其行为是顺才或顺习底。过原始生活底人，其行为多是如此底。小孩子及愚人，其行为亦多是如此底。所以小孩子及愚人的境界，亦多是自然境界。因为过原始生活底人、小孩子及愚人，其境界多是自然境界，所以说自然境界者，多举他们的境界为例。道家常说黄帝神农时候底人的情形，常说及赤子、婴儿、愚人等。于说这几种人底时候，他们所注意者,并不是这几种人,而是这几种人于普通情形下所有底境界。

这几种人,在他们的生活中,"不识天工,安知帝力"。前一句说,他们虽生活于天地间,而不觉解其是生活于天地间。后一句说,他们虽生活于社会中,而不觉解其是生活于社会中。

这几种人,在他们的生活中,"不识不知,顺帝之则"。我们于第三章中说,"帝之则"可以是天然界的规律,亦可以是社会中人的各种行为的规律。这些规律,都是一种本然底规律的表现。无论人觉解之或不觉解之,他本来都多少依照这些规律。此所说底本然规律,前人或名之曰道。道是人所本来即多少照着行,而且不得不多少照着行者。所以《中庸》说:"道也者,不可须臾离也,可离非道也。"凡人可以照着行,可以不照着行者,一定不是此所说底道。不过人人虽都照着道行,而却非人人对于道都有了解,亦非人人对于行道都有自觉,《中庸》说:"人莫不饮食也,鲜能知味也。"此正是此所说意思的一个很好底比喻。

有这一种境界底人,上文所引《庄子》及古诗,说他们是"无知无欲"、"不识不知"。照字面讲,这种说法是错底。因为一个人若真是"无知无欲"、"不识不知",则他即完全与一般动物无别。事实上,上说底几种人,亦不是完全地"无知无欲"、"不识不知"。不过在这种说法中,所谓"无知无欲"、"不识不知",亦不是可以照字面讲底。其所谓"无知无欲",意思是说"少知寡欲",其所谓"不识不知",意思是说"不著不察"。上所说底几种人,"少知寡欲","不著不察",他们的境界有似乎浑沌。

先秦底道家所谓纯朴或素朴,有时是说原始社会中底人的生活,有时是说个人的有似乎浑沌底境界。他们要使人返朴还纯,抱素守朴。他们说:"素朴而民性得矣。"他们所谓性,即我们所谓才。

人顺其才,道家谓之得其性。

先秦底道家赞美浑沌。《庄子·在宥》篇说:"万物云云,各复其根。各复其根而不知。浑浑沌沌,终身不离。若彼知之,乃是离之。"《庄子·应帝王》说浑沌的死,对于浑沌的死,颇致惋惜。他们赞美素朴,赞美在原始社会中底人,婴儿及愚人的生活。用我们的话说,他们赞美自然境界,我们可以问,他们为什么赞美自然境界?

有一个可能底回答是:自然境界是可欲底。自然境界是不是可欲底,我们不必讨论。我们所须指出者,凡以自然境界为可欲者,其所说可欲之点,在自然境界中底人,并不知之。所以凡以此种境界为可欲者,都不是有此种境界底人,而是有较高境界底人。凡以此种境界为可欲者,必不是在此种境界中者。因其如亦在此种境界中,他亦不能知此种境界是可欲底。

海格尔所说"为自"与"为他"的分别,于此正可适用。如一事物有一种性质,而不自觉其有此种性质,则此种性质,对于它,虽是"在自底",而不是"为自底",只是"为他底"。如一事物有一种性质,不但有此种性质,而且自觉其有此种性质,则其有此种性质,是"在自底"而且"为自底"。自然境界,如其是可欲底,则此可欲是"为他底"而不是"为自底"。因为在自然境界中底人,只是顺才或顺习而行,他并不自觉他的境界是可欲底。我们常说:"乱世人不如太平犬。"此是乱世人所说底话。如在太平时,不但太平犬不知太平是可欲底,即太平人亦不知太平是可欲底。

或可说:在自然境界中底人,固不知其境界是可欲底,但于此种境界中,他可以有一种乐。《庄子·在宥》篇说:"昔尧之治天下也,使天下欣欣焉人乐其性,是不恬也。桀之治天下也,使天下瘁瘁焉人苦其性,是不愉也。"恬愉可以说是一种静底乐。就社会的情形说,在原始社会中底人,可以有此种乐。就个人的境界说,在自然境界中底人,可以有此种乐。如其有此种乐,则先秦底道家所赞赏者,正是此种乐也。

于此我们说:在自然境界中底人,有一种乐否,我们不论。但我们可以说,在自然境界中底人,如有其乐,其乐决不是以自然境界为可欲者所想象底那一种乐。以自然境界为可欲者所想象底那一种乐,在自然境界中底人,不知其是乐。不知其是乐,则对于他即不是乐。用另一套话说,凡以自然境界为可欲者,其所有底境界,必不是自然境界。他所想象底在自然境界中底人所有底乐,在自然境界中底人,并不能享受。如《庄子》所谓恬愉之乐,是比有自然境界较高底境界底人所想象底,在自然境界中底人的乐。其实在自然境界中底人,并不知有此种乐。既不知有此种乐,他亦即不能享受此种乐。对于在自然境界中底人说,即有恬愉之乐,此种乐也是"为他底",而不是"为自底"。

例如我们在战时,既忧空袭,又虑前线失利。有些人可以想:狗真快乐,它吃饱睡觉,无识无知,无许多忧虑。他们对狗可以如诗人所说:"乐子之无知。"不过他们若真成了狗,则以前他们所想象底那一种乐,马上即没有了。诗人说"乐子之无知",但是狗并不乐其无知。于其无知中,如得到乐,其乐亦决不是诗人所想象底那一种乐。"乐子之无知",诗人在诗中如此说则可。如有人以为真是如此,则他即陷入一种思想上底混乱。有许多人赞美耕织,歌颂渔樵。耕织渔樵,或亦有其乐,但其乐决不是赞美耕织,歌颂渔樵底人,所赞美歌颂底那一种乐。庄子在濠梁上见"儵鱼从容",以为是鱼之乐。惠子说:"子非鱼,安知鱼之乐?"庄子说:"吾知之濠上也。"庄子以为他自己既因观鱼之从容而乐于濠梁之上,因可知鱼亦必因此从容而乐于濠梁之下。但从容对于鱼决不能有如其对于庄子那样底意义。鱼亦或有其乐，但其乐决不是庄子所想象底那一种乐。那一种乐只是旁观者的乐，对于鱼说，是为他底，而不是为自底。所谓高人逸士，都是这一类底旁观者。他们大都赞美自然界及自然境界。他们虽多赞美自然界，及自然境界，但他们的境界，却都不是自然境界。

在自然境界中底人，可以说是天真烂漫。所谓天真烂漫，是为他底，而不是为自底，亦只能是为他底，而不能是为自底。一个人若自觉他是天真烂漫，他即不是天真烂漫。他不能对于他自己的天真烂漫有觉解。如有此觉解，他即已失去了他的天真烂漫了。常听见人说："我是天真烂漫底。"这是一句自相矛盾底话，亦必是一句欺人之谈。

天真烂漫是一失不可复得底。自然境界，亦是一失不可复得底。一个老年人可以"返老还童"，但既是"还"童，则童对于他底意义，即与对于童者，有不同。龚定庵诗说："百年心事归平淡，删尽蛾眉惜誓文。"此所谓"绚烂之极，归于平淡"，既是"归于"平淡，则平淡对于他底意义，与对于原来即是平淡者，即有不同。此如住过高楼大厦底人，住茅茨土阶；吃过山珍海味底人，吃白菜豆腐。其所得底味道，与本来即住茅舍，咬菜根底人所得到者，自有不同。这些不同底意义，使一个已失自然境界底人，不得重回自然境界。《庄子·应帝王》说浑沌的死。死者不可复生。自然境界一失亦不可再得。

或可说：先秦底道家，所以赞美自然境界者，或并不是因为自然境界是可欲底，而是因为他们以为自然境界是人所应该有底。道家以为："素朴而民性得矣。"人得其性，即是尽性。人尽性岂不是应该底？

于此我们说：道家所谓性，是我们所谓才，并不是我们所谓性。若就逻辑上底性说，则人之所以为人，而人之所以异于禽兽者，在其有觉解。在自然境界中底人，比于在别底境界中底人，固是有较低程度底觉解，然比于禽兽，还是有觉解底。我们不说禽兽的境界是自然境界，它们大概是说不到有什么境界。它们只有存在，而存在只是自然界中底事实。我们于第一章说：人应该尽心尽性。充分发展人的知觉灵明，是尽心尽性。充分发展人的知觉灵明，即是增进人的觉解。增进人的觉解，是应该底。不增进人的觉解，是不应该底。自然境界是觉解甚低底境界。因此照人之所以为人的标准说，自然境界不是人所应该有底。

道家亦以为理想底人是圣人。他们所谓圣人，亦不是在自然境界中底人，而是在天地境界中底人，不是有最低程度底觉解底人，而是有最高程度底觉解底人。道家反对圣智。其所谓圣智之圣，是有与常识在一层次底知识底人。其所谓圣人，则是有高一层底觉解，及有最高程度底觉解底人。有最高程度底觉解底人，在同天的境界中，其境界有似乎自然境界。道家于此点，或分不清楚，以为圣人的境界，是人所应该有底，所以自然境界，亦是人所应该有底。如果如此，则说自然境界是人所应该有底，是由于他们的思想上底混乱。这种混乱，若弄清楚以后，他们就亦不如此说。

一部分道家常误将自然境界与天地境界相混。例如道家所赞美底无知，有些是在自然境界中底人的无知，有些是在天地境界中底人的无知。如《庄子·知北游》篇说："知谓无为谓曰：'予欲有问乎若：何思何虑则知道？何处何服则安道？何从何道则得道？'三问而无为谓不答也，非不答，不知答也。""知以之言也，问乎狂屈。狂屈曰:'唉,予知之,将语若。'中欲言,而忘其所欲言。知不得问,反于帝宫,见黄帝而问焉。黄帝曰:'无思无虑始知道,无处无服始安道,无从无道始得道。'知问黄帝曰:'我与若知之,彼与彼不知也。其孰是耶?'黄帝曰:'彼无为谓真是也,狂屈似之,我与汝终不近也。夫知者不言,言者不知。'"此所赞美底无知,实并不是无知,而是对于道底真知。这是在天地境界底人的无知,而不是浑沌底无知。关于此点,我们于第七章中,另有详说。

道家又常说忘。有忘底人,其境界可以是天地境界,亦可以是自然境界。如《庄子·大宗师》所说"坐忘","离肢体,黜聪明,离形弃知,同于大通"。此忘是在天地境界中底人的忘。"鱼相忘于江湖,人相忘于道术。"《庄子》此段,说"人相忘于道术",以"鱼相忘于江湖"相比,可知其相忘是在自然境界中底人的忘,其忘只是不知。严格地说,不知只是不知,并不是忘。忘是有知以后底无知,而不知则只是无知。例如鱼相忘于江湖,其相忘更只是无知。

或可说:道家赞美浑沌,是另有理由底。每一种事物的性质,必与其相反者相对照,然后始可为人所觉解。用海格尔的话说,每一种事物的性质的相反者,即是其"他"。老子说:"有无相生,难易相成。""无"是"有"的"他","难"是"易"的"他"。必有"无"与"有"相对照,然后"有"可为人所觉解。必有"难"与"易"相对照,然后"易"可为人所觉解。不然,则物虽有,而人不知其为有;事虽易,而人不知其为易。由此推之,则必有恶与美相对照,然后人可知美是美;必有不善与善相对照,然后人可知善是善。必须有恶与不善,以求人对于美与善底觉解,老子以为是不值得而且是很危险底。不值得者,盖既有恶与不善,人即已受其害。危险者,盖恐有恶与不善之后,人遂习于恶与不善,从下流而忘返也。《庄子》说:

"泉涸,鱼相与处于陆,相呴以湿,相濡以沫,不如相忘于江湖。"所说亦是此意。所以老子以为,天下有美是好底,天下有善是好底。但天下虽有美,而人须不知其有美;天下虽有善,而人须不知其有善。他反对仁义,批评孝慈。他不是说,人可以不仁不义,不孝不慈。他是说:人应由仁义行,而不知其是行仁义;由孝慈行,而不知其是行孝慈。照老子的说法,在原始底社会中,人本来都有这些道德。人虽有这些道德,而对于这些道德,却"不著不察"。"不著不察",即是素朴。老子教人"抱素守朴"。他说:"圣人治天下,非以明民,将以愚之。"又说:"圣人皆孩之。"老子欲使天下人皆如愚人、孩子,无知无欲。此即是说,欲使天下人的境界,皆是自然境界。道家所谓返朴还淳、抱素守朴,就社会方面说,是使人安于原始底社会;就个人方面说,是使人安于自然境界。道家所以如此主张,因为他们以为,欲使人保持他的天真,不致于流于恶与不善,这是一种最稳妥底办法。

海格尔在此点底见解,正与老子相反。照海格尔的说法,宇宙底精神,本来是统一底、调和底。但其本来底统一调和,是所谓原始底统一调和,是无自觉底。宇宙底精神,必经过分裂与矛盾,而后再得到统一调和。此即是说,宇宙底精神,必有分裂矛盾,以与其本来底统一调和相对照,然后其统一调和是再得到底统一调和,亦可说是高一层底统一调和。我们现在底世界的分裂矛盾,正是宇宙底精神,求有自觉底统一调和的过程。宇宙底精神,特设为分裂矛盾,以克服之、战胜之,以再得到统一调和。盖不如是,则宇宙底精神,对于其自己的统一调和,不自觉知,将终留于此所谓自然境界也。我们不以为有所谓宇宙底精神,其理由已如第二章所述。但海格尔此所说,若只应用于人事,若我们不以之为形上学,而只以之为历史哲学，则颇可与老子的见解相对照。老子怕恶与不善，以为人宁可不求对于美与善底觉解，亦不可有恶与不善。海格尔则以为人宁可与恶与不善奋斗，亦不应在无觉解底状态中。与恶与不善奋斗，是危险底。奋斗的结果，本图克服恶与不善者，或反为其所克服。但乐于冒险是所谓近代精神。海格尔的哲学，是有近代精神底。近代精神是不是人所应当有底，我们于此不论。但就人之所以为人的标准说，人求尽心尽性，应该充分增进他的觉解，这是我们于上文所已说过底。

　　海格尔所说，若只应用于人事，其主要底意思，亦与常识相合。现在电影中底故事，以及以前小说中底故事，其结局多为一大团圆。但于得到大团圆之先，其中底主要人物，必先受尽艰辛困苦。这虽是编故事者所用底一种滥套，但其既可成为套，而且是为大家所习用底"滥套"，则其中必有一点至理，虽然用滥套写文学作品者，一定不能有名言。人若不受艰辛困苦，而即得到团圆，则其团圆即等于海格尔所谓原始底统一调和。有之者，虽有之，而对之无觉解。对之无觉解，则其人虽有团圆，而亦不能享受之。必受尽苦辛而后得到底团圆，有团圆者始能享受之。事实上受艰辛困苦者，未必皆能得到团圆，如故事中底主人所能得到者。但他如欲享受团圆，他必需受艰辛困苦以求之。这是别人所不能给予，而必需他自己求得底。《诗》说："自求多福。"福都是需要自己求底。故事当然是给读者看底。但读者往往自比于故事中底主人，所以故事中底主人所能享受者，读者亦约略能享受之。写故事者欲使读者享受，所以根据此意以写故事。海格尔的哲学，亦是以此意为中心底。

　　海格尔是一个乐观底哲学家。照他的说法，如上所述者，宇宙间有恶与不善,是宇宙底精神求觉解底一种条件。人生中有苦痛,是人享受快乐底一种条件。所以照他的说法,凡以为恶为仅只是恶,不善为仅只是不善,苦痛为仅只是苦痛者,都是对于宇宙人生只有一种片断底看法底人所有底觉解。若从全体看,则恶、不善、苦痛等,不仅只是恶、不善、苦痛等。对于美、善、快乐等,恶、不善、苦痛,亦有其积极底功用。从此方面看,即有恶与不善底世界,亦是完全底世界,即有苦痛底人生,亦是美满底人生。

悲观底哲学家,如叔本华等,亦可持另一种看法,他可以说,无论如何,人生中总是苦多乐少。例如人于无病的时候,他固然不是受病的苦痛,但亦不觉知健康的可乐。他若从病中恢复健康,他即感觉特别舒服。在这种时候,他固然可觉知健康之可乐,但他亦须经病痛之苦。而且觉知健康之可乐,亦是暂时底,经过短时期后,他又忘记健康的可乐了。他必须时常有病,庶几可常觉知健康的可乐。此即是说,他必须常有苦痛,然后可得快乐。此亦即是说,即欲享受快乐,人亦须忍受苦痛,未得快乐,先受苦痛。既受苦痛以后,快乐果否能得,又是不可必底。由此方面看,苦痛不是人享受快乐底一种条件,而是加于求快乐底人底一种惩罚。由此方面看,人生是很可悲底。

若专注意于人的快乐苦痛,以看人生,这两种看法,都可以持之有故,言之成理。大概对于人生持悲观或乐观底理论者,都是根据他个人的经验,以为推论。个人经验中底快乐苦痛,大部分是由主观底成分所决定。这个人说:冒险奋斗,成固欣然,败亦可喜,所以我深以冒险奋斗为乐。根据这个意思,他可以说出一片理论。那个人说,冒险奋斗,败固可悲,成亦无味,所以我深以冒险奋斗为苦。根据这个意思,他亦可以说出一片理论。此二种理论虽不同,但是都可以持之有故,言之成理底。对于此两种理论,我们可以不必有所论定。因为我们看人生,不是从个人的快乐苦痛方面着眼,而是从人之所以为人者着眼。人应该实现人之所以为人者,至于他个人的快乐苦痛,可以说是不相干底。关于此点,我们于下文第五章中,另有详说。

我们于上文说,过原始生活底人、小孩子、愚人的境界,固多是自然境界,但有自然境界者,不一定都是这几种底人。在任何种社会中底人、任何年龄底人、任何程度底智力底人,如所谓智力测验所决定者,其境界都可是自然境界。例如美国的社会,是高度工业化底社会,然其中底人,但随从法律习惯、照例生活者,亦不在少数。他们照例纳税,照例上工厂,照例领工资,亦可以说是"不识天工,安知帝力"。他们并不是小孩子,亦不尽是智力低底人。他们生活在最近代化底环境中,而其境界还是自然境界。

孔子说:"民可使由之,不可使知之。"孟子说:"由仁义行,非行仁义也。"行仁义当然亦是依照仁义行,不过不仅只是依照仁义行。于依照仁义行的时候,行者不但依照仁义行,而且对于仁义有了解,自觉其是依照仁义行。此是有觉解地依照仁义行。有觉解地依照仁义行谓之行仁义。若虽依照仁义行,而对于仁义并无了解,亦不自觉其是依照仁义行,则虽依照仁义行,而不能说是行仁义,只能说是由仁义行。没有人,其行为可以完全不合乎仁义。此即是说,凡人的行为,都必多少依照仁义。但有些人依照仁义行,只是顺才或顺习,所以只是由仁义行,而非行仁义。此所谓"民可使由之,不可使知之"。此亦即是说,一般人对于道,多是由之而不知。就其由之而不知之说,其境界亦是自然境界。

即智力最高底人,其境界亦可以是自然境界。在某方面有天才底人,可以"自有仙才自不知"。例如苏格拉底说,他曾受命于神,命其觉醒希腊人。当其初受命时,他以为神命必有错误。如他的愚昧,岂能觉醒希腊人!他于是遍访当时底闻人,他发现那些闻人的愚昧,比他有过之无不及。他始知他至少有一点比别人聪明,这一点就是,他知道他自己的愚昧。他比别人有自知之明。在有这个发现以前,对于他自己的聪明,他并无自觉。不过他究竟还有机会发现他自己的天才。还有些天才,终身不自觉他有天才。这些人真可以说是"自有仙才自不知"。

一个天才,对于他自己的天才,没有自觉底时候,他的天才,亦并不是绝无发展、绝无表现。不过其发展表现,都是所谓"行乎其所不得不行,止乎其所不得不止"。例如民间的歌谣,其佳者前人谓为"出于天籁"。这些歌谣的作者,并不自觉其自己是天才,亦不自觉其作品有艺术底价值,但顺其自然,唱出这些歌谣。就这些歌谣的本身说,是"出于天籁";就这些作者的活动说,是"纯乎天机"。"纯乎天机"者,言其活动是自发底艺术活动;"出于天籁"者,言其作品是自发底艺术活动的产物。就这些作者的活动说,其活动是自然的产物;就这些作者在此方面的境界说,其境界是自然境界。

我们于上文说:无论何人,其行为必多少合乎道德规律,但他可只是由之而不知。有些人,是所谓"生有天性"底。有许多人的传说、碑文、墓志等,说他们"孝友出于天性","孝友天成"。对于有些人,这些话固然只是恭维之词,但亦不能说事实上绝没有这一类底人。譬如韩非子所谓"自直之箭,自圜之木",虽为数不多,但亦不能说是绝对没有底。这种人顺其所有底天然倾向而行,自然很合乎某道德规律,或竟超过某道德规律所规定底标准。虽是如此,但其人却未必了解某道德规律的意义,亦不自觉其行为很合乎某道德规律,或竟超过某道德规律。这种行为,我们称之为自发底合乎道德底行为。这种行为,就其本身说,是自然的产物。就有此等行为者在此方面底境界说,其境界是自然境界。

所谓自然的产物与所谓精神的创造,是海格尔所作底分别。这种分别,我们现在,正用得着。在他的系统中,就一方面说,自然虽亦是宇宙底精神的创造,但就又一方面说,自然与宇宙底精神,是对立底。在我们的系统中,就所谓自然的广义说,有觉解底精神或心灵,虽亦是自然的产物,但就所谓自然的狭义说,无觉解底自然,与有觉解底精神或心灵,是对立底。我们于上文第一章中,说到人的文化,与蜂蚁的文化的区别。蜂蚁的文化,是无觉解底,本能底,可以说是自然的产物;而人的文化,则是有觉解底,是心灵底,可以说是精神的创造。自然的产物,虽亦自有其价值,但不能以之替代精神的创造的价值。真山真水可以是美底,但不能以其美替代山水画以及山水照像的美。真山真水的美是自然底产物。山水画以及山水照像的美是精神的创造。此二者是不能互相替代底。

道德底行为,及艺术、学问、事功等各方面的较大底成就,严格地说,都是精神的创造。艺术、学问、事功等方面的成就,其比较伟大者,都不是专凭作者的天资所能成功底。作者的境界,虽可以是自然境界,但其活动则不能只是自然的产物。作者但凭其兴趣以创作,于创作时,可以不自觉其天才,亦可以不自觉其创作的价值。他可以有许多伟大底创作,但他不自觉其创作是创作,更不自觉其是伟大。由此方面说,他的创作是顺才底。就其顺才而不觉说,其境界是自然境界。

例如，就文学作品说，《水浒传》、《红楼梦》，现在大都认为是伟大底文学作品。但以前人都以为不过是茶余酒后底消遣品。即作者本人，亦自以为不过是偶尔乘兴，并非有心著作。所以施耐庵《水浒传》叙说："此传成之无名，不成无损。心闲试弄，卷舒自恣。"所以他"夜寒薄醉弄柔翰，语不惊人也便休"。杜工部作诗，要"语不惊人死不休"。有意于出语惊人以成名者，其境界是功利境界。随其兴趣，无意于出语惊人者，其境界是自然境界。

以艺术底作品为例说，作者的境界，虽可以是自然境界，但伟大底作品，都不是专凭作者的天资所能成功底。由此方面说，其艺术底活动，不是自然的产物。专凭天资底艺术活动所能产出底作品，大概都是些较小底作品，如上所说底歌谣等。只有这一类底作品，可以是"出于天籁"。

伟大底作品，虽不是只凭自发底艺术活动所能创造底，但有此种活动者的境界，则可以是自然境界。关于道德底行为，则与此有不同。严格地说，只有对于道德价值有觉解底，行道德底事底行为，始是道德行为。因此有道德行为者的境界，必不是自然境界。艺术作品是艺术活动的结果，其结果有艺术价值，但艺术活动的本身，则不必有艺术价值。道德行为的道德价值，则即在其行为本身。其行为本身若不是为道德而行底行为，则其行为只可以是合乎道德底，而不能是道德底。一个人可以凭其兴趣，或天然底倾向，而有艺术底活动，但严格地说，一个人不能凭其兴趣，或天然底倾向，而有道德底行为。此种行为，可以是合乎道德底，而不能是道德底，有此种行为底人，是由道德行，而不是行道德。

康德在此点有与我们相同底见解。他以为真正道德底行为，必是服从理性的命令底行为。若是出于天然底倾向，而不得不然者,则其行为虽可以是不错底,但只可称之为合法底行为,而不能称之为道德底行为。例如一人见孺子将入于井,而有自发底恻隐之心,随顺此感,而去救之。另有一人,则因有仇于孺子之父母,坐视不救。从二人的行为的外表看,前一人的行为是不错底,后一人的行为是错底。但就二人的行为的动机说,后一人的动机固是不道德底,但前一人的动机,亦不是道德底。所以前一人的行为,虽是不错底,但只能说是合法底,而不能说是道德底。上文所说自发底合乎道德底行为,都不是自觉地服从理性的命令底行为,所以其行为,虽很合乎某道德规律,但不能说是道德底行为。用康德的话说,其行为只是合法底。用我们的话说,其行为只是合乎道德底。

或可说,这一种说法,似乎是太形式主义底。我们若与道德底行为,下一定义,以为必须对于道德价值有觉解,为道德而行底行为,方是道德行为;则自发底合乎道德底行为,当然不能说是道德行为,但何必与道德行为以如此底定义?

于此我们说:如此底定义并不是随便下底。我们于第一章中说,前人说,虎狼有父子,蜂蚁有君臣。但严格地说,这些不能算是道德底行为。因为虎狼蜂蚁的这一类底举动,都是出乎本能,而不是出于心知。它们的这一类底举动,是无解底、不觉底。本章上文所说自发底合乎道德底行为,我们不能说它是完全地无解、完全地不觉,但有这种行为底人,对于其行为的道德价值,则是无觉解底。其行为是由于其人所有底自然倾向,与虎狼之父子、蜂蚁之君臣,是一类底。由此方面看,可知我们所与道德行为底定义,并不是随便下底。

从另一方面看,自发底合乎道德底行为,从道德价值的最高标准看,亦是很可批评底。有些人以为自发底合乎道德底行为,比由学养得来底道德行为，更为可贵，好像有些人，见大理石上底花纹似乎一幅画，便以为要比真正底名画更为可贵。若此所谓贵，是"物以稀为贵"之贵，当然这些东西是可贵底。但道德价值，不是可就这一方面说底。

如不就"以稀为贵"说，则自发底合乎道德底行为，若当成一种自然的产物看，虽亦可赞赏，但若从道德价值的最高标准看，则有可批评之处。犹之乎大理石上底花纹，若当成一种自然的产物看，虽亦可赞赏，但若真将其作为艺术品，从艺术的观点看，则其可批评之处，即太多了。从道德价值的最高标准看，自发底合乎道德底行为，易有之失，约有三点。

就第一点说，自发底合乎道德底行为，往往失于偏至。前人论道德，分别"周全之道"与"偏至之端"。此分别即是"中道"与"贤者过之"的分别。过者，一行为超过一道德底标准也。我们于上文说，"生有至性"底人，其行为可超过某道德规律所规定底标准。此所谓一道德底标准者，即某道德规律所规定底标准也。道德底标准，是不能超过底，但一道德底标准，则是可以超过底。一般人或以为，超过一道德底标准底行为，应是更道德底。但行为超过一道德底标准者，往往只顾到道德关系的一方面，而顾不到其他各方面。就其顾不到各方面说，此种行为不是"周全之道"。就其只顾一方面说，此种行为是"偏至之端"。因其不是"周全之道"，所以超过一道德标准底行为，不是最完全底道德行为。有些行为，前人称之为"愚忠愚孝"。所谓愚忠愚孝者，即忠孝的偏至，不合乎"周全之道"者。前人常说，某人"质美而未学"。质美者能有自发底合乎道德底行为。但因其未学，所以其行为往往失于偏至。

就第二点说，自发底合乎道德底行为，往往是出于一时底冲

动,因此往往是不常底。前人说:"慷慨捐生易,从容就义难。"慷慨
捐生,出于一时底冲动,所谓"把心一横,将生死置于度外"。愚夫
愚妇,自经于沟壑,亦能如此。人于有此等冲动时,若一下即把事
行了,尚无问题。若一下不能即行,则冲动一过,有别念牵制,恐怕
即不能照他的原来底意思行了。例如自"五四运动"以来,我们看
见了许多青年运动。青年自以为是纯洁底。但其纯洁是海格尔所
谓"第一次底"纯洁,是所谓自然的产物,而不是精神的创造。所以
有许多青年,一受外面的引诱,遂即变节。这可见自然的产物,有
时是不可靠底。由学养得来底纯洁,是可靠底。这是海格尔所谓
"第二次底"纯洁,这不是自然的产物,这是精神的创造。就上第一
点说,自发底合乎道德底行为往往失之于过。就此第二点说,自发
底合乎道德底行为,又往往失之于不及。在别方面底自发底活动,
亦有此第二点所说底情形。专凭天资以作诗底人,可以作一首好
诗,但未必能作第二首。专凭天资以办事底人,可以把一件事办得
妥当,但未必能办第二件。专凭天资是不可靠底,其不可靠即因其
是不常。

　　就第三点说,自发底合乎道德底行为,往往是很简单底。此所
谓简单,有单调的意思。在艺术方面,亦有如此底情形,自发底艺
术活动所有底作品,亦是很简单底。专凭天资底人所创造底艺术
作品,固亦有其妙处,但其妙处是单调底,令人一览无余。伟大底
艺术作品,其妙处都是多方面底,所以可令人"百读不厌",无论若
何看,总觉其味无穷。唐诗、宋词、元曲,其初都是民间的艺术。李
杜、苏辛、关白,诸大家的作品,其形式虽与当初底民间的艺术相
同,但其内容则大加丰富。有完全底道德修养底人,其行为必出乎
周全之道,如音乐之八音合奏,如绘画之五彩相宜。其与自发底合

乎道德底行为的不同,亦正如李杜等的作品,与当初底民间艺术的作品不同。

例如孟子说:伯夷是圣之清,柳下惠是圣之和,伊尹是圣之任,孔子是圣之时。时者,应该清则清,应该和则和,应该任则任。所以孟子说,孔子是集大成,集大成是"金声玉振"。伯夷等只凭天资,所以其行为的好处是单调底。孔子有天资,有学力,所以其行为的好处,即又不同。普通人以为有自发底合乎道德底行为底人是"头脑简单",这是不错底。但以为非"头脑简单"底人,不能有道德行为,这是大错底。

于此我们可知,荀子的学说中所有底真理,实比宋明以来一般人所知者为多。荀子以为人生来本没有为善的倾向,这是错误底。但其特别注重人为(即所谓伪),注重文,注重学,则是不错底。照上文所说,我们可知世界中颇有许多质美而未学底人。这种人譬如精金美玉,其本身固然亦有其价值,但若不加以人工的琢磨铸造,它终是自然的产物,而不是精神的创造。我们不能列它于我们的文化范围之内。所谓人工的琢磨创造,正是荀子所谓学。所谓文化,正是荀子所谓文,所谓礼。

我们于以上所说底意思,亦是道学家所已有底。程子说:"君实之能忠孝诚实,只是天资,学则元不知学。尧夫之坦夷,无思虑纷扰之患,亦只是天资自美尔,非学之功也。"(《遗书》卷二上)司马光、邵康节是否只有天资,我们不论。不过程子此所说注重学力,则与我们于以上所说底意思相同。

第五章　功利

在功利境界中底人，其行为都有他们所确切了解底目的。他们于有此种行为时，亦自觉其有此种行为。他们的行为的目的，都是为利。在普通言语中，利与名并称。例如说，"求名于朝，求利于市"、"名利双收"等。我们此所谓利则不是与名并称者。我们此所谓利，亦包括名。如一个人的行为，能使他"名利双收"，他的行为，固是于他有利。即使他的行为，照普通所谓利的意义，仅使他有名无利，但照我们所谓利的意义，他的行为，还是于他有利。照我们所谓利的意义，一个人求增加他的财产，其行为固是为利，一个人求增进他的名誉，其行为亦是为利。"求利于市"者，所求固是利；"求名于朝"者，所求亦是利。

在功利境界中底人，所求底利，都是他自己的利。普通所谓"求名于朝"者，所求底名，是他自己的名；普通所谓"求利于市"者，所求底利，是他自己的利。因其所求，都是他自己的利，所以在功利境界中底人，都是"为我"底，都是"自私"底。大多数普通人的行为，都是为其自己的利底行为。大多数普通人的境界都是功利境界。

我们若从人的心理方面着想，以与利以定义，我们可以说：利是可以使人得快乐者。《墨经》说："利，所得而喜也。害，所得而恶也。"此正是从人的心理方面着想，以与利以定义。伦理学中底，或心理学中底快乐论者亦正是从此方面着想，以说人的行为的目的。他们说：人的行为的目的，都是求快乐。更确切一点说，都是求他自己的快乐。有些人有许多行为，以求增加他自己的财产；有些人有许多行为，以求增进他自己的名誉；有些人有许多行为，以求发展他自己的事业。这些人的行为的目的虽不同，但都可以说是求他自己的快乐。他求增加他自己的财产，因为他以为，有很多底财产，是快乐底；他求增进他自己的名誉，因为他以为，有很高底名誉，是快乐底；他求发展他自己的事业，因为他以为，有很大底事业，是快乐底。所以我们可以说：这些人虽所求不同，而同于求他自己的快乐。

边沁以为，凡人的行为，无不以求快乐或避痛苦为目的。边沁说："自然使人类为二最上威权所统治。此二威权即是快乐与苦痛。只此二威权，能指出人应做什么，决定人将做什么。"（边沁《道德立法原理导言》）避苦痛亦可说是求快乐。所以边沁可以更简单地说：人的行为的目的，都是求快乐。亦可说，自然使人类为一唯一威权所统治，此唯一威权，即是快乐。

有人说：快乐论者的说法虽似乎很近于常识，但与事实不合。人的主要底行为，大概都是发于不自觉底冲动。这些行为，有之者只是为之而已，并不是因其可以得利或得快乐而始为之。如人吃饭，只是吃而已，并不是因要避饿的苦痛，或得饱的快乐，而始吃饭。当然，人于饿时，确感觉一种苦痛，人于饱时，确感觉一种快乐，但人吃饭，并不是对于避苦痛、求快乐，先作一番考虑计算而始吃饭。又如人于愤怒时与人打架，他只是打而已，亦不是因为要避忍气吞声的苦痛，或要得扬眉吐气的快乐，当然忍气吞声是一种苦痛，扬眉吐气是一种快乐。但人于愤怒时打架，并不是对于避苦痛求快乐,先作一番考虑计算而始打架。这是另一派底哲学家的说法。照这另一派底哲学家的说法,快乐论一派底哲学家的说法,是不合乎事实底。

这两派的说法,若都不用全称命题的形式,而只用特称命题的形式,则两种说法并不相冲突,而且都合乎事实。有些人的行为,是以求利或求快乐为目的,有些人的行为,是出于冲动。亦可说:一个人的行为,有些是以求利或快乐为目的,有些是出于冲动。人吃饭固有只是吃而已者,亦有为菜好吃而吃者。人打架,固有因一时的愤怒而打架者,亦有经过详细底考虑而后打架者。我们所要注意底是:一个人的行为,若是出于冲动,其人的境界,或其人于有此种行为时所有底境界,是自然境界。一个人的行为,若是以求利或求快乐为目的,如其所求是其自己的利或快乐,其人的境界,或其人于有此种行为时所有底境界,是功利境界。

我们于本章论功利境界。所以在本章中,我们专论人以求他自己的利或快乐为目的底行为。我们并不说,所有底人的行为,或人的所有底行为,都是这一类底行为。但有些人的行为或人的有些行为,是这一类底行为,则是不容否认底。

快乐论一派底哲学家以为,不仅事实上人的行为,都是以求快乐为目的,即道德底价值,亦可以快乐解释之。凡有道德价值底行为,都是可以使人快乐或得快乐底行为。快乐是可欲底,亦是人之所欲。这一派底哲学家,可以借用孟子一句话,说:"可欲之谓善。"善是可欲底,亦是人之所欲。

反对快乐论者,以为一贯底快乐论,有许多困难。就第一点说。快乐论者常说最大底快乐。所谓最大者是就量方面说。但快乐是不可积底,因为快乐不是一种东西,而是一种经验,经验是暂时底,当人刚才有它底时候,它立即成为过去。因此它不可积存。我们昨天得了许多钱,可以积存起来,与今日所得底钱相加,成一更大底数目。但我们昨天所得底快乐,则不能积存起来,与今天所得底快乐相加,而成一更大底快乐。因为昨天的快乐,已成为过去底经验,所留下者,只是一记忆而已。所以所谓最大底快乐,不是可以积存而致底。所谓最大底快乐,只能是于某一时,于许多快乐中,比较而得者。

但就第二点说,快乐是不可比较底。凡比较必须用一共同底量的标准。例如一物是一斤重,另一物是二斤重。我们说:另一物比较重。斤是此比较所用底共同底量的标准。但于比较快乐的量时,则没有共同底标准可用。一个人喝酒,于喝酒得有快乐。一个人下棋,于下棋得有快乐。他们都得有快乐,但于他们两个人的快乐中,哪一个人的快乐是较大底,我们没有法子可以比较。他们亦没有法子可以比较。假使他们各依其主观,而都说,他自己的快乐是较大底,他们的话亦并无冲突。正如一个人说,我怕空袭;另一个人说,我不怕空袭。其所说不同,但完全没有冲突。这是就两个人所有底快乐说。就一个人所有底快乐说,其自己的快乐亦是不能比较底。因为人不能同时有两个快乐。当其有这个快乐时,那一个快乐已成过去。所余者,只是对于那一个快乐底记忆而已。但对于那一个快乐底记忆,并不是那一个快乐,所以不能以之与这一个快乐相比,而断其孰大。

就第三点说,有些快乐论者以为,人所求底快乐,或人所应该求底快乐,不必是最大底快乐,而是最高底快乐。照这些快乐论者的说法,快乐不但有量底分别,而且有质底分别。有高等底快乐,有低等底快乐,二者不能一概而论。穆勒说:人若对于高等快乐及低等快乐均有经验,他一定愿为苏格拉底而死,不愿为一蠢猪而生。为苏格拉底而死的快乐与为一蠢猪而生的快乐,有性质上底不同。但照上文所说底,快乐是不能比较底。即令其可以比较,我们还可以问:一个人为什么愿为苏格拉底而死,不愿为一蠢猪而生? 他是因为为苏格拉底而死,比为一蠢猪而生,其快乐是更快乐底? 抑是因为其快乐是更高尚底? 如因其是更快乐底,则愿为苏格拉底而死者,仍是求较大底快乐。为苏格拉底而死的快乐,及为一蠢猪而生的快乐,仍是量的分别,而不是质的分别。如因为其是更高尚底,则愿为苏格拉底而死者,是求高尚而不是求快乐。而所谓高尚者,其标准又必另有所在,而不是以快乐的大小决定底。因此主张快乐论者,如其"论"是前后一致,他必须以为快乐只有量的分别,而没有质的分别。所谓高等快乐,虽不及所谓低等快乐强大剧烈,但其细腻持久,可以使人觉其是更快乐底。主张快乐论者,其"论"如是前后一致,则必需如此主张,而其如此主张,即将快乐的所谓质的分别归于量的分别。

就第四点说,严格地说,快乐是可遇而不可求底。如以求快乐为目的而求之,则必不能得到快乐。例如一人写字,他于写字时,必须完全注意于写字。如能"得心应手",写出底字,合乎他的期望,他即感到快乐。但他如于写字时,不注意于写字,而时时刻刻注意于求得快乐,他即不能写出如他所期望底字,因而亦不能得到写字的快乐。即专门求快乐底人,吃酒打牌,于吃酒打牌时,亦必注意于吃酒打牌,而不能注意于求吃酒打牌的快乐。快乐于我们不注意求它的时候,它才能来。我们若一注意求它,它反而不能来了。

就第五点说,如果有道德价值底行为,只是可以使人快乐或得快乐底行为,则我们即不能说,人"应该"有有道德价值底行为。于上文,我们已指出,快乐论者,如其"论"是前后一致底,则只能说,为苏格拉底而死,与为蠢猪而生,其快乐的分别,只是量的分别。如果为苏格拉底而死,与为蠢猪而生的分别,只是快乐的量的不同的分别,则如有人说:我不愿意有如为苏格拉底而死那样大底快乐,我只愿意有如为蠢猪而生那样大底快乐,我们不能说,他不应该如此。犹如一个人说:我不愿意有如吃鱼翅那样大底快乐,我只愿意有如吃豆腐那样大底快乐,我们不能说,他不应该如此。

关于此诸点,快乐论者亦非不能解答。就第一点说,快乐论者可以说,昨日的快乐虽已过去,今日虽不能有昨日的快乐,但可有对于昨日底快乐底记忆。对于快乐底记忆,亦是快乐底,记忆快乐亦是一快乐。所以昨日的快乐,虽不可积存,但记忆昨日的快乐底快乐,可与今日的快乐相加而成一更大底快乐。此所谓"锦上添花"也。语云:"福无双至,祸不单行。"不单行底祸,使人有更大底痛苦;如有双至底福,亦必可使人有更大底快乐。这是常识所都承认底。

就第二点说,快乐论者可以说,人对于快乐,常有所选择,此可见快乐亦非不可比较。至于比较时不能有客观底共同底量度标准,亦是我们所承认底。不过这没有什么重要。因为在这些方面,本只需要个人底主观底量度标准。一个人若觉得喝酒比写字快乐,对于他,喝酒就是比写字快乐。另一个人,若觉得写字比喝酒快乐,对于他,写字就是比喝酒快乐。两个人的快乐,本不必相比。就一个人的快乐说,一个人固不能将一个快乐与另一快乐相比,但可以将记忆中底快乐与另一快乐相比。你可以说,记忆中底一快乐,并不是原来底那一快乐,你以此比较所得底结果,是不确切底。

但这些结果,本不需要确切,只要其本人觉得是如此即可。如一个人觉得他昨天喝酒的快乐,比他今天读书的快乐大,对于他,昨天喝酒底快乐,就是比今天读书的快乐大。另一个人觉得他今天读书的快乐,比他昨天喝酒的快乐大,对于他,今天读书的快乐,就是比昨天喝酒的快乐大。我们不能说,人的感觉能有错误。

就第三点说,快乐论者可以说,我们本不必以为快乐有质底分别。这种分别,是我们所不必坚持底。如人愿为苏格拉底而死,不愿为蠢猪而生,亦可因为是,为苏格拉底而死,比为蠢猪而生,其快乐是较大底。为蠢猪而生,为底是快乐;为苏格拉底而死,为底是更大底快乐,如此说本没有什么不可。

就第四点说,快乐论者可以说,说快乐不可求,实则是个人求快乐的方法,人只须注意于做他所认为能引起快乐底事,不必注意于求快乐,而快乐自至。此是求快乐的方法。不过这也没有什么秘密。事实上,求快乐底人,大都用此种方法。

惟关于第五点,快乐论者,不能有充分底理由,以为解答。因为照快乐论者的说法,所谓应该不应该,是对于快乐说底。说一件事情是应该做底,就是说,这件事情是可以使人快乐,或可以使人得到快乐底。说一件事情是不应该做底,就是说,这件事情是可以使人苦痛,或可以使人得到苦痛底。说一个人应该求最大底快乐,就是说,最大底快乐是可以使人有最大底快乐底。但如有人说,我不愿求快乐,快乐论者只可以说,这个人以不求快乐为快乐,但不能说,他应该求快乐。他若说人应该求快乐,此所谓应该,如不是对于快乐说,则是于快乐之外,或快乐之上,另有一更高底行为标准。如此说,是与快乐论冲突底。如此所谓应该,亦是对于快乐说,则说求快乐是应该底,即是说,求快乐是可以致快乐底。如此说,则有循环论证的错误。不过虽是如此,我们还不能说,有道德价值底行为,与人的行为,绝不相干。此点我们于下章论之。

于本章中,我们不说,所有底人的行为,或人的所有底行为,都是以求他自己的利为目的底。我们亦不说,人应该求他自己的利。我们只说,大多数底人的行为,或普通人的大多数行为,都是以求他自己的利为目的底。人于有以求他自己的利为目的底行为时,其境界是功利境界。

若人在宇宙间,只以对付过日子为满足,则在功利境界中底人,即可对付而有余。若世界上所有底人,其境界都不高过功利境界,人类仍可保持其存在,并仍可保持其对于别种生物底优越地位。人还可以是万物之灵,可以“夺取造化之机”,“役使万物”,如道教中人所希望者,如近代人所成就者。只须人人各真知其自己的利之所在,则虽人人都为其自己的利,而亦可以“并育而不相害”,“并行而不相悖”。不但如此,而且可以“分工合作”,互相辅助,以组织复杂底社会,以创造光辉底文化。人常是有错误底,但其错误并不在于他是自私底,不在于他求他自己的利,而在于他往往不知什么是他自己的利。

一部分的道家,注意于此点。他们说:“人人不拔一毛,人人不利天下,天下治矣。”此所谓“利天下”,可以解释为:以有天下为利,或加利于天下。照他们的说法,以有天下为利,是错误底,因为“鹪鹩巢于深林,不过一枝。偃鼠饮河,不过满腹”。明乎此即可知,一个人“无所用天下为”。加利于天下,亦是不必要底,而且是有害底。因为“凫胫虽短,续之则忧。鹤胫虽长,短之则悲”;“鱼处水而生,人处水而死”。万物都自会自顺其才,以求其自己的利,用不着别人越俎代谋。别人越俎代谋,往往是利之适以害之。人人都明白此点，则都"不拔一毛，不利天下"，而天下自治。

从此观点看，若人人都为其自己的利，虽似乎其行为必都是相反底，但相反实可相成。郭象说："天下莫不相与为彼我，而彼我皆欲自为，此东西之相反也。然彼我相与为唇齿。唇齿者，未尝相为，而唇亡则齿寒。故彼之自为，济我之功宏矣。斯相反而不可以相无者也。"（《庄子·秋水》注）万物皆自为。但一物的自为，别人可以得其用。一物只是自为，但自为的效用，可以是为他。

在西洋思想史中，有一派底经济学家，以为在人的经济关系中，人人皆求其自己的利，但于其求其自己的利的时候，他已于无形中，帮助了别人。同时亦于无形中，受了别人的帮助。一个资本家开一面粉工厂，其目的只是为他自己的利，但同时吃面粉底人也得了很大底方便。吃面粉底人买面粉，其目的只是为他自己方便，但同时面粉工厂的主人也赚了很多底钱。吃面粉底人对于面粉工厂的主人，面粉工厂的主人对于吃面粉底人，都可以说："彼之自为，济我之功宏矣。"

照这一派底哲学家的说法，自然是妥于安排底。在他的安排中，万物各自为，但其自为于无形中，亦即是为他。万物各为其私，但各为私于无形中即是为公。此可以说是一种自然底调和。

这一派底哲学家，对于自然，似乎是过于乐观。所谓自然底调和，事实上是没有底，即有亦不能如是底完全。不过，自然的缺陷，人力的安排，可以弥补之。另一派底哲学家以为，所谓"分工合作"，"相反相成"的调和，是在社会中始有底。在只有人而尚未有社会组织的时候，人都无限制地各为其私。人人无限制地各为其私的结果，是普遍底争夺混乱。在普遍底争夺混乱中，人是不能生存底。幸而人虽不是生来都有道德，但却生来都有理智，他们知道在争夺混乱中，人不能生存。他们知道，人若都无限制底为其私，其结果，至都不能为其私。他们遂共同立了一种"社约"，约定大家对于其为私，都不能超过一个界限。大家又共同制定一种规则，以规定这个界限。大家又公共组织了一种机关，以推行这种规则。墨子荀子以及西洋如霍布士一派底哲学家，对于国家社会，以及法律、道德的起源，都持这一种的说法。上所说底"界限"，即荀子所谓"分"。上所说底规则，即法律以及道德上底规则。上所说底组织，即国家社会。照这一种说法，国家社会，以及法律道德，都是人生的一种工具。这种工具，对于人都是一种必要底恶。人虽不愿有之，但为维持其生存，人又不能不有之。有社会的组织中，人各为其私，但亦有"分工合作"、"相反相成"的调和。不过这种调和，不是人自然有底，而是人力创造底。

上所说前一派底哲学家，以为人与人之间，有自然底调和。人各为其私，顺其自然，不但不互相冲突，而且可以互相成全。后一派底哲学家，则不以为有此种自然底调和，人各为其私，顺其自然，则不但不能互相成全，而且必至于互相冲突。在这一点，上所说后一派底哲学家的说法，是近于事实底。但他们以为国家社会的组织，法律道德的规则，只是人生的一种工具，是一种必要底恶，在这一点，他们的说法是错误底。国家社会的组织，法律道德的规则，是人依其性以发展所必有底。对于人生，它们是必要底，但不是必要底恶，而是必要底善。

关于此点，我们于下章另有讨论。不过就上所说，我们亦可见，无论"分工合作"、"相反相成"的调和，是自然底，或是人为底，这种调和，事实上总是有底。因有此种调和，所以只须各个人各真知其自己的利之所在，他们即可组织复杂底社会，创造光辉底文化。这种人的境界是功利境界。事实上大多数底人,都是功利境界中底人。我们的现在底社会,事实上大部分是这一种人组织底。我们的现在底文化,事实上大部分亦是这一种人创造底。

上所说后一派底哲学家,对于国家社会、法律道德底看法,正是代表在功利境界中底人对于国家社会法律道德底看法。无论国家社会、法律道德,是因何有底、如何有底,人在国家社会中,合乎法律道德底行为,事实上总是与行为者有利底行为。我们说:在功利境界中底人的行为,皆以求其自己的利为目的。这不是说,他的行为,都是损人利己底。他亦可有损己利人底行为,但他所以如此做,是因为这些行为,往远处看,亦是对于他有利底。例如西谚说:"诚实是最好底政策。"诚实底人,有时可以吃亏。但往远处看,诚实底人,终是占便宜底。他至少可以得一个诚实的名誉,即此亦是一利。

一切利他的行为,都可以作为一种利己的方法。古今中外,所有格言谚语,以及我们的《新世训》,虽都是"讲道德,说仁义",但大都是以道德仁义作为一种为自己求利的方法。《老子》书中,有许多地方,都把合乎道德底行为,作为一种趋利避害的方法。如说:"非以其无私耶,故能成其私。""夫惟不争,故天下莫能与之争。"无私不争,是合乎道德底行为,但老子都将其作为一种为自己求利的方法。

因此快乐论者,或功利论者,以为人之所以愿有有道德价值底行为者,正因其可以使有此等行为者得快乐,或得利。人应该求别人的利,这是一个道德律。但人为什么愿遵照此道德律,快乐论者或功利论者说,正因求别人的利,亦正是求自己的利的一个最好底方法。

　　例如墨子说，人应该兼相爱、交相利。为什么人应该兼相爱、交相利？他的回答是：兼相爱、交相利，可以使社会安宁，这是与人人都有利底；而且兼相爱、交相利底人，上帝赏他，鬼神赏他，国家赏他，别人爱他，所以兼相爱，交相利，对于他自己，更是有利底。又如宗教家亦多教人爱人，说：爱人是为自己积福，行道德是上天堂的大路。诸如此类，虽说法不同，但都是以求别人的利为求自己的利的最好底方法。他们虽都是教人利人，但其实都是教人利己。

　　就中国哲学史说，不但杨朱教人为我，即墨子亦教人为我，不过其为我的方法不同而已。古人但知"杨氏为我，墨氏兼爱"，尚未为深知杨墨。不过这不是说，墨子个人，亦必是个为我底人。我们只是说，若有人信墨子的话，因欲求上帝等的赏，而行兼爱，则此人的兼爱仍是为我，其境界是功利境界。若墨子个人之为此说，若系因其以为必如此而后可使人兼爱，其自己行兼爱，若不是为上帝等的赏，则其行兼爱是为他，其境界是道德境界。

　　快乐论者或功利论者的此种说法，若作为一种处世底的教训看，亦有其用处，但作为一种道德哲学看，则说不通。如果求别人的利，只是求自己的利的一种方法，假如有人说，我不愿求自己的利，因此我亦不求别人的利，我们不能说，他不应该如此。或有人说，我认为损人利己是求自己的利的最好底方法，因此他专做损人利己底事，我们只能说，他自谋不工，不能说他不应该如此。如此则道德上底应该，即失其普遍底效力。此点我们于上文亦已提出。

　　快乐论者或功利论者的此种说法，可以说是，对于在功利境界中底人所有底，合乎道德底行为底解释。从此方面看，这种说法，亦不能说是没有事实的根据。在功利境界中底人，有合乎道德底行为，是将其作为求其自己的利的方法。但以为道德行为不过是如此,则即是对于道德,未有完全底了解。而照此种说法,以做道德底事者,其行为只是合乎道德底行为,而不是道德行为。其境界是功利境界,而不是道德境界。

我们于上文说,反对快乐论者,以为凡求自己的利底行为,不能有道德价值,这是不错底。但他们不能因此而即以为有道德价值底行为,与利无干。现在我们说,快乐论者以为,有道德价值底行为,与利有密切底关系,这是不错底。但他们不能因此而即以为有道德价值底行为,是有此等行为者求其自己的利底行为。我们亦不是说,此等行为,必不能与有此等行为者有利,不过此等行为的道德价值,并不在此。

一个人的学问或事功的大小,与其所常处底境界的高低,并没有必然地相干底关系。古人说,人有三不朽:立德,立言,立功。立德底人,谓之圣贤。他们有很高底境界,但未必即有很大底学问事功。立言底人,谓之才人。他们有很多底知识,或伟大底创作,但不常有很高底境界。立功底人,谓之英雄。他们有事业上很大底成就,但亦不常有很高底境界。英雄又与所谓奸雄不同。英雄与奸雄的境界,都是功利境界。在功利境界中底人,其行为可以不是不道德底,可以是合乎道德底,但不能是道德底。其行为可以不是不道德底,但亦可是不道德底。其以不道德底行为,达到其利己底目的,以成其利己底成就者,谓之奸雄。其以不是不道德底行为,以达到其利己底目的,以成其利己底成就者,谓之英雄。奸雄的行事,损人利己。英雄的行事,利己而不损人,或且有益于人。历史上底大英雄,其伟大底成就,大部分都是利己而且有益于人底。就其有益于人说,其人其事,都值得后人的崇拜。但就其利己说,其成就不是出于道德底行为,其人的境界,是功利境界。

才人在学问或艺术方面底成就,总是有益于人底。道学家的偏见,以为只有有益于所谓"世道人心"底学问或艺术,才是有益于人底。这种偏见,是错误底。无论哪一种底学问,只要能成为一种学问,无论哪一种艺术,只要能成为一种艺术,总是有益于人底。不过才人研究学问,或从事创作的目的,可以只是为求他自己的利。若其目的是如此,则他的境界是功利境界。

英雄亦做有益于人底事,但只以有益于人底事,与其自己的利相一致者为限。如其不相一致,则他即只做于他自己有利底事了。人多好名。有名亦是一人的自己的利。任何有益于人底事,皆可以使人有名。所以任何有益于人底事,皆可以与一人的自己的利相一致。才人英雄尤多好名。好名能使才人努力于研究创作,能使英雄做有益于人底事。昔人说:"三代以上,惟恐好名。三代以下,惟恐不好名。"用我们的话说,道德境界以上底人,惟恐好名。如其好名,则其境界,即是功利境界。功利境界中底人,惟恐不好名,如其不好名,则未必常做有益于人底事。

然亦有求美名不得,而乃故做有害于人底事,以求为人所知者。据说,美国有些人故意在街上做些捣乱底事,以求其名见于报纸。桓温说:"大丈夫不能流芳百世,亦当遗臭万年。"其心理亦是这一类底心理。在政治军事方面有天才底人,若求流芳百世,则为英雄;若求遗臭万年,则为奸雄。惟才人则只能流芳,不得遗臭。曹操在政治上的措施,可以遗臭,但他的诗,则只能流芳。英雄与才人,在一方面说,是一类的人,而英雄才人与圣贤,则绝不是一类的人。英雄与才人都是功利境界中底人,而圣贤则是天地境界或道德境界中底人。这并不是说,圣贤不能有如英雄所有底丰功伟烈,不能有如才人所有底巨著高文。圣贤亦可以有如才人英雄所有的成就，但才人英雄不能有如圣贤所有底境界。

我们必须分别才人英雄的境界与其所有底成就。此二者不可混而为一。一件文艺中底作品，一件政治上底成就，如其是伟大底，其伟大是各从其所依照底标准判定底，与其作者的境界的高低，不必相干。例如屈原的《离骚》是伟大底文学作品。我们说它伟大，是就文艺上的标准说。至于屈原所以有此作品，是因为他要以此流露其忠爱之忱，或是因为他要以此发泄其牢骚之气，这与其作品伟大与否，是不相干底。秦始皇废封建、立郡县，是一件政治上底伟大底成就。我们说它伟大，是从事功上底标准说。至于秦始皇所以有此措施，是因为他要以此为天下的人民兴利除弊，或是因为他要以此为他自己的地位防患未然，这与其成就是伟大与否，是不相干底。从前道学家，似以为才人英雄的境界既低，则其成就亦必无足观，这也是他们的一种偏见。

我们又须分别才人英雄所常有底境界，及其于创作发现的俄顷所有底境界。才人于其发现一本然底说底义理，或一艺术作品的本然样子时，英雄于其发现一事底本然办法时，于其俄顷，他们都仿佛有见于理世界。此点，我们于《新理学》第十章中，亦已说过。他们于此"兴到神来"的俄顷，常感觉到"前无古人，后无来者"，至如陈子昂诗所说"前不见古人，后不见来者，念天地之悠悠，独怆然而涕下"。他们于此时，如其有觉解，他们的境界，即是天地境界；如其无觉解，他们的境界，即是自然境界。于此等境界中，他们不能有求自己的利的意思。不过他们的这种境界，只是俄顷底。在此以前，他们求有创作发现，为底是求他们自己的利。在此以后，他们又用他们的创作发现，以求他们自己的利。所以他们所常有底境界，是功利境界。

才人英雄的创作发现,是如此来底。所以其作品事功,无论何时,总是新底,可以说是"亘古常新"。此所谓新者,有鲜的意思。一件伟大底文艺作品,无论何时,总令人百读不厌。一件伟大底事功,无论何时,令人观之,皆觉是"虎虎有生气"。其所以如此,就是因为其是"亘古常新"。其所以能亘古常新,因为其作者于创作发现时,是有一种真至精神,是确有所见。

有些诗人,如陶潜等,其诗所写底境界,即是天地境界。此等诗人所常有底境界,已不是一般才人所常有底境界。他们已不止是才人。就才人英雄说,他们所常有底境界,是功利境界。我们常见讲学问底人,总好争某某事是"我"发现底。讲事功底人总好争某某事是"我"所做成底。他们总要"功成自我"。往往学问或事功越大底人,越不能容忍,别人争他的发现权,或分他的功。他的发现,或者是造电灯的方式,或者是相对论的原理。他的事功,或者是办一大工厂,或者是打一大胜仗。他如于此争竞,以为必是"我"的,这即可见,他是为私底。他是为私底,他的境界,即是功利境界。他这些争竞,即证明他不能超过这种境界。

于上章,我们说,有些天资高底人,虽有很高底天资,而不自觉其有之。所谓"自有仙才自不知"。如其如此,则其境界是自然境界。这种人固亦有之。但天资高底人,大多是过于重视他自己的天资,多以为他自己的成就,是"前无古人,后无来者"。他过于重视他自己的成就;他过于重视他自己。他不能容忍,别人与他并驾。他不能容忍,别人对于他底批评。所以天资高底人,多流于狂。如其成就,一时不为别人所承认,或虽承认,而不能如其所希望,他即"叹老嗟卑",或由狂而变为疯。前人亦说,这一类底人,是"质美而未学"。这一类底人的境界,是功利境界。

所以以为才人英雄既能有伟大底成就,所以其所常有底境界,亦必是很高底,这亦是常人的一种偏见。

才人英雄所常有底境界,虽不是很高底。但他们的成就,可以是伟大底。他们的成就,事实上可以有利于社会、有利于人类。除此之外,他们的为人行事,亦往往表现一种美的价值,如作为自然中底一物看,亦往往是可赏玩赞美底。天地间底名山大川、奇花异草,以及鸷鸟猛兽,不但是没有很高底境界,而且简直是说不上有境界,但它们都是可赏玩赞美底。才人英雄的为人行事,往往如奇花异草、鸷鸟猛兽,虽可令人恐惧愤恨,但亦可令人赏玩赞美。例如才人多疏狂不羁,英雄多桀骜倔强。疏狂不羁、桀骜倔强,亦是一种价值,一种美的价值。例如项羽乌江一败,所遇亭长,劝其回王江东,他笑说:"天之亡我,我何渡为?且籍与江东子弟八千人,渡江而西,今无一人还。纵父老怜而王我,我何面目见之?纵彼不言,籍独不愧于心乎?"其桀骜倔强,不肯受人怜,使千百世下闻者,亦觉其"虎虎有生气"。拿破仑为欧洲近代的大英雄,但其俯首就擒,居荒岛,死牖下,就其一生说,真如艺术作品中底一个败笔,比项羽之慷慨自杀,不及远矣。大凡人的奇特怪异底品格或行为,就其本身看,都可成为一种赏玩赞美的对象。即如《世说新语》中所说"任诞"、"简傲"、"汰侈",诸种行为,亦大都可使人传为"美谈"。其所以可成为"美谈",因此等行为的本身,表现一种美的价值,可成为赏玩赞美的对象。

不过才人英雄的为人行事的此方面,多是"天机玄发",不自觉其然而然。例如项羽不肯回王江东,不过因其不堪"父老怜而王我",并非有意藉此表示其倔强。由此方面说,才人英雄于有此等行为时的境界,是自然境界。其可赏玩赞美,亦是"为他底",而不是"为自底"。

因此英雄才人的为人行事，虽大都可成为赏玩赞美的对象，但亦大都是不足为法，不足为训底。因为他们的奇特怪异底行为，是出于他们的天资。所谓"惟大英雄能本色，是真名士自风流"。如没有他们的天资，而妄欲学其奇特怪异底行为，则如"东施效颦"，不成为美，反成为丑。圣贤的为人行事，"庸德之行，庸言之谨"，所以都是可以为法，可以为训底。英雄才人的为人行事，譬如奇花异草，圣贤的为人行事，譬如菽粟布帛。虽是菽粟布帛，而又不仅是菽粟布帛。因为就其觉解说，他是"极高明而道中庸"底。

圣贤如有英雄的才，他亦可以叱咤风云。他如有才人的才，他亦可以笑傲风月。但同时他亦是"庸德之行，庸言之谨"。不过因为他对于宇宙人生，有深底觉解，所以他虽叱咤风云、笑傲风月，而叱咤风云、笑傲风月，对于他底意义，与对于英雄才人者不同。他虽"庸德之行，庸言之谨"，而庸德、庸言，对于他底意义，亦与对于平常人者不同。平常人的觉解，不出乎日常生活之外，惟汲汲于"庸德之行，庸言之谨"，以求得利避害。这种人的为人行事，是平凡底。才人英雄的为人行事，是不平凡底。圣贤的为人行事，是似平凡而实不平凡底。

第六章　道德

　　上章所说墨子、荀子以及西洋哲学家,如霍布士等的政治社会哲学,以为人惟在社会中始能生活,所以虽明知社会是压迫个人,限制个人底,但亦不能不有之。人于"知性"时,他知社会不但不是压迫限制个人底,而且个人惟在社会中始能完全。个人与社会并不是对立底。以社会与个人为是对立底者,可以说是不知性。他们的政治社会哲学是错误底。其错误可从事实及义理两方面说。

　　就事实方面说,所谓只有人而没有社会底世界,在历史上是没有底。自有生民以来,人本来都在社会中。不过其社会的范围,可随时有大小的不同;其社会的组织,亦可随时有疏密的差异。在原始底社会中,社会的范围,固然只限于家族或部落。其范围比我们的现在底社会小,但若从个人与社会对立的观点看,则其对于个人底限制,比我们现在底社会,更有过之。说社会的组织愈进步,则其对于个人底限制愈小,这是真底。说人的生活愈原始,个人愈不受社会的限制,这是假底。没有群底蜂蚁,若何存在,是我们所不能想象底;没有社会底人,若何存在,亦是我们所不能想象底。

　　就义理方面说,没有群底蜂蚁,及没有社会底人,亦是我们所不能了解底。蜂蚁的定义,涵蕴其是有群底动物;人的定义,涵蕴其是社会动物。此即是说,蜂蚁的理涵蕴有群底动物的理;人的理涵蕴社会动物的理。一个人不能只是单独底一个人,而必需是社会的一分子。这是人的理中应有之义。

亚力士多德以为人必须在国家的组织中始能成为人,犹之乎房子的梁,必须在房子的构造中,始可成为梁。桌子的腿必须在桌子的构造中,始可成为腿。如离开了房子或桌子,则所谓梁或腿者,不过是木料而已,不成其为梁,亦不成其为腿。亚力士多德说:"人是政治底动物。"此话并不是说,或并不只是说,人生来即有从事于政治活动的倾向。而是说,或并且是说,人必须在政治底组织中,始能有完全底发展。

我们可以说,梁的性涵蕴有房子。桌子腿的性涵蕴有桌子。用道学家的话说,房子在梁的"性分"之内,桌子在桌子腿的"性分"之内。

道学家常说,君臣父子是人的性分以内事。如无此等事,则人即不成其为人。孟子说:"无父无君,是禽兽也。"言其不合乎人之所以为人,而异于禽兽者,所以即与禽兽无别。荀子亦说:"禽兽有父子,而无父子之亲;有牝牡,而无男女之别。"禽兽的父子,禽兽的牝牡,是自然界的事实。而人的父子之亲、男女之别,则是文化的产物,是心灵的创造。此类底事是必于社会中始能有底。人必有此类底事,始能合他的性;完成此类底事,始能尽他的性。用我们现在底话说,人的性涵蕴有社会,是社会底是人的性。

我们亦可以说,蜂蚁的性涵蕴有群,是有群底是蜂蚁的性。不过人之所以为人,而又异于蜂蚁者,在其有觉解。不但是社会底是人的性,人并且能觉解是社会底是人的性。他有此等觉解而即本之尽力以做其在社会中应做底事。此等行为即是道德底行为,有此等行为者的境界即是道德境界。

由此方面看,社会并不是与个人对立底,更不是压迫个人、限制个人底。它是人尽性所必需有底。说至此,我们必须对于上章所说另一派底政治社会哲学,略作批评。一部分道家以为万物都自为,但于其自为之中,即有为他的效用。人各为其私,但其为私,于无形中即有为公的效用。一部分道家以为,人本来都有自发底道德行为,顺其自然,人的行为自然是合乎道德底。无论照哪一部分的道家的说法,国家社会的组织,以及法律道德的规则,都是一种不必要底恶。有了这些组织等,人的自由,即受了不必要底限制;人的行为,即受了不必要底束缚。所以法律道德,是一种不必要底规则;国家社会,是一种不必要底组织。简言之,它们都是一种不必要底恶。

严格地说,这一派底哲学家,可以说是,不要国家,而不是不要社会;不要法律,而不是不要道德。他们的理想底社会,是一种无政府主义底社会。在其中,人自然有道德底行为,或有合乎道德底行为。用不着国家的强制、法律的制裁。他们以为这种社会,是理想底社会,这是可说底。但以为原始底社会,即是这种社会,这是大错底。这种社会,不是自然的产物,而是精神的创造。所谓自然底调和,事实上是没有底。

大部分的革命家所持底革命理论,都多少以此类底政治社会哲学为根据。如卢梭说:"人生来都是自由底,但现在到处都在锁链中。"美法革命时代的革命家大都如此说。中国清末民初革命时代的革命家,亦大都如此说。这些革命家,都要从社会制度中,把个人解放出来。从所谓"吃人底礼教"中,把个人解放出来。

所谓从社会制度中,把个人解放出来者,照字面讲,是一句不通底话。其不通正如一个人以为,一条梁受上面屋顶的压迫,于是把它从房子中"解放"出来,而仍说它是条梁。但是一条梁刚离开了房子,它即只是一根木料,而不是一条梁了。不过所谓要把个人从社会制度中解放出来者,大概不是可以如此照字面讲底。其真正底意思,大概是说:要把个人从某种社会制度中解放出来。这并不是说,不要社会,不要社会制度;而是说,要以一套新底社会制度替代旧底社会制度。

某种社会制度,在某种势下,本来是使文化可能所必需底。但于某种势有变时,某种社会制度,不但不是文化可能所必需,而反成了文化进步的阻碍。对于文化的进步说,如某种社会制度,成了阻碍,则对于个人的自由说,某种社会制度,即成了束缚。所谓把人从某种社会制度中解放出来者,即解除此种社会制度的束缚,而去其阻碍也。解除此种社会制度的束缚,并不是不要社会制度,而是要另一种社会制度。此种新社会制度,因其合乎新势,所以不是一种束缚,一种阻碍,而是文化可能所必需。比如在冬天的时候,人必穿棉衣,在其时棉衣是人的生活所必需。但天热以后,棉衣即成为一种负担、一种阻碍,人非从其中"解放"出来不可。这些都是由于道家所谓"时",我们所谓"势"。离开时势,我们不能凭空地说,我们应该要哪种社会制度。犹之乎离开天气的温度,我们不能凭空地说,我们应该穿棉衣或单衣。其凭空地如此说者,其所说都可以说是"戏论"。

是社会底是人的性,所以社会不是压迫个人,而是人于尽性时所必需。有人以为,如此说者,似倾向于拥护现有社会制度。更有人以为,为此说者,必有这种倾向。这些以为,都是错误底。其错误由于他们把社会与某种社会,混为一谈。照我们的说法,是社会底是人的性,是某种社会底,不是人的性,不过人于尽性时,他不能只有社会,而必需有某社会;某社会不能仅只是社会,而必需是某种社会。所以在义理上说，是某种社会底不是人的性；而在事实上说，人尽性必于某种社会之内。人各于其所属于底社会之内尽性。其社会不同，其为某种社会亦不必同，但在其中人都可以尽性。

人与人的社会底关系，谓之人伦。旧说，君臣、父子、夫妇、兄弟、朋友，谓之五伦。这亦是人伦。不过我们于此所谓人伦，则不必指此。五伦是以家为本位底社会中底人伦，我们于此所谓人伦，则是指任何种类底社会中底人伦。在任何种类底社会中，人与人必有社会底关系。此种关系，即是其中底人伦。在任何种类底社会中，任何人都必在人伦中占一地位，此即是说，任何人都必与某些人有某种社会底关系。

人在社会中，必居某种位分。此某种位分，即表示其人与社会底关系，并决定其对于社会所应做底事。譬如构成一房子底墙壁栋梁，各有其与房子底关系，及其对于房子所应有底支持。因其在社会所处底位分不同，人对于社会所应做底事亦不同。其所应做底不同底事，即是其职。此职谓之人职，以别于下章所谓天职。

凡社会的分子，在其社会中，都必有其伦与职。例如在蜂蚁的社会中，此一蜂或蚁，都必有其与别底蜂或蚁的社会底关系，必有其在其社会中底位分，因此有其伦与职。

但蜂蚁虽有其社会，及其在社会中底伦与职，却对之并无觉解。人则不但有其社会，不但于其中有其伦与职，并且可对之有觉解，或有甚深底觉解。对于伦与职有甚深底觉解，即知各种底伦与职，都有其理想的标准。其理想的标准，即是其理。人在实际上所处底伦或所任底职，都应该完全合乎其理。这应该的完全达到，在伦谓之尽伦，在职谓之尽职。是社会底是人的性，伦与职是社会中应有之事，所以尽伦尽职，都是尽性。

尽伦尽职的行为,是道德底行为。凡道德底行为,都必与尽伦与尽职有关。所谓道德者,是随着人是社会的分子而有底。这并不是说,人可以不是社会的分子。照上文所说,人必需是社会的分子。既必需是社会的分子,则一个人与社会中底别底人,必有某种社会的关系,在社会中,必处某种位分。随着人是社会的分子而有底事,总不出乎此二者,所以所谓道德者,亦都必与尽伦或尽职有关。

我们于第三章中说,在功利境界中底人,其行为是为利底;在道德境界中底人,其行为是行义底。为利者其行为是求其自己的利。行义者,其行为遵照"应该"以行,而不顾其行为所可能引起底对于其自己的利害。义者,宜也。我们不能说,行义底人,必须尽某伦、尽某职。但我们可以说,无论尽某伦、尽某职,都是行义。为父者,尽其慈是行义;为子者,尽其孝亦是行义。

行义底行为是道德底行为。于上两章中,我们分别合乎道德底行为,及道德底行为。道德底行为,不是为利底行为。这并不是说,道德底行为,不能使有此等行为者自己有利。道德底行为,事实上亦可使有此种行为者自己有利。我们并且可以说,在社会中,人若欲为其自己得永久底利益,他的行为,还是非合乎道德不可。不过以得到自己的利益为目的底行为,虽可以是合乎道德底,但并不是道德底行为。这不过是巧于算账底人,看出如此行于他最合算,所以他才如此行。严格地说,这些行为,实与一般底商业行为,并没有性质上底不同。所以虽可以是合乎道德底,但不是道德底。有这种行为者,其境界是功利境界。

例如有两个军人,都去冲锋陷阵。其一冲锋陷阵,为底是,想得到上面的奖赏,或同伴的称誉。其一则以为,这是尽军人的职,

此外别无所为。这两个军人的行为,表面上是相同的,但其里面则
有很大底不同。前一人的行为,一般人或亦认为是道德行为。但
一般人亦以为,后一人的行为,其道德的价值,比前一人的行为更
高。为什么更高? 岂不是因为无所为而为底行为,是更合于道德
的理吗? 如无所为而为底行为,是更合于道德的理,则有所为而为
底行为,简直是不合于道德的理。所以有所为而为底行为,虽可以
是合乎道德底,但并不是道德底行为。

行义底人,其行为不能以求他自己的利为目的。所谓"无所为
而为",其意义正是如此。不过行义底行为,亦并非于利无干。不
但并非于利无干,而且与利有密切底关系。在中国道德哲学中,义
与利是相对待底。在西洋道德哲学中,道德与快乐,是相对待底。
有些哲学家,以为道德行为,是可以直接或间接使人快乐或得利底
行为。此可以说是归义于利。有些哲学家以为道德行为完全与利
或快乐无干。此可以说是分义与利。这两派的说法都有一半是错
误底,一半是不错误底。

快乐论者说,凡有道德价值底行为,都是可以,直接地或间接
地使人快乐底。我们可以问:快乐不能是凭空底快乐,必是某人的
或某些人的快乐。上述命题中所说快乐是谁的快乐? 是做此等
事,或有此等行为者的快乐? 是别人的快乐? 此分别不明,即可引
起不必要底辩论。一个人如欲为使其自己快乐而做一件事,其行
为即令合乎道德,但不能有道德价值,此点上文已明。反对快乐论
者,不承认此等行为有道德价值,这是不错底。但若因此即以为人
的行为的道德价值,完全与人的快乐无干,这亦是错误底。因为离
开了人的快乐,所谓道德价值,亦即空无内容。道德底行为,亦是
求快乐底行为,不过其所求不是行为者自己的快乐,而是别人的快

乐。他求别人的快乐，只是因为尽伦尽职，应该如此，非别有所为，此即所谓无所为而为。

就利说，利必有所利。一个人求利，是求谁的利？他所求者，可以是他自己的利，可以是别人的利。求自己的利，是所谓"为我"，是所谓"利己"；求别人的利，是所谓"为人"，是所谓"利他"。不过此所谓求别人的利，须是为求别人的利，而求别人的利者。这个限制，需要加上。因为有许多人以求别人的利为手段，以求其自己的利。此等行为，仍是利己，仍是为我，不是利他，不是为人。利己为我底行为，不必是不道德底行为，但不能是道德底行为。有此等行为者的境界，是功利境界。利他为人底行为，是道德底行为。有此等行为者的境界，是道德境界。

严格地说，我们虽不能说，禽兽亦求其自己的利，因为其行为大都是出于本能，出于冲动。但求自己的利，可以说是出于人的动物的倾向，与人之所以为人者无干。为实现人之所以为人者，我们不能说，人应该求自己的利。这上面没有应该与不应该的问题。但求别人的利，则与人之所以为人者有干。为实现人之所以为人者，我们可以说，人应该求别人的利；我们不能说，人应该求自己的利。虽或有人如此说，但其意义总不止此。例如《列子·杨朱》篇说："人人不损一毫，人人不利天下，天下治矣。"如为此说者可以为，人人不损一毫，人人不利天下，是应该底，也是因为如此可以使天下治，所以才可以说如此是应该底。我们不能说：人应该求自己的利，但我们总可以说，人应该求别人的利。反对快乐论者，以为人若求自己的利，则不能说是应该如此，这是不错底。但以为可以说是应该底行为，必与利无干，这是错误底。

又有些人以为，凡反对快乐论者，必不重视快乐。或以为，凡重视快乐者,必是快乐论者。或以为,凡注重义者,必是不注重任何利者,凡注重任何利者,必是不注重义者。这些以为,都是错误底。这些人都有一种思想上底混乱。哈体门在其伦理学中,分别意向所向底好,及意向的好。例如人以酒食享其父母,其行为是孝。在此等行为中,酒食是意向所向底好,孝是意向的好。酒食并不是孝,但在此等行为中,孝藉此可以表现。又如教人以孝,其行为是忠。在此等行为中,孝是意向所向底好,忠是意向的好。孝并不是忠,但在此等行为中,忠藉此可以表现。若如此分别,则求他人的利,其行为是义。在此等行为中,他人的利是意向所向底好,义是意向的好。此两种好,不在一层次之内。以之混为一谈,即上文所谓思想上底混乱。

例如孟子见梁惠王,不准梁惠王言利,只准其言仁义。而其自己却大讲其"五亩之宅,树之以桑",如何令人民足衣足食的计划。有人说:这不是讲利吗? 孟子何以只许百姓点灯,不许州官放火? 孟子亦可以说是讲利。不过梁惠王讲利,是讲如何使其自己得利。他问:"何以利吾国?"其国就是他自己。孟子讲利,是讲如何使人民得利。其所讲底利,是所谓意向所向底好,而不是意向的好,其意向的好是仁义。所以讲如何使人民得利,不是讲利,而是行仁义。

董仲舒说:"正其谊不谋其利,明其道不计其功。"此话虽不是孔子孟子所说,然确可以表示儒家的一种基本精神。这话是就个人行为的意向的好说。就个人的行为说,一个人应该只问其行为的是不是应该,而不计较此行为所可能引起底,对于他自己底利害。我们须注意,此所说利害,是对于此人自己底利害,而不是对于社会底利害。若一行为,对于社会有害,则即是不道德底行为,哪能不计较？我们若为社会办事，则不能不为社会计利计功。为社会办事而为社会计利计功，是忠。不为社会计利计功，是不忠。社会的利是此等行为的意向所向底好，忠是此等行为的意向底好。

孔子说："饭蔬食饮水，曲肱而枕之，乐亦在其中矣。不义而富且贵，于我于浮云。"又说，颜回"一箪食，一瓢饮，在陋巷，人不堪其忧，回也不改其乐。贤哉回也！"有许多人以为，中国的古圣先贤，赞美贫穷；又以为，这是中国后来贫弱的一个原因。这些以为，亦是由于一种思想上底混乱。贫穷没有什么可以称赞。孔子所说，不过是说，一个人虽贫，而亦不可以不道德底方法，求得富贵。颜回所以可称赞者，并不是他的贫，而是他虽贫而仍乐他的道。一个人应该牺牲他自己，以求社会的利。如其因此而贫，我们赞美他，是赞美他的牺牲，不是赞美他的贫。"一箪食，一瓢饮，居陋巷"，而仍不做不道德底事，以求富贵，这是应该底。但这并不是说，个个人都应该当叫花子，社会应该是叫花子式底社会。就各个人分别说，每个人都应该不怕贫穷，以求一社会的利。个个人都应该不怕贫穷，以求一社会的不贫穷。这种行为是义。在这种行为中，一社会的不贫穷，是其意向所向底好，义是其意向的好。

总上文所说，我们可知，儒家所谓义利的分别，是公私的分别。伊川说："义与利，只是个公与私也。"（《遗书》卷十七）孟子说："鸡鸣而起，孳孳为义者，舜之徒也；鸡鸣而起，孳孳为利者，跖之徒也。"为义者，不是不为利，不过其所为底利，是公利不是私利。此所谓公私的分别，亦即是为我，为人的分别。有为我底行为，求自己的利者，是求利；有为人底行为，求他人底利者，是行义。此点若清楚，我们可以了解，何以以前底儒家，有时以义与利为正相反，有时又以为有密切底关系。《墨经》说："义，利也。"此定义失于含混。

但《墨经》说:"忠,利君也。""孝,利亲也。""功,利民也。"此诸定义,则是很可用底。

在宋代,正统底道学家有两次关于义利底大争辩。一次是司马光、程伊川等与王安石底争辩。一次是朱子与陈龙川底争辩。王安石行新法,司马光等攻击他,以为他是求利。离开当时的政治问题,专就司马光等以为王安石是求利说,司马光等是错误底。因为王安石的新法,所求者是国家人民的利,所以王安石的行为,是行义不是求利。陈龙川以为汉祖唐宗与尧舜是一类底人。汉唐的政治,与三代的政治,是一类底政治,其差别是程度上底差别。朱子以为汉祖唐宗是英雄,尧舜是圣贤。汉唐的政治,是霸政,是出于人欲底;三代的政治,是王政,是出于天理底。所以其差别是种类上底差别。照我们于此所讲底义利之辨,及上章所讲英雄圣贤的分别,我们可知朱子是不错底。

行义底人,于行义时,不但求别人的利,而且对于别人,有一种痛痒相关的情感。此等人即是所谓仁人。伊川说:"公而以人体之谓之仁。"朱子说:"仁之道,只消道一公字,非以公为仁,须是公而以人体之。伊川已曰:'不可以公为仁。'世有以公为心,而惨刻不恤者。须公而有恻隐之心。此功夫却在人字上。"(《语类》卷九十五)体,如我们所说"体贴"之体。仁者不但以公为心,而且对于别人的情感,有一种体贴。义不义之辨,只是公私之分。但仁不仁之辨,则不只是公私之分。仁不但是公,且又须带有一种对别人痛痒相关的情感。此种情感,可以说是道德行为中底"人底成分"。所以伊川说:"公而以人体之谓之仁。"朱子说:"功夫却在人字上。"

明道说:"医言手足麻痹,谓之不仁。此言最善名状。"手足麻痹者,对于其自己的手足,不觉痛痒,此谓之不仁,所谓麻木不仁是也。一人若只顾其自己，而对于别人的利害，若痛痒不相关者，此人即亦是麻木不仁。为公底行为，都以增进别人的利，或减少别人的害，为其意向所向底好。若有此等行为者之所以有此等行为，乃纯是其与别人痛痒相关的情感使然，他的境界，即是自然境界。他的此等行为，虽是合乎道德底，但并不是真正地道德底。若有此等行为者，确有见于此等行为的道德价值、此等行为的意向的好，为实现此价值、此意向的好，而有此等行为，他的行为，即是道德行为；他的境界，即是道德境界。他于实现此价值、此意向的好时，他心中若不兼有与别人痛痒相关的情感，而只因为"应该"如此行，所以如此行，则其行为，即是义底行为。若其兼有与别人痛痒相关的情感，则其行为，即是仁底行为。仁底行为有似乎上所说底在自然境界中底人的行为，但实不同，因其亦是在觉解中实现道德价值底行为也。在西洋哲学史中，关于在自然境界中底人的合乎道德底行为，与在道德境界中底人的道德行为的不同，康德分别甚清。但康德所说道德行为，只是义底行为，而不是仁底行为。道德行为又可分为义底行为与仁底行为二种，康德似尚未见及。

仁底行为**必兼有义**底行为，但义底行为，则不必兼有仁底行为。此即是说，仁兼义，但义则不兼仁。所以道学家常以仁为人的最大底德。照他们的说法，仁有广狭两义。就其狭义说，仁是四德之一，所谓仁义礼智是也。或五常之一，所谓仁义礼智信是也。就其广义说，则仁兼包四德五常，明道说："义礼智信皆仁也。"

上文说：所谓公私的分别，亦即是"为我"、"为人"的分别。此所谓"为我"，是"为私"的意思。就所谓"我"的此义说，在道德境界中底人，可以说是"无我"底。我们于第三章中说，所谓"我"又有"主宰"的意思。就所谓"我"的此义说，则在道德境界中底人，又是"有我"底。

在自然境界中底人,顺才或顺习而行,其行是不得不然,莫知其然而然。对于我与非我的分别,他没有觉解,或没有深底觉解。这并不是说,在自然境界中底人的行为,都是不自私底。他的行为亦可以是自私底,不过虽是自私底,而他却不觉解其是自私底。就此方面说,他是不知有"我"。他的行为,虽可以是自私底,而却都不是自主底。他亦可有尽伦尽职底行为,但其行为是出于顺才或顺习。若其行为是出于顺才,则他是为自然所使。若其行为是出于顺习,则他是为社会所使。宋潜虚《画网巾先生传》谓:画网巾先生于明亡,以不肯薙发易服而死,临死不肯道姓名,曰:"吾笑夫古今之循例而赴义者,故耻不自述也。""赴义"亦有"循例"者,盖亦随波逐流,见别人如何而亦如何。其行为虽是合乎道德底,但是无觉解底,不自主底,所以亦不是道德底。就此方面说,在自然境界中底人,不但是不知"有我",而且是"无我"。在功利境界中底人有"我",其有"我"可就自私,及主宰两方面说。就自私方面说,在自然境界中底人,虽有自私底行为,但并不觉解其是自私底。在功利境界中底人,所有底行为,都是以求其自己的利为目的底行为。他的行为,有确切底目的,其目的都是自私底。就此方面说,他是有"我"底。就主宰方面说,在功利境界中底人,其行为都有确切底目的,他的行为,都是所以实现此目的。就此点说,他是有主宰底,他的行为是自主底。比于在自然境界中底人,他是有"我"底。但他的行为,都是有所为底,有所为则即为其所为所使。古人常说:"名缰利锁。"此即是说,名利能予人以束缚,使人不能自主。所以比于在道德境界中底人,在功利境界中底人又是不自主底。所以就主宰说,他又不是真正有"我"。

在功利境界中底人，觉解有"我"，他可说是有"我之自觉"。在道德境界中底人，亦觉解有"我"，亦有"我之自觉"。不过在功利境界中底人所觉解底"我"，是"我"的较低底一部分。在道德境界中底人所觉解底"我"，是"我"的较高底一部分。此所谓较高较低，是以"人之性"为标准。"我"之出于"人之性"底一部分，是"我"的较高底一部分。"我"之出于"人所有之性"，如动物之性、生物之性等底一部分，是"我"的较低底一部分。"我"的较高底一部分，即我们于第三章中所谓"真我"。出于"真我"底行为，是不自私底。就不自私说，在道德境界中底人是无"我"底。但就主宰说，在道德境界中底人，有"真我"为行为的主宰，如道学家所说："道心为主，而人心每听命焉。"他的行为，都是尽伦尽职底行为。他知性，所以尽伦尽职以尽性，别无所为。其行为是有觉解底，自主底。所以既非盲顺天资，亦非盲从习惯或习俗。他尽伦尽职，是无所为而为，既不因有所为而为，亦不因有所为而止。所以"虽举世誉之而不加劝，举世非之而不加沮"。他是"自作主宰"。就其自作主宰说，他可以说是真正有"我"。孟子说："居天下之广居，立天下之正位，行天下之大道。得志与民由之，不得志独行其道。富贵不能淫，贫贱不能移，威武不能屈。此之谓大丈夫。"此是真正有主宰底人，亦可以说是真正有"我"底人。

上文说：所谓"我"有自私及主宰二义。就所谓"我"的自私之义说，在自然境界中底人，不知有"我"，在功利境界中底人有"我"，在道德境界中底人无"我"；就所谓"我"的主宰之义说，在自然境界中底人无"我"，在功利境界中底人有"我"，在道德境界中底人真正有"我"。

在道德境界中底人的尽伦尽职底行为，都必需是出于行为者的"我"的高一部分的有觉解底选择。一个人的行为若不是出于行为者的有觉解底选择，则其行为只是顺才或顺习而行，其人的境界是自然境界。一个人的出于选择底行为，若不是出于行为者的"我"的高一部分的选择，则必是出于行为者的"我"的低一部分的选择。如此则其行为必是有所为而为底，其人的境界，是功利境界。在自然境界及功利境界中底人，在表面上看，虽亦可有尽伦尽职底行为，但其行为，只是合乎道德底，而不是道德底。一个人的"我"的高一部分所作底选择，就其人自己说，都是无所为底。一个人的"我"的高一部分能作无所为底选择，即是所谓意志自由。西洋道德哲学中所谓意志自由，即中国道学家所谓自作主宰。

在道德境界中底人，尽伦尽职，"只是成就一个是而已"。于求"成就一个是"时，他可以不顾毁誉，不顾刑赏。但他并不是形如槁木，心如死灰，不知誉与赏是可欲底，毁与刑是不可欲底。他并不是无感觉，无情感。因为他有感觉，有情感，所以一般人所以为可欲者，他亦知其为可欲。例如一般人以美食美衣为可欲，他亦知美食美衣为可欲。惟其如此，所以他才能以一般人所以为可欲者，作为意向所向底好，以实现其意向的好。惟其如此，所以他才能于行义时，有与人痛痒相关的情感，而成为仁人。因为他亦是有感觉有情感底，所以他不顾毁誉，不顾刑赏，以求"成就一个是"，才真是一个选择，一个自由底选择。孔子说："富与贵是人之所欲也，不以其道得之不处也。"孟子说："生，我所欲也；义，亦我所欲也。二者不可得兼，舍生而取义者也。"一个人如不知富贵之可欲，不知生之可欲，则虽不求富贵，牺牲生命，亦不见得是由于他的意志的自由选择。

在道德境界中底人，亦有情感，不过其情感之发，亦常是为公底。普通言语中常说："公愤"、"义愤"、"私愤"。公愤、义愤，亦是愤，但与私愤有为公为私的不同。在道德境界中底人亦常有愤，但其愤总是公愤义愤，不是私愤。他亦有忧，亦有乐。但他忧常是为天下忧，他乐常是为天下乐。他是"先天下之忧而忧，后天下之乐而乐"。

在道德境界中底人，尽伦尽职，只是求"成就一个是"。他的尽伦尽职，只是尽伦尽职，并不计其行为所及底对象，是不是值得他如此。例如在旧日社会中，为忠臣孝子者，只是尽忠尽孝而已，并不计及其君是否值得有臣为之尽忠，或其父是否值得有子为之尽孝。其君其父值得不值得，是其君其父的事；他自己尽忠尽孝，是他自己的事。忠臣爱其君，孝子爱其亲，固亦应该竭其所能，以使其君其父值得有臣为之尽忠，有子为之尽孝。但他如虽已竭力而仍不能成功，他还是尽他的忠，尽他的孝。此正如在现在底社会中，一个救民族底人应该只求救他的民族，不应该问他的民族，是不是值得救。一个爱国底人，应该只爱他的国，不应该问他的国是不是值得爱。

《诗·凯风》云："母氏圣善，我无令人。"韩退之拟文王羑里作《拘幽操》云："臣罪当诛兮，天王圣明。"道学家说："天下无不是底父母。"民初人以为这些话十足表示旧社会制度下底人的奴性，其实这些话所表示者并不是奴性，而是真正底自主。在道德境界中底人，所注意者，是尽他的伦，尽他的职。忠臣事君，是尽他的伦，尽他的职。孝子事亲，亦是尽他的伦，尽他的职。如事君而不能使其君尽君道，如事亲而不能得其亲的欢心，忠臣孝子所虑者，是自己的伦或职有未尽，而不是其君其父对他或有不公。《凯风》等篇所说，正是忠臣孝子的这种心理。此正如在现在社会中，一个爱国家民族底人,于国家民族危难之时,他所注意者,是他自己如何尽伦尽职,而不是如何指责他的国家民族的弱点,以为他自己谢责的地步。

不论一个人所有底伦或职是什么,他都可以尽伦尽职。为父底尽为父之道是尽伦;为子底尽为子之道亦是尽伦。当大将底,尽其为将之道,是尽职;当小兵底,尽其为兵之道,亦是尽职。譬如演戏,一个戏子的艺术的高下,与其所担任底角色,并没有联带的关系,与其所演底某人在历史中或戏本中底社会地位,更没有联带的关系。杨小楼唱武生,可以唱好戏。梅兰芳唱青衣,亦可以唱好戏。在《长坂坡》中,刘备虽是赵云的君主,但此戏的主角,不是刘备,是赵云。在此戏中,演赵云底是主角,演刘备的是配角。尽伦尽职,与一个人的伦或职是什么,没有联带的关系,亦正如此。

所以人求尽伦尽职,即随时随地,于其日常行事中求之。对于在此方面有觉解底人,其日常行事,都有了新意义。因为一个人平常所做底事,除其确是不道德底事外,皆可与尽伦尽职,有直接底或间接底联带关系。因此种关系而做之,其行为即是道德底行为。有此等行为底人的境界,即是道德境界。

尽伦尽职,与一个人于尽伦尽职时所做底事的成败,亦没有联带的关系。尽伦尽职,不能凭空地尽,必于事中尽之。尽伦尽职,必有其所做底事。在做这些事时,其所做底事的成功,是其行为的意向所向底好。尽伦尽职是其行为的意向的好。一个行为的意向的好,能实现与否,与其意向所向底好,能得到与否,没有联带的关系。其意向所向底好,若能得到,其意向的好,固已实现。即其意向所向底好,不能得到,苟有此行为者,已尽其心,竭其力,则其意向的好,亦已实现。就其意向的好的实现说,得到其意向所向底好,与不得到其意向所向底好,并没有分别。所以一个人所做底事,以尽伦尽职为目的者,其事即使失败,但其行为的意向的好,依然可以实现。就此方面说,他所做底事,虽可失败,但其失败,对于其行为的意向的好的实现,是没有联带关系底。在历史中,有许多忠臣义士,对于国事,"知其不可而为之"。他们明知他们所做底事,毫无成功底希望,但他们仍尽心竭力去做。他们做这些事,只是求"立君臣之义于天地间"。此是其行为的意向的好。其所做底事,虽不成功,但其意向的好,依然可以实现。

这并不是说,一个人只需有意于尽伦尽职,只需有此意向,不必见于行为,此意向即有道德底价值。亦不是说,即使其见于行为,而他可以知难而退,不必竭力去做。这是说,人有某尽伦尽职的意向,因之而有某尽伦尽职的行为,虽已尽其力之所能,而仍不能得到其意向所向底好,如此,则虽没有得到其意向所向底好,但其行为的道德底价值,依然可以完全实现。历史上底忠臣义士,努力王事,于智穷力竭之时,往往北向再拜,曰:"臣力竭矣。"如其力已竭,而其所做底事,仍未能成功,则其不成功丝毫无损于其行为的道德底价值。

例如张巡守睢阳,作为一种军事行动看,他可以说是彻底地失败了。不但城破军覆,而且其自身亦被执见杀。军事失败,不能再过于此。但张巡之守睢阳,就守土说,是尽职;就事君说,是尽伦。这是其行为的意向的好,守睢阳这件事是所以实现其意向的好者。这件事的成功,是其行为的意向所向底好。他守睢阳以至智穷力竭,即是他已尽伦尽职,其行为的意向的好,已完全实现。他在道德上底成就,已经完成。睢阳城能守住固好,即不能守,于他在道德上底成就,亦是没有妨碍底。

　　或可问:如果如此,则凡为社会做事者,皆可以其所做底事的成败,为无关轻重,只要结局能以一死了之,即可为在道德上有所成就。如此说果行,则恐没有真心实力为社会做事底人了。"曾无一策匡时难,只有一死答君恩",这种人的行为,亦算是道德上完全底行为吗?

　　于此我们说:一行为的意向的好之实现,在于有此行为者,尽心竭力,以求实现其意向所向底好。如他已尽心竭力,而其行为的意向所向底好,仍不能实现,其不能实现,固无碍于其意向的好之实现。但如他并未尽心竭力,则其行为的意向的好,即本未实现。他所做底事,如失败,他固有应得之过,即幸而成功,他的行为亦无道德底价值。

　　或可再问:一人做事的成败,与其才能胜任与否,有联带的关系。如一人本无大才,而居高位,任大事,虽亦尽心竭力,而无奈才本有限,以致事仍无成。如以上所说,则不才而居高位,任大事底人,于偾事之后,仍可说:"我已尽心竭力了,事的成败,是无关轻重底。"如上所说,岂不为此等人开一方便之门?

　　于此我们说:此等人可责备之处,不在其遇事不尽心竭力,而在其不才而居高位,任大事。他不量自己的才力,而恋居高位,任大事,这就是不道德底行为。所以他虽遇事尽心竭力,而仍不能免于道德上底责备。

　　或说:一行为的道德价值,与所以实现其意向的好底事的成败,不能说是没有联带的关系。一行为如有道德底价值,则所以实现其意向的好底事,是有成无败底。因为一事对于别事,总有直接或间接底影响。此一事虽败,然其影响所及于别事者,仍可发生作用。由此方面说,此事是虽败犹成。此事所以无论成败,皆能实现一行为的意向的好者,正因其虽败犹成也。例如张巡守睢阳,虽是失败,然论者谓其能牵制尹子奇的兵力,虽力尽而死,而唐得全江淮财用,以济中兴。由全局看,张巡守睢阳,还是成功底。况且他的忠义,对于当时的人心士气,必有很大底鼓励。这与唐朝的中兴,亦不能说是没有帮助。

于此,我们说,张巡守睢阳,因能支持相当底时间,对于贼兵,发生了牵制的作用,固亦可说是有助于唐朝的中兴。但假使他的运气更坏,来了更多底贼兵,以致不数日即智穷力竭而死,守不了睢阳,对于贼兵,不能发生牵制作用。就军事方面说,我们不能不说,他是失败了。但就道德方面说,他还是有完全底成就。他守睢阳,或数月而死,或数日而死,对于他的行为的道德价值,是不相干底。一件事固可对于别事发生影响,发生作用,但这是事实问题。它可以发生影响,亦可以不发生影响,可以发生作用,亦可以不发生作用。即令其必发生影响作用,然其所发生底影响作用,亦可大可小。如有两事,一人做之,用力相等,但其一所发生底影响作用大,其一所发生的影响作用小,我们即不能不说,其一是比较地成功大,其一是比较地成功小。但此人做此两事的行为,若均有道德底价值,则其道德底价值,可以是相等底。例如张巡守睢阳,如只一月,固亦可对于贼兵发生一点牵制作用,但其牵制的作用,比守数月者,要小得多了。但张巡如只守一月,即力尽而死,则其行为的道德价值,与守数月者,并没有大小的分别。如说,我们于此论影响作用,应只论其有无,不论其大小。但如我们于上文所说,则张巡守睢阳,即只数日,对于贼兵,无牵制的作用,其行为的道德价值,亦并不因之而减低。如说,无论如何,张巡的忠义行为,可与当时的人心士气,以很大底鼓励,所以对于唐朝的中兴,有很大底帮助。如此说,则所注意者,不止是张巡的行为的道德价值,而且是其感动别人的实际底影响。道德底行为,固可有感动别人的实际影响,但可有而实际上不必有。虽实际上不必有,而其道德底价值,并不因此而有减损。有些道德底行为,不为人所知,不为人所表扬,因之对于所谓"世道人心",亦没有实际底影响,然此并不妨碍其道德价值之为道德价值。道德价值的实现,正如"兰生幽谷,无人自芳",有人知与否,对于别人有影响与否,与其自芳与否,是没有联带的关系底。

或可问:一人做一事,是否已尽心竭力为之,别人何以知之?

于此我们说:此惟有其自己知之。在道德境界中底人,其行为的价值,本不期待别人评定。其尽心竭力,亦本不求别人知之。《论语》说:"古之学者为己,今之学者为人。"此所谓为己为人,与上所谓为己为人不同。尽心竭力以做其所应该做底事,不计较别人知之与否,此是所谓为己;此所谓为己底人的境界是道德境界。虽做其所应该做底事,但常恐别人不知之,此是所谓为人;此所谓为人底人的境界是功利境界。朱子《语录》云:"问:南轩谓:'为己者,无所为而然也。'曰:'只是见得天下事皆我所合当为而为之,非有所因而为之。然所谓天下之事,皆我之所当为者,只恁地强信不得,须是学到那田地,经历磨炼多后,方信得过。'"又说:"有所为者,是为人也。这须是见得天下之事,实是己所当为,非吾性分之外所能有。然后为之而无为人之弊耳。"(《语类》卷十七)"见天下之事,皆我所当为,非吾性分之外所能有",乃我们的觉解到一种程度时,所有底了解。有此种了解,然后可有一种境界。此是了解所得者,所以朱子亦说,"只恁地强信不得"。

人于做其所应做底事时,果已尽心竭力与否,只有他自己知之。一个人的行为的意向的好，果实现到何程度，亦惟有他自己知之。这些别人不知，而只有他自己知之者，名之曰"独"。朱子说："独者，人所不知，而己所独知之地也。"（《中庸》注）对于"独"特别注意，即所谓"慎独"。

　　一个人只要尽心竭力，去实现其行为的意向的好，则虽其行为的意向所向底好，不能实现，亦无碍于其行为的意向的好的实现。主要者是他必须尽心竭力。未尽心竭力，而告人谓已尽心竭力，固是欺人。未尽心竭力而自以为已尽心竭力，亦是自欺。于此不欺人不自欺，即是诚意。不自欺比不欺人更难。所以《大学》特别注重于不自欺。《大学》说："所谓诚其意者，毋自欺也。"一行为的道德价值的有无大小，系于此。朱子说："诚意是善恶关。"正是就此方面说。

第七章　天地

人对于宇宙有进一步底觉解时,他又知他不但是社会的分子,而又是宇宙的分子。从一方面看,此进一步底觉解可以说是"究竟无得",因为人本来都是宇宙的分子,并且不能不是宇宙的分子。不但人是如此,凡物都是如此。说人本来是社会的分子,或者尚有人持异议。但说人本来都是宇宙的分子,则没有人能持异议。所以从此方面看,此进一步底觉解可以说是"究竟无得"。但从又一方面看,此进一步底觉解,又不是"究竟无得"。因为人虽本来都是宇宙的分子,但他完全觉解其是宇宙的分子,却又是极不容易底。人都是宇宙的分子,但却非个个人都完全觉解其是宇宙的分子。

人对于宇宙人生有进一步底觉解时,他可知宇宙间底事物,虽都是个体底、暂时底,但都多少依照永恒底理。某种事物,必多少依照某理,始可为某种事物;必完全依照某理,始可为完全底某种事物。某理涵蕴有某种规律。依照某理者,必依照某种规律。涵蕴某理者,必涵蕴某种规律。在无量底理中,有人之所以为人之理,其中涵蕴有人所多少必需遵守底规律。人的生活必需多少是规律底。在自然境界中底人,其生活虽亦必多少是规律底,但并不自觉其是规律底,对于人生中底规律,他亦无了解。在功利境界中底人,以为人生中底规律(包括道德底规律),都是人所随意规定,以为人的生活的方便者。人生中底规律(包括道德底规律),都可以说是人生的工具。在道德境界中底人,对于人生中底规律,尤其是道德底规律,有较深底了解。他了解这些规律,并不是人生的工具,为人所随意规定者,而是都在人的"性分"以内底。遵守这些规律,即所以"尽性"。在天地境界中底人有更进一步底了解,他又了解这些规律,不仅是在人的"性分"以内,而且是在"天理"之中。遵守这些规律,不仅是人道,而且亦是天道。

从一方面看,此进一步底觉解,亦可说是"究竟无得"。因为宇宙间底事物,如其存在,本来都多少依照其理,遵循其理所涵蕴底规律。完全如此底事物,固然是绝无仅有,但完全不如此底事物,则简直是绝对没有。人的生活,亦都多少是有规律底,都多少遵循道德底规律。完全如此底人,固然亦是很少,但完全不如此底人,亦简直是绝对没有。从此方面看,此进一步的觉解,是"究竟无得"。但从又一方面看,此进一步底觉解,又不是"究竟无得"。因人的生活虽本来都是如此,但他完全觉解其是如此,又是极不容易底。人虽都多少遵循人生中底规律,但却非个个人都自觉其是如此,亦非个个人对于这些规律,都有完全底了解。

人有进一步底觉解时,他又知他的生活,以及实际事物的变化,又都是道体中所有底程序。道体是万变之总名,是我们于《新理学》中所谓"无头无尾底大事"。此事所依照底理,是整个底太极;所依据底气,是整个底无极(无极无所谓整个,不过姑如此说)。旧说理是体,实现理之实际事物是用。道体即是所谓大用流行,亦称大化流行。从此方面看,每一事物的变化,都是大用流行或大化流行中底一程序,亦是道体中底一程序。此进一步底觉解亦可说是究竟无得,亦可说不是究竟无得,如上所说。

人有此等进一步底觉解,则可从大全、理及道体的观点,以看事物。从此等新的观点以看事物,正如斯宾诺莎所谓从永恒的形式的观点,以看事物。人能从此种新的观点以看事物,则一切事物对于他皆有一种新底意义。此种新意义,使人有一种新境界,此种新境界,即我们所谓天地境界。

我们于以上,都是就完全底觉解说。我们说,完全的觉解,是不容易有底。而不完全底觉解,则是比较容易有底。即平常人对于他与宇宙底关系,亦非全无觉解。这些不完全底觉解,表现为人的宗教底思想。宗教底思想的历史是很古底。人所信仰底宗教,虽随时随地不同,但多数底宗教都以为有一种超人的力量或主宰,以为其所崇拜底对象。此对象即是所谓神或上帝。超人底力量或主宰的观念,是人对于宇宙只有模糊底、混乱底知识时,所有底观念。多数底宗教都以为,人生中底规律,尤其是道德底规律,都不是人所随意规定,而是神所规定底。人遵循道德底规律,不仅是社会底事,而且是宗教底事。多数底宗教,又都以为有所谓天国或天堂,在其中,一切事物,都是完全底。天国或天堂,是人对于理世界只有模糊底、混乱底知识时,所有底观念。多数底宗教又都有所谓创世之说,以为神或上帝创造实际底世界。实际底世界是不完全底。但其不完全并非由于神或上帝的技术不高或能力不够,而是在一切可能底世界中,这个实际底世界,是最好底世界。创世的观念,是人对于道体只有模糊底、混乱底知识时,所有底观念。

常人的思想,大概都是图画式底。严格地说,他们是只能想而不能思。他们仿佛觉到,人以外或人以上、社会以外或社会以上,还有点什么,但对于这个什么,他们不能有清楚底、正确底知识。用图画式底思想,去想这个什么,他们即想它为神为帝,为天国,为天堂。在他们的图画式底思想中,他们所想象底神帝等所有底性质,大部分是从人所有底性质,类推而来。例如人有知识,许多宗教以为上帝亦有知识,不过其知是全知;人有能力,许多宗教以为上帝亦有能力,不过其能是全能;人有意志,许多宗教以为上帝亦有意志,不过其意志是全善。他们所想象底天堂的情形,亦是从我们的这个世界的情形类推而来。这个世界及其中事物,都是具体底。天堂及其中事物,亦都是具体底。不过这个世界及其中事物,都是不完全底。而天堂及其中事物,则都是完全底。在这个世界中,有苦有乐。在天堂中,则只有乐,天堂是所谓极乐世界。他们所想象底创世的程序,亦是从实际世界中工人制造物品的程序,类推而来。神或上帝,如一工人,实际底世界,如其所制造底制造品。诸如此类,总而言之,所谓上帝者,不过是人的人格的无限底放大。所谓天堂者,不过是这个世界的理想化。这都是人以人的观点,用图画式底思想,以想象那个"什么",所得底结果。

这种宗教底思想,其最高处,亦能使人有一种境界,近乎是此所谓天地境界。例如一人办一医院,他的目的,若是要想使他自己得名得利,他的行为,即是求利底行为。他的境界,即是功利境界。他的目的,若是为社会服务,他的行为即是行义底行为,他的境界,即是道德境界。若有些宗教家,办医院,"行善事",不为求自己名利,亦不是专为社会服务,而是为神或上帝服务,为对于神或上帝底尽职。若他的目的真是如此,而又纯是如此,则他的行为,即是宗教底行为;他的境界,即近乎此所谓天地境界。我们说他的目的必需真是如此,而又纯是如此,因为有些人为神或上帝服务,其目的是想以此为手段,以求得神或上帝的恩惠。若其目的是如此,则他的行为,又只是求利底行为;他的境界,又只是功利境界。

人由宗教所得底境界,只是近乎此所谓天地境界。严格地说,其境界还是道德境界。因为在图画式底思想中，人所想象底神或上帝，是有人格底。上帝以下，还有许多别底有人格底神，共成一社会。例如耶教以上帝为父、耶稣为子，又有许多别底有人格底神，如约翰、保罗等，共成一社会。一个耶稣教的信徒，在图画式底思想中，想象有如此底社会，又想象其自己亦是此社会的一分子，而为其服务。在如此底想象中，其行为仍是道德行为，其境界仍是道德境界。不过其所服务底社会，不是实际底社会，而是其想象中底社会而已。

宗教使人信，哲学使人知。上所说宇宙或大全之理及理世界，以及道体等观念，都是哲学底观念。人有这些哲学底观念，他即可以知天。知天然后可以事天、乐天，最后至于同天。此所谓天者，即宇宙或大全之义。

孟子说，有所谓"天民"、"天职"、"天位"、"天爵"等。知天底人，觉解他不仅是社会的一分子，而且是宇宙的一分子。所以知天底人，可以谓之天民。当然任何人都是宇宙的一分子，不过一般人虽是如此而不自觉。所以他们在宇宙间，正如一个社会中的奴隶，而不是其中底自由底人民。只有知天底人，对于他与宇宙底关系，及其对于宇宙底责任，有充分底觉解。所以只有知天底人，才可以称为天民。天民所应做底事，即是天职。他与宇宙间事物底关系，可以谓之天伦。一个人所有底境界，决定他在宇宙间底地位，如道学家所谓贤人地位、圣人地位等。这种地位，即是天爵。孟子说："有天爵者，有人爵者。仁义忠信，乐善不倦，此天爵也。公卿大夫，此人爵也。"人在宇宙间底地位，谓之天爵，其在社会间底地位，谓之人爵。人的天爵，不随人的人爵为转移。他有何种境界，即有何种地位，有何种地位，即有何种天爵。孟子说："君子所性，虽大行弗加焉，虽穷居弗损焉，分定故也。"不过人爵虽是人爵，但在天地境界中底人居之，则人爵亦是天位。大行是天位，穷居亦是天位。

天民在社会中居一某位，此位对于他亦即是天位。他于社会中，居一某伦，此伦对于他亦即是天伦。他于居某位某伦时所应做底事，亦即是一般人于居某位某伦时所应做底事。不过他的作为，对于他都有事天的意义。所以一般人做其在社会中所应做底事，至多只是尽人职、尽人伦。而天民做其在社会中所应做底事，虽同是那些事，虽亦是尽人职、尽人伦，而却又是尽天职、尽天伦。

尽人职尽人伦底事，是道德底事。但天民行之，这种事对于他又有超道德底意义。张横渠的《西铭》，即说明此点。《西铭》云："乾称父，坤称母。余兹藐焉，乃浑然中处。故天地之塞，吾其体；天地之帅，吾其性。民，吾同胞；物，吾与也。……尊高年，所以长其长，慈孤弱，所以幼其幼。圣，其合德；贤，其秀也。……违曰悖德，害仁曰贼。……其践形，惟肖者也。知化则善述其事，穷神则善继其志。……富贵福泽，将厚吾之生也；贫贱忧戚，庸玉汝于成也。存，吾顺事；没，吾宁也。"这篇文章，后人都很推崇。明道说："《西铭》某得此意。只是须得他子厚有此笔力。他人无缘做得。孟子以后，未有人及此。得此文字，省多少言语。"（《遗书》卷二上）不过此篇的好处，究在何处，前人未有确切底说明。照我们的看法，此篇的真正底好处，在其从事天的观点，以看道德底事。如此看，则道德底事，又有一种超道德底意义。由此方面说，就儒家说，这篇确是孟子以后底第一篇文章。因为孟子以后，汉唐儒家底人，未有讲到天地境界底。

无论什么事物，都是宇宙的一部分。人能从宇宙的观点看，则其对于任何事物底改善,对于任何事物底救济,都是对于宇宙底尽职。对于任何事物底了解,都是对于宇宙底了解。从此观点看,此各种的行为,都是事天底行为。《西铭》所说乾坤的观念,不必与我们所说宇宙的观念相合。其说"乾称父,坤称母",亦未完全超过图画式底思想。但其从事天的观点,以看道德底行为,因此与道德底行为,以超道德底意义,则与我们于此段所说底意思相合。

"尊高年、慈孤弱",本只是道德底事。但高年孤弱不仅是社会的高年孤弱,而且是宇宙的高年孤弱。由此观点看,则尊高年、慈孤弱,又不只是道德底事。一个人将其所有底能力,充分发展,谓之践形。此可以是求利底事,亦可以是行义底事。如他充分发展他的能力,以求得到个人的温饱舒适,则此事即是求利底事。如他充分发展他的能力,以求能为社会服务,则此事即是行义底事。但他所有底能力,亦是宇宙的能力。他充分发展他的能力,亦即是充分发展宇宙的能力。他若能由此观点看,则其充分发展他的能力,又不只是道德底事。穷神知化,本是知识方面底事,而善述其事、善继其志,则又成为事天底事。事天亦可以说是赞化。赞是赞助,化是大化。大化流行以太极为目标。极有二义:一是标准之义,一是目标之义。一理是一类事物所依照底标准,亦是一类事物所向以进行底目标。总括众理,谓之太极,它是实际世界所依照底标准,亦是实际世界所向以进行底目标。它是实际世界的理,亦即是理世界。就其为形上底,与形下底世界相对说,则谓之理世界。就其为形下底世界的标准及目标说,则谓之太极。大化流行,以太极为目标,事天者赞化,亦以太极为目标。他可说是:"可以赞天地之化育。可以赞天地之化育,则可以与天地参矣。"在第二章中,我们说,人可以"与天地参",但必在天地境界中底人,才真正可以说是

"与天地参"。在道德境界中底人,尽伦尽职,是所以穷人之理、尽人之性。在天地境界中底人事天赞化,则是所以穷世界之理、尽世界之性。尽伦尽职所求实现者,是人的目标,可以说是人的好。事天赞化所求实现者,是世界的目标,可以说是天的好。神是宇宙的神,化是宇宙的化。宇宙虽有神化,而尚未被了解。故穷神知化,为能继宇宙未竟之功。人能从此观点看,则穷神知化,又不只是知识方面底事。上所说底这些事,如是都成为事天底事。

能知天者,不但他所行底事对于他另有新意义,即他所见底事物,对于他亦另有意义。如《论语》说:"子在川上,曰:'逝者如斯夫,不舍昼夜。'"宋儒以为孔子于水之流行,见道体之流行。《中庸》引诗:"鸢飞戾天,鱼跃于渊。"宋儒以为于此可见,"化育流行,上下昭著,莫非此理之用"。此说虽未必即《论语》、《中庸》之本意,但水之流行,以及鸢飞鱼跃,对于知天者,都可另有意义,这是可以说底。

事物的此种意义,诗人亦有言及者。王羲之《兰亭诗》云:"仰观碧天际,俯瞰绿水滨。寥阒无涯观,寓目理自陈。大矣造化工,万化莫不均。群籁虽参差,适我无非新。"陶渊明《饮酒》诗云:"结庐在人境,而无车马喧。问君何能尔,心远地自偏。采菊东篱下,悠然见南山。山气日夕佳,飞鸟相与还。此中有真意,欲辨(或作辩)已忘言。"碧天之际、绿水之滨,以及南山飞鸟,即是一般人所常见者。虽即是一般人所常见者,但对于别有所见底诗人,则另有一种意义。故曰:"此中有真意,欲辨已忘言。"对于一般人说,此种意义是新底。任何事物,如有此种意义,则亦是新底。故曰:"群籁虽参差,适我无非新。"

程明道谓观鸡雏可以观仁,又喜养鱼。张横渠曰:"明道窗前有茂草覆砌，或劝之芟，曰：'不可。欲常见造物生意。'又置盆池，畜小鱼数尾，时时观之。或问其故，曰：'观万物自得意。'草之与鱼，人所共见。惟明道见草则知生意，见鱼则知自得意。此岂流俗之见，可同日而语？"明道从另一观点以观事物，所以事物对于他另有意义。此其所以不同于流俗之见也。

于事物中见此等意义者，有一种乐。有此种乐，谓之乐天。《论语》曾晳言志一段，朱子注云："曾点之学，盖有以见夫人欲尽处，天理流行，随处充满，无少欠缺。故其动静之从容如此。而其言志，则又不过即其所居之位，乐其日用之常，初无舍己为人之意。而其胸次悠然，直与天地万物，上下同流，各得其所之妙，隐然自见于言外。视三子（子路、冉有、公西华）之规规于事为之末者，其气象不侔矣。故夫子叹息而深许之。"乐天者之乐，正是此种乐。明道说："周茂叔每令寻孔颜乐处，所乐何事。"又说："自再见周茂叔后，吟风弄月而归，有'吾与点也'之意。"此等"吟风弄月"之乐，正是所谓孔颜乐处。

朱子又云："是他（曾点）见得圣人气象如此。虽超乎事物之外，而实不离乎事物之中。"上所说三子者，固亦在事物之中，其所以为"规规于事为之末者"，朱子《集注》于此引程子云："子路只为不达为国以礼道理，是以哂之。若达，却便是这气象也。""为国以礼"，是一种治国的方法，亦可以说是一种道德底事。若就其本身看，则亦只是一种治国的方法、一种道德底事而已。但若知其理，则又见其又不只是一种治国的方法，一种道德底事，而又是所谓天理的例证。知其为天理的例证，则此等事即有新意义。从此等新意义看，此等事即不只是事为之末。

凡人所做底事，以及所见底事物，若专就其本身看，皆可以说是"事为之末"。知天事天底人，所做底事，以及所见底事物，仍都是一般人所做底事，所见底事物。但这些事，这些事物，对于他都另有意义。因其另有意义，所以对于他，都不只是"事为之末"。《中庸》说："君子之道费而隐。"事物是末，是费。事物所依照之理是本，是隐。在天地境界中底人，即至末见至本，即至费见至隐。所以鸢飞鱼跃，"莫非此理之用"；周茂叔"绿满窗前草不除"，程明道养鱼观鸡雏，皆有圣人气象。此所谓"虽超乎事物之外，而实不离乎事物之中"。

在天地境界中底人的最高底造诣是，不但觉解其是大全的一部分，而并且自同于大全。如庄子说："天地者，万物之所一也。得其所一而同焉，则死生终始，将如昼夜，而莫之能滑，而况得丧祸福之所介乎？"得其所一而同焉，即自同于大全也。一个人自同于大全，则"我"与"非我"的分别，对于他即不存在。道家说："与物冥。"冥者，冥"我"与万物间底分别也。儒家说："万物皆备于我。"大全是万物之全体，"我"自同于大全，故"万物皆备于我"。此等境界，我们谓之为同天。此等境界，是在功利境界中底人的事功所不能达，在道德境界中底人的尽伦尽职所不能得底。得到此等境界者，不但是与天地参，而且是与天地一。得到此等境界，是天地境界中底人的最高底造诣。亦可说，人惟得到此等境界，方是真得到天地境界。知天、事天、乐天等，不过是得到此等境界的一种预备。

于上文，我们说：事天底人赞化，以太极为目标。同天底人，则不但以太极为目标而赞化，而且他已有了太极。天是大全，是万有之总名。所以太极亦在天中。所以同天者亦有整个底太极。在《新理学》中，我们说，我们不以朱子的"人人有一太极"之说为然。但在同天境界中底人，却真可以说是"人人有一太极"。太极在所有底在同天境界中底人的心中,真可以说是如"月印万川"。

或可问:人是宇宙的分子。即对于宇宙人生有觉解者,亦不过觉解其是宇宙的分子。宇宙的分子,是宇宙的一部分。部分如何能同于全体?

于此我们说:人的肉体,七尺之躯,诚只是宇宙的一部分。人的心,虽亦是宇宙的一部分,但其思之所及,则不限于宇宙的一部分。人的心能作理智底总括,能将所有底有,总括思之。如此思即有宇宙或大全的观念。由如此思而知有大全。既知有大全,又知大全不可思(说详下)。知有大全,则似乎如在大全之外,只见大全,而不见其中底部分。知大全不可思,则知其自己亦在大全中。知其自己亦在大全中,而又只见大全,不见其中底部分,则可自觉其自同于大全。自同于大全,不是物质上底一种变化,而是精神上底一种境界。所以自同于大全者,其肉体虽只是大全的一部分,其心虽亦只是大全的一部分,但在精神上他可自同于大全。

同天境界,儒家称之为仁。盖觉解"万物皆备于我",则对于万物,即有一种痛痒相关底情感。程明道说:"学者须先识仁。仁者浑然与物同体,义礼智信皆仁也。""此道与物无对,大不足以明之。天地之用,皆我之用。孟子言万物皆备于我。须反身而诚,乃得大乐。若反身未诚,则犹是二物有对,以己合彼,终未有之,又安得乐?"在普通人的经验中,人与己,内与外,我与万物,是相对待底。此所谓"二物有对"。如"二物有对",则无论如何"以己合彼",其间总有隔阂,所以"终未有之"。但仁者"浑然与物同体",他与万物,无此等隔阂。在仁者的境界中,人与己,内与外,我与万物,不复是相对待底。在这种境界中,仁者所见是一个"道","此道与物无对,大不足以名之"。与物无对者,即是所谓绝对。

　　同天的境界,儒家亦称之为诚。《中庸》说:"诚者,天之道也。诚之者,人之道也。"又说:诚是"合内外之道"。天是绝对,既是绝对,即无与之相对者。天当然是同天,所以诚是天之道。人与物间,则有内外人己之界限。有此等界限,而欲取消此等界限,未诚而欲求诚,即所谓"诚之者"。"诚之者"是人之道。所谓人之道者,言其是文化的产物,精神的创造也。

　　在同天境界中底人,是有知而又是无知底。同天的境界,是最深底觉解所得。但同天的境界,却是不可了解底。佛家的最高境界,是证真如的境界。照佛家的说法,真如是非有相,非无相,非非有相,非非无相,是不可思议底。真如是不可思议底,所以证真如的境界亦是不可思议底。所谓"言语路绝,心行道断"。道家的最高境界,是"得道"的境界。"无思无虑始得道"。得道的境界,亦是不可思议底。"证真如"的境界以及"得道"的境界,都是所谓同天的境界。同天的境界,是不可思议底。但人之得之必由于最深底觉解。人必有最深底觉解,然后可有最高底境界。

　　同天的境界,本是所谓神秘主义底。佛家所谓真如,道家所谓道,照他们的说法,固是不可思议底。即照我们的说法,我们所谓大全,亦是不可思议底。大全无所不包,真正是"与物无对"。但思议中底大全,则是思议的对象,不包此思议,而是与此思议相对底。所以思议中底大全,与大全必不相符。此即是说,对于大全底思议,必是错误底思议。所以对于大全,一涉思议,即成错误。《庄子·齐物论》说:"既已为一矣,且得有言乎? 既已谓之一矣,且得无言乎? 一与言为二。"郭象注说:"一既一矣,言又二之。"此所谓一者,是总一切而为一。一既总一切,则言说中之一,因其不能总此言说,所以即不是总一切之一。总一切之一,是不可言说底。此意与我们以上所说相同。

　　大全是不可思议底。同于大全的境界，亦是不可思议底。佛家的证真如的境界，道家的得道的境界，照他们的说法，是不可思议底。儒家的最高境界，虽他们未明说，亦是不可思议底。他们说："浑然与物同体"，"与物无对"，"合内外之道"，则在此种境界中底人，必不可对于"物"有思议。如其有之，则即是"与物有对"，"以己合彼，终未有之"。有思议必有思议的对象。思议的对象即是外，有外则非"合内外之道"矣。旁观底人，如思议此种境界，其所思议底此种境界，必不是此种境界。

　　不可思议底亦是不可了解底。所谓不可了解者，并不是说其是浑沌混乱，而是说其是不可为了解的对象。例如大全，是不可思议底，亦是不可了解底。一个了解中的大全，不包此了解。所以此了解中底大全，并不是大全。大全是不可了解底。

　　但不可思议者，仍须以思议得之；不可了解者，仍须以了解了解之。以思议得之，然后知其是不可思议底；以了解了解之，然后知其是不可了解底。不可思议底，亦是不可言说底。然欲告人，亦必用言语言说之。不过言说以后，须又说其是不可言说底。有许多哲学底著作，皆是对于不可思议者底思议，对于不可言说者底言说。学者必须经过思议，然后可至不可思议底；经过了解，然后可至不可了解底。不可思议底、不可了解底，是思议了解的最高得获。哲学的神秘主义是思议了解的最后底成就，不是与思议了解对立底。

　　由思议了解所得者，得之者有自觉，不由思议了解所得者，得之者无自觉。所以天地境界，与自然境界，确乎不同。同天的境界，虽是不可思议了解底，在其中底人，虽不可对于其境界有思议了解，然此种境界是思议了解之所得。所以在天地境界中底人，自觉其是在天地境界中，但在自然境界中底人，必不自觉其是在自然境界中。如其自觉，其境界即不是自然境界。在天地境界中底人，自觉其是在天地境界中。就此方面说，他是有知底。在同天的境界底人不思议大全，而自同于大全。就此方面说，在此种境界中底人，是无知底。

道家于此点，见不甚清，所以常将天地境界与自然境界相混，常将在自然境界中底人所有底原始底浑沌，与在天地境界中底人的浑然与物同体，混为一谈。佛家于此点，则所见甚清。佛家说涅槃有四德，即"常、乐、我、净"。在涅槃中底人有乐。此即表示其人有自觉。在涅槃中底人，不但自觉在涅槃中，而且自觉其享受在涅槃中之乐。在天地境界中底人，亦必有自觉。他不但自觉在天地境界中，而且自觉其享受在天地境界中底乐。孟子亦说："万物皆备于我矣，反身而诚，乐莫大焉。"

在天地境界中底人是无"我"底，而又是有"我"底。于第三章中，我们说：所谓"我"有"有私"及"主宰"二义。在天地境界中底人，自同于大全。"体与物冥"。"我"与"非我"的分别，对于他已不存在。就所谓"我"的"有私"之义说，他是无"我"底。但自同于大全者，可以说是"体与物冥"，亦可说是"万物皆备于'我'"。由此方面说，自同于大全，并不是"我"的完全消灭，而是"我"的无限扩大。在此无限扩大中，"我"即是大全的主宰。孟子说浩然之气云："其为气也，至大至刚，以直养而无害，则塞于天地之间。"有浩然之气者的境界，是同天的境界。"塞于天地之间"，是就有此种境界者的"我"的无限扩大说。"至大至刚"是就有此种境界者的"我"是大全的主宰说。横渠《西铭》说："天地之塞吾其体，天地之帅吾其性。"亦是就此二方面说。横渠又说：圣人"为天地立心，为生民立命"，此是专就有此种境界者的"我"是大全的主宰说。我们于上文说，宗教以上帝为宇宙的主宰。在天地境界中底人则自觉他的"我"即是宇宙的主宰。如说是宇宙的主宰者即是上帝，则他的"我"即是上帝。

孟子说："浩然之气，至大至刚"，是说在天地境界中底人的有主宰。"居天下之广居"、"富贵不能淫"等，是说在道德境界中底人的有主宰。"居天下之广居，立天下之正位，行天下之大道"，不能说是不大。"富贵不能淫，贫贱不能移，威武不能屈"，不能说是不刚。不过这只是在道德境界中底人的大与刚，不是至大至刚。《易·系辞》说："圣人与天地合其德，与日月合其明，与四时合其序，与鬼神合其吉凶。"孟子说："上下与天地同流。"庄子说："游心于无穷。""与天地精神往来。""上与造物者游，而下与外死生无终始者为友。""乘天地之正，御六气之辩，以游无穷。"这是在天地境界中底人的大。《易·系辞》说："先天而天弗违。"《中庸》说："建诸天地而不悖。质诸鬼神而无疑。"庄子说："大泽焚而不能热，河汉冱而不能寒，疾雷破山飘风振海而不能惊。"这是在天地境界中底人的刚。他的大与刚，与只在人与人底社会关系中有大与刚者不同。所以朱子论孟子所说浩然之气，亦说："富贵贫贱威武，不能移屈之类，皆低，不足以语此。"（《语类》卷五十二）何以皆低，朱子未明言。但就上文所说，则其是皆低，可以概见。所以在天地境界中底人，总是至大至刚底。就所谓"我"的主宰之义说，至大至刚底人，是有"我"底。

道家常说："至人无己"，"圣人无我"，而亦常说圣人有"我"。如郭象说："夫神全形具，而体与物冥者，虽涉万变，而未始非我。"

佛家所说涅槃四德："常、乐、我、净"，常、乐、净，对生死中底无常、苦、染。这是很易了解底。但涅槃是由"二无我"所得到者，应有"无我"一德，以对生死中底"我"。何以涅槃四德中，无"无我"而反有"我"？盖佛在证真如底境界中，自同于真如。自同于真如，真如就是他的"法身"。就其是他的"身"说，他是有"我"底。

在天地境界中底人，是"物物而不物于物"底。在第五章中，我们说：英雄才人的为人行事，如奇花异草、鸷鸟猛兽，是可玩赏，可赞美底。其可玩赏可赞美，是如其为自然中之一物。圣人在其最高底境界中，从宇宙的观点，以看事物。他自同于大全。所以就其肉体方面说，他虽亦是自然中底一物；但就其觉解说，他已超过自然，笼罩自然，不是自然中底一物。庄子说："浮游于道德之乡"底人，"物物而不物于物"。"物物而不物于物"者，言其可以别物为物，而别物则不能以其为物。明道亦说："事有善有恶。""盖物之不齐，物之情也。但当察之，不可自入于恶，流于一物。"

在天地境界中底人，是有为而无为底。程明道说："天地无心而成化，圣人有心而无为。"又说："君子之学，莫若廓然而大公，物来而顺应。"（《定性书》）朱子说："廓然大公，只是顺他道理应之。"在天地境界中底人，正是"廓然大公，物来顺应。"事物之来，他亦应之，这是有为。他应之是顺应，这是无为。朱子说："至于圣人，则顺理而已，复何为哉？"（《语类》卷一）

在天地境界中底人，能顺理应事。此所谓理，是关于伦职底理；此所谓事，是关于尽伦尽职底事。顺关于伦职底理，为尽伦或尽职，或为尽某伦，或尽某职，应该做些什么事，是不难知道底。阳明说：人人都有良知，良知见善即知其为善，见恶即知其为恶。这是"不学而知，不虑而能"底。我们的说法，虽不必与阳明同，但人应该做些什么事,以尽某伦,或尽某职,并不很难知道,这似乎是不成问题底。知道人应该做些什么事以尽某伦或尽某职,则即一直做去,不再有别底计较,此即是道学家所谓顺应,所谓无为。

或可问:在同天境界中底人,对于大全不可有思议,则如何可有为而应付事物? 应付事物,至少对之必有思议。

于此我们说,在同天境界中底人,应付事物,其所应付底事物,只是某事物。应付某事物,至少对于某事物,必有思议。但对于某事物有思议,不必对于一切事物有思议。不必对于一切事物有思议,则与某事物外之一切事物,仍是浑然同体。仍是浑然同体,其境界仍是同天的境界。所以在同天境界中底人,虽浑然与物同体,而亦能有为而应付事物。

为尽某伦或尽某职,应该做些什么事,即平常人亦很容易知之。他们虽知之而不能行之。这是因为他们是"自私"底。就所谓"我"的"自私"之义说,他们是有"我"底。明道《定性书》又说:"人之患莫过于自私而用智。"人有时虽明知某事应该做,但因受"自私"的牵扯,而不能做之。他有时虽明知某事不应该做,但因受"自私"的牵扯而不能不做之。人于此等时,往往要找许多理由以为自己解释。这找许多理由就叫"用智"。为自己解释,若向别人说,即是欺人。若向自己说,即是自欺。在天地境界中底人,既自同于大全,当然是无私底。既无私,所以亦不用智,"事物之来,只顺他道理应之。"

知尽某伦或尽某职,应该做些什么事,即一直做去,不计较对于其自己所可能有底利害,不用智自欺,在道德境界中底人亦是如此。不过在道德境界中底人,于不计较对于其自己底利害,以有道德行为时,他须作一种特别有意底选择,须有一种努力。我们于上章说,在道德境界中底人,"富贵不能淫,贫贱不能移,威武不能屈"。他并不是不知富贵是可欲底,贫贱是可厌底,威武是可畏底。他并不是不知利可以使他自己快乐,害可以使他自己苦痛。他明知其是如此,而他的行为,却"只是成就一个是",既不为其能使他自己得利而如此,亦不因其能使他自己受害而不如此。生亦所欲,义亦所欲,如二者不可得兼,则舍生而取义。这种取舍之间,有一种特别有意底选择,有一种努力。但在天地境界中底人,行道德底事,则无需乎此。于上文,我们说,在天地境界中底人,至大至刚。他有最深的觉解,以"游心于无穷"。从"无穷"的观点以看事物,则"人间世"中底利害,都是渺小无足道。在他的眼界中,"死生无变于己,而况利害之端乎"。利害不足以介其意,并不是由于他是冥顽不灵,而是由于他的觉解深,眼界大。对于有这一种境界底人,真是如庄子所说,"无庄失其美,据梁失其力,黄帝亡其知"。他固然亦是"富贵不能淫,贫贱不能移,威武不能屈",但他如此并不是出于一种特别有意底选择,亦不需要一种努力。

在这一点,在天地境界中底人,又有似于在自然境界中底人。在自然境界中底人,亦可以不待努力而自然不慕富贵,不畏威武。不过他不慕富贵,不畏威武,可以是由于他的头脑简单,如所谓"初生之犊不畏虎"者。在天地境界中底人不慕富贵,不畏威武,则是由于他的觉解深、眼界大。程明道说:"泰山为高矣。然泰山之上亦不属泰山。虽尧舜事业,亦只如太虚中一点浮云过目。"对于有这种眼界底人,富贵威武,自然亦如草芥浮云。至人"疾雷破山飘风振海而不能惊"。此不惊与"初生之犊不畏虎"之不畏不同。"初生之犊不畏虎",是由于它不知虎之可畏;至人之不惊,是由于他能"死生无变于己,而况利害之端乎"。

在天地境界中底人的道德行为,不是由一种特别有意底选择,所以行之亦不待努力。《论语》:"如有所立卓尔。"程子说这是"大段着力不得"。朱子云:"所以着力不得,象圣人不勉而中,不思而得了。贤者若着力,要不勉不思,便是思勉了。此所以说,大段着力不得。今日勉之,明日勉之,勉而至于不勉。今日思之,明日思之,思而至于不思。正如写字一般。会写底固是会,初写底须学他写。今日写,明日写,自生而至熟,自然写得。"圣人是在天地境界中底人,其道德行为不是出于特别有意底选择,此所谓不思而得;亦不待努力,此所谓不勉而中。说圣人不勉而中,不思而得,这是不错底。但如所谓贤人是指在道德境界中底人,则说贤人与圣人的不同,在于生熟的不同,则是大错底。贤人思而后得,勉而后中。圣人不思而得,不勉而中。这是由于他们的觉解的深浅不同,而不是由于他们的练习的生熟不同。出于习惯底行为,可有练习的生熟不同。但在道德境界及天地境界中底人的道德行为,都不是出于习惯。出于习惯底行为,只可以是合乎道德底行为。有此等行为者的境界,亦只是自然境界。

在天地境界中底人,有最深底觉解,有最大底眼界,所以不以利害介意,但他却又非不知一般人都是求利避害底。他求"万物各得其所",所以他虽不以利害为利害,而却亦为一般人兴利除害。譬如,对于一个小孩子,一块糖是一个很大底引诱,于不应该吃一块糖时,他需做一种特别有意底选择,需要一种努力,然后他才能不吃。但成人于不应该吃一块糖时,真可以弃如敝屣,并不需作一种特别有意底选择,并不需要一种努力。但他仍非不知,一块糖可以使一个小孩子有很大底快乐。所以他能吃一块糖与否,对于他虽是无关轻重,但他知如与他自己的小孩一块糖,其行为可以是慈。他如亦与别人的小孩一块糖，"幼吾幼以及人之幼"，其行为可以是义，可以是仁。如他的行为是行义行仁，他的行为是道德行为，他的境界是道德境界。如"幼吾幼以及人之幼"对于他底意义，是如《西铭》所说："慈孤弱所以幼其幼"，则他的道德行为，又有超道德底意义，又是赞化，他的境界是天地境界。

以上所说底意思，如用另一套话说之，我们可以说：在道德境界中底人，其高一部分底"我"，须常统制其低一部分底"我"。所谓"道心为主，而人心每听命焉"。人心虽常听命，但道心于其统制，仍需一种努力。所谓"天人交战"或"理欲交战"，亦是在道德境界中底人所常经验底，不过交战的结果，总是"理"胜"欲"屈而已。在天地境界中底人，其低一部分底"我"，不待其高一部分底"我"的统制，而自尔无力。他可以说是"从心所欲不逾矩"。在自然境界中底人，有自发底合乎道德底行为者，其低一部分底"我"，亦是自尔无力。但他能如此是自然的礼物；而在天地境界中底人能如此，则是精神的创造。

若就有"我"无"我"说，我们可以说，就所谓"我"的"有私"之义说，在自然境界中底人不知有"我"，在功利境界中底人有"我"，在道德境界中底人无"我"，在天地境界中底人亦无"我"。不过在道德境界中底人的无"我"是需要努力底，而在天地境界中底人的无"我"，是不需要努力底。就所谓"我"的"主宰"之义说，在自然境界中底人无"我"，在功利境界中底人有"我"，在道德境界中底人真正地有"我"，在天地境界中底人，亦真正地有"我"。不过在道德境界中底人的"真我"，是他自己的主宰，而在天地境界中底人的"真我"，不仅是他自己的主宰，而且又是全宇宙的主宰。

在天地境界中底人，并不需要做些与众不同底事。他可以只做照他在社会中所有底伦职所应做底事。他为父,他即做为父者所应做底事。他为子,他即做为子者所应做底事。他做公务员,他即做为公务员者所应做底事。他做军官,他即做为军官者所应做底事。这些事还是这些事,不过因为他对于宇宙人生,有深底觉解,所以这些事对于他都有一种意义,为对于在别底境界中底人所无者。此所谓"即其所居之位,乐其日用之常"。这一点是道学家与所谓"二氏"底基本不同之处。

道家与佛家都有所谓方内方外之分。用道家的话说,方外之人"与造物者为人,而游乎天地之一气。彼以生为附赘悬疣,以死为决疣溃痈","茫然彷徨乎尘垢之外,逍遥乎无为之业",这种人谓之畸人。"畸人者,畸于人而侔于天。"故曰:"天之小人,人之君子。人之君子,天之小人也。"(《庄子·大宗师》)此以人伦日用底事为方内底事。畸人可以是在天地境界中底人,但他的行事,必畸于人而后可侔于天。

一部分道家,亦有以为圣人不必是在方外者。上所引《庄子·大宗师》文,郭象注云:"夫理有至极,外内相冥。未有极游外之致,而不冥于内者也。未有能冥于内而不游于外者也。故圣人常游外以冥内,无心以顺有。故虽终日见形,而神气无变。俯仰万机,而淡然自若。"圣人虽"与群物并行",而仍"遗物而离人";虽"体化而应务",仍"坐忘而自得"。郭象此说,比以为圣人必须在方外者,固已圆通,但仍以为有方内方外之分,不过以为圣人可在方内,而不为所累。

道家的人,总以为有方内方外之分。晋人多受道家的影响,故多以为,自然与名教,是对立底;玄远与俗务,是不能并存底。《世说新语·简傲》篇云:"王子猷(徽之)作桓车骑(冲)骑兵参军。桓问曰：'卿何署？'曰：'不知何署，时见牵马来，似是马曹。'桓又问：
'官有几马？'曰：'不问马，何由知其数？'又问：'马比死多少？'曰：
'未知生，焉知死？'"又云："王子猷作桓车骑参军。桓谓王曰：'卿
在府久，比当相料理。'初不答，直高视，以手版拄颊云：'西山朝来，
致有爽气。'"晋人往往自矜玄远，不屑俗务。这是道家以为有方内
方外之分的流弊。

方内方外之分，佛家尤重视之。佛家的人的最高境界，亦是此
所谓同天的境界。但佛家以为，人必须做些与众不同底事，然后可
至此种境界。在此种境界中底人，所做底事，亦与众不同。佛家的
人，必须出家入山，打坐参禅。其所重视底方外，比道家所谓方外
者尤外。其去人伦日用，比道家尤远。

又有所谓动静的对立。在方外玩弄一种境界是静，在方内做
社会中底事是动。道家的人，心斋坐忘。佛教的人，参禅入定。他
们都注重于方外底人的静。但人必须在社会中始能生活。这些人
虽生活而却不做社会中底事，这就是一种矛盾。例如一个在深山
穷谷中修行底和尚自耕自食，自谓与世绝缘。但其实并未绝缘。
有山可入，有田可耕，这亦是在社会底组织下而始能如此底。若无
社会组织，则虽有山而亦无入，有田而亦无可耕，虽欲生活，而亦
不能一日生活。不过这些和尚，以社会中底事为外，以不做这些事
为静。不做这些事，而却要倚靠别人做这些事。这就是他们的生
活中底一种矛盾。伊川说："释氏有出家出世之说。家本不可出，
却为他不父其父，不母其母，自逃去可也。至于世，则怎生出得？
既道出世，除是不戴皇天，不履后土始得。既道出世，然却又渴饮
而饥食，戴天而履地。"(《遗书》卷十八) 道学家对于佛家底批评，如此
类者甚多，大都是不错底。

　　道学家批评"二氏",以为他们是"智者过之","失之于过高",此批评是不错底。明道云:"《订顽》(《西铭》)一篇,意极完备,乃仁之体也。学者其体此意,常有诸己,其地位已高。到此地位,自别有见处,不可穷高极远,恐于事无补也。""二氏"所以是"失之过高"者,因为他们都要离开人伦日用,做些与众不同底事,以求一最高境界而有之。他们的说法,是很微妙,但不是很平易。

　　古代儒家中,只有孟子及《易·系辞》的作者说到人的天地境界。但其所说,远不及道家及后来底佛家所说底多且详。不过道家与佛家,都有上所说底一种矛盾。晋唐以来底思想家,都注重于解决这种矛盾。上所引郭象之说,以及僧肇所说"寂而恒照,照而恒寂",禅宗所说"担水砍柴,无非妙道",虽都很圆通,但总尚有一间未达。担水砍柴,尚无非妙道,何以事父事君,反不能是妙道?此一转语,便转到道学家。明道说:"居处恭,执事敬,与人忠,此是彻上彻下语,圣人元无二语。"由此观点看,在天地境界中底人,即至末见至本。道德底事,对于他亦有超道德底意义。以仁义自限者,其境界固低于天地境界,但在天地境界中底人所做底事,亦可以只是在道德境界中底人所做底事。由此观点看,则所谓方内方外的对立亦已不存。对于圣人,方内之事,即是方外之事。洒扫应对,即可以尽性至命。

　　内外的对立,既已化除,动静的对立,亦即消灭。周濂溪说:"圣人定之以中正仁义而主静,立人极焉。"有人以为道学家主静,这是大错底。濂溪的说法,是早期道学尚未完全化除动静对立时的说法,后来底道学家,论学养则不说静而说敬,论境界则不说静而说定。静是与动相对底,而定则不是与动相对底。明道《定性书》说:"所谓定者,动亦定,静亦定,无将迎,无内外。苟以外物为外,牵己而从之,是以己性为有内外也。既以内外为二本,则又乌可遽语定哉?夫天地之常,以其心普万物而无心。圣人之常,以其情顺万物而无情。故君子之学,莫若廓然而大公,物来而顺应。"阳明说:"君子之学,无间于动静。其静也常觉而未尝无也,故常应。其动也常定而未尝有也,故常寂。"所谓动亦定,静亦定者也。定是贯彻动静底,所以与佛家谓入定之定不同。用我们的话说,所谓定者,即是常住于同天的境界,做事时是如此,不做事时亦是如此。常住于同天的境界,而又能酬应万变。此所谓"动亦定,静亦定",亦即所谓"寂然不动,感而遂通"。此即超过内外动静的分别,"不以内外为二本"。以内外为二本,还是由于了解的不彻底。

　　道学家受佛道二家的影响,接孟子之续,说一最高境界。但此最高境界,不必于人伦日用外求之,亦不必于人伦日用外有之。人各即其在社会中所居之位,做日用底事,于洒扫应对之中,至尽性至命之地。他们的说法,可以说是极其平易,亦可说是极其微妙。这是道学家的最大底贡献。不过他们亦尚有未达处,我们于第三章亦已详论。

　　按道学家所谓二氏,指佛教与道教。我们于上文,则只论及道家,未论及道教。道教中底人,若只以求长生为目的,则其境界只是功利境界。道教只可说是失之于过低,不能说是失之于过高。不过道学家心目中底道教,兼有道家。其批评二氏,有些实是批评道家,而不是批评道教。

第八章　学养

　　道德境界及天地境界，是精神的创造，不是自然的礼物。自然境界及功利境界是自然的礼物，人顺其自然底发展，即可得到自然境界或功利境界。但任其自然底发展，人不能得到道德境界，或天地境界。人必须用一种工夫，始可得到道德境界或天地境界。就"自然发展"的一意义说，得到道德境界或天地境界，亦是人的自然发展的结果。因为这是人尽性的结果。人既然是人，则尽人之性，不能不说是一种自然发展。孟子讲道德，大概是就此方面说。但如欲有道德境界或天地境界，则人需自觉地用一种工夫。而有自然境界或功利境界，则无需自觉地用工夫。由此方面说，则自然境界及功利境界是自然的礼物，道德境界及天地境界是精神的创造。荀子讲道德，大概是就此方面说。

　　此所说的一种工夫，有两部分。一部分底工夫，是求对于宇宙人生底觉解。人对于宇宙有完全底觉解是知天。人对于人生有完全底觉解是知性。知性，则他所做底事，对于他即有一种新意义，此种新意义使其境界为道德境界；知天，则他所做底事，对于他即又有一种新意义，此种新意义使其境界为天地境界。不过若无另一部分底工夫，则此诸种新意义，是很容易消失底，因为"人心惟危"，易流为人欲，而道心又是"惟微"。对于宇宙人生底觉解，虽可使人于一时能从社会或宇宙的观点，以看事物，因此他所做底事，对于他有新意义,但他能如此看,只是一时底。于人己的利害,没有冲突时,他可以如此看。但于别一时,人己的利害,如有冲突,他即忘记了他的觉解,而仍从其自己的利害的观点,以看事物。从此种观点以看事物,则他所做底事,对于他即失去如上所说底新意义,因此他的境界,即又是功利境界。孔子说:"回也三月不违仁,其余日月至焉而已。"人对于道德境界或天地境界,亦可以是三月不违,或甚至永久不违;可以是日月至焉,或永未能至;或并不知有此种境界。永久在自然境界或功利境界中,是大多数人所本来都能底。对于宇宙或人生底觉解,可使我们"日月至"道德境界或天地境界,但欲永久在此等境界中,如道学家所谓"人欲尽处,天理流行"者,则除有觉解以外,还要有另一部分底工夫。

此另一部分底工夫,说是另一部分底工夫,亦似乎有未妥,因为此所谓另一部分底工夫者,亦可以说是并非另一部分底工夫。人对于宇宙人生底觉解,可使人得到道德境界或天地境界。此所谓另一部分工夫者,亦不过是常注意不忘记此等觉解而已。人常注意于此等觉解,令其勿忘,而又常本此等觉解以做事,则他所做底事,对于他即常有如上所说底新意义。他所做底事对于他常有如上所说底新意义,则他的境界即常是道德境界或天地境界。此常注意即道学家所谓敬。朱子说:"今人将敬来别做一事,所以有厌倦,为思虑引去。敬只是自家一个心常醒醒便是。不可将来别做一事。"(《语类》卷一百十五)又说:"敬却不是将来做一个事。今人却先安一个敬字在这里,如何做得? 敬只是提起这心,莫教放散。"(同上)道学家常说"主一"、"无适"、"整齐严肃"、"常惺惺"、"心收敛不容一物"、"心不走作"、"心不放逸"、"心要在腔子里",这都是说敬。他们所谓"操存"、"求放心"、"勿忘"、"必有事焉",亦都是说敬。常本此等觉解以做事,即道学家所谓集义。常本此等觉解以做事者,所做底事,必是道德底事。所以做此等事,谓之集义。常注意于此等觉解,而又常本之以做事,即道学家所谓敬,"敬以直内,义以方外"。

敬及集义,可使人常住于道德境界或天地境界中。究竟在何种境界中? 此是因人对于宇宙人生底觉解的深浅而异底。如果一个人的觉解使他有道德境界,则他常注意此等觉解,常本此等觉解以做事,即使他常住于道德境界中。如他的觉解使他有天地境界,则他常注意此等觉解,常本此等觉解以做事,即使他常住于天地境界中。

道学家的修养方法,大都是所以使人成为圣人底方法,此即是说,大都是所以使人得天地境界底方法,其方法的精义不外乎如上所说者。孟子养浩然之气底方法,是"配义与道"。浩然之气是"集义所生"者。道是对于宇宙人生底了解。集义是常做道德底事,其方法的精义,亦不外乎如上所说者。但道学中程朱、陆王两派,在此点又有不同。程朱的方法是:"涵养须用敬,进学在致知"。用敬是常注意,致知是觉解。此派的方法是:一面用敬,一面求觉解。陆王的方法是:"识得此理,以诚敬存之","先立乎其大者"。此派的方法是:先有深底觉解,然后用敬。以下分述两派的方法,并批评之。

明道《识仁篇》说:"仁者浑然与物同体,义礼智信皆仁也,识得此理,以诚敬存之而已。""不须防检,不须穷索。若心懈,则有防。心苟不懈,何防之有? 理有未得,故须穷索。存久自明,安待穷索?""《订顽》意思,乃备言此体,以此意存之,更有何事? 必有事焉而勿正,心勿忘,勿助长,未尝致纤毫之力,此其存之之道。"此所说底方法,即是象山所谓"先立乎其大者"。先识得《西铭》中所说底意思,然后以诚敬存之。所谓存之,即是常将其记在心中,时常注意及之。注意是敬,记之是存。敬上又加一诚字,言记要真实地记,注意要真实地注意。存要真实地存,敬要真实地敬。此外不必,亦不可再用别底力。再用别底力,即是"助长"。孟子说:"助之长者,揠苗者也。"

象山说:"宇宙即是吾心,吾心即是宇宙。"又说:"宇宙内事,皆己分内事。"人须先对于宇宙人生有觉解,即所谓"先立乎其大者"。象山说:"《论语》中多有无头柄底说话,如'知及之,仁不能守之'之类,不知所及者何事。如'学而时习之',不及所习者何事。非学有本领,未易读也。苟学有本领,则知之所及者,及此也。仁之所守者,守此也。时习者,习此也。说者说此,乐者乐此,如高屋之上,建瓴水矣。"先知"此"是觉解,"及此""守此"等是用敬。

阳明的修养方法是致良知。阳明说:"知善知恶是良知,为善去恶是格物。"照阳明的系统,良知是人的本心的表现。阳明说:"天地万物与人,原是一体。其发窍之最精处,是人心一点灵明。"又说:"天命之性,粹然至善。其灵昭不昧者,此其至善之发现,是乃明德之本体,而即所谓良知者也。"人"心知仁,本与天地万物为一体"。此一体之仁,即是明德。明德的表现,即是良知。人顺其良知而为善去恶,即是致良知。致良知即是所以恢复其心之仁的本体,即是所谓明明德。人觉解有良知,或对于良知有觉解以后,只须常注意于致良知。此常注意,即是"必有事焉"。阳明说:"若时时去用必有事焉的工夫,而或有时间断,此便是忘了。即须勿忘。时时去用必有事焉的工夫,而有时欲速求效,此便是助了。即须勿助。工夫全在必有事上。勿忘勿助,只就其间提撕警觉而已。"（《答聂文蔚》）此等必有事焉，时时提撕警觉，可使人随其对于良知底觉解的程度，而得常住于道德境界或天地境界。

以上说陆王一派的修养方法。他们的方法是：先有觉解，然后用敬。此所谓"先立乎其大者"。惟如何"先立乎其大者"，则此派未有详说。

程朱一派的修养方法是：一面求觉解，一面用敬。伊川说："涵养须用敬，进学在致知。"他说："为学莫先于致知。能致知，则思一日而愈明一日，久而后有觉也。学无觉，则无益矣，又奚学为？""致知在格物。""今人欲致知，须先格物。物不必谓事物，然后谓之物也。自一身之中，至万物之理，但理会得多，相次自然豁然有贯通处。"又说："今日格一物，明日格一物，积习既多，然后脱然有贯通处。"用敬是主一。"主一则既不之东，又不之西，如是则只是中。既不之此，又不之彼，如是则只是内存。此则自然天理明白。学者须是将敬以直内，涵养此意。直内是本。"

伊川此意，朱子更加发挥。关于致知一方面，朱子说："盖人心之灵，莫不有知，而天下之物，莫不有理。惟于理有未穷，故其知有未尽也。是以大学始教，必使学者即凡天下之物，莫不因其已知之理而益穷之，以求至乎其极。至于用力之久，而一旦豁然贯通焉，则众物之表里精粗无不到，而吾心之全体大用无不明矣。"（《大学·补传》）关于用敬一方面，朱子说："盖吾闻敬之一字，圣学所以成始而成终者也。为小学者，不由乎此，固无以涵养本原，而谨夫洒扫应对进退之节，与夫六艺之教。为大学者，不由乎此，亦无以开发聪明，进德修业，而致乎明德新民之功也。"（《大学或问》）

程朱一派，以为人对于宇宙人生底较深底觉解，非一蹴可得，故须"今日格一物，明日格一物"。今日有得，今日即用敬以守之。

明日亦有得,明日即又用敬以守之。如是稳扎稳打,步步为营,最后乃能常住于天地境界。他们的方法,是循序渐进。所以尹和靖"见伊川半年,方得《大学》、《西铭》看"。

我们于上章说到,朱子所说底曾点的境界。关于此点,朱子又说:"其见到处,直是有尧舜气象。如庄子亦见得尧舜分晓。""曾点见识尽高,见得此理洞然,只是未曾下得工夫。曾点曾参父子正相反。以点如此高明,参却鲁钝,一向低头捱将去。直到一贯,方始透彻。是时见识,方到曾点地位,然而规模气象又别。"(《语类》卷四十)又说:"尧舜便是实有之,踏实做将去。曾点只是偶然绰见在。譬如一块宝珠,尧舜便实有在怀中。曾点只看见在,然他人亦不曾见得。"(同上)曾点已"识得此理",而尚未"实有之",尚需下一番工夫。所谓工夫者,即以"诚敬存之"的工夫。曾点若有此一番工夫,则到其成就时,亦是规模气象又别。曾点如有此种成就,其成就是用陆王一派的修养方法底成就的例。曾参的成就,是用程朱一派的修养方法底成就的例。

程朱、陆王两派的修养方法,有上述底不同。程朱一派,以陆王一派的方法为空疏。陆王一派,以程朱一派的方法为支离。就一方面说,陆王一派的方法,诚可以说空疏。就一方面说,程朱一派的方法,亦诚可以说是支离。

陆王一派的方法,是"先立乎其大者","识得此理,以诚敬存之"。但如何"先立乎其大者",如何"识得此理",陆王一派未有详说。他们所靠者,似乎是学者的悟。如上第一章所引,杨慈湖因象山一言指点,"忽省此心之无始末,忽省此心之无所不通"。象山《语录》又谓:"他日侍坐先生,无所谓。先生谓曰:'学者能常闭目亦佳。'某因此无事则安坐闭目,用力操存,夜以继日,如是者半月。

一日下楼,忽觉此心已复澄莹中立,窃异之。遂见先生。先生目逆而视之曰:'此理已显也。'"陆王一派所谓"先立乎其大者"底办法,大致如此。他们不于"即物而穷其理"上求致知。所以程朱一派,以他们的方法为空疏。但尚有一点,为程朱一派,及以后道学家所未说者,兹于下文论之。

陆王一派所说人的本心,是人本来所有,而且本来是如此底。因其本来是如此底,所以修养者所用底工夫,只是所以"复其天地万物一体之本然而已耳,非能于本体之外,而有所增益之也"(阳明《大学问》)。因此他们有时忽视自发底合乎道德底行为,与由学养得来底道德行为的分别,忽视自然境界与道德境界或天地境界的分别。孟子说:"孩提之童,无不知爱其亲也。及其长也,无不知敬其兄也。亲亲,仁也;敬长,义也。"这几句话是陆王一派所常引用者。不过此所谓知的意思,很不清楚。孩提之童,知爱其亲,知敬其兄,可以是:事实上也爱其亲、敬其兄。亦可以是:他不但爱其亲、敬其兄,而且他自觉他爱其亲、敬其兄,并且了解,爱其亲、敬其兄是应该底。若只事实上爱其亲、敬其兄,而不自觉其是如此,并且不了解如此是应该底,则他的行为只是自发底,合乎道德底行为。自发底,合乎道德底行为,是合乎道德底行为,而不是道德行为。他的行为虽是出乎本心,但他对于本心,并无觉解,所以他的境界只是自然境界,不是道德境界,更不是天地境界。陆王一派,有时忽视这一类底分别。象山说:"若某则虽一个字不识,亦须还我堂堂地做一个人。"阳明说:"满街都是圣人。"王龙谿说:"念庵谓世界无有现成良知。非万死工夫,断不能生。以此校勘虚见附和之辈,未为不可。若必以见在良知为与尧舜不同,必待工夫修证,而后可得,则未免矫枉之过。曾谓昭昭之天,与广大之天,有差别乎?"照我们的说法，人纵有"现成良知"，然待工夫修证而后得底良知，虽亦不异于"现成良知"，但对于有修证工夫者，其意义不同。因此有"现成良知"底人，虽亦可"从心所欲不逾矩"，但不能与圣人有相同底境界。满街的人有"现成良知"者，虽亦可堂堂地做一个人，但其境界不能是天地境界。

陆王一派的人，所认为是照良知行底人，其境界可有高低的不同。不觉解有良知，而自然地顺良知行者，其行为是自发底，合乎道德底行为，其境界是自然境界。觉解有良知而努力地顺良知行者，其行为是道德行为，其境界是道德境界。觉解良知是"明德"的表现，是与天地万物一体底本心的"发窍之最精处"者，其致良知，即是所以"复其天地万物一体之本然"，其致良知虽亦是行道德，而又不只是行道德。对于良知，有如此觉解底人，其致良知，行道德，又不只是道德行为，其境界亦不只是道德境界，而是天地境界。此诸分别，陆王一派，有时未分清楚。因此他们的方法，虽是先求觉解，而有时又似不注重求觉解，不注重"致知"。由此方面说，陆王一派的方法，纵未必是失于空疏，而陆王一派的人，有些是，或有时是，失于空疏。

就一方面说，程朱一派的方法，是失于支离。照我们于上数章所说，人对于宇宙人生，必先有某种觉解，然后他所见所做底事，才对于他有某种意义。此种意义，使他有某种境界。他如再能常注意于某种境界，他即可常住于某种境界。如一人尚未有某种觉解，则他根本即未有某种境界。既未有某种境界，则他虽常注意，亦与某种境界无关。伊川说："就孝弟中，便可尽性至命。至如洒扫应对，与尽性至命，亦是一统底事。"此言固是真底，但只对于尽性至命已有觉解者是如此。对于尽性至命尚无觉解者，孝弟只是孝弟，洒扫应对只是洒扫应对,与尽性至命,毫不相干。朱子说:为小学者,若不用敬,则"无以涵养本原,而谨夫洒扫应对进退之节,与夫六艺之教"。为小学工夫底人,若对于宇宙人生,无相当程度底觉解,则其洒扫应对进退之节,可以只是出于遵从师长的命令。如其如此,则其境界可以只是功利境界。其洒扫应对进退之节,亦可以是由于顺从一时一地的习俗。如其如此,则其境界,可以只是自然境界。如此,他虽用敬,而其用敬实无干于尽性至命之事。在如此情形下,如教其用敬,以求尽性至命,则正如阳明所说:"此如烧锅煮饭,锅内不曾渍水下米,而乃专去添柴放火,吾恐火候未及调停,而锅先破裂矣。"(《答聂文蔚》)王龙谿亦云:"涵养工夫,贵在精专继续,如鸡抱卵。先正尝有是言。然必卵中原有一点真阳种子,方抱得出。若是无阳之卵,抱之虽勤,终成假卵。"伊川固亦说:"然今世非无孝弟之人,而不能尽性至命者,由之而不知也。"朱子亦说:"致知是'梦觉关'。"他们固亦注重知,固教人一面格物。但他们不注重于"先立乎其大者",而只注重于"今日格一物,明日格一物"。就此方面说,他们的方法,作为一种求天地境界底方法看,是可以说是失于支离。

或可说:陆王一派,以为理在心中。他们不于心外求理,所以比较容易"先立乎其大者"。程朱一派以为理在心外,所以他们要"即物而穷其理"。事物的理众多,非一日所可穷。所以须"今日格一物,明日格一物",积累渐进,乃可至"豁然贯通"的程度。照他们的形上学,"先立乎其大者",是不可能底。程朱、陆王二派的形上学不同,所以他们的修养方法亦不得不异。

于此我们说,程朱一派以为"人人有一太极,物物有一太极"。他们所谓穷理,虽说是"即物穷理",而实亦是穷其心中之理。他们以为"即物穷理"是很麻烦底事,其所以麻烦,并不是因为理在心外,而是因为他们所谓穷理,是要"穷至事物之理",是要知事物的理的完全底内容。知一事物的理的完全底内容,是很麻烦底。知一事物的理的完全底内容,如不是不可能底,亦必更是非常地麻烦底。所以他们须"今日格一物,明日格一物",以求一不可必底"豁然贯通"。其实,如将致知作为一种求天地境界的方法看,则所谓致知者,并不必求知事物的理的完全底内容,更不必求知一切事物的理的完全底内容,而只在于了解几个哲学底观念。了解这几个观念,即可以是"先立乎其大者"。如此,则纵使理在心外,而"先立乎其大者",亦不是不可能底。而"先立乎其大者"的"立",亦不是没有方法,而专靠学者的悟底。

于第一章中,我们说哲学是一种自反底思想。哲学能使人知人之所以异于禽兽者,能使人知性。在上章,我们说有几个哲学底观念,可以使人知天。上章所说宇宙或大全,理及太极,以及道体等观念,都是此所说底哲学底观念。哲学以这些观念替代宗教中底上帝、天堂,以及创世等观念。哲学以清楚底思,替代宗教的图画式底想。扫除宗教中底混乱与迷信,使人不藉图画式底思想,而即可以知天。这是哲学的一个主要底任务。

这些哲学底观念,都是形式底观念,哲学不能知所有底事物,共有多少,都是些什么,但可以一个观念总括思之。此总括万有底一个观念,即是宇宙的观念。哲学中所谓大全,所谓一,都是这个观念的别名。道学家所谓天地,亦是指这个观念。伊川说:"人多言天地之外。不知天地如何说内外,外面毕竟是个甚?若言着外,则须似有个规模。天地安有内外?言天地之外,便是不识天地也。"人能有这个观念,可以说是人智的一个很大底进步。这个观念,总括万有,可以说是"范围天地"。人能有这个观念,即以这个观念,总括万有,可以说是"智周万物"。不过此所谓"范围天地"、"智周万物",都是形式底。虽是形式底,而可以使人"开拓万古之心胸"。这个观念,严格地说,与其所拟代表者,并不完全相当。大全是不可思议底,而大全的观念,则是在思议中底。所以大全的观念,与其拟代表者,不能完全相当。此点我们于上章已详。虽是如此,但我们如无大全的观念,则不能知大全。不过于既知大全之后,我们需又知大全的观念,与大全不完全相当。

哲学不能知某一类事物之所以为某一类事物者是什么,但可知,每一类事物都必有其所以为某一类事物者。某一类事物之所以为某一类事物者,即有某一类事物的理。就一类事物之所以为一类事物者而思之,即有理的观念。有,或可能有,许多类事物,即有许多理。总括所有的理,即是太极或理世界。总括所有底理而思之,即有太极或理世界的观念。理世界是"一个洁净空阔底世界"(朱子语),是实际世界中底事物的最高底典型或法则。大全是不可思议,亦不可想象底。理及理世界是只可思议、不可想象底。

哲学并不能知,实际底世界中,于任何时,有些什么事物生,有些什么事物灭。亦不能知实际底世界,于任何时,有些什么变化,及其如何变化。但可知实际底事物,无时不在生灭中;实际底世界,无时不在变化中。总一切底生灭变化,将其作一总流而思之,即有道体的观念。道体是实际底世界及其间事物生灭变化的洪流。旧说谓之大化流行,亦谓之大用流行。

这些观念都是形式底。因此这些观念并不能予人以积极底知识。宇宙的观念,并不能使人知宇宙间有些什么。理及理世界的观念,并不能使人知其理的内容是什么。道体的观念,并不能使人知实际底世界如何变化,某实际底事物若何生灭。这些观念,不能予人以积极底知识,因亦不能予人以积极底权力,以控制实际,改变实际,如科学所能予人者。从实用的观点看,这些哲学底观念,可以说是空底。其所肯定底,可以说是无所肯定。

这些哲学底观念,虽不能予人以积极底知识,但可以使人有一种新境界。人必有宇宙的观念,然后他可知他不但是社会的分子,而且是宇宙的分子。事实上,人虽都是宇宙的分子,但却非个个人都觉解其是宇宙的分子。人如觉解其是宇宙的分子,他必已有宇宙的观念。

理及理世界的观念,虽不能使人知某理的内容是什么,但可使人知,实际世界中底事物,都多少依照永恒底理。事物是不完全底。但有其完全底典型或法则。事物是常变底,但是永恒底理的例证。

道体的观念,虽不能使人知,实际底世界,如何变化;其中底事物,如何生灭。但可使人知任何变化,都是大化流行中底一程序,亦是道体中底一程序。

所以这些哲学底观念,虽不能予人以积极底知识,因而亦不能在技术方面,使人能做什么,但可以使人所做底事,所见底事,对于他都有一种新意义。此种新意义,使人有一种新境界。此种新境界,是天地境界。此是哲学的大用处。用西洋哲学的话说:哲学的用处,本不在于求知识,而在于求智慧。

哲学虽有如此底功用,但只能使人知天,可以使人到天地境界,而不能使人常住于天地境界。欲常住于天地境界,则人须对如此底哲学底觉解"以诚敬存之"。研究哲学,是"进学在致知";"以诚敬存之",是"涵养须用敬"。先有哲学底觉解,然后"以诚敬存之”,是“先立乎其大者”。

上所说的哲学底观念,虽是形式底观念,但人之得之,亦必藉助于经验。我们虽不能知,亦不必知,宇宙间所有底事物,都是什么,但我们必须对于有些事物,有些知识,然后可有宇宙的观念。我们虽不能知,亦不必知,所有底理的内容,但我们必须知有些理的内容,然后可有理及理世界的观念。我们虽不能知,亦不必知,实际底世界,如何变化,其中一切底事物如何生灭,但我们必须知,有些事物如何生灭变化,然后可有道体的观念。由此方面说,则程朱所谓“今日格一物,明日格一物”的工夫,亦是不可少底。“今日格一物,明日格一物”,如是藉助于经验,以至于得上所说底哲学观念,如是由知实际而知真际,由知一偏而知大全,于有此等观念之后,人的觉解,可以说是“范围天地”、“智周万物”,他如有此种自觉,他亦可以说是“一旦豁然贯通焉”。陆王一派,不用此种工夫。由此方面看,陆王一派的方法,是失于空疏。

不过,照我们的说法,“今日格一物,明日格一物”,其目的乃在于由知实际而知真际,由知一偏而知大全。格物者或须对于某理的内容,作完全底研究,但其目的并不在于知某理的完全底内容,更不在于知一切理的完全底内容。程朱所谓格物,则似乎是要知某理的完全底内容,及一切理的完全底内容。由此方面看,程朱的方法,是失于支离。

人的觉解,使他到某种境界;他的用敬,可使他常住于某种境界。他若求有天地境界,他必先有如上所说底觉解,然后他的用敬,才不致如空锅煮饭。他必要“先立乎其大者”。由此方面看,上文所说底修养方法,近于陆王。但上文所说底研究哲学,真正是于心外求理。由此方面看,上文所说底修养方法,又近于程朱。虽近于程朱,而并不失于支离。虽近于陆王,而并不失于空疏。

或可说,上文所说底修养方法,或可说是不失于支离。但哲学既不能予人以积极底知识,则人靠这些哲学底观念所有底知识,与靠这些知识底修养方法,似乎还是失于空疏。

于此我们说,若从求知识及权力的观点看,则上文所说底知识及方法,诚然是空疏。但上文所说底方法所求者,并不是积极底知识及权力,而乃是一种境界。常有此种境界底人是圣人。圣人有没有在别方面底知识及智能,与他是圣人与否,是无干底。他如有别方面底知识及智能,那是因为他在别方面底才,并不是因为他的境界是天地境界。我们也说,哲学亦可使人豁然贯通,而且人于学哲学时,亦必须有一种豁然贯通的经验,然后他才可有一种境界。不过所谓豁然贯通者,只能是就人的境界说,不能是就人的知识智能说。朱子说:"众物之表里精粗无不到,而吾心之全体大用无不明。"其所谓豁然贯通,似兼就人的知识智能说。这一种的豁然贯通,似乎是不可能底。朱子又以为,穷理是"即凡天下之物,莫不因其已知之理,而益穷之,以求至乎其极",这亦是不可能底。

或可说,上所说底修养方法,作为一种求天地境界的方法看,或可以是无空疏之失。人求天地境界,不必知众理的内容。但人无论在天地境界或道德境界,都必实行各种道德底事。实行各种道德底事,则必须知各种道德底事的理的内容。其所以如下所说。

人的道德判断,可有错误,而且常有错误。于上文第七章中,我们说,人于尽某伦、尽某职时,什么事应该做,什么事不应该做,并不是难知底。这可说是他的良知所知。不过于道心与人欲冲突的时候,人亦常找些似是而非底理由,以证明他所应该做底事,是不应该做底,他所不应该做底事,是应该做底。此即道学家所谓用智自欺。找理由是用智。所找底理由，虽非而似是，似是而即自以为是，是自欺。用智自欺的结果，往往使人有错误底道德判断。

并且，在有些时候，人所需选择而行者，并不是一件道德底事及一件不道德底事，或一件道德底事及一件似是而非底道德底事，而乃是一件道德底事，及另一件道德底事。此两件事虽都是道德底事，但却是冲突底。如《孟子》中说："舜为天子，皋陶为士，瞽瞍杀人，则如之何？"又如后汉赵苞为守城而致其母于死。舜如尽其为天子之职，赵苞尽其为太守之职，则必致其父母于死。如欲救其父母，则必不能尽其为天子或为太守之职。在此等情形下，究竟应该如何行才是至当不易底道德行为，是很不容易决定底。

因此人必须对于各种道德底事的理的内容，有充分底知识，然后他才可以这些理为标准，以核对他自己的道德判断，以决定他自己的行为。因此他不能对于各种道德底事的理，只有形式底观念，而必须研究其内容。程朱所谓致知穷理，虽说是穷天地万物之理，而其实际所注意者，只是各种道德底事的理。伊川说："穷理亦多端：或读书讲明义理；或论古今人物，别其是非；或应接事物，而处其当；皆穷理也。"此所说即是此种研究核对的工夫。康德《实践理性论衡》中所说"实践理性的方法论"，亦是此种研究核对的工夫。

此种研究核对的工夫，能使人的道德判断，不致错误，因此，其行为可以必是道德行为。此种研究核对的工夫，并可以使人的境界必是道德境界，而不只是自然境界。这一点是程朱所未言者。人的依照道德规律底行为，虽是依照道德规律底，但他可以不知其是如此。如其不知其是如此，则他的行为，只是合乎道德底行为，而不是道德底行为。犹如一民间的歌谣，虽音调铿锵，但作者未必知其合乎某种音乐上底规律。此种研究核对的工夫，可以使有此等不自觉底行为者,对于其自己的行为,得到印证,使其知其行为,是怎样一回事。知其行为是怎样一回事,则即对之有觉解。如此则其行为可必是道德行为,而其人的境界,亦可必是道德境界。

于此我们说,陆王一派,对于自然境界及道德境界或天地境界的分别,不十分注意。但已"先立乎其大者"底人,其境界并不是自然境界,此点于上文已说。无论在道德境界或天地境界中底人,都必须行道德底事,都必须对于各种道德底事的理的内容,有充分底知识。这是不错底。所谓研究核对的工夫,是必需有底。但做这些工夫,其本身即是一事。在不同境界中底人,都可以做此等事。不过对于在不同境界中底人,做此等事亦有不同底意义。所以必须其觉解,已使其到道德境界或天地境界底人,做此等事,才可以说是一种"工夫"。所谓"工夫"者,即可以对于其常住道德境界,或天地境界,有所裨益。在功利境界中底人,亦可以研究各种道德底事的理的内容。他可以以此等研究求名求利。如此,则此等事对他只是一种"工具",不是一种"工夫"。

在天地境界或道德境界中底人,除求关于道德底事的理的知识外,亦更须求别方面底知识。于第七章中我们说:"物来而顺应",此所说纯是就行道德方面说。并不是说,在技术或别底知识方面,人亦可毫不讲求,而只"物来顺应"。用另一套话说,第七章中所谓无为,所谓"物来顺应",纯是就我们所遇底事的应该做或不应该做说。至于应该做底事,我们如何做,则不是可以顺应底。例如一个人要替社会办一件事,如果他知其是该办,他即应办,不要有别底顾虑,此是物来顺应。但如何去办这件事,这中间一定有许多知识技术问题。此等问题,即阳明亦以为非良知所能知。此等问题,自须另有讲求,而且在平时都需要讲求。不过有些道学家,一切工夫都用在求"物来顺应"上,似乎以为,对于无论什么事,都可以"物来顺应",以致成为空疏无用。这是宋明以来道学家的大毛病。

不过人若为尽伦尽职,或为事天赞化,而讲求知识技术,此种讲求,对于他底意义,与对于为一人的自己的利,而讲求知识技术者,又大不同。人若为尽伦尽职而讲求知识技术,其讲求亦是道德行为,其人的境界亦是道德境界。人若为事天赞化而讲求知识技术,其讲求亦有超道德底意义,其人的境界,亦是天地境界。

对于宇宙人生底某种觉解,可以使人到某种境界。"以诚敬存之",可以使他常住于某种境界。这不是说,他于此只终日端坐,不做别底事。他还照常做别底事,照常做其平常所做底事。不过因为他有觉解,所以即其平常所做底事,对于他都有另一种意义。他无论做什么事,时时刻刻都注意于此另一种底意义。这就是用敬。因其时时刻刻注意于此另一种意义,无论什么事对于他渐渐都只有此种意义。无论什么事对于他都只有此种意义,他即常住于此种意义所构成底境界。

这就是主敬与主静的不同。佛家的修养方法,是所谓止观。观是常观察,或想象,人生中底事物,俱是虚幻污秽底。止是对于这些虚幻污秽底事物,止不起念。止有似乎主敬,观有似乎致知。但他们的修养,是行于日常活动之外底。道家的修养方法,是所谓心斋坐忘。心斋有似乎主敬,坐忘虽是反知,而亦有似乎致知。不过他们的方法,亦不是于日常活动中行之者。这些方法都可以说是主静。静者对于日常活动而言。道学家先受佛道二家的影响,讲修养方法,仍以主静为言。濂溪说:"圣人定之以中正仁义而主静,立人极焉。"至程朱始以主敬代主静。伊川说:"才说静,便入释

氏之说也。不用静字,只用敬字。才说着静字,便是忘也。"(《遗书》
卷十八)朱子说:"濂溪言主静……正是要人自静定其心,自作主宰。
程子又恐只管静去,遂与事物不相交涉,却说个敬。"(《语类》卷九十
四)以主敬代主静,是宋明道学的一个重要底进展。盖主静则须于
日用活动之外,另有所谓修养工夫;而主敬则工夫即在日用活动之
内。于日用活动之内求天地境界,这是道学的一个大特点。

第九章　才命

　　世界上、历史上，凡在某方面有大成就底人，都是在某方面特别努力底人。古人说："业精于勤。"人没有不勤而能精于某业底。一个大诗人，可以懒于修饰，但他不能懒于作诗。如果懒于作诗，他决不能成为大诗人。不过我们不能反过来说，一个人如勤于作诗，他必是大诗人，或必能成为大诗人。勤于作诗是成为大诗人的必要条件，但不是其充足条件。这就是说，一个人如不勤于作诗，他决不能成为大诗人，但只勤于作诗，他亦不必即能成为大诗人。就"业精于勤"说，不勤者必不能精于其业，但勤者亦未即能精于其业。

　　一个人的努力，我们称之为力，以与才与命相对。力的效用，有所至而止。这是一个界限。这一个界限，是一个人的才与命所决定底。一个人的天资，我们称之为才。一个人的在某方面底才的极致，即是他的力的效用的界限。到了这个界限，他在某方面底工作，即只能有量的增加，而不能有质的进益。一个诗人能成为大家，或能成为名家；一个画家的画，能是神品，或能是能品，都是他的才所决定底。一个诗人的才，如只能使其成为名家，则他无论如何努力作诗，无论作若干首诗，他只是名家，不是大家。一个画家的才，如只能作能品底画，则他无论如何努力作画，无论作若干幅画，他的画总只是能品，不是神品。

666

　　在某方面有大成就底人，都是在某方面特别努力而又在某方面有天才底人。天才的才，高过一般人之处，往往亦是很有限底。不过就是这有限底一点，关系重大。犹如身体高大底人，其高度超过一般人者，往往不过数寸。不过这数寸就可使他"轶伦超群"。若在稠人之中，举首四望，他确可以见别人所不能见。再就此譬喻说，一个在生理上可以长高底人，必须得有适当底培养，然后他的身体才可充分发育。但一个人，如在生理上本不能长高，则无论如何培养，他亦只能长那么高。人的才亦是如此。

　　才是天授，天授底才须人力以发展完成之。就此方面说，才靠力以完成。但人的力只能发展完成人的才，而不能增益人的才。就此方面说，力为才所限制。人于他的才的极致的界限之内，努力使之发展完成，此之谓尽才。于他的才的极致的界限之外，他虽努力亦不能有进益，此之谓才尽。

　　人的力常为人的才所限制。人的力又常为人的命所限制。就所谓命的一意义说，才亦是命。就所谓命的此意义说，命是天之所予我者。才正可以说是天之所予我者，所以可以说，才亦是命。此所谓命，是所谓性命之命。不过我们此所谓命，不是此意义底命。我们此所谓命，是指人的一生的不期然而然底遭遇，是所谓运命之命。

　　一个人生活，必生活于某特殊情形之中。此某特殊情形，就是他的环境。此所谓特殊，是个别的意思，并不是特别奇异的意思。此所谓情形，包括社会在某时某地的情形，以及物质底世界在时间中某一时，在空间中某一点的情形。一个人生活于某时某地，社会的情形，在其时其地，适是如此。一个人生活于时间中底某一时及空间中底某一点，物质底世界的情形，在其一时、其一点，亦适是如此。这各方面的适是如此，即是此人的生活的整个底环境。此整个底环境中，有绝大底部分，不是他的才及力所能创造，亦非他的才及力所能改变。他的遭遇，不期然而然，适是如此。此种遭遇，谓之命。孟子说："莫之致而至者，命也。"荀子说："节遇之谓命。""节遇"是就其遭遇适是如此说。"莫之致而至"是就其非才及力所能创造及改变说。

命是力之所无可奈何者。庄子说："知命之情者，不务生之所无奈何。"又说："知其不可奈何，而安之若命。"正是说命的此方面。一个人的环境，有些部分可以是他自己所造成者，既是他自己所造成者，所以其环境的这些部分，并不是由于不期然而然底遭遇，其至亦不是莫之致而至。所以他的环境的这些部分，都与他的命无干。例如一个人任情挥霍，以致一贫如洗，他的贫是"自作自受"，不能归之于命。但一个人的房子，忽为邻居起火延烧，或于战时为敌机炸弹所中，他因此一贫如洗，他的贫则可归之于命。

一个人的环境，有些部分是他的力所能改变者。他的环境的这些部分，亦与他的命无干。人须竭尽其力以改变其环境。如于尽其力之所能以后，仍有不期然而然底遭遇，此种遭遇才是命。例如战时于有空袭警报时，一个人在其职务所许、能力所及之范围内，须竭力设法躲避。如已竭力躲避而仍不能免于祸，此受祸可以归之于命。如他不设法躲避而受祸，则其受祸亦是"自取其咎"，不能归之于命。

人所遭遇底环境，其既非他自己的才及力所能创造，亦非他自己的才及力所能改变者，始是所谓不期然而然、莫之致而至，始是所谓不可奈何。既是如此，则他对于其然其致，并不能负责。虽并不能负责，而其生活却受其影响。例如汉朝的冯唐，于文帝时，他年尚少,而文帝喜用老成人,因此他不能升官。及到武帝时,他年已老,而武帝又喜用年少有为之士,因此,又不能升官。这些情形,对于他说,都是不期然而然、莫之致而至,而又非他的才及力所能改变者。他的遭遇,适是如此。他的此种遭遇,即是他的命。

此所谓命,与世俗所谓命不同。若照世俗所谓命的意义,则我们的说法,正可以说是"非命"。世俗所谓命,是先定底。冯唐不能升官,是他的生辰八字或骨相,先决定其是如此。即令文帝喜用年少有为之士。武帝喜用老成人,他亦是必定沉于下僚底。我们所谓命,则正是与先定相反底。我们所谓命,只是人的适然底遭遇。未遭遇以前,其遭遇可以如此,也可以不如此。既遭遇以后,对于有此遭遇,他自己既不能负责,亦不能确定说有何人可以负责。《庄子·大宗师》记子桑之言说:"父母岂欲吾贫哉? 天无私覆,地无私载,天地岂私贫我哉? 求其为之者而不得也。然而至此极者,命也夫!""求其为之者而不得",正是不能确定说何人可以负责。

人所遭遇底环境,其利于展其才及施其力者,谓之顺境;相反底环境,谓之逆境。一个人遭遇顺境或逆境,事前既未先定,事后亦只有幸不幸可言。其幸者谓之有好运好命,其不幸者谓之有坏运坏命。运指一人于一生中底一部分时间中的遭遇,命指一人于一生中底全部时间的遭遇。一生亦可以说是一时,所以命亦称时命。一人于一生中底一部分时间的遭遇,如幸多于不幸,我们说他的运好;如不幸多于幸,我们说他的运坏。一人于一生中底全部时间内,如其好运多于坏运,我们说他的命好;如其坏运多于好运,我们说他的命坏。

命与才及力是相对待底。普通常说,与命运奋斗。此所说的意思,大概是说与环境奋斗。环境的有些部分,是可以力改变底。

但无论所谓命是世俗所谓命的意义,或我们所谓命的意义,命是人所只能顺受、不能与斗底。在历史及文学家的作品中,往往有有奇才异能底人,在不可预期底遭遇下,失败或身死。项羽《垓下歌》:"力拔山兮气盖世,时不利兮骓不逝。骓不逝兮可奈何,虞兮虞兮奈若何。"项羽的失败,是不是完全由于"时不利",我们不论。不过此歌所咏,则正是此一类的遭遇。在此等遭遇中,最可见力及才与命的对待。

人都受才与命的限制。但在道德境界及天地境界中底人,在事实上虽亦受才与命的限制,但在精神上却能超过此种限制。

在自然境界中底人,不知其受才的限制。他顺才或顺习而行,对于其行为的目标,并无清楚底觉解。他的才所不能做底事,他本来不做。他本来不做,并不是因为他"知难而退",而是因为他本不愿做,亦本不拟做。《庄子·逍遥游》说:大鹏"水击三千里,抟扶摇而上者九万里,去以六月息","蜩与学鸠笑之曰:'我决起而飞,抢榆枋,时则不至,而控于地而已矣,奚以之九万里而南为?'"大鹏"非冥海不足以运其身,非九万里不足以负其翼",所以虽欲不高举远飞而不可得。小鸟的才,本来只能"决然而起,数仞而下",所以亦虽欲不"抢榆枋"而不可得。"决然而起,数仞而下",是大鹏的才所不能做底。高举远飞,亦是小鸟的才所不能做底。不过大鹏本来不打算"决然而起,数仞而下"。小鸟亦本来不打算高举远飞。在自然境界中底人,本来不打算做其才所不能做底事,亦正是如此。他若是顺才而行,则"行乎其所不得不行,止乎其所不得不止"。虽不得不行,却并非被外力所迫而行,虽不得不止,亦并非被外力所迫而止。于行时他本不欲不行,亦本不用力以求不行。于止时他本不欲不止,亦本不用力以求不止。他的力之所至,总是他的才之所及。所以他本不知他的力受才的限制。他亦可是顺习而行。顺习底事，大概都是一般人的才所能做底事。一般人的才所能做底事，人做之大概不致超过他的才的所限。所以做之者大概亦不知其力受才的限制。

在功利境界中底人，知其受才的限制。在功利境界中底人，其行为都有自觉底目的。其目的都是求利。求利都要"利之中取大"，都要取大利。利之是大是小，是比较底、相对底。囊空如洗底人，以得到数百元为大利。及有数百元，又以得到数千元为大利。及有数千元，又以得到数万元为大利。如是"既得陇，又望蜀"，无论得到多么大底利，他总觉前面还有更大底利未得。他求大利，可以说是"如形与影竞走"。形与影竞走，形总有走不动的时候。人继续求大利，总有求不得的时候。求不得，如不是由于命穷，即是由于才尽。如其是由于命穷，他感到他受命的限制；如其是由于才尽，他感到他受才的限制。

在道德境界中底人，在精神上不受才的限制。在道德境界中底人，其行为皆是行义底，以尽伦尽职为目的。人有大才，做大事，可以尽伦尽职；有小才，做小事，亦可以尽伦尽职。一个人的才的小大，及其所做底事的大小，与一个人的能尽伦尽职与否，是无干底。在道德境界中底人，以尽伦尽职为其行为的目的。无论他的才是大是小，他总可用力以达到这种目的。所以他在精神上不受才的限制。

在道德境界中底人，在精神上不受才的限制，又可从另一方面说。在道德境界中底人，觉解有社会之全，觉解他是社会的一分子。他是无私底。他固愿社会中有有大才者，但不必愿有大才者必是他自己。他固愿社会中有许多大事业得以成就，但不必愿其必是"功成自我"。阳明说："唐虞三代之世"，"天下之人，熙熙皞皞，皆相视如一家之亲。故稷勤其稼，而不耻其不知教，视契之善教，即己之善教也；夔司其乐，而不耻于不明礼，视夷之明礼，即己之明礼也"。"人之有技，若己有之；人之彦圣，不啻若自其口出。"唐虞三代之人，是否如此，我们不论。但在道德境界中底人，则正是如此。在功利境界中底人，是自私底。见别人的才，愈比他自己的高，则他愈愤恨。见别人的成就，愈比他自己的大，则他愈嫉妒。于此等时，他感到他受才的限制的痛苦。在道德境界中底人，视别人的才，如其自己的才，视别人的成就，如其自己的成就。所以见其才或成就，不及别人，他亦不感到受才的限制的痛苦。

在天地境界中底人，没有受才的限制，与不受才的限制的问题。于前数章中，我们已说明，圣贤并不必做特别与众不同底事，学圣贤亦无需做特别与众不同底事。在别底方面，圣贤亦不必有奇才异能。有奇才异能是另外一回事，与人的境界高低无干。有奇才异能底人，不必有很高底境界。在道德境界中底人，不论其才的大小，及其所做事的大小，他都可以尽伦尽职。在天地境界中底人，知天事天者，其行为以事天赞化为目的，才大者做大事可以事天赞化，才小者做小事亦可以事天赞化。不论其才的大小，及其所做底事的大小，知天事天者都可用力以达到事天赞化的目的。所以他亦在精神上不受才的限制。

在天地境界中底人，能同天者，自同于大全，从大全的观点，以观事物。大全包罗众才，自同于大全者，亦包罗众才。从大全的观点以观事物，即从一较高底观点，以观众才，而不与众才比其小大。如此则可以超过众才。众才有小大，同天者皆包罗超过之。此之谓统小大。郭象《逍遥游》注说："无待之人，遗彼忘我，冥此群异。

异方同得,而我无功名。是故统小大者,无小无大者也。苟有乎小大,则虽大鹏之与斥鷃,宰官之与御风,同为物累耳。"能如此观众才者,则见众才之活动,无论其才之大小,皆是尽才。如此看,则"虽大鹏无以自贵于小鸟,小鸟无羡于天池,而荣愿有余矣。故小大虽殊,逍遥一也"。能如此看,则任何事物,皆没有受才的限制与不受才的限制的问题。能如此看者,其自己更没有这种问题。

或可问:如此说,则在自然境界中底人,岂不正是"小大虽殊,逍遥一也"？何必在天地境界中底人始知之？

于此我们说,在自然境界中底人,不知其受才的限制,因此亦不知有受才的限制与不受才的限制的问题。不知有受才的限制与不受才的限制的问题,有似乎没有受才的限制与不受才的限制的问题。但不知有受才的限制与不受才的限制的问题,是其人的觉解不及知其受才的限制,亦不及知有此等问题。没有受才的限制与不受才的限制的问题,是其人的觉解,使其超过此等限制,超过此等问题。譬如"大鹏无以自贵于小鸟,小鸟无羡于天池",并非大鹏小鸟所能觉解者。所以"小大虽殊,逍遥一也",是在天地境界中底人所觉解者。他的此种觉解,即构成他的逍遥的一部分。他的此种逍遥,并不是大鹏小鸟的逍遥。犹之欣赏"绿满窗前草不除",是周茂叔的乐处,并不是草的乐处。我们不能说,大鹏小鸟不逍遥,但其逍遥,不是此种逍遥。《庄子·逍遥游》及郭象注似均于此点,弄不清楚。这亦是道家常将自然境界与天地境界相混的一例。道家欲使人安于自然境界,以免其受知受才的限制的痛苦。这是不无理由底。但以为在自然境界底人,亦可有如在天地境界中底人的逍遥,这是错误底。

郭象统小大之说甚精。但似以为顺才而行底人的逍遥,与至人的逍遥,在性质上无大差别。顺才而行底人,与至人的差别,只在顺才而行底人,必得其所待,然后逍遥。至人则"与物冥而循大变",故"能无待而常通"。顺才而行底人,虽必得其所待,然后逍遥,然若"所待不失",则亦"同于大通"。实则顺才而行底人,是自然境界中底人;至人是天地境界中底人。自然境界似乎是"同于大通",但实不是"同于大通"。在自然境界中底人,若得其所待,固亦可以逍遥,但其逍遥与至人的逍遥,在性质上是有大差别底。

支道林《逍遥论》云:"夫逍遥者,明至人之心也。庄生建言大道,而寄指鹏鷃。鹏以营生之路旷,故失适于体外。鷃以在近而笑远,有矜伐于心内。至人乘天正而高兴,游无穷于放浪;物物而不物于物,则遥然不我得;玄感不为,不疾而速,则逍然靡不适。此所以为逍遥也。"(《世说新语》注引)支道林此说,注重在说明,至人的逍遥与众人的逍遥不同。所谓"向郭之注所未尽"者,似是在此。但"失适于体外","有矜伐于心内",是功利境界,而不是自然境界。支道林说:"逍遥者,明至人之心也。"他只说出在功利境界中底人的心,与在天地境界中底人的心不同。而未说出在自然境界中底人的心,与在天地境界中底人的心的不同。前者的不同,是很容易看出底。后者底不同,则是不很容易看出底。

一个人命的好坏,影响到他所做底事的成败。在自然境界中底人,顺才或顺习而行,其行为不必有自觉底目的,所以对于其所做底事的成败,亦不必有某种底情感。在功利境界中底人,其行为以求利为目的,达此目的则为成,不达此目的则为败。成则欢喜,败则悲伤。在道德境界中底人,其行为以行义为目的。他所以为目的者,是他的行为的意向的好,他所做底事的成功,是他的行为意向所向底好。在道德境界中底做事,其行为的意向的好,是尽伦

尽职。他所做底事如成功,其行为的意向所向底好如得到,其行为
的意向的好固已实现,他所做底事如失败,其行为的意向所向底
好,如不能得到,其行为的意向的好,亦可实现。此即是说,在道德
境界中底人,其所做底事,即或失败,但他如已尽心竭力为之,则此
失败,并不妨碍他的行为的意向的好的实现。此即是说,不妨碍其
行为的道德价值的实现。他的命可以使他所做底事失败,但不能
使他的行为的道德价值不实现。

　　在道德境界中底人,其所做底事的失败,虽不能妨碍他的行为
的道德价值的实现,但尚不能说是不足以介其意。对于他所做底
事的成败,持如上所说底看法,他还需要一种努力。在天地境界中
底人,自大全的观点,以看事物,则知其事物之成,或为彼事物之
败,此事物之败,或为彼事物之成。《庄子·齐物论》说:"其分也,
成也。其成也,毁也。凡物无成与毁,复通为一。"郭象注说:"夫成
毁者,生于自见而不见彼也。"自见而不见彼,是见其偏而不见其
全。若见其全,则见成不必只是成,败不必只是败。他持如此看
法,并不是因为他玩世不恭,而是因为他能从一较高底观点,以看
成败。他虽知"凡物无成与毁,复通为一",而仍竭力做事,以事天
赞化。因为他知大化流行,是一动,人必动始能赞化。至于其动是
否能得到其意向所向底好,则与其行为的意向的好的实现,是不相
干底。在天地境界中底人所做底事的失败,固不足妨碍其行为的
意向的好的实现,而且不足以介其意。他的命固不能妨碍他的事
天赞化,他持如此看法,亦不需要一种努力。

　　一个人的命的好坏,影响到他在社会上所处底位的贵贱。在
自然境界中底人,对于所谓贵贱,没有清楚地觉解。因此对于其所
处底位,亦不必有某种底情感。在功利境界中底人,对于所谓贵

贱,有清楚底觉解。他好贵而恶贱。贵则欢喜,贱则悲伤。在道德境界中底人,对于所谓贵贱,亦有清楚底觉解。但他又觉解,尽伦尽职,与一个人所有底在社会中底位的贵贱,是不相干底。他在社会中,无论处什么位,都可以尽伦尽职。他的行为,以尽伦尽职为目的。所以在社会中,无论处什么位,他都以为是无关轻重底。在天地境界中底人,知其于社会的"民"之外,他还是天民。人爵之外,还有天爵。所以他虽亦对于社会上底贵贱,有清楚底觉解,但他还是"大行不加,穷居不损"。他并不需有意努力,始能如此。从大全的观点看,社会上底贵贱本来是不足介意底。

《中庸》说:"君子素其位而行,不愿乎其外。"朱子注说:"言君子但因见在所居之位,而为其所当为,无慕乎其外之心也。"所以他"素富贵行乎富贵,素贫贱行乎贫贱。素夷狄行乎夷狄,素患难行乎患难。故君子无入而不自得焉"。此所说虽是"君子",但若真能"无入而不自得",则是能"即其所居之位,乐其日用之常",即是能乐天。此非在道学家所谓"人欲尽处,天理流行"的境界中者不能。真能无入而不自得者,于舍富贵而取贫贱之时,必已不做有意底选择,不必需一种努力。如此,则其人的境界,已不是道德境界,而是天地境界。

一个人的命的好坏,表现于他所遭遇底环境是顺或逆。在自然境界中底人,对于所谓顺逆没有清楚底觉解。所以对于所谓顺逆,亦不必有某种情感。在功利境界中底人,对于所谓顺逆,有清楚底觉解。他喜顺而恶逆。在道德境界中底人,其行为以尽伦尽职为目的。在顺境中他可以尽伦尽职。在逆境中亦可以尽伦尽职。他只求尽伦尽职,不计境的顺逆。

从另一观点,我们可以说,顺境对于人固然是好底。但逆境对于人亦不完全是不好底。孟子说："天将降大任于是人也，必先苦其心志，劳其筋骨，饿其体肤，空乏其身，行拂乱其所为，所以动心忍性，增益其所不能。"此是说，逆境可与人一种锻炼。"文王拘而演《周易》，孔子厄而作《春秋》。屈原放逐，乃赋《离骚》；左丘失明，厥有《国语》。""文，穷而后工。"此是说，逆境可与人一种刺激。逆境可与人一种锻炼、一种刺激，此是前人所常说者。对于有些人其说亦是不错底。不过此都是就事实方面说。就事实方面说，对于有些人，逆境是如此；对于有些人，逆境不是如此。不过即令对于所有底人，逆境都是如此，但若专就事实方面说，我们亦不能说其必是如此。我们亦不能说，在学问事功等方面，有大成就者，都必是曾经逆境底人。未经逆境底人，在学问事功等方面，有很大底成就者，在理论上并非不可能，而且在事实上这种人亦是常有底。所以专就孟子所说，还不足以见逆境对于人不完全是不好底。

有些道德价值，非在逆境中不能实现。这并不是事实问题，而是此等道德价值，本来即涵蕴逆境。我们可设想一个富贵中人，亦作如"演《周易》"、"作《春秋》"一类之事；一个人不必穷愁而后著书，其文亦不必穷而后工。但我们不能设想一个富贵中人如何能表现"贫贱不能移"的大节。"时穷节乃见，一一垂丹青。"惟时穷而节始见，这并不是事实问题，而是《正气歌》中所说诸大节，本身即涵蕴时穷。必对于此点有觉解，我们才真可以说："富贵福泽，将厚吾之生也；贫贱忧戚，庸玉汝于成也。"专就富贵福泽的本身看，富贵福泽，是一种好。专就贫贱忧戚的本身看，贫贱忧戚是一种不好。这是不可否认底。但有些道德价值，非在逆境中不能实现，这亦是不可否认底。由此方面看，我们可以说，逆境对于人，亦不完全是不好底。

康德的道德哲学,在西洋可以说是很不重视幸福底了。但他仍以为,道德与幸福的合并,善人必受其福,是人的理性的要求。这在人的世界中,是不必能实现底。他因此而要相信,上帝存在,灵魂不死,以为善人受福的保证,并使善人受福可能。康德的这些见解,可以说是受了宗教的迷信的余毒。宗教以为善人必受其福,如不于今生,必于来世。照这样底看法,善人的结局,必皆如小说或电影中底大团圆。照在功利境界中底人的看法,这样的团圆结局,似乎是必要底。但照在道德境界中底人的看法,这并不是必要底。苏武留匈奴十九年,终得归汉。将归时,"李陵置酒贺武曰:'今足下还归,扬名于匈奴,功显于汉室,虽古竹帛所载,丹青所画,何以过子卿。'"既回到长安,诏令以一太牢谒武帝园庙,拜为典属国,秩中二千石,赐钱二百万,公田二顷,宅一区。这真是一个团圆底结局。但是苏武的行为的道德价值,在于其留匈奴十九年,抗节不屈,并不在于其有团圆底结局。照在功利境界中底人的看法,没有这样底团圆结局,似乎总是美中不足。但照在道德境界中底人的看法,这样底团圆结局,对于苏武的行为的道德价值,完全是不相干底。

照在天地境界中底人的看法,所谓顺境逆境者,都是人从人的观点所作底区别。人各从其自己底观点,以说其处境是顺或是逆。同一境可以对此人为顺,对彼人为逆。例如德国战败法国后,德国人的顺境,正是法国人的逆境。从天的观点看,境无所谓顺逆。从天的观点看,任何事物,都是宇宙大全的一部分,都是理的例证。任何变化,都是道体的一部分。任何事物、任何变化,都是顺理顺道。从此观点看,则任何事物、任何变化,都是顺而非逆。在天地境界中底人知天,知天则能从天的观点,以看事物。能如此看事物,则知境无所谓逆。对于所谓逆境,他亦顺受。他顺受并不是如普通所说"逆来顺受"。他顺受因为他觉解境本来无所谓逆。

　　对于所谓逆境,他亦顺受,这只是说,对于所谓逆境,他受之并无怨尤。这并不是说,他对于所谓逆境,并不用力以图改变之。他亦尽力以图改变之。但如已尽力而仍不能改变之,则其有此等所谓逆境,即是由于他的命。孟子说:"莫非命也,顺受其正。是故知命者,不立乎岩墙之下。尽其道而死者,正命也。桎梏而死者,非正命也。"朱子注说:"人物之生,吉凶祸福,皆天所命。然惟莫之致而至者,乃为正命。……知正命则不处危地以致覆压之祸。……尽其道,则所值之吉凶,皆莫之致而至者矣。……犯罪而死,与立岩墙之下者同,皆人所取,非天所为也。"在天地境界中底人,尽其才与力之所能,以尽伦尽职,事天赞化,既不特意营为以求福,亦不特意不小心以致祸。既已尽其在己者,则不期然而然底遭遇,莫之致而至者,他都从天的观点,以见其是无所谓顺逆。此所谓"顺受其正"。人有这种觉解,儒家谓之"知命"。

　　命与才对于人都是一种限制。不过在道德境界中及天地境界中底人,都可以在精神境界上超越此种限制,如上文所说。再从另一方面说,才与命的限制,都是实际世界中底限制。在道德境界中底人,以尽伦尽职为其行为的目的。凡实际世界中底限制,如成败贵贱之类,皆不足以使其不能达其目的。他已超越实际世界中底限制。在道德境界中底人超越实际世界中底限制。在天地境界中底人,则超越实际世界的限制。在天地境界中底人,自同于大全,自有一太极。大全大于实际底世界,太极超越实际底世界。所以虽其七尺之躯,仍是实际世界中底一物。但其觉解已使其在精神上超越实际底世界。他已超越实际世界,即已超越实际世界的限制。既已超越实际世界的限制,则实际世界中底限制,更不足以限制之了。

　　超越限制,即不受限制。不受限制,谓之自由。在道德境界中底人,在精神上不受才与命的限制,他是不受实际世界中底限制的限制。在天地境界中底人,在精神上亦不受才与命的限制,但他是不受实际世界的限制。不受实际世界中底限制的限制,是在道德境界中底人的自由。不受实际世界的限制,是在天地境界中底人的自由。

　　关于自由,西洋哲学家多有讨论。他们所讨论底自由,其义是不受决定。上文所说底自由,其义是不受限制。西洋哲学家注重于讨论,人的意志,是否为一种原因所决定。如其为某种原因所决定,则意志是不自由底。西洋哲学家以为,必出于人的自由意志底行为始可是道德行为。如其不是出于自由意志,则其行为,虽合乎道德,亦只是合乎道德底行为,而不是道德行为。此所谓自由意志即是不受决定底意志。此所谓不受决定,如是不受以求利为目的底欲望的决定,则说道德行为必是出于如此底自由意志,是无可否认底。用道学家的话说,道德底行为,必是出于道心,不是出于人心。若有人为图富贵名誉而做道德底事,虽做道德底事,而其行为是出于人心,所以其行为只是合乎道德底行为,而不是道德行为。此即是说,此人于有此行为时,其意志是为以求利为目的底欲望所决定底。其意志不是自由意志,所以其行为亦只是合乎道德行为,而不是道德行为。

　　人的意志,可以不为以求利为目的底欲望所决定。其决定且可与此等欲望相反。人于作重大牺牲以有道德行为时,其意志是如此底。此等情形,正是道学家所谓"道心为主,而人心每听命焉"。为主者是自由底,听命者是不自由底。若如此说意志自由,则于此等情形中,意志是自由底。

如所谓意志自由是如此底意思,我们可以说,在道德境界中底人,意志是自由底。在天地境界中底人,意志亦是自由底。有些西洋哲学家,主张有意志自由者,所谓意志自由的意思,似乎还不止此。"道心为主,而人心每听命焉",并不是每个人生来都能如此。人虽生来都有道心,但"人心惟危,道心惟微"。"道心为主,而人心每听命焉",是学养的结果。有些哲学家,似乎以为,所谓意志自由,必须是不靠学养而自然如此底,因为,如说意志的自由,必须由学养得来,则意志的自由,又似乎是为学养所决定,不是完全不受决定者。不过照我们于以上数章所讨论,即令有人不藉学养,而意志自然自由,但由此种自由意志所发出底行为,恐怕亦只是自发底合乎道德底行为,其人的境界,恐怕亦只是自然境界。在道德境界或天地境界中底人的意志自由,必是由学养得来底。不过虽是由学养得来,而学养所与他者,是觉解而不是习惯。在道德境界或天地境界中底人,由觉解而有主宰,并不是由习惯而受决定。所以其意志自由,虽是由学养得来,而却不是为学养所决定。

在道德境界或天地境界中底人,其意志不受以求利为目的底欲望的决定,其行为不受才与命的限制。所谓不受限制,并不是说,他能增益他的才,以做他本所不能做底事。亦不是说,他能左右他的命,以使其转坏为好。而是说,无论他的才是大是小,他的命是坏是好,他都可以尽伦尽职,事天赞化。所以无论就不受决定,或不受限制说,他都是自由底。

或可问:已有道德境界或天地境界底人,固已不受才与命的限制。但人之得到此种境界,需要一种觉解。未得到此种境界底人,需要一种才，以可有此种觉解；并需要一种机会，以发展其才。假使他没有此种才，他不能有此种觉解；假使他没有一种机会，他虽有此种才而亦不能尽其才。由此方面说，即在修养方面，人还是受才与命的限制。

于此我们说，人本来都是受才与命的限制。人修养以求道德境界或天地境界。在此等境界中，人固可超过才与命的限制，但修养而尚未得到此等境界者，当然仍受才与命的限制。但此是求道德境界或天地境界受限制，不是在此等境界中底人受限制。人之得到道德境界或天地境界，诚然亦需要相当高底才，与相当好底命。但不如在学问或事功方面的成就需要之甚。人在修养、学问、事功，无论何方面底大成就，都靠才、力、命三种因素的配合。不过其配合底成分，则可因方面不同而异：在学问方面，一个人的大成就，所靠底三种因素的配合，才的成分最大，力的成分次之，命的成分又次之；在事功方面，一个人的大成就，所靠底三种因素的配合，命的成分最大，才的成分次之，力的成分又次之；在修养方面，一个人的大成就，所靠底三种因素的配合，力的成分最大，才的成分次之，命的成分又次之。曾国藩曾说："古来圣贤名儒之所以彪炳宇宙者，无非由于文学事功。然文学则资质居其七分，人力不过三分。事功则运气居七分，人力不过三分。惟是尽心养性，保全天之所以赋于我者，此则人力主持，可以自占七分。"此亦是他的经验之谈。

求道德境界，或天地境界的主要工夫，是致知用敬。用敬靠力，致知需才。然人致知所需了解者，是几个形式底观念。人对这些观念，有了解以后，他可以"不离日用常行内，直到先天未画前"。他不必做特别与众不同底事，即可以超越才与命的限制。求道德境界所需了解者,是人之所以为人者,即人性,其所需了解底观念,比求天地境界所需要者更少。所以"人力主持,可以自占七分",至少求道德境界是如此。

人力自占七分者,可以立志求之。先贤说人要立志,都是就此方面说。人不能专靠努力,即可以为李白、杜甫,或汉高、唐太。但可以大部分靠努力而成为一有高境界底人。所以我们不能教每个人都立志为英雄、为才子,但可以教每个人都立志为圣、为贤。孟子说:"士先志。"周濂溪说:"士何志?曰:士希贤,贤希圣,圣希天。"贤是在道德境界中底人,圣是在天地境界中底人。在天地境界中底人的最高底成就是同天,所以说:"圣希天。"

第十章　死生

　　于上章,我们已说明,在道德境界及天地境界中底人,不受才与命的限制。在本章我们拟说明,在道德境界及天地境界中底人,不受死的威胁。

　　死是生的反面,所以能了解生,即能了解死。《论语》说:子路问死,孔子曰:"未知生,焉知死。"孔子此答,似乎答非所问。孔子似乎想避免子路所提出底问题,但其实或不是如此。死是一种否定,专就其是否定说,死又有什么可说? 欲说死必就其所否定者说起。欲了解死,必先了解生,能了解生则亦可以了解死。

　　从另一方面说,死虽是人生的否定,而有死却又是人生中的一件大事。因为一个人的死是他的一生中底最后一件事,比如一出戏的最后一幕。最后一幕虽是最后底,但总是一出戏的一部分,并且可以是其中底最重要底一部分。从此方面看,我们可以说,"大哉死乎"! 从此方面说,我们亦可说,欲了解死必先了解生,能了解生则亦能了解死。所以程子亦说:"知生之道则知死之道。"朱子亦说:"非原始而知所以生,则必不能反终而知所以死。"

　　对于生底了解到某种程度,则生对于有此等了解底人,有某种意义。生对于有此等了解底人有某种意义,则死对于有此等了解底人,也有某种与之相应底意义。就上数章所说诸种境界说,对于在自然境界中底人,生没有很清楚底意义,死也没有很清楚底意义。对于在功利境界中底人,生是"我"的存在继续,死是"我"的存在的断灭。对于在道德境界中底人,生是尽伦尽职的所以(所以使人能尽伦尽职者),死是尽伦尽职的结束。对于在天地境界中底人,生是顺化,死亦是顺化。

在死的某种意义下,死是可怕底。人对于死底怕,对于死底忧虑,即是人所受底、死对于人底威胁。人怕死则受死的威胁,不怕死则不受死的威胁。

怕死者,都是对于生死有相当底觉解者。对于生死完全无觉解,或无相当底觉解者,不知怕死。对于生死有较深底觉解者不怕死。对于生死有彻底底觉解者,无所谓怕死不怕死。不怕死及无所谓怕死不怕死者均不受死的威胁。不怕死者不受死的威胁,因为他能拒绝死的威胁。无所谓怕死不怕死者,不受死的威胁,因为他能超过死的威胁。不知怕死者,亦可说是不受死的威胁。不过他不受死的威胁是因为他不及受死的威胁。就人的境界说,在自然境界中底人,不知怕死。在功利境界中底人,怕死。在道德境界中底人,不怕死。在天地境界中底人,无所谓怕死不怕死。

一般动物,对于生死,都是全无觉解底。它们都是有死底,虽都是有死底,但自然都已为它们预备好了一种方法以继续它们的生命。凡生物都可以有子。它们的子即是它们生命的继续。生物不能不死,而却有此一种方法,以继续它们的生命。所以柏拉图说,这是"不死的动底影像"。一般动物,除人而外,都在不知不觉中,用这一种方法,以继续它们的生命。就它们自己的个体的生存说,它们虽有生而不自觉其有生,虽将来有死,而不知其将来有死。不知其将来有死,所以亦不知怕死。

人对于生死有相当底觉解。对于生死有相当底觉解者,知自然为一般动物所预备底方法,以继续其生命者,实只能得一不死的动底影像。不死的动底影像,并不即是不死。人有子虽能继续他的生命,但不能继续他的意识。从个体的观点看,一个人是一个个体,他的子又是一个个体。他的子虽是他的子,但并不就是他。他可以以他自己为"我",但只能以他的子为"我的"。他是个体,他自觉他是个个体。他有他的个体底意识。他的个体底意识,是任何别人所不能知,而只有他自己能知者,可以说是他的"独"。就此方面看,生是一个人"我"的存在底继续,他的"独"的存在的继续。死是一个人"我"的存在的断灭,他的"独"的存在的断灭。由此方面看,死是可怕底。

　　人对于生死的觉解,到此种程度者最是怕死。在自然境界中底人,对于生死虽有觉解,但尚未到此种程度。对于在自然境界中底人,生没有很清楚底意义,死亦没有很清楚底意义。这并不是说,他于生时,不能有什么活动。他亦可以有活动,并且可有很多底活动,不过他的活动都是顺才或顺习而行。所以他虽有活动,而对于许多活动,他并无觉解。他虽亦知他将来有死,但对于死,他并不预先注意,至少亦是不预先忧虑。对于死所能有底后果,他了解甚少,他可以说有"赤子之心"。小孩子见人死,以为人死似不过是睡着不醒而已,或以为人死似不过是永远不能吃饭而已。在自然境界中底人,对于死底了解,虽不必即如此地天真,然亦是天真底。对于死底了解,既如此地少,所以他亦不知怕死。他不知怕死与一般动物不知怕死不同。一般动物不知怕死,是因为它不知有死。在自然境界中底人,不知怕死,是因为不知死之可怕,如所谓"初生之犊不畏虎"者。

　　不知怕死者,虽亦可不受死的威胁,但不能有不受死的威胁之乐。因为他不受死的威胁，乃是由于他的觉解的不及。他本不知死之可怕，所以他虽不受死的威胁，而不能有不受死的威胁之乐。他不受死的威胁，可以说是"为他底"，而不是"为自底"。《庄子·大宗师》说："真人不知说生，不知恶死。其出不诉，其入不距。翛然而往，翛然而来，而已矣。"道家常将自然境界与天地境界相混。此所说，虽是说"真人"，但就其不知说，此所说底一种境界是自然境界。

在自然境界中底人，不知怕死。所以他亦不有目的地，有计划地，设法对付死。在功利境界中底人，一切行为，都是"为我"，死是"我"的存在的断灭，所以在功利境界中底人，最是怕死。他们有目的地，有计划地，设法对付死。他们对付死底办法约有四种。

第一种办法是求避免死。例如秦皇汉武都是盖世英雄，做了些惊天动地底大事。但他们的境界，都是功利境界。他们的事业愈大，他们愈不愿他们的"我"失其存在，他们愈不愿死。《晏子春秋》及《韩诗外传》说："齐景公游于牛山，北临其国城而流涕曰：'奈何去此堂堂之国而死乎。'"秦皇汉武的晚年，大概都有这种情感。所以他们都用方士，求长生药。所谓"尚采不死药，茫然使心哀"。他们费很大底力，以求避免死，不过结果还是"但见三泉下，金棺葬寒灰"（李白《古风》）。

秦汉时代的方士，是后来道士的前身。道士所主持底宗教是道教。宋明道学家，常将道家与道教相混。实则二者中间，分别甚大，道家一物我，齐死生，其至人的境界是天地境界。道教讲修炼的方法，以求长生为目的，欲使修炼底人维持其自己的"形"，使之不老，或维持自己的"神"，使之不散。道教所注意者，是"我"的继续存在。其人的境界是功利境界。

道教承认，有生者有死，生死是一种自然底程序。但以为，他们有一种"逆天"的方法，可以阻止或改变这种程序。他们可以说是有一种"战胜自然"的精神。但无论从理论，或从经验方面说，自然在此点，似乎是不可战胜底。不是在功利境界中底人，亦不感觉，在此点，有战胜自然的必要。道学家常说：人不可"在躯壳上起念"。道教中底人，正是常"在躯壳上起念"。

人的身体，本如一机器。一机器，善用之，则可以经用较久，不善用之，则不能经久用，或致于立时损坏。这是一般人所都知道底。道教中底人，常住山林，使其身体，得营养多而受损害少，长生不老虽不可能，而因此可以不速老、享大寿，是可能底。不过这一种的生活，往好处说，固可以说是清净无为。往坏处说，亦未尝不可说是空虚无味。李白诗："太白何苍苍，星辰上森列。去天三百里，邈尔与世绝。中有绿发翁，披发卧冰雪。不笑亦不语，冥栖在岩穴。"有这种生活底人，如只以求长生为目的，即令能得长生，其长生亦可说是半死。

在功利境界中底人，对付死底第二种办法是求立名。有些在功利境界中底人以为死固不可避免，但若有名留于身后，则亦可以虽死而不死。因此他们极力求名。《离骚》说："老冉冉其将至兮，恐修名之不立。"老之将至是无可奈何底事。人所能努力者，是于老之未至之前，先立了名，庶几身虽死而名不灭，则他的"我"仍于相当程度内，有一种的继续。古诗："人生非金石，岂能长寿考？奄忽随物化，荣名以为宝。"桓温说："大丈夫不能流芳百世，亦当遗臭万年。"小说上底英雄常说："人过留名，雁过留声。"此诸所说，其用意均同。

侠义一流底人，是这一类底人。他们视他们的名誉，比他们的身体,更为重要,因为身体总是"奄忽随物化",而名誉则似乎是可以"长留天地间"。所以他们常牺牲他们的身体,以求名誉。《汉书·游侠传》序说:游侠"杀身成名"。贾谊《鵩鸟赋》说:"烈士殉名。"现在有些人说:"名誉是军人的第二生命。"侠义一流底人,简直是以名誉为其第一生命。这一类底人,所希望底是"身死名垂"。能够身死名垂,亦是战胜死的一种办法。死能死人的身体,但不能死人的名。这一类底人,在表面上似乎是轻生,但其轻生实由于贵生。老子说:"民之轻死,以其生生之厚。"正可引以说此。

在功利境界中底人,对付死底第三种办法,是急求眼前底快乐。有些人以为,人即令有名,但他如已死,他即无知,既已无知,即令有名,于他又有什么好处? 所以古诗说:"良无磐石固,虚名复何益?"从此方面看,则不如于未死之前,急求眼前底快乐,得些实受。古诗说:"浩浩阴阳移,年命若朝露。""万岁更相送,贤圣莫能度。服食求神仙,多为药所误。不如饮美酒,被服纨与素。"《列子·杨朱》篇即将此意,作有系统底发挥。这亦是对付死底一种办法。怕死底人,忧虑死将要来,但现在死尚未来。在现在死尚未来,应尽力享受。死若果来,则人即死。既死无知觉,则亦不知觉其威胁矣。

但现在底快乐,如其有之,亦是人于过去所努力以求而始得到者。人欲求快乐,亦须先努力。于其努力时,死亦可于其未得快乐时而先来临。求快乐底人,可以有此等忧虑。此等忧虑,亦即是他所受底死的威胁。

在功利境界中底人对付死底第四种办法,是相信灵魂不死。此可以说是以信仰抵制死的威胁。有些宗教,也可以说大多数底宗教,以为人死以后,此身体虽不存在,但此身体的主人,即所谓灵魂者,仍继续存在,且永远继续存在。此所谓形死而神不灭。死虽能与人一种损失,但人所损失者是其糟粕,其精华是不受损失底。人皆有此不死者存。此不死者,于身体死后,或升天堂,或入地狱,或仍托生为人。无论碧落黄泉,此不死者总是不死。这种说法,与道教不同。道教是近乎自然主义底。它是近乎普通所谓科学,而不近乎普通所谓宗教。道教中底人,以为若随顺自然变化的程序,则形死神亦灭。但他们可用一种"逆天"的方法,使形不死,或形虽死而神不灭。大多数底宗教,则以为形死神不灭,本来是如此底。有些人以为人若有此种信仰,则死对于他底威胁,即可免去太半。不过信仰只是信仰,信仰是不可以理论证明底。

以上所说,是在功利境界中底人应付死底办法。其办法果能减少死的威胁与否,及其果能减少至如何程度,似乎是因人而异。无论如何,在道德境界及天地境界中底人,并不需要此诸种办法。

在道德境界中底人知性。他知性,所以在社会中尽伦尽职以尽性。尽伦尽职必于事中尽之。所以在道德境界中底人,必不做"自了汉",必于社会中做事。他所做底事,都是为在社会中尽伦尽职而做底,亦可说,都是为社会而做底。所以他所做底事,在他的了解中,都是社会的事,这就是说,他所做底事,对于他,都是有社会底意义。人的才有小大,命运有好坏。在道德境界中底人,就其才之所能,命运之所许,尽力以做其所能做及所应做底事。无论他所做底事,是大是小,他都尽其力之所能,以使其成功。他于做他所做底事时,无论其是大是小,他都自觉,他是在"承先启后","继往开来"。他所做底事,无论其是大是小,对于他底意义,都是"为往圣继绝学,为万世开太平"。于此等底意义中,他自觉他在精神上,上与古代相感通,下与后世相呼应。孔子说:"文王既没,文不

690

在兹乎!"这是孔子自觉他在精神上,上接先王。孟子说:"圣人复起,不易吾言。"这是孟子自觉他在精神上,下接后圣。陈子昂诗云:"前不见古人,后不见来者,念天地之悠悠,独怆然而涕下。"在道德境界中底人,则前亦见古人,后亦见来者,往古来今,打成一片。在这一片中,他觉解他的个体的死亡,并不是十分重要底。如此,他不必设法对付死,而自可不受死的威胁。

在道德境界中底人,做事所以尽伦尽职。他竭其力之所能以做其所应做底事。他一日未死,则一日有他所应做底事。这是他的任务。他一日既死,则他的任务,即时终了。就尽伦尽职说,在道德境界中底人,可能于死后尚有经手未完之事,但不可能于死后尚有未尽之伦,未尽之职。他可先其父母而死,尚有孝养之事未了。但他如于生前已尽为子之道,则他虽有孝养之事未了,但不能说他尚未尽伦,未尽职。尽伦尽职底人,都是"鞠躬尽瘁,死而后已"。死而后已,亦即是死了即已。

所以对于在道德境界中底人,死是尽伦尽职的结束。《礼记·檀弓》记子张将死之言,说:"君子曰终,小人曰死。"宋儒说:"终者所以成其始之辞,而死则澌尽无余之义。"对于小人,死是其个人的身体的不存在,所以死对于他是死。对于君子,死是其在社会中底任务的终了,所以死对于他是终。在道德境界中底人,是此所谓君子。死对于他是尽伦尽职的结束。所以死对于他亦是终。终即是结束之义。

在道德境界中底人,不注意死后,只注意生前。只注意于,使其一生行事,皆充分表现道德价值,使其一生,如一完全底艺术品,自始至终,全幅无一败笔。所以《论语》记曾子将死,曰:"启予足,启予手。《诗》云:'战战兢兢,如临深渊,如履薄冰。'而今而后,吾知免夫,小子。"《礼记·檀弓》记曾子将死,侍疾底童子,忽发现曾子所用底席是大夫所用底。曾子听说,命曾元快换。曾元说:"夫子之病革矣,不可以变。幸而至于旦,请敬易之。"曾子说:"尔之爱我也不如彼。君子之爱人也以德,细人之爱人也以姑息。吾何求哉?吾得正而毙焉斯已矣。"曾元等于是"举扶而易之,反席未安而没"。这些行为初看似迂阔,但一个人的一生,如想在道德方面,始终完全,他是一刻不可疏忽底。在一个人未死之前,他随时都有有过的可能。所以曾子将死才可以说:"而今而后,吾知免夫。"然幸而还有一个童子,指出他的一个最后底过错。于是他的一生,才能如一完全的艺术品,不致于最后来了一个败笔。可见一个人想成为完人,是极不容易底。

所以在道德境界中底人,于必要时,宁可牺牲其身体的存在,而不肯使其行为有在道德方面底不完全。孔子说:"有杀身以成仁,无求生以害仁。"孟子说:"生,吾所欲也;义,亦吾所欲也。二者不可得兼,舍生而取义者也。"杀身成仁,舍生取义,与上所说杀身成名,是不同底。杀身成仁底人所做底事,可以即是杀身成名底人所做底事。但杀身成仁底人做此事,其行为是道德底行为,其境界是道德境界。杀身成名底人做此事,其行为是合乎道德底行为,其境界是功利境界。

杀身成仁,在事实上,亦可以得名,但在道德境界中底人,并不要"成名"。所以他虽努力使其一生如一完全底艺术品,但此艺术品是否有人欣赏,如有人欣赏,他自己是否知之,这是他所不问底。在道德境界中底人,有某种行为,本不求为人所知。其行为是"为己底",不是"为人底"。如其为求为人所知而有某种行为,则其行为虽合乎道德,而只是合乎道德底行为,不是道德底行为。其人的境界,亦只是功利境界,而不是道德境界。

照在道德境界中人底看法,一个人于未死之前,总有他所应做底事。这些事,他如不用心注意去做,都有做错的可能。所以在未死之前,无论于何时何地,他都应该兢兢业业,去做他所应该做底事。直到死,方可休息。龚定庵诗:"绝业名山幸早成,更何方法遣今生。"又说:"设想英雄垂暮日,温柔不住住何乡。"这都是才人英雄的设想。照这种想法,一个人的一生中,似乎有一部分,可以称为"余生",如同普通以为,一星期中,有一部分,称为周末。于其时,人可以随意消遣。圣贤的想法,不是如此。圣贤的有生之日,都是尽职尽伦之日。才人需要遣生的方法,以遣其余生,圣贤则无余生可遣。英雄有垂暮,圣贤则无垂暮。圣贤尽其力之所能,以尽伦尽职,"鞠躬尽瘁,死而后已"。此所谓"存,吾顺事;没,吾宁也"。

对于在天地境界中底人,生是顺化,死亦是顺化。知生死都是顺化者,其身体虽顺化而生死,但他在精神上是超过死底。

于第八章中,我们说到道体的观念。实际底事物,无时不在生灭中。实际底世界,无时不在变化中。实际底世界及其间事物的生灭变化的洪流,旧说谓之大化流行,亦谓之大用流行。人亦是实际底事物,亦随大化流行而生灭。无人不随大化流行而生灭。不过一般人虽随大化流行而生灭,而不觉解其是如此。他们只知他们的个体有生灭,而不觉解其生灭是随顺大化。觉解个体的生灭是随顺大化,则亦觉解个体的生灭,是大化的一部分,是道体的一部分。有此等觉解,则可"与造化为一"。郭象说:"与造化为一,则无往而非我矣。将何得何失,孰死孰生哉?"与造化为一,则能自大化的观点以看生灭。自大化的观点以看生灭,则生灭只是变化,不是死生。郭象说:"死生者,无穷之变耳,非始终也。"大化是无始无终底。自同于大化者,自觉其自己亦是无始无终底。

自同于大化者,亦自同于大全。大全永远是存在底。我们这个地球可以不存在,但宇宙则是不能不永远存在底。《庄子·大宗师》说:"藏小大有宜,犹有所遁。若夫藏天下于天下,而不得所遁,是恒物之大情也。……故圣人将游于物之所不得遁而皆存。"郭象注说:"无所藏而都任之,则与物无不冥,与化无不一。故无内无外,无死无生,体天地而合变化,索所遁而不得矣。"物之所不得遁,是庄子所谓天地,我们所谓宇宙,所谓大全。凡事物皆是大全的一部分,不过他们不觉解其是如此。在天地境界中底人,觉解其是如此。他们有此种觉解,所以能自同于大全。自同于大全,则大全永远存在,他亦自觉他自己是永远存在。

宇宙是一个无尽藏,不仅包括现在所有底一切事物,并且包括过去所有底一切事物,以及将来所有底一切事物。任何事物的存在,都是无常底。但其曾经存在的事实,则不是无常底。宇宙间已有底事实,既已有之,则即永远有之,不可变动,不可磨灭。可能有底事物,虽于过去现在尚未有者,将来如其有之,亦必在宇宙中。所以在天地境界中底人,自同于大化,自同于大全者,亦感觉到他自己是上包万古,下揽方来。在无限底空间时间中,"万象森然",他均在精神上与相感通。佛家说:"三世一切劫,了之即一念。"在同天境界中底人,亦可如此说。上文说,在道德境界中底人,使其一生,如一完全底艺术品,而并不希望有人欣赏之。在天地境界中底人,又可见,如果有一完全底艺术品,则曾有此完全底艺术品的事实,真正是长留天地间,其对于人生,正如柏拉图谓其共和国,"有目者必见之,见之则必奉以为法"。上文又说,在道德境界中底人,上见古人,下见来者。他所见者是古人及将来底人。在天地境界中底人,亦是上包万古,下揽方来。他所见者,又不只是人,而是一切万有。

在天地境界中底人,能同天者,亦可自同于理世界。理是永恒底,在天地境界中底人觉解一切事物,都不只是事物,而是永恒底理的例证。这些例证,是有生灭的,是无常底。但其所为例证底理,则是永恒底,是超时间底。对于理无所谓过去,亦无所谓现在。在天地境界中底人,觉解理不但不是无常底,而且是无所谓有常或无常底,不但不是有生灭底,而且是无所谓有生灭或无生灭底。他有此等觉解,所以自同于理世界者,自觉其自己亦是超生灭,超死生底。《庄子·大宗师》说:"见独则无古今。"理世界是无古今底,自同于理世界者,自觉其自己亦是无古今底。

在此种境界中底人,其身体随顺大化,以为存亡,但在精神上他可以说是超死生底。《庄子·大宗师》说:"无古今则入于不死不生。"郭象《逍遥游》注说:"齐死生者,无死无生者也。苟有乎死生,则虽大椿之与蟪蛄,彭祖之与朝菌,均于短折耳。"所谓不死不生及无死无生,亦是超死生之义。

我们说:在天地境界中底人,在精神上可以说是超死生底。我们并不说:人的精神可以超死生。人的精神不能离开身体而存在。身体既不能超死生,则精神亦不能超死生。所以我们不能说,人的精神,可以超死生,而只能说,人在精神上可以超死生。所谓人在精神上可以超死生者,是就一个人在天地境界中所有底自觉说。他在天地境界中自觉他是超死生底。若其身体不存,他固亦无此自觉。但此自觉使其自觉,不但身体的存亡,对于他没有重要,即有此自觉与否,对于他亦没有重要。

人的精神不能离开身体而存在，所以一个人于今生之后，并无来生。以为于今生之后有来生者，大概有两种说法。照一种说法，以为来生之有，虽不可证明，但信来生之有，则为理性所需要。康德持此种说法。他以为道德与幸福的联合，有道德底人，必有幸福，是理性所认为最合理底事。最合理底事，不能于人的今生得到，则必有来生以得到之。不过照我们于第六章中所说，道德不必与幸福联合。有些道德价值，且涵蕴逆境，必于人的不幸中，始能实现。此点我们于第六章中已有证明。此点既已证明，则康德所说，理性需要信来生之有的论证，即不能成立。中国哲学，向以为无来生。康德所谓的理性的需要者，不过是受耶教影响底人的心理习惯而已。

照另外一种说法，有来生是一种无需证明底事实。多数宗教，皆持此种看法。佛教于此有一特点，即承认人有来生，而又以为人应该设法取消其来生。佛教以生死轮回为苦，故教人修行以出离死生。佛家的形上学与我们不同。但其所说出离死生底人的境界，与我们以上所说在精神上超死生底人的境界，则似异而实无大异。

佛家所说出离生死底人的境界，是他们所谓证真如的境界。我们上文所说在精神上超生死底人的境界，是我们所谓同天的境界。就其似异说，佛家是一种唯心论，以为心可以离身体而存在。所以照一般人的想法，佛家修行底人，得佛果、证真如者，可以永远有证真如的自觉。我们于上文说，精神不能离开身体而存在，所以在同天地境界中底人，只于其有身体时，有同天的自觉。

但一般人的这种想法，是错误底。唯心论者固以为心可离开身体而存在。但离开身体而存在底心，是不能有所谓"觉"底。佛家所谓真如,即是所谓常住真心,又即是所谓法界。就其是常住真心说,常住真心是我们所谓宇宙底心。宇宙底心,是不能有所谓觉底,所谓觉,如感觉、知觉、自觉等,都是依人的身体而始有底。海格尔亦说,宗教中底人,自觉其与宇宙底精神为一者,其自觉即是宇宙底精神的自觉。宇宙底精神,不能离开人而有自觉。就真如即是法界说,法界即我们所谓宇宙,宇宙亦是不能有所谓觉底。常住真心或法界既不能有所谓觉,则所谓证真如者所有底自觉,亦只是于其能有自觉时有之。所谓涅槃四德:常、乐、我、净,亦是证真如者,于其有自觉时所自觉者。有自觉必依身体。所以照我们的看法,证真如者所有底自觉,及同天者所有底自觉,都只于其有身体时有之。

　　或可说,如果如此,则此等自觉的有,岂不太暂?但既已证真如,既在同天境界中底人,自同于大全,自同于永恒,则其对于此等境界底自觉的久暂,对于他亦已不成问题,而他亦已不知有此等问题矣。斤斤于此等自觉的久暂者,仍有"我"有"私"。有"我"有"私"者,不能证真如,亦不能有同天的境界。

　　如果真有如佛家所说出离生死,则我们所说在精神上超死生者,自然亦是出离死生底。佛家所说得出离生死的方法是"破执",在同天境界中底人,"体天地而合变化",亦是彻底地无执底。

　　或可说:佛家所破,有我法二执。在天地境界中底人,诚无我执,但本书以上所说所根据底形上学,不以为"万法唯心",以为离心实有所谓外界。照佛家的看法,执实有外界,即是法执。上所说在精神上超生死者,是否仍执实有外界?如仍执实有外界,则照佛家的看法,他仍有法执。仍有法执,则他即不能出离生死。

　　于此我们说,本书以上所说所根据底形上学,诚以为离心有所谓外界。但在同天地境界中底人,"与物冥","浑然与物同体",所以对于他,所谓内外之分,所谓主观客观的对立,亦已冥除。于上文第七章中,我们说:大全是不可思议底;同天的境界,亦是不可思议底。大全"至大无外",在同天境界中底人,自同于大全,所以对于他亦无所谓外界。对于他无所谓外界,故他亦无所谓法执。

于此我们又须声明,哲学讲至此,已讲到所谓"言语路绝,心行道断"的地步。哲学讲至此等地步,所谓唯心论与实在论的分别,亦已不存在矣。

所以在天地境界中底人,无所谓怕死不怕死。有意于不怕死者,仍是对于死生有芥蒂。伊川云:"邵尧夫临终时,只是谐谑,须臾而去。以圣人观之,则犹未是,盖犹有意也。比之常人,甚悬绝矣。他疾革,颐往视之,因警之曰:'尧夫平日所学,今日无事否?'他气微不能答。次日见之,却有声如丝发来,大答云:'你道生姜树上生,我亦只得依你说。'"伊川疾革,门人进曰:"先生平日所学,正今日要用。"伊川曰:"道着用便不是。""道着用"亦是有意。所谓有意,亦谓对于死生尚有芥蒂。

在天地境界中底人,不有意地不怕死,亦不有意地玩视生。道家中有些人对于人生中底事,多所玩视,如所谓"以生为附赘悬疣,以死为决疣溃痈"者,是只了解死为顺化,而未了解生亦为顺化。了解生亦为顺化,则于人生中做人所应做底事,亦为顺化。所以在天地境界中底人所做底事,亦正是在道德境界中底人所做底事。对于做这些事,他亦是"存,吾顺事;没,吾宁也"。

新 原 道

（中国哲学之精神）

自　序

　　此书所谓道,非《新理学》中所谓道。此书所谓道,乃讲《新理学》中所谓道者。《新理学》所谓道,即是哲学。此书讲《新理学》所谓道,所以此书非哲学底书,而乃讲哲学底书。此书之作,盖欲述中国哲学主流之进展,批评其得失,以见新理学在中国哲学中之地位。所以先论旧学,后标新统。异同之故明,斯继开之迹显。庶几世人可知新理学之称为新,非徒然也。近年以来,对于旧学,时有新解,亦藉此书,传之当世。故此书非惟为《新理学》之羽翼,亦旧作《中国哲学史》之补编也。书凡十章,新统居一,敝帚自珍,或贻讥焉。然孔子曰:"文王既没,文不在兹乎!"孟子曰:"圣人复起,必从吾言。"其自信若是。即老氏之徒,濡弱谦下,亦曰:"知我者希,则我者贵。"亦何其高自期许耶?盖学问之道,各崇所见。当仁不让,理固然也。写此书时,与沈公武（有鼎）先生,时相讨论。又承汤锡予（用彤）先生,贺自昭（麟）先生,先阅原稿,有所指正,谨此致谢。又英国友人休士先生,亦就原稿译为英文,期在伦敦出版。并附记,以志鸿爪。民国三十三年六月,冯友兰。

绪　　论

有各种底人。对于每一种人，都有那一种人所可能有底最高底成就。例如从事于政治工作底人，所可能有底最高底成就是成为大政治家。从事于艺术底人，所可能有底最高底成就是成为大艺术家。人虽有各种，但各种底人都是人。专就一个人是人说，他的最高底成就，是成为圣人。这就是说，他的最高底成就，是得到我们所谓天地境界（关于境界及人生中所可能有底四种境界，参看《新原人》第三章）。

人如欲得到天地境界，是不是必须离开社会中一般人所公共有底、所普通有底生活，或甚至必须离开"生"？这是一个问题。讲到天地境界底哲学，最容易有底倾向，是说：这是必需底。如佛家说：生就是人生的苦痛的根源。如柏拉图说：肉体是灵魂的监狱。如道家中的有些人，"以生为附赘悬疣，以死为决疣溃痈"。这都是以为，欲得到最高底境界，须脱离尘罗世网，须脱离社会中一般人所公共有底，所普通有底生活，甚至脱离"生"，才可以得到最后底解脱。有这种主张底哲学，即普通所谓出世间底哲学。出世间底哲学，所讲到底境界极高，但其境界是与社会中的一般人所公共有底，所普通有底生活，不相容底。社会中一般人所公共有底，所普通有底生活，就是中国哲学传统中所谓人伦日用。照出世间底哲学底说法，最高底境界，与人伦日用是不相容底。这一种哲学，我们说它是"极高明而不道中庸"。

有些哲学，注重人伦日用，讲政治，说道德，而不讲，或讲不到最高底境界。这种哲学，即普通所谓世间底哲学。这种哲学，或不真正值得称为哲学。这种哲学，我们说它是"道中庸而不极高明"。

从世间底哲学的观点看，出世间底哲学是太理想主义底，是无实用底，是消极底，是所谓"沦于空寂"底。从出世间底哲学的观点看，世间底哲学是太现实主义底，是肤浅底。其所自以为是积极者，是如走错了路底人的快跑，越跑得快，越错得很。

有许多人说，中国哲学是世间底哲学。这话我们不能说是错，也不能说是不错。

从表面看中国哲学，我们不能说这话是错。因为从表面上看中国哲学，无论哪一派，哪一家，都讲政治，说道德。在表面上看，中国哲学所注重底，是社会，不是宇宙；是人伦日用，不是地狱天堂；是人的今生，不是人的来世。孟子说："圣人，人伦之至也。"照字面讲，这句话是说，圣人是社会中的道德完全底人。在表面上看，中国哲学中的理想人格，也是世间底。中国哲学中所谓圣人与佛教中所谓佛，以及耶教中所谓圣人，是不在一个范畴中底。

不过这只是在表面上看而已，中国哲学不是可以如此简单地了解底。专就中国哲学中主要传统说，我们若了解它，我们不能说它是世间底，固然也不能说它是出世间底。我们可以另用一个新造底形容词以说中国哲学。我们可以说，中国哲学是超世间底。所谓超世间的意义是即世间而出世间。

中国哲学有一个主要底传统，有一个思想的主流。这个传统就是求一种最高底境界。这种境界是最高底，但又是不离乎人伦日用底。这种境界，就是即世间而出世间底。这种境界以及这种哲学,我们说它是"极高明而道中庸"。

"极高明而道中庸",是我们借用《中庸》中底一句话。我们说"借用",因为我们此所谓"极高明而道中庸",不必与其在《中庸》中底意义相同。中国哲学所求底最高境界,是超越人伦日用而又即在人伦日用之中。它是"不离日用常行内,直到先天未画前"。这两句诗的前一句,是表示它是世间底。后一句是表示它是出世间底。这两句就表示即世间而出世间。即世间而出世间,就是所谓超世间。因其是世间底,所以说是"道中庸";因其又是出世间底,所以说是"极高明"。即世间而出世间,就是所谓"极高明而道中庸"。有这种境界底人的生活,是最理想主义底,同时又是最现实主义底。它是最实用底,但是并不肤浅。它亦是积极底,但不是如走错了路而快跑底人的积极。

世间与出世间是对立底。理想主义底与现实主义底是对立底。这都是我们所谓高明与中庸的对立。在古代中国哲学中,有所谓内与外的对立,有所谓本与末的对立,有所谓精与粗的对立。汉以后哲学中,有所谓玄远与俗务的对立,有所谓出世与入世的对立,有所谓动与静的对立,有所谓体与用的对立。这些对立或即是我们所谓高明与中庸的对立,或与我们所谓高明与中庸的对立是一类底。在超世间底哲学及生活中,这些对立都已不复是对立。其不复是对立,并不是这些对立,都已简单地被取消,而是在超世间底哲学及生活中,这些对立虽仍是对立,而已被统一起来。"极高明而道中庸",此"而"即表示高明与中庸,虽仍是对立,而已被统一起来。如何统一起来,这是中国哲学所求解决底一个问题。求解决这个问题,是中国哲学的精神。这个问题的解决,是中国哲学的贡献。

　　中国哲学家以为，哲学所求底最高底境界是即世间而出世间底。有此等境界底人，谓之圣人。圣人的境界是超世间底。就其是超世间底说，中国的圣人的精神底成就，与印度所谓佛的，及西洋所谓圣人的，精神底成就，是同类底成就。但超世间并不是离世间，所以中国的圣人，不是高高在上、不问世务底圣人。他的人格是所谓内圣外王底人格。内圣是就其修养的成就说，外王是就其在社会上底功用说。圣人不一定有机会为实际底政治底领袖。就实际底政治说，他大概一定是没有机会底。所谓内圣外王，只是说，有最高底精神成就底人，可以为王，而且最宜于为王。至于实际上他有机会为王与否，那是另外一回事，亦是无关宏旨底。

　　圣人的人格，是内圣外王的人格。照中国哲学的传统，哲学是使人有这种人格底学问。所以哲学所讲底就是中国哲学家所谓内圣外王之道。

　　在中国哲学中，无论哪一派哪一家，都自以为是讲"内圣外王之道"，但并不是每一家所讲底都能合乎"极高明而道中庸"的标准。在中国哲学中，有些家的哲学，偏于高明；有些家的哲学，偏于中庸。这就是说，有些家的哲学，近于只是出世间底。有些家的哲学，近于只是世间底。不过在中国哲学史的演变中，始终有势力底各家哲学，都求解决如何统一高明与中庸的问题。对于这个问题底解决，可以说是"后来居上"。我们于此可见中国哲学的进步。我们于以下十章，依历史的顺序，叙述中国哲学史中各重要学派的学说，并以"极高明而道中庸"的标准为标准，以评定各重要学派的价值。

　　我们的对于中国哲学底这种工作，很像《庄子·天下》篇的作者，对于先秦哲学所做底工作。我们不能断定，谁是《天下》篇的作者,我们不知道他是谁,但他的工作,是极可赞佩底。他是中国古代的一个极好底哲学史家,亦是一个极好底哲学鉴赏家及批评家。在《天下》篇里,他提出"内圣外王之道"这个名词。讲内圣外王之道底学问,他称为"道术"。道术是真理之全。他以为当时各家,都没有得到道术之全,他们所得到底只是道术的一部分或一方面,所谓"道术有在于是者"。他们所得到底,只是道术的一部分,或一方面,所以他们所讲底只是他们的"一家之言",不是道术,而是"方术"。

道术所讲底是内圣外王之道,所以道术亦是"极高明而道中庸"底。这亦是《庄子·天下》篇所主张底。《天下》篇说:"不离于宗,谓之天人。不离于精,谓之神人。不离于真,谓之至人。以天为宗,以德为本,以道为门,兆于变化,谓之圣人。"向郭注云:"凡此四名,一人耳。所自言之异。"此四种都是在天地境界中底人。天人,神人,至人或是"一人耳。所自言之异"。但圣人是与天人,神人,至人,不同底。他尽有天人等之所有,但亦有天人等之所无。圣人"以天为宗",就是"不离于宗";他"以德为本",就是"不离于精"(《天下》篇下文说:"以本为精,以物为粗。");他"以道为门",就是"不离于真"(《老子》说:"道之为物","其中有精,其精甚真,其中有信"。《庄子》说:道"有情有信,无为无形")。这是他尽有天人等之所有。但他又能"兆于变化",应付事物。这是他有天人等之所无。他能"极高明而道中庸"。天人等则能"极高明"而未必能"道中庸"。《天下》篇下文说君子,"以仁为恩,以义为理,以礼为行,以乐为和,薰然慈仁"。这种人是在道德境界中底人。这种人能"道中庸"而不能"极高明"。

《天下》篇亦似以"极高明而道中庸"的标准为标准,批评当时各家的学说。至少我们可以说，照向郭的注，《天下》篇是如此的。《天下》篇说："古之人其备乎！配神明，醇天地，育万物，和天下。泽及百姓。明于本数，系于末度，六通四辟，小大精粗，其运无乎不在。"所谓古之人，就是圣人。他能统一本末、小大、精粗等的对立。他能"配神明，醇天地"，而又能"育万物，和天下"。前者是其内圣之德，后者是其外王之功。神明大概是说宇宙的精神方面。有内圣外王底人格底人，能"备天地之美，称神明之容"。《天下》篇上文说："神何由降？明何由出？圣有所生，王有所成，皆原于一。"圣王是与神明并称底。

关于"一"底真理，就是内圣外王之道。儒家本是以阐述"古之人"为业底。但可惜他们所阐述底，都是些数度典籍之类。《天下》篇说："其明而在数度者，旧法世传之史，尚多有之。其在于诗书礼乐者，邹鲁之士，缙绅先生，多能明之。"向郭注云："能明其迹耳，岂所以迹哉？"所以照《天下》篇的说法，儒家不合乎高明的标准。

其余各家，也都是"不该不遍，一曲之士"。他们所讲底都不是内圣外王之道的全体，都偏于一方面。不过这一方面也是"道术有在于是"。他们"闻其风而说之"。《天下》篇以下叙墨家的学说，结语谓："墨子真天下之好也，将求之不得也，虽枯槁不舍也，才士也夫。"只称为才士，向郭注云："非有德也。"言其不合乎高明的标准。《天下》篇又叙述宋钘、尹文的学说，说他们"以禁攻寝兵为外，以情欲寡浅为内，其小大精粗，其行适至是而止"。向郭注云："未能经虚涉旷。"他们知有内外小大精粗的分别，但亦"适至是而止"，亦不合乎高明的标准。

《天下》篇又叙述彭蒙、田骈、慎到的学说，结语谓："彭蒙、田骈、慎到不知道。虽然，概乎皆尝有闻者也。"向郭注云："但未至也。"他们能从道的观点以看事物,知"万物皆有所可,有所不可。故曰:选则不遍,教则不至,道则无遗者矣"。用我们于《新原人》中所说底话说,他们已知天。但他们以为圣人的修养的成就,"至于若无知之物而已。无用贤圣,夫块不失道"。他们希望去知识所作的分别,以至于我们于《新原人》中所谓同天的境界。但不知在同天境界中底人,是无知而有知底,并不是若土块无知之物,彭蒙等是高明,但不是"极高明"。

《天下》篇又叙述关尹、老聃的学说。他们的学说,"建之以常、无、有,主之以太一。以濡弱谦下为表,以空虚不毁万物为实"。他们"以本为精,以物为粗","澹然独与神明居"。他们是已达到"极高明"的程度,但他们又"常宽容于物,不削于人"。他们亦可以说是能"道中庸"。

《天下》篇又叙述庄子的学说,说庄子"上与造物者游,而下与外死生无终始者为友。其于本也,弘大而辟,深闳而肆。其于宗也,可谓稠适而上遂矣"。他达到"极高明"的程度。但他虽"独与天地精神往来,而不傲倪于万物,不谴是非,以与世俗处"。他亦可以说是能"道中庸"。

《天下》篇极推崇老庄。但于叙老庄的学说时,亦是说:"古之道术有在于是者",关尹、老聃、庄周"闻其风而悦之"。由此例说,则老庄亦是"不该不遍,一曲之士"。《天下》篇或以为老庄的学说,虽是道术的一重要部分或一重要方面,但亦只是其一部分或一方面。关于此点,我们尚无法断定。不过离开《天下篇》的作者,用我们自己的判断,我们可以说,老庄的学说尚不能全合乎"极高明而道中庸"的标准。所以我们只说老庄亦可以说是合乎"道中庸"的标准。关于此点,我们于以下讲老庄章中,另有详说。

　　我们于此分析《天下》篇对于当时各家底批评，以见我们于以下各章，对于各派各家所作底批评，以及批评所用底标准，并不是我们的偶然底私见，而是真正接着中国哲学的传统讲底。并以见我们所谓中国哲学的精神，真是中国哲学的精神。

第一章　孔孟

　　《天下》篇说"邹鲁之士，缙绅先生"所能明者，只是诗书礼乐等数度典籍。对于一般底儒说，这话是不错底。儒本来是一种职业。所谓儒者，就是以相礼教书为职业底人。他们的专长就是演礼乐，教诗书。他们也就只能演礼乐，教诗书。他们真是如向郭所说：只能明"古之人"之迹，而不能明其"所以迹"。

　　但对于孔孟，这话是不能说底。孔孟虽亦是儒者，但他们又创立了儒家。儒家与儒者不同。儒者是社会中的教书匠、礼乐专家。这是孔子孟子以前，原来有底。儒家是孔子所创立底一个学派。他们亦讲诗书礼乐，他们亦讲"古之人"。但他们讲"古之人"，是"接着"古之人讲底，不是"照着"古之人讲底。孔子说，他"述而不作，信而好古"（《论语·述而》）。一般儒者本来都是如此。不过孔子虽如此说，他自己实在是"以述为作"。因其以述为作，所以他不只是儒者，他是儒家的创立人。

　　儒家是以"说仁义"见称于世底。在中国旧日言语中，仁义二字若分用，则各有其意义，若联用，则其意义，就是现在所谓道德。《老子》说"绝仁弃义"，并不是说，只不要仁及义，而是说：不要一切道德。后世说，某人大仁大义，就是说：某人很有道德。说某人不仁不义，就是说：某人没有道德。儒家以说仁义见称，也就是以讲道德见称。

儒家讲道德,并不是只宣传些道德底规律,或道德格言,叫人只死守死记。他们是真正了解道德之所以为道德,道德行为之所以为道德行为。用我们于《新原人》中所用底名词,他们是真正了解人的道德境界与功利境界的不同,以及道德境界与自然境界的不同。

我们于以下先说明儒家所讲仁、义、礼、智。后人以仁、义、礼、智、信,为五常。但孟子讲"四端"则只说到仁、义、礼、智。此四者亦是孔子所常讲底,但将其整齐地并列为四,则始于孟子。

先从义说起。孟子说:"仁,人心也。义,人路也。"(《孟子·告子》上)义是人所当行之路,是所谓"当然而然,无所为而然"者(陈淳语)。所谓当然的意义,就是应该。说到应该,我们又须分别:有功利方面底应该,有道德方面底应该。功利方面底应该是有条件底。因其是有条件底,所以亦是相对底。例如我们说,一个人应该讲究卫生,此应该是以人类愿求健康为条件。求健康是讲究卫生的目的。讲究卫生是求健康的手段。这种手段,只有要达到这种目的者,方"应该"用之。如一人愿求健康,他应该讲究卫生。如他不愿求健康,则讲究卫生,对于他即不必是应该底了。这种应该,亦是"当然而然",但不是"无所为而然"。义不是这种应该。

义是道德方面底应该。这种应该是无条件底。无条件底应该,就是所谓"当然而然,无所为而然"。因其是无条件底,所以也是绝对底。无条件底应该,就是所谓义。义是道德行为之所以为道德行为之要素。一个人的行为,若是道德行为,他必须是无条件地做他所应该做底事。这就是说,他不能以做此事为一种手段,以求达到其个人的某种目的。如他以做此事为一种达到其个人的某种目的底手段,则做此事,对于他,即不是无条件底。他若愿求达到这种目的,做此事,对于他,是应该底。但他若不愿求达到这种目的,做此事,对于他,即不是应该底了。他必须是无条件地做他所应该做底事。若是有条件地,他虽做了他所应该做底事,但其行为亦只是合乎义底行为,并不是义底行为。

这并不是说,在道德境界中底人,做他所应该做底事,是漫无目的,随便做之。他做他所应该做底事,有确定底目的。他亦尽心竭力,以求达到此目的,但不以达到此目的为达到其自己的另一目的的手段。例如一个有某种职务底人,忠于他的职守。凡是他的职守内所应该做底事,他都尽心竭力去做,以求其成功。从这一方面说,他做事是有目的底。但他的行为,如果真是忠底行为,则他之所以如此做,必须是他应该如此做,并不是他欲以如此做得到上司的奖赏,或同僚的赞许。所谓无条件做应该做底事,其意如此。一个人必须无条件地做他所应该做底事,然后他的行为,才是道德行为。他的境界,才是道德境界。

一个人无条件地做他所应该做底事,其行为是"无所为而然"。一个人以做某种事为手段,以求达到其自己的某种目的的,其行为是"有所为而然"。用儒家的话说,有所为而然底行为是求利,无所为而然底行为是行义。这种分别,就是儒家所谓"义利之辨"。这一点,是儒家所特别注重底。孔子说:"君子喻于义,小人喻于利。"(《论语·里仁》)孟子说:"鸡鸣而起,孳孳为善者,舜之徒也;鸡鸣而起,孳孳为利者,跖之徒也。欲知舜与跖之分,无他,利与善之间也。"(《孟子·尽心》上)求利与行义的分别,就是我们于《新原人》中所谓功利境界与道德境界的分别。一个人的行为若是有所为而然底,他的行为,尽可以合乎道德,但不是道德行为。他的境界也只是功利境界,不是道德境界。

后来董仲舒说："正其谊(义)不谋其利,明其道不计其功。"他的此话,也就是上述底意思。但是有些人对此不了解。例如颜习斋批评这话说："世有耕种而不谋收获者乎？有荷网持钩,而不计得鱼者乎？""这不谋不计两个字,便是老无释空之根。"(《言行录·教及门》)此批评完全是无的放矢。既耕种当然谋收获,既荷网持钩当然谋得鱼。问题在于一个人为什么耕种,为什么谋得鱼。若是为他自己的利益,他的行为不能是道德行为。不过不是道德行为底行为,也不一定就是不道德底行为。它可以是非道德底行为。

儒家所谓义,有时亦指在某种情形下办某种事的在道德方面最好底办法。《中庸》说："义者,宜也。"我们说:一件事宜如何办理,宜如何办理底办法,就是办这一件事的最好底办法。某一种事,在某种情形下,亦有其宜如何办理底办法。这一种办法,就是,在某种情形下,办这一种事的最好底办法。所谓最好又有两种意思。一种意思,是就道德方面说;一种意思,是就功利方面说。就功利方面说,在某种情形下,一种事的最好底办法,是一种办法,能使办此种事底人,得到最大底个人利益。就道德方面说,一种事的最好底办法,是一种办法,能使办此种事底人,得到最大底道德成就。我们说"在某种情形下",因为所谓"义者,宜也"的宜,又有"因时制宜"的意义。所以孟子说："大人者,言不必信,行不必果,惟义所在。"(《孟子·离娄》下)

照此所说,儒家所谓义有似乎儒家所谓中,办一件事,将其办到恰到好处,就是中。所以说中,亦是说办一件事的最好底办法。不过义与中亦有不同。中亦可就非道德底事说,义只专就道德底事说。非道德底事,并不是不道德底事,是无所谓道德或不道德底事。例如,在平常情形下,吃饭是非道德底事。一个人吃饭,不太多,亦不太少,无过亦无不及。这可以说是合乎中,但不可以说是合乎义。这里没有义不义的问题。

我们可以说,以上所说二点,都是对于义底一种形式底说法。因为以上所说二点,并没有说出,哪些种底事,是人所无条件地应该做底事。也没有说出,对于某种事,怎样做是做此种事底在道德方面底,最好底做法。如果有人提出这个问题,我们可以说,儒家说:于社会有利或于别人有利底事,就是人所无条件地应该做底事,做某种事,怎样做,能于社会有利,能于别人有利,这样做就是做此种事底在道德方面底最好底做法。

我们说"我们可以说,儒家说",因为儒家并没有清楚地如此说。虽没有清楚地如此说,但他们的意思是如此。必了解这个意思,然后才可以了解儒家所谓义利之辨。

有人说:儒家主张义利之辨,但他们也常自陷于矛盾。如《论语》云:"子适卫,冉有仆。子曰:'庶矣乎!'冉有曰:'既庶矣,又何加焉?'曰:'富之。'曰:'既富矣,又何加焉?'曰:'教之。'"(《论语·子路》)孔子亦注意于人民的富庶。人民的富庶,岂不是人民的利?又如《孟子》云:"孟子见梁惠王,王曰:'叟,不远千里而来,亦将有以利吾国乎?'孟子曰:'王何必曰利,亦有仁义而已矣。'"孟子不以梁惠王言利为然。但他自己却向梁惠王提出一现代人所谓经济计划,欲使人可以"衣帛食肉","养生送死无憾"。孟子岂不亦是言利?

发此问者之所以提出此问题,盖由于不知儒家所谓义利之辨之利,是指个人的私利。求个人的私利的行为,是求利的行为。若所求不是个人的私利,而是社会的公利、别人的利,则其行为即不是求利,而是行义。社会的利、别人的利,就是社会中每一个人所无条件地应该求底。无条件地求社会的利、别人的利，是义的行为的目的，义是这种行为的道德价值。凡有道德价值底行为，都是义底行为；凡有道德价值底行为，都涵蕴义。因为凡有道德价值底行为，都必以无条件地利他为目的。如孝子必无条件地求利其亲。慈父必无条件地求利其子。无条件求利其亲或子，是其行为的目的。孝或慈是这种行为的道德价值。所以所谓利，如是个人的私利，则此利与义是冲突底。所谓利，如是社会的公利，他人的利，则此利与义不但不冲突，而且就是义的内容。儒家严义利之辨，而有时又以为义利有密切底关系，如《易传·乾·文言》云："利者，义之和也。"其理由即在于此。后来程伊川云："义与利，只是个公与私也。"(《遗书》卷十七)求私利，求自己的利，是求利；求公利，求别人的利，是行义。

孟子说："仁，人心也。"(《孟子·告子》上)《中庸》说："仁者，人也。"程伊川说："公而以人体之谓之仁。"(《遗书》卷十七)无条件地做于社会有利、于别人有利底事是行义。若如此做只是因为无条件地应该如此做，则其行为是义底行为。若一个人于求社会的利、求别人的利时，不但是因为无条件地应该如此做，而且对于社会、对于别人，有一种忠爱恻怛之心，如现在所谓同情心，则其行为即不只是义底行为，而且是仁底行为。此所谓"公而以人体之谓之仁"。体是体贴之体，人就是人的心，就是人的恻隐之心、同情心。以恻隐之心行义谓之仁。所以说"仁，人心也"，"仁者，人也"。孟子亦说："恻隐之心，仁之端也。"(《孟子·公孙丑》上)义可以包仁，是仁底行为，必亦是义的行为。仁涵蕴义，是义的行为，不必是仁的行为。儒家说无条件地应该，有似乎西洋哲学史中底康德。但康德只说到义，没有说到仁。

仁人必善于体贴别人。因己之所欲体贴别人，知别人之所欲；因己之所不欲体贴别人，知别人之所不欲。因己之所欲，知别人之所欲，所以"己欲立而立人，己欲达而达人"（《论语·雍也》），"老吾老以及人之老，幼吾幼以及人之幼"（《孟子·梁惠王》上）。此即所谓忠。因己之所不欲，知别人之所不欲，所以"己所不欲，勿施于人"（《论语·卫灵公》）。此即所谓恕。合忠与恕，谓之忠恕之道。朱子《论语》注说："尽己之谓忠，推己之谓恕。"其实应该说："尽己为人之谓忠。"忠恕皆是推己及人。忠是就推己及人的积极方面说，恕是就推己及人的消极方面说。忠恕皆是"能近取譬"（《论语·雍也》），"善推其所为"（《孟子·梁惠王》上）。朱子注云："譬，喻也。近取诸身，譬之他人，知其所欲，亦犹是也。"此正是所谓忠。人亦可以己之所不欲，譬之他人，知其所不欲亦犹是。此是所谓恕。如是"推其所为"，以及他人，就是为仁的下手处。所以孔子说："能近取譬，可谓仁之方也已。"（《论语·雍也》）仁是孔子哲学的中心。而忠恕又是"为仁"的下手处。所以孔子说："吾道一以贯之。"曾子解释之云："夫子之道，忠恕而已矣。"（《论语·里仁》）

礼是人所规定行为的规范，拟以代表义者，于上文我们说，义的内容是利他。礼的内容亦是利他。所以《礼记·曲礼》说："夫礼，自卑而尊人，先彼而后己。"于上文我们说：义有似乎中。我们可以说：义是道德方面底中。所以儒家常以中说礼。《礼记·仲尼燕居》说："子曰：'礼乎礼！夫礼所以制中也。'"我们于上文说："义者，宜也"的宜，有"因时制宜"的意思。儒家亦以为礼是随时"变"底。《礼记·礼器》说："礼，时为大。"《乐记》说："五帝殊时，不相沿乐。三王异世，不相袭礼。"

智是人对于仁义礼底了解。人必对于仁有了解，然后才可以有仁底行为。必对于义有了解，然后才可以有义底行为。必对于礼有了解，然后他的行为，才不是普通底"循规蹈矩"。如无了解，他的行为，虽可以合乎仁义，但严格地说，不是仁底行为，或义的行为。他的行为，虽可以合乎礼，但亦不过是普通底"循规蹈矩"而已。无了解底人，只顺性而行，或顺习而行，他的行为，虽可以合乎道德，但只是合乎道德底行为，不是道德行为。他的境界，亦不是道德境界，而是自然境界。人欲求高底境界，必须靠智。孔子说："智及之，仁不能守之，虽得之，必失之。"（《论语·卫灵公》）用我们于《新原人》中底话说，人的了解，可使人到一种高底境界，但不能使人常住于此种境界。虽是如此，但若没有了解，他必不能到高底境界。

照以上所说，则仁、义、礼、智，表面上虽是并列，但实则仁义与礼智，不是在一个层次底。这一点，似乎孟子也觉到。孟子说："仁之实，事亲是也。义之实，从兄是也。智之实，知斯二者，弗去是也。礼之实，节文斯二者。"（《孟子·离娄》上）这话就表示仁义与礼智的层次不同。

儒家注重"义利之辨"。可见功利境界与道德境界的分别，他们认识甚清。求利底人的境界是功利境界。行义底人的境界是道德境界。他们注重智。可见自然境界与其余境界的分别，他们亦认识甚清。孔子曰："民可使由之，不可使知之。"（《论语·泰伯》）孟子曰："行之而不著焉，习矣而不察焉，终身由之而不知其道者，众也。"（《孟子·尽心》上）"由之而不知"底人的境界，正是自然境界。

不过道德境界与天地境界的分别，儒家认识，不甚清楚。因此儒家常受道家的批评。其批评是有理由底。不过道家以为儒家所讲，只限于仁义；儒家所说到的境界，最高亦不过是道德境界。这"以为"是错底。儒家虽常说仁义，但并非只限于仁义。儒家所说到底最高底境界,亦不只是道德境界。此可于孔子孟子自述其自己的境界之言中见之。我们于以下引《论语》"吾十有五而志于学"章,及《孟子》"养浩然之气"章,并随文释其义,以见孔子孟子的境界。

孔子曰:"吾十有五,而志于学;三十而立;四十而不惑;五十而知天命;六十而耳顺;七十而从心所欲不逾矩。"(《论语·为政》)这是孔子自叙其一生中底境界的变化。所谓三十、四十等,不过就时间经过的大端说,不必是,也许必不是,他的境界,照例每十年必变一次。

"志于学"之学,并不是普通所谓学。孔子说:"朝闻道,夕死可矣。"(《论语·里仁》)又说:"士志于道,而耻恶衣恶食者,未足与议也。"(同上)又说:"志于道。"(《论语·述而》)此所谓志于学,就是有志于学道。普通所谓学,乃所以增加人的知识者。道乃所以提高人的境界者。老子说:"为学日益。为道日损。"其所谓学,是普通所谓学,是与道相对者。孔子及以后儒家所谓学,则即是学道之学。儒家所谓学道之学,虽不必是日损,但亦与普通所谓学不同。于《新原人》中,我们说:自然境界及功利境界,是自然的礼物。道德境界及天地境界是人的精神的创造。人欲得后二种境界,须先了解一种义理。此种义理,即所谓道。人生于世,以闻道为最重要底事。所以说:"朝闻道,夕死可矣。"(《论语·里仁》)孔子又说:"后生可畏,焉知来者之不如今也。四十、五十而无闻焉,斯亦不足畏也已。"(《论语·子罕》)无闻即无闻于道,并非没有声名。

"三十而立。"孔子说:"立于礼。"(《论语·泰伯》)又说:"不知礼,无以立也。"(《论语·尧曰》)上文说:礼是一种行为的规范,拟以代表义,代表在道德方面底中者。能立即能循礼而行。能循礼而行,则可以"克己复礼"。"复礼"即"非礼勿视,非礼勿听,非礼勿言,非礼勿动"(《论语·颜渊》)。"克己"即克去己私。在功利境界中底人,其行为皆为他自己的利益。这种人，就是有己私底人。行道德必先克去己私，所以"颜渊问仁"，孔子答以"克己复礼为仁"。

"四十而不惑。"孔子说："智者不惑。"（《论语·宪问》）上文说，智是对于仁义礼底了解。孔子三十而立，是其行为皆已能循礼。礼是代表义者，能循礼即能合乎义。但合乎义底行为，不必是义底行为。必至智者的地步，才对于仁义礼有完全底了解。有完全底了解所以不惑。不惑底智者才可以有真正底仁底行为，及义底行为，其境界才可以是道德境界。孔子学道至此，始得到道德境界。

孔子说："可与共学，未可与适道。可与适道，未可与立。可与立，未可与权。"（《论语·子罕》）有人有志于学，但其所志之学，未必是学道之学。有人虽有志于学道，但未必能"克己复礼"。有人虽能"克己复礼"，但对于礼未必有完全底了解。对于礼无完全底了解，则不知"礼，时为大"。如此，则如孟子所谓"执中无权，犹执一也"（《孟子·尽心上》）。执一即执着一死底规范，一固定底办法，以应不同底事变。孟子说："言不必信，行不必果，惟义所在。"这就是所谓"可与权"。人到智者不惑的程度，始"可与权"。孔子此所说，亦是学道进步的程序，与我们现所解释底一章，可以互相发明。

"五十而知天命。"仁义礼都是社会方面底事。孔子至此又知于社会之上，尚有天，于是孔子的境界，又将超过道德境界。所谓天命，可解释为人所遭遇底宇宙间底事变，在人力极限之外，为人力所无可奈何者。这是以后儒家所谓命的意义。所谓天命亦可解释为上帝的命令。此似乎是孔子的意思。如果如此，则孔子所谓知天命，有似于我们于《新原人》中所谓知天。

"六十而耳顺。"此句前人皆望文生义，不得其解。"耳"即"而已"，犹"诸"即"之乎"或"之于"。徐言之曰而已，急言之曰耳。此句或原作"六十耳顺",即"六十而已顺"。后人不知"耳"即"而已"。见上下诸句中间皆有"而"字,于此亦加一"而"字,遂成为"而耳顺"。后人解释者,皆以耳为耳目之耳,于是此句遂费解(此沈有鼎先生说)。六十而已顺。此句蒙上文而言,顺是顺天命,顺天命有似于我们于《新原人》中所谓事天。

"七十而从心所欲不逾矩。"于《新原人》中,我们说:在道德境界中底人,做道德底事,是出于有意底选择,其做之需要努力。在天地境界中底人做道德底事,不必是出于有意底选择,亦不必需要努力。这不是说,因为他已有好底习惯,而是说,因为他已有高底了解。孔子从心所欲不逾矩,亦是因有高底了解而"不思而得,不勉而中"。此有似于我们于《新原人》中所谓乐天。

于《新原人》中,我们说:宇宙大全,理及理世界,以及道体等观念,都是哲学底观念。人能完全了解这些观念,他即可以知天。知天然后能事天,然后能乐天,最后至于同天。此所谓天即宇宙或大全。我们于上文说:知天命有似于知天;顺天命有似于事天;从心所欲不逾矩,有似于乐天。我们说"有似于",因为孔子所谓天,似乎是"主宰之天",不是宇宙大全。若果如此,孔子最后所得底境界,亦是"有似于"天地境界。

孟子自述他自己的境界,见于《孟子》论浩然之气章中。此章前人多不得其解,兹随文释之。

《孟子》云:"(公孙丑问曰:)'敢问夫子恶乎长?'曰:'我知言,我善养吾浩然之气。''敢问何为浩然之气?'曰:'难言也。其为气也,至大至刚,以直养而无害,则塞于天地之间。其为气也。配义与道,无是,馁也。是集义所生者,非义袭而取之也。行有不慊于心,则馁矣。我故曰:'告子未尝知义',以其外之也。必有事焉而

勿正,心勿忘,勿助长也。'”(《孟子·公孙丑》上)

"浩然之气"是孟子所特用底一个名词。"何为浩然之气?"孟子亦说是"难言",后人更多"望文生义"底解释。本章上文从北宫黝、孟施舍二勇士的养勇说起。又说孟施舍的养勇的方法是"守气",由此我们可知本章中所谓气,是勇气之气,亦即所谓士气,如说"士气甚旺"之气。孟子说:"我善养吾浩然之气。"浩然之气之气,与孟施舍等守气之气,在性质上是一类底。其不同在于其是浩然。浩然者大也。其所以大者何?孟施舍等所守之气,是关于人与人底关系者。而浩然之气,则是关于人与宇宙底关系者。有孟施舍等的气,则可以堂堂立于社会间而无惧。有浩然之气,则可以堂堂立于宇宙间而无惧。浩然之气,能使人如此,所以说:"其为气也,至大至刚,以直养而无害,则塞于天地之间。"

孟施舍等的气,尚须养以得之,其养勇就是养气,浩然之气,更须养以得之。孟子说:"其为气也。配义与道,无是,馁也。"配义与道,就是养浩然之气的方法。这个道,就是上文所说,孔子说"志于道"之道,也就是能使人有高底境界底义理。养浩然之气的方法有两方面。一方面是了解一种义理,此可称为明道;一方面是常做人在宇宙间所应该做底事,此可称为集义。合此两方面,就是配义与道。此两方面的工夫,缺一不可。若集义而不明道,则是所谓"不著不察"或"终身由之而不知其道"。若明道而不集义,则是所谓"智及之,仁不能守之,虽得之,必失之"。若无此二方面工夫,则其气即馁,所谓"无是,馁也"。

明道之后,集义既久,浩然之气,自然而然生出,一点勉强不得。所谓"是集义所生者,非义袭而取之也"。朱子说:"袭如用兵之袭,有袭夺之意。"(《朱子语类》卷五十二)下文说:"我故曰:'告子未尝知义'，以其外之也。"告子是从外面拿一个义来，强制其心，使之不动。孟子则以行义为心的自然底发展。行义既久，浩然之气，即自然由中而出。

"行有不慊于心，则馁矣。"《左传》说："师直为壮，曲为老。"壮是其气壮，老是其气衰。我们常说："理直气壮。"理直则气壮，理曲则气馁。平常所谓勇气是如此。浩然之气，亦是如此。所以养浩然之气底人，须时时明道集义，不使有一事于心不安。此所谓"必有事焉而勿正，心勿忘"。"正之义通于止。"(焦循《孟子正义》说)。"勿正"就是"勿止"，也就是"心勿忘"。养浩然之气底人所须用底工夫，也只是如此。他只须时时明道集义，久之则浩然之气，自然生出。他不可求速效，另用工夫。求速效，另用工夫，即所谓助长。忘了，不用功夫，不可。助长，亦不可。养浩然之气，须要"明道集义，勿忘勿助"。这八个字可以说是养浩然之气的要诀。

有浩然之气底人的境界，是天地境界。孟子于另一章中云："居天下之广居，立天下之正位，行天下之大道。得志与民由之。不得志独行其道。富贵不能淫，贫贱不能移，威武不能屈。此之谓大丈夫。"(《孟子·滕文公》下)我们如将此所谓大丈夫与有浩然之气者比，便可知此所谓大丈夫的境界，不如有浩然之气者高。此所谓大丈夫，"居天下之广居，立天下之正位，行天下之大道"，不能说是不大，但尚不能说是至大。他"富贵不能淫，贫贱不能移，威武不能屈"，不能说是不刚，但尚不能说是至刚。何以不能说是至大至刚？因为此所谓大丈夫的刚大，是就人与社会底关系说。有浩然之气者的刚大，则是就人与宇宙底关系说。此所谓大丈夫所居底，是"天下"的广居，所立底是"天下"的正位，所行底是"天下"底大道。有浩然之气者的浩然之气，则"以直养而无害，则塞于天地之间"。

"天下"与"天地"这两个名词是有别底。我们可以说治国平天下，而不能说治国平天地。我们可以说天下太平，或天下大乱，不能说天地太平，或天地大乱。天下是说人类社会的大全，天地是说宇宙的大全。此所说大丈夫的境界是道德境界。有浩然之气者的境界是天地境界。此所说大丈夫的境界，尚属于有限。有浩然之气者，虽亦只是有限底七尺之躯，但他的境界已超过有限，而进于无限矣。

到此地位底人，自然"大行不加，穷居不损"，自然"富贵不能淫，贫贱不能移，威武不能屈"。但其不淫、不移、不屈的意义，又与在道德境界底人的不淫、不移、不屈不同。朱子说："浩然之气，清明不足以言之。才说浩然，便有个广大刚果意思，长江大河浩浩而来也。富贵、贫贱、威武不能移屈之类皆低，不可以语此。"（《语类》卷五十二）朱子此言，正是我们以上所说底意思。到此地位者，可以说已到同天的境界。孟子所谓"塞于天地之间"，"上下与天地同流"（《孟子·尽心上》），可以说是表示同天的意思。

就以上所说，我们可以说：孟子所说到底境界，比孔子所说到底高。孔子所说的天是主宰底天，他似乎未能完全脱离宗教底色彩。他的意思，似乎还有点是图画式底。所以我们说：他所说到底最高境界，只是"有似于"事天乐天的境界。孟子所说到底境界，则可以说是同天的境界。我们说"可以说是"，因为我们还没有法子可以断定，孟子所谓"天地"的抽象的程度。

孔孟是早期儒家的代表。儒家于实行道德中，求高底境界。这个方向，是后来道学的方向。不过他们所以未能分清道德境界与天地境界，其故亦由于此。以"极高明而道中庸"的标准说，他们于高明方面，尚未达到最高底标准。用向郭的话说，他们尚未能"经虚涉旷"。

第二章　杨墨

　　孟子说："我知言,我善养吾浩然之气。"公孙丑问他:"何为知言?"他说:"诐辞知其所蔽,淫辞知其所陷,邪辞知其所离,遁辞知其所穷。生于其心,害于其政。发于其政,害于其事。圣人复起,必从吾言矣。"(《孟子·公孙丑》上)当时他所认为最有势力底诐淫邪遁之辞,就是杨墨的学说。他说:"杨朱、墨翟之言盈天下,天下之言,不归杨则归墨。杨氏为我,是无君也;墨氏兼爱,是无父也。无父无君,是禽兽也。""杨墨之道不息,孔子之道不著,是邪说诬民,充塞仁义也。""吾为此惧,闲先圣之道,距杨墨,放淫辞邪说者不得作。"(《孟子·滕文公》下)孟子自以为他一生的大事,就是"距杨墨"。他自以为他"距杨墨"的功绩,可与"禹抑洪水而天下平;周公兼夷狄、驱猛兽而百姓宁;孔子作《春秋》而乱臣贼子惧"相提并论。

　　杨朱的学说,可以"充塞仁义",这是很显然底。照我们于上文第一章中所说,仁义的内容,都是"利他"。而杨朱则提倡"为我"。孟子说:"杨子取为我,拔一毛而利天下不为也。"(《孟子·尽心》上)《韩非子》亦说:"轻物重生之士","义不入危城,不处军旅,不以天下大利,易其胫之一毛。"(《韩非子·显学》)此所说"轻物重生之士"亦是指杨朱或其一派底人。"不以天下大利,易其胫之一毛",有两个解释。一个解释是:利之以天下而欲拔其一毛,杨朱不为。这个解释,表示他是"轻物重生"。另一个解释是:拔其一毛可以利天下，杨朱不为。这个解释，表示他是"为我"。无论照哪一个解释，杨朱的"重生"或"为我"的主张，总是与儒家的"杀身成仁"、"舍生取义"的主张，是不相容底。

杨朱一派底人，就是早期的道家。"道家者流"，出于隐者。在《论语》中，我们看见，孔子一生遇见了许多隐者。孔子积极救世，隐者们都不赞成。他们说，孔子是"知其不可而为之者"（《论语·宪问》）。他们劝告孔子："已而已而，今之从政者殆而。""滔滔者天下皆是也，而谁以易之。"（《论语·微子》）他们自称为"辟世之士"（《论语·微子》）。他们都"独善其身"，对于社会，持消极态度。在隐者之中，有能讲出一番理论以为其行为作根据者，这些人便是早期的道家，杨朱就是其中的领袖。

杨朱的学说，在《老子》、《庄子》及《吕氏春秋》等书中，尚可见其大概。《老子》书中说："名与身孰亲？身与货孰多？"（四十四章）这就是"轻物重生"的理论。《庄子·养生主》说："为善无近名，为恶无近刑。缘督以为经，可以保身，可以全生，可以养亲，可以尽年。"这亦是"轻物重生"的理论。人为恶太甚，而至于受社会的制裁责罚，这是不合于重生的道理底。这是一般人所都知道底。但人若为善太多，以至于得到美名，亦不合于重生的道理。"山木，自寇也。膏火，自煎也。桂可食，故伐之。漆可用，故割之。"（《庄子·人间世》）"树大招风。"这都是有才有名之累。所以善养生底人，固不敢为大恶，亦不敢为大善，只处于善不善之间，所谓"缘督以为经"。这才是全身养生之道。《吕氏春秋》中《重己》、《本生》、《贵生》等篇所说，亦都是这一类的理论。

这一类的理论是道家的学说的第一步的进展。人重生，须不自伤，并不使他人他物伤之。如何能不使他人他物伤之？杨朱一派在此方面之办法,似只有一避字诀,如"避世"、"避名"、"避刑"等,均是以避为主。然人事变化无穷,害尽有不能避者。《老子》书中,多讲明宇宙间事物变化的通则。知之者能应用之,则可以得利避害。这是道家的学说的第二步进展。然因人事变化无穷,其中不可见底因素太多。所以即《老子》书中所讲底道理,仍不能保证应用之者必可以得利免害,于是《老子》书中仍亦有打穿后壁之言曰:"吾所以有大患者,为吾有身。及吾无身,吾有何患?"(十三章)这是大彻大悟之言。庄子乃继此讲"同人我,齐死生",不以利害为利害,于是利害乃真不能伤。这是道家学说的第三步的进展。

以上所说的道家学说的进展,可引《庄子·山木》篇所讲一故事以说明之。《山木》篇云:"庄子行于山中,见大木,枝叶盛茂,伐木者止其旁而不取也。问其故,曰:'无所可用。'庄子曰:'此木以不材得终其天年。'夫子出于山,舍于故人之家。故人喜,命竖子杀雁而烹之。竖子请曰:'其一能鸣,其一不能鸣,请奚杀?'主人曰:'杀不能鸣者。'明日,弟子问于庄子曰:'昨日山中之木,以不材得终其天年。今主人之雁,以不材死。先生将何处?'庄子笑曰:'周将处乎材与不材之间。材与不材之间,似之而非也,故未能免乎累。若夫乘道德而浮游则不然。……浮游乎万物之祖,物物而不物于物,则胡可得而累耶!'"此故事前段所说,是杨朱的全生避害的方法。后半段所说,是庄子全生避害的方法。

"材"相当于《养生主》所谓为善。"不材"相当于《养生主》所谓为恶。"材与不材"之间,相当于《养生主》所谓"缘督以为经"。照此故事所说,人若不能"以生死为一条,以可不可为一贯"(《庄子·德充符》),则在人间世无论如何巧于趋避,总不能保证其可以完全地"免乎累"。无论材或不材,或材与不材之间,皆不能保其只受福而不受祸。若至人,则"死生无变于己,而况利害之端乎?"(《庄子·齐物论》)至此境界,始真能"免乎累"。这就是所谓"物物而不物于物"。这就是说,在此种境界中底人,对于一切皆是主动,不是被动。

"乘道德而浮游","浮游乎万物之祖"底人,其境界是天地境界。斤斤于材不材,以趋利避害底人,其境界是功利境界。初期的道家,只讲到功利境界。后期的道家,则讲到天地境界。其自讲功利境界到讲天地境界,中间有显然底线索。我们可以说,初期的道家是自私底。自私之极,反而克去了自私。自私克服了他自己。如一个人自杀,自己取消了他自己。佛家的人因求脱离生死苦而出家,其动机亦是自私底。但他们若成了佛,他们的境界,亦是天地境界。这亦是自私取消了自私。

但专就初期道家说,他们是自私底。他们的学说是提倡自私。他们重生就是重他们自己的生。重生就是"为我"。他们的境界是功利境界。他们的学说不合乎高明的标准。他们的学说是可以"充塞仁义"。子路批评隐者,说他们是"欲洁其身而乱大伦"(《论语·微子》)。孟子说:"杨氏为我,是无君也。""为我"就是"欲洁其身","无君"就是"乱大伦"。用我们现在底话说,若使人人都为我,则即没有社会了。没有社会是不可以底。

"杨氏为我",可以"充塞仁义",这是很显然底。因为儒家所谓仁义,是以"利他"为内容底。墨氏兼爱,正是利他,何以亦"充塞仁义"?为回答这个问题,我们须先说明,儒墨中间底有些根本不同。

儒家与墨家的不同,在有些方面,颇容易看出。墨家批评儒家云:"儒之道,足以丧天下者,四政焉。儒以天为不明,以鬼为不神,天鬼不说,此足以丧天下。又厚葬久丧,重为棺椁,多为衣衾,送死若徙。三年哭泣,扶后起,杖后行,耳无闻,目无见,此足以丧天下。又弦歌鼓舞,习习为声乐,此足以丧天下。又以命为有,贫富寿夭,治乱安危,有极矣,不可以损益也。为上者行之,必不听治矣。为下者行之,必不从事矣。此足以丧天下。"(《墨子·公孟》)墨家所非底命,并不是儒家所谓命,儒家并不以为人的"贫富寿夭,治乱安危,有极矣,不可损益也"。孔子所谓命,或是天的命令。孟荀所谓命,则是人所遭遇底宇宙间底事变,在人力极限之外,为人力所无可奈何者。儒家主张尽人力以俟命,并不主张不尽人力而靠命。不过墨家以为他们所非底命,正是儒家所谓"有命"底命。除此点外,墨子此段讲出儒墨之间底有些不同。墨家对于儒家底这些批评,是否有当,我们不必讨论。不过我们可以说,墨家对于儒家底批评,大概是限于这些方面。例如《墨子》中有《非儒》篇,其非儒也是说:儒者"繁饰礼乐以淫人,久丧伪哀以谩亲,立命缓贫而高浩居,倍本弃事而安怠傲","累寿不能尽其学,当年不能行其礼,积财不能赡其乐,繁饰邪术以营世君,盛为声乐以淫愚民,其道不可以期世,其学不可以导众"。这些批评也是与《公孟》篇所说是一类底。

对于儒家的中心思想"仁义",墨家并没有批评。本来墨家也是讲仁义底。在此方面,墨家对于儒家底批评,可能有三点。

墨家说:"子夏之徒问于子墨子曰:'君子有斗乎?'子墨子曰:'君子无斗。'子夏之徒曰:'狗豨犹有斗,恶有士而无斗矣?'子墨子曰:'伤矣哉! 言则称于汤文,行则譬于狗豨,伤矣哉! '"(《墨子·耕柱》)照这段谈话的例推之,墨家可能说:儒家的人言行不符,他们虽然讲仁义,但未必能实行仁义。

墨家又说:"叶公子高,问政于仲尼曰:'善为政者,若之何?'仲尼对曰:'善为政者,远者近之,而旧者新之。'子墨子闻之曰:'叶公子高未得其问也。仲尼亦未得其所以对也。'"(《墨子·耕柱》)照这段的例推之,墨家可能说:儒家虽讲仁义,但不知如何行仁义。

墨家又说:"子墨子曰:问于儒者:'何故为乐?'曰:'乐以为乐也。'子墨子曰:'子未我应也。今我问曰:何故为室?曰:冬避寒焉,夏避暑焉,室以为男女之别也。则子告我为室之故矣。今我问曰:何故为乐?曰:乐以为乐也。是犹:何故为室?曰:室以为室也。'"(《墨子·公孟》)照这段谈话的例推之,墨家可能说:儒家虽讲仁义,但未知仁义的内容或仁义的用处。

这三点是墨家对于儒家讲仁义所可能有底批评。我们此所谓可能,亦是事实的可能,不仅是理论的可能。这就是说,墨家对于儒家讲仁义,在事实上,可能有如此底批评,不过未有记录而已。

以上所说三点,可能有底批评,都不是对儒家讲仁义底直接底批评。这三点批评不过是说:你们儒者,虽讲仁义,但你们未必能实行仁义。或是说,你们儒者虽讲仁义,但你们未必知如何行仁义。或是说,你们儒者虽讲仁义,但你们未必知仁义的内容或用处。这三点批评不是说,你们讲仁义是错底,你们不应该讲仁义,或你们所讲底不是仁义。墨家对于儒家讲仁义,在原则上是赞同底。本来儒家讲仁义,墨家亦讲仁义。墨家所谓"兼相爱",就是行仁的方法,亦可以说,就是仁的内容。墨家所谓"交相利",就是行义的方法,亦可以说就是义的内容。

儒家虽亦说仁就是爱人(《论语·颜渊》),但对于墨家主张兼爱,却有直接底批评。孟子说:"墨子兼爱,是无父也。"孟子对于墨家底此等批评,大概是就墨家所主张的"爱无差等"说。《墨子·耕柱》篇云:"巫马子谓子墨子曰:'我与子异。我不能兼爱。我爱邹人于越人,爱鲁人于邹人,爱我乡人于鲁人,爱我家人于乡人,爱我亲于我家人,爱我身于吾亲,以为近我也。'"巫马子是一个儒者。他说他不能兼爱,因为他不能"爱无差等"。可见爱无差等,是墨家兼爱的要点。孟子引墨者夷之亦说:墨者,"爱无差等,施由亲始"(《孟子·滕文公》上)。墨家主张爱无差等,儒家主张爱有差等,这便是儒墨之间底一大不同点。

巫马子说:他爱他自己,比爱他的父母更甚。这一点大概是墨家的记述,过甚其词。因为这与儒家所注重底孝道是不合底。除此一点外,儒家是主张爱有差等。孟子说:"君子之于物也,爱之而弗仁。于民也,仁之而弗亲。亲亲而仁民,仁民而爱物。"(《孟子·尽心》上)人的爱本来就是有差等底。孟子问夷之,说:"夫夷子,信以为人之亲其兄之子,为若亲其邻之赤子乎?"(《孟子·滕文公》上)人亲他的兄的儿子,自然比亲他的邻人的小孩为甚。人本来爱他自己的父母,胜于爱别人的父母;爱自己的子女,胜于爱别人的子女。照儒家的说法,这是无须改正底。人所须注意底只是:你爱你的父母的时候,你应该念及,别人亦爱其父母。你爱你的子女的时候,你应该念及,别人亦爱其子女。如此念时,你应该设法使别人亦能爱其父母,别人亦能爱其子女。你至少不应该妨碍别人爱其父母,别人爱其子女。这就是孟子所谓"老吾老以及人之老,幼吾幼以及人之幼","善推其所为"。孟子说:"且天之生物也,使之一本,而夷子二本故也。"(《孟子·滕文公》上)从"老吾老"推其所为,以及人之老;从"幼吾幼"推其所为,以及人之幼。这就是从一本推出。这也就是行忠恕之道。忠恕之道是"为仁之方",是行仁的方法。充分行忠恕之道就是行仁。行仁也不是矫揉造作。因为人本来有"恻隐之心",有"不忍人之心"。行忠恕之道、行仁,就是此心的充分底扩充。儒家亦主张"兼相爱",不过以为爱应有差等。

"爱有差等"并不是不爱别人,不过是更爱其亲。孔子说:仁是"爱人"。这是墨家所赞成底。但仁者更爱其亲,这是墨家所不赞成底。墨家的爱无差等的办法,是爱别人等于爱其亲,或爱其亲等于爱别人。这种办法,可以是将爱别人底爱加多,也可以是将爱其亲底爱减少。无论如何,一个人爱别人与爱其亲中间底差别,是没有了。如此,则不足以见其亲之为其亲。所以孟子说:"墨氏兼爱,是无父也。"这也就是孟子所谓"二本"。严格地说,爱无差等,是爱每一个人均相同。如此,则每一个人是一本。朱子说:"爱无差等,何止二本? 盖千万本也。"(《孟子纂疏》引)

墨家可以说:我们虽主张"爱无差等",但亦主张"施由亲始"。儒家可以问:为什么施由亲始? 如果因为在原则上,你本来应该先爱你的亲,这就是你视你的亲,重于别人,这就不是爱无差等了。如果因为在事实上,你的亲在你附近,所以你应该先爱他,这个应该就是有条件底了。假如你的亲不在你的附近,你就可以不必"施由亲始"。如此说,则"施由亲始"救不了"爱无差等"的毛病。

墨家讲兼爱与儒家讲仁,有如此底不同。这是孟子所已指出,并且是前人所常讲底。此外尚有一点更重要底不同,虽孟子亦未指出,前人亦未讲到。我们于下文论之。

仁是"爱人",这是孔子说底,也是墨家所赞成底。但是如果我们问:仁者为什么爱人? 对于这个问题,儒墨的答案就有不同。儒家的答案是:"人皆有不忍人之心。""今人乍见孺子将入于井,皆有怵惕恻隐之心。""恻隐之心,仁之端也。"(《孟子·公孙丑》上)将仁之端"扩而充之",即是仁人。仁人本其恻隐之心,不忍见一人不得其所,所以他爱人利人。

墨家的答案是:兼爱之道,"中国家百姓人民之利"。他们说:

"仁人之事者,必务求兴天下之利,除天下之害。然当今之时,天下之害孰为大？曰:'若大国之攻小国也,大家之乱小家也,强之劫弱,众之暴寡,诈之谋愚,贵之傲贱:此天下之害也。'""姑尝本原若众害之所自生","兼与？别与？即必曰:别也。然则之交别者,果生天下之大害者与？是故别非也。""非人者必有以易之","是故子墨子曰:'兼以易别'"(《墨子·兼爱》下)。这就是墨子所以教人兼爱的理论底根据。他的理论,是功利主义底。功利主义,正是儒家所反对底。

墨家所有底主张的理论底根据,都是功利主义底。例如墨家主张薄葬短丧,其理论底根据是:"计厚葬为多埋赋财者也。计久丧为久禁从事者也。财已成者,挟而埋之。后得生者,而久禁之。以此求富,此譬犹禁耕而求获也。""以此求众,譬犹使人负剑而求其寿也。"(《墨子·节葬》下)儒家主张厚葬的理论底根据,与此完全不是一类底。孟子告诉墨者夷之说:"盖上世尝有不葬其亲者。其亲死,则举而委之于壑。他日过之,狐狸食之,蝇蚋姑嘬之。其颡有泚,睨而不视。夫泚也,非为人泚,中心达于面目。盖归反藁梩而掩之。掩之诚是也,则孝子仁人之掩其亲,亦必有道矣。"(《孟子·滕文公》上)厚葬只是求人心之所安,犹如久丧是求人心之所安(《论语·阳货》孔子告宰我说)。并不是考虑计算如是有利,所以才厚葬久丧。

墨家论国家社会之起原,亦是用功利主义底说法,他们说:"古者民始生,未有刑政之时,盖其语,人异义。""是以人是其义,以非人之义,故交相非也。是以内者,父子兄弟相怨恶,离散不能相和合。天下之百姓,皆以水火毒药相亏害。至有余力,不能以相劳;腐朽余财,不以相分;隐匿良道,不以相教。天下之乱,若禽兽然。夫明乎天下之所以乱者,生于无政长。是故选天下之贤可者,立以为天子。"(《墨子·尚同》上)国家社会的起原如此,所以其存在的根据,亦是因为有之则有利,无之则有害。这种说法,是功利主义底。

儒家的说法又不同。孟子说:"后稷教民稼穑。树艺五谷,五谷熟而民人育。人之有道也,饱食暖衣,逸居而无教,则近于禽兽。圣人(尧)有忧之,使契为司徒,教以人伦:父子有亲,君臣有义,夫妇有别,长幼有序,朋友有信。"(《孟子·滕文公》上)有人伦是人之所以别于禽兽者。国家社会,起于人之有人伦。人所以必有人伦,因为不如是则近于禽兽。

或可问:墨家所以主张兼爱,是因其"中国家百姓人民之利"。"国家百姓人民之利"是公利。上文第一章说,儒家亦以为公利为义的内容。如此,则墨家教人兼爱,亦正是教人行义。此与儒家又有何别?

这一问是很好底。不过对于以上所说儒墨的答案,我们还可以再追问一句。再一追问,即可以看出儒墨的不同。

儒家说"仁者爱人",因为他有不忍人之心,扩充其不忍人之心,所以爱人。我们再追问一句:一个人为什么应该扩充其不忍人之心?儒家对于这个问题底答案是:有不忍人之心,是人之所以异于禽兽者。孟子说:"人之所以为人者几希,庶民去之,君子存之。"(《孟子·离娄》下)人之所以为人,即人之所以异于禽兽者。人既是人,就应该实现人之所以为人者,人扩充他的不忍人之心,就是实现人之所以为人者,并不是因为如此,他个人可以得什么利益。

墨家说人应该兼爱,因为兼爱,"中国家百姓人民之利"。我们还可以再追问一句,人为什么应该求"国家百姓人民之利"?墨家的答案是:因为求"国家百姓人民之利",是求一个人的自己的利益的最好底方法。墨家说:"夫爱人者,人必从而爱之。利人者,人必从而利之。恶人者,人必从而恶之。害人者,人必从而害之。"(《墨子·兼爱》中)不但此也,照墨家的说法,行兼爱底人,上帝赏他,鬼神赏他,国家赏他,他可以得许多赏。不兼爱底人,上帝罚他,鬼神罚他,国家罚他,他要受许多罚。所以就一个人自己的利益说,行兼爱则有百利而无一害,不兼爱则有百害而无一利。

照儒家所谓义利之辨,一个人为自己的利益而行兼爱,其行为虽是爱人,但严格地说,他仍是为利,不是行义。人应该行兼爱,因为行兼爱于他自己有利,如此说,则此应该即是有条件底,行兼爱也就是有所为而为了。儒墨的根本不同就在于此。《孟子》书中说:"宋牼将之楚,孟子遇于石丘。曰:'先生将何之?'曰:'吾闻秦楚构兵,我将见楚王,说而罢之。楚王不悦,我将见秦王,说而罢之。二王我将有所遇焉。'曰:'轲也请无问其详,愿闻其指。说之将何如?'曰:'我将言其不利也。'曰:'先生之志则大矣,先生之号则不可。'"(《孟子·告子》下)孟子对于墨子,亦可以如此说。

照我们于《新原人》中所说底标准说,为自己的利益而行兼爱底人,其行为是合乎道德底行为,不是道德行为。他的行为虽合乎道德,但他的境界是功利境界。

我们可以说,墨家只讲到功利境界。照"极高明而道中庸"的标准,墨家的学说,不合乎"高明"的标准。

这并不是说,墨子本人或墨家中有些人的境界,都只是功利境界。就墨子本人说,他"摩顶放踵,利天下为之"。他的境界,至少是道德境界。但听他的话,为求得自己的利益而行兼爱底人,其境界是功利境界。墨子的学说亦只讲到功利境界。

这也并不是说,人应该不兼爱。如墨家所说底兼爱,尚且不可,何况不兼爱!这正如道家批评儒家,要绝仁弃义。他们并不是教人不仁不义,他们是说:如儒家所说底仁义尚且不可,何况不仁不义!

第三章　名家

　　于第一章中我们说，早期儒家的哲学，尚未能"经虚涉旷"。"经虚涉旷"底哲学，必讲到"超乎形象"者。"经虚涉旷"底人，必是神游于"象外"者。必有讲到超乎形象底哲学，然后才有人可以神游于"象外"。人必能"经虚涉旷"，然后才是达到最高底境界。哲学必是"经虚涉旷"，然后才合乎"极高明"的标准。

　　所谓"象外"之象，就是所谓形象之象。譬如大小方圆、长短黑白，都是一种形象。凡可为某种经验的对象，或某种经验的可能底对象者，都是有形象底，也可以说是，都是在形象之内底。我们也可以说：凡是有形象底，在形象之内底，都是某种经验的对象，或其可能底对象。我们说：可能底对象，因为人的感觉的能力，或其他有感觉底物的感觉的能力，都是有限的，专说经验的对象，尚不足以尽所有底有形象者（此所谓感觉，不仅指身体底，感官底感觉，亦指内心底感觉）。例如物理学中所说原子电子，都是人所不能直接经验底，或亦不是其他有感觉底物所能直接经验底。但这并不是由于原子电子在原则上是不可经验底。假使有物有足够灵敏底感觉，他可以经验原子电子，如我们经验桌子椅子。如原子电子等，就是我们所谓经验的可能底对象。凡有形象者，都是我们所谓事物，所以象外也可以说是物外。

　　超乎形象，并不是普通所谓超自然。宗教中，至少有些宗教中，所说上帝是超自然底。说他是超自然底，就是说，他在自然之上，或在自然之先，不为自然律所支配。但他是有人格底，有意志底，有智慧底，有能力底。他是可以用许多形容词形容底。他即不是某种经验的对象，亦是某种经验的可能底对象。这就是说，他是有象底，有象底就不是超乎形象底。

超乎形象，亦不是《新理学》中所谓抽象。《新理学》中所谓抽象，是一个西洋哲学中底名词，与具体是相对底。抽象者一定超乎形象，但超乎形象者，不一定是抽象底。例如"方"之理是抽象底，当然亦是超乎形象底。有些人或以为"方"之理必是方底，既然是方的，则即不是超乎形象底。这些人的见解是错误底。方之理不过是方之所以为方者，具体底事物，有合乎方之所以为方者，它即是方底。至于方之所以为方者，并不是事物，所以没有形象，也不能有形象。方之理并不是方底，也可说无所谓是方底或不是方底。此正如动之理并不是动底，变之理并不是变底，也可以说是，无所谓是动底变底，或不是动底变底。

超乎形象者，不一定是抽象底。例如《新理学》中所说的气是超乎形象底，但并不是抽象底。气是超乎形象底，因为我们不能用任何形容词形容它，不能说它是什么。这并不是由于我们的知识不足，或言语贫乏，这是由于它本来是不可思议不可言说底。它是超乎形象底。但它并不是理，并不是一类事物之所以为一类事物者，因此它不是抽象底。

《新理学》中所说的宇宙及道体，是超乎形象底，但并不是抽象底。宇宙是所有底有的全，道体是一切流行的全。但这两个全都是不可思议、不可言说底。若对于这两个全有思议或言说，则此思议或言说，即是一有，一流行。此有，此流行，不包括于其所思议或所言说底全之内。所以其所思议或所言说底全，即不是全，不是宇宙或道体。宇宙及道体是不可思议、不可言说底，亦是不可经验底。所以宇宙及道体，都是超乎形象底。但宇宙亦包括具体底世界。道体即是具体底世界，所以都不是抽象底。

宇宙及气不是抽象底，但也不是具体底。气不是具体底，因为具体底事物必有性，而气无性。宇宙不是具体底，因为宇宙之全中，亦包括有抽象底理。道体是具体底，但也是超乎形象底。

以上解释我们所谓超乎形象。在中国哲学史中，最先真正讲到超乎形象底哲学，是名家的哲学。

先秦的名家出于"辩者"。其中主要底大师，是惠施、公孙龙。《庄子·秋水》篇说：公孙龙"合同异，离坚白，然不然，可不可，困百家之知，穷众口之辩"（《秋水》篇说是公孙龙所说，其实是当时一般人对于辩者底印象）。《天下》篇说："桓团、公孙龙，辩者之徒，饰人之心，易人之意，能胜人之口，不能服人之心，辩者之囿也。""然惠施之口谈，自以为最贤"，"以反人为实，而欲以胜人为名，是以与众不适也"。司马谈说："名家苛察缴绕，使人不得反其意，专决于名，而失人情。"（《太史公论六家要指》）这些话代表古人对于辩者底批评，亦代表一般人对于辩者底印象。

这些批评，对于一般底辩者说，大概是不错底。一般底辩者，大概都是为辩而辩。一般人以为然者，他们偏不以为然。一般人以为不然者，他们偏以为然。此所谓"以反人为实"。既为辩而辩，其辩期于必胜。此所谓"以胜人为名"。这种为辩而辩底辩，往往能使与之辩者一时无话可说。它能使与之辩者往往自己陷于混乱，自己也弄不清楚自己的确切意思之所在，自己也不知自己是否前后矛盾。此所谓"饰人之心，易人之意"。此所谓"苛察缴绕"，

"使人不得反其意"。但这种辩论,往往只是"一时"使人无话可说,未必能使人心悦诚服。此所谓"能胜人之口,不能服人之心"。此是"辩者之囿"。

辩者的立论,大概都是破坏底。别人说东,他偏说西;别人说南,他偏说北。他的立论是"与众不适"。但他所希望得到底,也就是"与众不适"。他是有意立异。他虽未必能自己有一套对于事物底见解,但他可以为辩而辩,特意破坏一般人对于事物底见解。其辩亦或能使人一时无话可说。他的立论,未必能使人心服,亦未必是真理,不过他的辩论,可使与之辩者对于其自己的见解,作一种反省。这对于与之辩者未尝不是一种很大底好处。

一般人所知,大概都限于形象之内,辩者对于一般人的见解大概都是不以为然底。他向来"然不然,可不可"。他总是批评一般人的对于事物底见解。《庄子·天下》篇所载辩者二十一事,都是辩者对于一般人的对于事物底见解底批评。照一般的见解,火是热底,飞鸟之影是动底,白狗是白底,犬是犬,羊是羊。辩者偏说:"火不热","飞鸟之影未尝动也","白狗黑","犬可以为羊"。

这种批评,也可以说是对于形象世界底批评。假使有人拉着辩者的手,放在火上,叫他试试火是不是热底,他虽也感觉火是热底,但他还可以立论,说:"火不热。"假使有人拉辩者去看白狗是不是黑底,他虽也感觉白狗是白底,但他还可以立论说:"白狗黑。"他对于一般人的对于事物底见解底批评,可以发展为对于形象世界底批评。他不但可以对于一般人的见解,有意立异,他简直可以对于形象世界有意立异。《天下》篇所载辩者二十一事,亦可以作如是底解释。火是热底,飞鸟之影是动底,白狗是白底,犬是犬,羊是羊。辩者偏说:"火不热","飞鸟之影未尝动也","白狗黑","犬可以为羊"。

与形象世界立异,对于形象世界作批评,如不是为辩而辩底批评,则批评者,需有对于超乎形象者底知识,以为批评的标准;须知有超乎形象者,以为批评的观点。他如有此种知识,则他的立论,即不止是破坏底。一般底辩者的,对于一般人的对于事物底知识底批评,以及对于形象世界底批评,大概都是为辩而辩底批评,他们的批评大都是破坏底。但名家的大师,惠施、公孙龙,则已进步到有对于超乎形象者底知识。他们的立论不只是破坏底。道家是反对他们底。但他们实则是为道家哲学,立下了不可少底基础。

《庄子·天下》篇记惠施的学说十点,所谓惠施十事。第一事云:"至大无外,谓之大一。至小无内,谓之小一。"这是惠施所发现底一个标准,也可以说是一个观点。用这个标准,从这个观点,他可以批评形象世界,或一般人的对于事物底见解。这两个命题,都是我们所谓形式命题,对于实际,都无所肯定。这两个命题并没有说,实际上什么东西是最大底,什么东西是最小底。这两个命题所肯定底,是超乎形象底。欲充分了解这两个命题的意义,我们可以参看《庄子·秋水》篇。

《庄子·秋水》篇说,河伯问海若曰:"然则吾大天地而小毫末可乎?"海若说:"计人之所知,不若其所不知;其生之时,不若未生之时。……又何以知毫末之足以定至细之倪,又何以知天地之足以穷至大之域?"此所谓天地,大概是说,物质底天与地,不是宇宙或大一。说天与地是至大,毫末是至小,都是对于实际有所肯定。这两个命题都是我们所谓积极底命题,都可以是不真底。因为专靠经验,我们无法可以完全决定,天与地是最大底东西,毫末是最小底东西。形象世界中事物的大小,都是相对底。"因其所大而大

739

之,则万物莫不大。因其所小而小之,则万物莫不小。"(《庄子·秋水》篇)凡物都比比它小底物大,也都比比它大底物小。因此我们不能完全决定"毫末之足以定至细之倪,天地之足以穷至大之域"。

我们不能专靠经验断定在形象世界中,什么东西是最大底,什么东西是最小底。但我们可以离开经验说:怎样是最大,怎样是最小。"至大无外,谓之大一;至小无内,谓之小一。"这两个命题就是这一种底形式命题。

至大无外底是绝对地大,至小无内底是绝对底小。至大只能是至大,至小只能是至小。这是绝对底,亦是不变底。站在绝对底不变底的观点,以绝对底、不变底为标准,以看形象世界,则见形象世界中底事物所有底性质,以及其间底分别,都是相对底、可变底。

惠施十事中以下九事云:"无厚不可积也,其大千里。"这是说小大是相对底。无厚不可积,可以谓之小,但无厚者无体积,可以有面积,面积可以大千里,又可以谓之大。"天与地卑,山与泽平。"这是说高低是相对底。"日方中方睨,物方生方死。"这是说生死是相对底。"大同而与小同异,此之谓小同异。万物毕同毕异,此之谓大同异。"这是说同异是相对底。"南方无穷而有穷。"这是说有穷无穷是相对底。"今日适越而昔来。"这是说今昔是相对底。"连环可解也。"这是说成毁是相对底。"我知天下之中央,燕之北,越之南,是也。"这是说中央与旁是相对底。"泛爱万物,天地一体也。"这是说事物间底分别是相对底。"万物毕同毕异。""自其异者视之,肝胆楚越也;自其同者视之,万物皆一也。"(《庄子·德充符》)这是庄子批评形象世界所得底结论,亦是惠施批评形象世界所得底结论。

得到这个结论以后,对于超乎形象者底知识,又有一大进步。

因为现在不仅知道怎样是大一,并且知道什么是大一。"泛爱万物,天地一体也。"这个一体就是大一。因为这个一体包括天地万物,它不能有物在其外。这就是无外。"至大无外,谓之大一。"

公孙龙也发现了一点标准,或一个观点,用这个标准,从这个观点,他可以批评形象世界,或一般人对于事物底见解。他发现了西洋哲学中的所谓"共相",他称"共相"为"指"。其所以称"共相"为指,有两种解释。我们可以说:指是名之所指。就一方面说,名之所指为个体。公孙龙说:"名,实谓也。"(《公孙龙子·名实论》)名所以谓实,实是个体。就又一方面说,名之所指为"共相"。例如白马之名,可指此马彼马等个体;亦可以指马之"共相"。例如白之名可以指此一白物、彼一白物,所表现底白;亦可指白之"共相"。公孙龙论"白马非马",论"离坚白",皆就"白马"、"马"、"坚"、"白"等"共相"立论。"共相"是名之所指,故称之为指。

或亦可说,指与旨通,例如司马谈论六家要指,就是论六家要旨,或要义。如此解释,则公孙龙所谓指,相当于西洋哲学中所谓观念。此所谓观念,不是主观底观念,而是客观底观念,是柏拉图底观念。柏拉图底观念也就是"共相"。

公孙龙有《白马论》。《白马论》的主要立论是"白马非马"。他所用以证明他的立论底辩论可以分为三点。第一点是:"马者,所以命形也;白者,所以命色也;命色者非命形也,故曰白马非马。"这是就马之名及白之名的内涵说。马之名的内涵是马的形。白之名的内涵是一种颜色。白马之名的内涵是马的形及一种颜色。此三名的内涵各不相同,所以"白马非马"。

第二点是:"求马,黄黑马皆可致。求白马,黄黑马不可致。……故黄黑马一也,而可以应有马,而不可以应有白马,是白马之非马审矣。""马者,无去取于色,故黄黑皆所以应。白马者有去取于色,黄黑马皆所以色去,故惟白马独可以应耳。无去者,非有去也。故曰:白马非马。"这是就马之名及白马之名的外延说。马之名的外延,包括一切马。白马之名的外延,则只包括白马。所以一个人若只求马,则黄黑马"皆可以应"。若指定求白马,则"惟白马独可以应耳"。马之名的外延,与白马之名的外延,各不相同,所以"白马非马"。

第三点是:"马固有色,故有白马。使马无色,有马如己耳,安取白马? 故白者,非马也。白马者,马与白也,马与白非马也。故曰:白马非马也。"这是就马之共相,白之共相,白马之共相说。马之共相,只是一切马所共有底性质,其中并没有颜色的性质。它只是马 as such。此所谓有马如已耳(原文作"如己耳","己"似当作"己")。白马之共相,则是一切马所共有底性质,又加白的性质,所以"白马非马"。

不但白马非马,而且白马亦非白。《白马论》说:"白者,不定所白,忘之而可也。白马者,言白定所白也。定所白者,非白也。"此白物或彼白物所表现底白,是定所白底白。定是决定的意思。此白物所表现的白,为此白物所决定。彼白物所表现底白,为彼白物所决定。白之共相,亦可以说是"白如己耳",不为彼白物所决定,亦不为此白物所决定。它是"不定所白"底白。"不定所白"底白,不为一般人所注意。一般人不注意"不定所白"底白,于其日常生活,亦无影响,所谓"忘之而可也"。然"定所白"底白,不是"不定所白"底白。白马的白,是"定所白"底白。"定所白者非白也",所以白马非白。

公孙龙又有《坚白论》。《坚白论》的主要立论是"离坚白"。

他所用以证明他的立论底辩论有二点。先就第一点说。《坚白论》说:"坚、白、石,三,可乎? 曰:不可。曰:二,可乎? 曰:可。曰:何哉? 曰:无坚得白,其举也二;无白得坚,其举也二。""视不得其所坚,而得其所白者,无坚也。拊不得其所白,而得其所坚者,无白也。""得其白,得其坚:见与不见。见(此见字据俞樾校补)与不见离。一一不相盈故离。离也者,藏也。"这是从知识论方面证明坚白是离底。有一坚白石,以目视之,则只得其所白,只得一白石。以手拊之,则只得其所坚,只得一坚石。感觉白时不能感觉坚,感觉坚时不能感觉白。此所谓"见与不见"。此可见"见与不见离"。就知识论说,只有坚石,只有白石,没有坚白石。所以坚、白、石,三不可;坚、白、石,二可。坚、石,是二;白、石亦是二。此所谓"一一不相盈故离"。"不相盈"是说:坚之中无白,白之中无坚。

就第二点说,《坚白论》说:"物白焉,不定其所白,物坚焉,不定其所坚。不定者兼,恶乎其(原作甚,依陈澧校改)石也?""坚未与石为坚而物兼。未与物为坚而坚必坚。其不坚石物而坚,天下未有若坚而坚藏。白固不能自白,恶能白石物乎? 若白者必白,则不白物而白焉。黄黑与之然。石其无有,恶取坚白石乎? 故离也。离也者,因是。"这是从形上学方面证明坚白是与石离底。坚之共相是不定所坚底坚。白之共相,是不定所白底白。不定所白底白,不定所坚底坚,可为一切白物或一切坚物所共同表现,怎么能说是在石之内? 此所谓"不定者兼,恶乎其石也"。坚不必实现于坚石,可以实现于任何坚物。纵使没有任何坚物,而坚还是坚。不过若天下无坚石或任何坚物,则坚虽必坚而不能实现。此所谓"其不坚石物而坚,天下未有若坚而坚藏"。不定所白之白能自白。盖假使白而不能自白,它怎么能使石与物白? 若白能自白,则不必借他物而亦自白。黄黑各色,皆是如此。白可无石而自白,何必待坚白石？此可见坚白是与石离底。

公孙龙又有《指物论》。《指物论》的主要立论是:"物莫非指,而指非指。"物是与指相对底。公孙龙云:"天地与其所产焉,物也。物以物其所物,而不过焉,实也。实以实其所实,而不旷焉,位也。"(《公孙龙子·名实论》)用现在西洋哲学中底话说,物就是在时空中占地位底个体。指是共相,物是个体。物可以分析为若干共相。它是若干共相联合而成底。但共相则不可复分析为共相。故曰:"物莫非指,而指非指。"每一个共相,只是一个共相,一一分离,此所谓"天下皆独而正"(《公孙龙子·坚白论》)。

公孙龙于是发现了一个超乎形象底世界,凡名所指底共相都在其中。而在其中底共相,却未必皆有名以指之。在此世界中,坚就是坚,白就是白,马就是马,白马就是白马,"皆独而正"。此中底坚,是不定所坚底坚;此中底白,是不定所白底白。不过,白若不定所白,坚若不定所坚,则坚白是不可实现底。这就是说,它不能成为形象。《坚白论》说:"其不坚石物而坚,天下未有若坚而坚藏。""不坚石物"底坚,就是"不定所坚"底坚。形象世界中,没有具体底坚,但不能说是没有坚。此所谓"坚藏"。其藏是自藏,非有藏之者。《坚白论》说:"有自藏也,非藏而藏也。"在这个超乎形象底世界中,"藏"有所有底共相,这就是宋儒所谓"冲漠无朕,万象森然"。"冲漠无朕"言其超乎形象,"万象森然"言其应有尽有。

这是名家对于中国哲学底贡献。他们从批评形象以得到超乎形象。惠施从"天地一体"推到"泛爱万物"。公孙龙"欲推是辩以正名实,而化天下"(《公孙龙子·迹府》篇)。他们自以为也是讲"内圣外王之道"。不过我们可以说,他们尚未能充分利用他们的对于超乎形象者底知识，以得到一种生活。

　　道家是反对名家底。但他们反对名家，是超过名家，并不是与名家立于同一层次而反对之。《墨经》与荀子反对名家，是与名家立于同一层次而反对之。道家则是超过名家。道家是经过了名家对于形象世界底批评，而又超过了这些批评，以得一种"极高明"底生活。名家的对于形象世界底批评，对于道家底功用，是如所谓筌蹄。"得鱼忘筌，得兔忘蹄。""兔死狗烹，鸟尽弓藏。""过河拆桥"是大不道德底事。但讲哲学则非如此不足以达到"玄之又玄"的标准。

第四章　老庄

司马谈说:"名家……专决于名,而失人情。"专就"失人情"说,凡哲学都是"失人情"底。因为一般人所有底知识,都限于形象之内,而哲学的最高底目的,是要发现超乎形象者。哲学必讲到超乎形象者,然后才能合乎"玄之又玄"的标准。一般人不能用抽象底思想,而哲学则专用抽象底思想。用我们于《新理学》中所用底名词,我们说,抽象底思想是思,非抽象底思想是想。一般人只能想而不能思。他们的思想,都是我们所谓图画式底思想。用图画式底思想以看哲学,哲学是"失人情"底。《老子》说:"上士闻道,勤而行之。中士闻道,若存若亡。下士闻道,大笑之。不笑不足以为道。"(四十一章)对于哲学,我们亦可以如此说。

就"专决于名"说,我们虽不能附和一般人的常识,说,名家是"专决于名"。但名家的思想及其辩论,是从名出发底。公孙龙尤其是如此。一般人的知识,都限于形象之内。在形象之内底都是名家所谓"实"。一般人都只知有实。他们只注意于实,不注意于名。名家注意于名。他们虽未必皆如公孙龙知有名之所指底共相,但他们总是注意于名。他们所讲底都是有名。在哲学史中,所谓唯名论者,以为只有实,名不过是些空洞底名字。这些唯名论者的思想,虽近于常识,但亦是比一般人的思想高一层次底。一般人见"实"则随口呼之,他们虽用名,而并不知有名。凡关于名底思想，都出于对于思想底思想，都出于思想的反省。所以凡关于名底思想，无论其是唯名论底，或如公孙龙所持底，都是比一般人的思想，高一层次底。

于上章，我们说：道家是经过名家的思想而又超过之底。他们的思想比名家的思想，又高一层次。名家讲有名。道家经过名家对于形象世界底批评，于有名之外，又说无名。无名是对着有名说底。他们对着有名说，可见他们是经过名家底。

《老子》说："道可道，非常道；名可名，非常名。无名，天地之始；有名，万物之母。"（一章）"道常无名，朴。""始制有名。"（三十二章）"道隐无名。"（四十一章）《庄子》说："泰初有无，无有无名。"（《天地》）在道家的系统中，有与无是对立底。有名与无名是对立底。这两个对立，实则就是一个对立。所谓有与无，实则就是有名与无名的简称。"无名，天地之始；有名，万物之母"，或读为"无，名天地之始；有，名天地之母"。这两个读法，并不使这两句话的意思，有什么不同。在道家的系统中，道可称为无，天地万物可称为有。说道可称为无，就是说：道是"无名之朴"（三十七章），"道隐无名"。说天地万物可称为有，就是说：天地万物都是有名底。天可名为天，地可名为地。某种事物可名为某种事物。有天即有天之名。有地即有地之名。有某种事物，即有某种事物之名。此所谓"始制有名"。道是无名，但却是有名之所由以生成者。所以说："无名，天地之始；有名，万物之母。"

"道常无名，朴。"所以，常道就是无名之道。常道既是无名，所以不可道。然而，既称之曰"道"，道就是个无名之名。"自古及今，其名不去，以阅众甫。"（二十一章）道是任何事物所由以生成者，所以，其名不去。不去之名，就是常名。常名实在是无名之名，实则是不可名底。所以说，"名可名，非常名。"

"无名，天地之始；有名，万物之母。"这两个命题，只是两个形式命题，不是两个积极命题。这两个命题，并不报告什么事实，对于实际也无所肯定。道家以为，有万物，必有万物所由以生存者。万物所由以生存者，无以名之，名之曰道。道的观念，亦是一个形式底观念，不是一个积极底观念。这个观念，只肯定一万物所由以生成者。至于此万物所由以生成者是什么，它并没有肯定。不过它肯定万物所由以生成者，必不是与万物一类底物。因为所谓万物，就是一切底事物，道若是与万物一类底物，它即不是一切底事物所由以生成者，因为所谓一切底事物已包括有它自己。《庄子·知北游》篇说："物物者非物。"道是物物者，必须是非物。《老子》中固然说"道之为物"，不过此物，并不是与万物一类底物，并不是任何底事物。任何事物，都是有名。每一种事物，总有一名。道不是任何事物，所以是"无名之朴"。"朴散，则为器。"(二十八章)器是有名，是有；道是无名，是无。

万物之生，必有其最先生者，此所谓最先，不是时间上底最先，是逻辑上底最先。例如我们说：先有某种事物(例如猿)，然后有人。此所谓先，是时间上底先。若我们说：必先有动物，然后有人。此所谓先，是逻辑上底先，这就是说，有人涵蕴有动物。天地万物都是有，所以有天地万物涵蕴有有，有有为天地万物所涵蕴，所以有是最先生者。《老子》说："天地万物生于有，有生于无。"(四十章)这不一定是说，有一个时候只有无，没有有。然后于次一时，有从无生出。这不过是说，若分析天地万物之有，则见必须先有有，然后，可有天地万物。所以在逻辑上，有是最先生者，此所谓最先不是就时间方面说。此所谓有有，也不是就事实方面说。就事实方面说，所有底有,必是某事物底有,不能只是有。

有就是一个有。《老子》又说:"道生一,一生二,二生三,三生万物。"(四十二章)道所生之一,就是有。有道,有有,其数是二。有一有二,其数是三。此所谓一二三,都是形式底观念。这些观念,并不肯定一是什么,二是什么,三是什么。

以上所讲的道家思想,也可以说是"专决于名,而失人情"。道家所受名家的影响,在这些地方是很显然底。

道、无、有、一,都不是任何种类底事物,所以都是超乎形象底。《庄子·天下》篇说:关尹、老聃,"建之以常、无、有,主之以太一"。太一就是道。《庄子》说:"泰初有无,无有无名,一之所起,有一而未形。"(《天地》)道是一之所起。这也就是说:"道生一",所以道是太一。此所谓"太",如太上皇、皇太后、老太爷之太。言其比一更高,所以是太一。

常是与变相对底。事物是变底,道是不变底。所以道可称为常道。事物的变化所遵循底规律亦是不变底。所以《老子》说到事物的变化所遵循底规律时,亦以常称之。如说:"取天下常以无事。"(四十八章)"民之从事,常于几成而败之。"(六十四章)"常有司杀者杀。"(七十四章)"天道无亲,常与善人。"(七十九)这些都是不变地如此,都是所谓自然的法律,所以都称之曰常。

在自然界的法律中,最根本底法律,是"反者,道之动"(四十章)。一事物的某性质,若发展至于极点,则必变为其反面,此名曰反。《老子》说:"大曰逝。逝曰远。远曰反。"(二十五章)

这是《老子》哲学中的一个根本意思。《老子》书中许多话是不容易了解底。但若了解了《老子》这一个根本意思,则《老子》书中底不容易了解的话,也易了解了。因为"反"为道之动,故"祸兮,福之所倚;福兮,祸之所伏","正复为奇,善复为妖"(五十八章)。唯其如此,故"曲则全,枉则直,洼则盈,敝则新,少则得,多则惑"(二十二章)。惟其如此,故"飘风不终朝,骤雨不终日"(二十三章)。惟其如此,故"以道佐人主者,不以兵强天下,其事好还"(三十章)。惟其如此,故"天之道其犹张弓欤?高者抑之,下者举之,有余者损之,不足者补之"(七十七章)。惟其如此,故"天下之至柔,驰骋天下之至坚"(四十三章)。"天下莫柔弱于水,而攻坚,强者莫之能胜。"(七十八章)惟其如此,故"物或损之而益,或益之而损"(四十二章)。凡此皆事物变化所遵循底通则。《老子》发现而叙述之,并非故为奇论异说。而一般人视之,则或以为非常可怪之论。故曰:"正言若反。"(七十八章)故曰:"玄德深矣远矣,与物反矣,然后乃至大顺。"(六十五章)故曰:"下士闻道,大笑之,不笑不足以为道。"(四十一章)

这都是所谓常。"知常曰明,不知常,妄作,凶。"(《老子》十六章)《庄子·天下》篇说:关尹、老聃"以濡弱谦下为表","知其雄,守其雌","知其荣,守其辱"。他们所以如此,因为照以上所说底常,守雌,正是所以求雄;守辱,正是所以避辱。这是《老子》所发现底全生避害的方法。

庄子所受名家的影响,是极其明显底。有许多地方,他是完全接着惠施讲底。我们于上文第三章中,对于惠施十事,作了一点解释。因为《天下》篇的报告,过于简略,我们不敢十分断定惠施的原来底意思,确是如此。但我们可以说,《庄子》的《齐物论》的第一层底意思,确是类乎此。

《齐物论》的第一层底意思,是指出,一般人对于形象世界所作底分别是相对的。人对于形象世界所作底分别,构成人对于形象世界底见解。这些见解是万有不齐,如有风时之"万窍怒号",如

《齐物论》开端所说者。在这些见解中,当时最引人注意底,是儒墨二家的见解。当时思想界中最引人注意底争执,亦是儒墨二家中间底辩论。《齐物论》说:"道恶乎隐而有真伪?言恶乎隐而有是非?道恶乎往而不存?言恶乎存而不可?道隐于小成,言隐于荣华。故有儒墨之是非,以是其所非,而非其所是。"《齐物论》下文云:"道未始有封,言未始有常。"道不限于是一物,所以"未始有封"。真理之全,必须从多方面言之。所以言真理之言,必须从多方面说,所以"未始有常"。所以"道恶乎往而不存?言恶乎存而不可?"知此则知各方面底言,都可以说是真理的一方面。各方面底言,都不必互相是非。是非之起,由于人各就其有限的观点,以看事物,而不知其观点是有限的观点,因此各有其偏见。有限是所谓小成。不知有限是有限,以为可以涵盖一切。如此则道为有限所蔽,此所谓"道隐于小成"。不知偏见是偏见,又加以文饰,以期"持之有故,言之成理"。如此则表示真理之言不可见。此所谓"言隐于荣华"。儒墨二家中间底辩论,亦是如此之类。

儒墨二家相互是非。此之所是者,彼以为非;彼之所是者,此以为非。此种辩论,如环无端,没有止境。亦没有方法,可以决定,谁是真正是,谁是真正非。辩者认为辩可以定是非。但辩怎么能定是非?《齐物论》说:"既使我与若辩矣。若胜我,我不若胜,若果是也,我果非也耶?我胜若,若不吾胜,我果是也,而果非也耶?其或是也,其或非也耶?其俱是也,其俱非也耶?我与若不能相知也。则人固受其黮暗。吾谁使正之?使同乎若者正之,既与若同矣,恶能正之?使同乎我者正之,既同乎我矣,恶能正之?使异乎我与若者正之,既异乎我与若矣,恶能正之?使同乎我与若者正之,既同乎我与若矣,恶能正之?然则我与若与人,俱不能相知也,而待彼也耶?"《齐物论》的这一段话,颇有辩者的色彩。这一段话,也是"然不然,可不可"。不过辩者的"然不然,可不可"是与常识立异。《齐物论》的"然不然,可不可"是与辩者立异。

若知是非之起,起于人之各就其有限的观点,以看事物,则若能从一较高底观点,以看事物,则见形象世界中底事物,"方生方死,方死方生,方可方不可,方不可方可,因是因非,因非因是"(《齐物论》)。事物是变底,是多方面底。所以对于事物底各方面底说法,本来是都可以说底。如此看,则所有底是非之辩,均可以不解决而自解决。此所谓"是以圣人不由,而照之于天"(《齐物论》)。"不由"是不如一般人站在他自己的有限底观点,以看事物。"照之于天"是站在天的观点,以看事物。天的观点,是一种较高底观点。道的观点也是一种较高底观点。各站在有限的观点,以看事物,则"彼亦一是非,此亦一是非"。彼此相互对待,谓之有偶。站在一较高底观点,以看事物,则既不与彼相对待,亦不与此相对待。此所谓"彼是莫得其偶,谓之道枢。枢始得其环中,以应无穷。是亦一无穷,非亦一无穷也"(《齐物论》)。彼此互相是非,如环无端,是无穷底。得道枢者,从道的观点,以看事物,不与彼此相对待,此所谓"得其环中,以应无穷"。司空图《诗品》云:"超以象外,得其环中。"惟能"超以象外",然后能"得其环中"。

从道的观点以看事物,就是《秋水》篇所谓"以道观之"。"以道观之"则一切事物皆有所可,有所然。《齐物论》说:"可乎可,不可乎不可。道行之而成,物谓之而然。恶乎然? 然于然。恶乎不然? 不然于不然。物固有所然,物固有所可。无物不然,无物不可。故为是举莛与楹,厉与西施,恢恑憰怪,道通为一。"事物虽不同,但同于皆有所可、有所然,同于皆出于道。所以不同的事物,

"以道观之"皆"通为一"。

人对于事物所作底分别,亦是相对底。《齐物论》说:"其分也,成也;其成也,毁也。凡物无成与毁,复通为一。"云变为雨,就雨说谓之成,就云说谓之毁。所谓成毁,都是就一方面说。从有限底观点看,有成与毁;从道的观点看,无成与毁,"复通为一"。

从道的观点看人对于事物所作底分别,是相对底,亦可说,一切事物所有底性质,亦是相对底。"我"与别底事物底分别,亦是相对底。我与别底事物同出于道。所以"我"与万物,道亦"通为一"。《齐物论》说:"天下莫大于秋毫之末,而泰山为小。莫寿于殇子,而彭祖为夭。天地与我并生,而万物与我为一。"这个结论,也就是惠施说"泛爱万物,天地一体也"的结论。

以上诸段所说,是《齐物论》的第一层底意思。我们说,这个意思与惠施的意思是一类底。因为这个意思,亦是教人从一较高底观点,以看事物,以批评人对于事物底见解。不过我们不说,《齐物论》的这个意思,与惠施的意思,完全相同。因为惠施所批评底是一般人的常识。《齐物论》则并批评名家的批评。其批评名家也是从道的观点以作批评。所以其批评是比名家高一层次底。

例如《齐物论》批评公孙龙云:"以指喻指之非指,不若以非指喻指之非指也;以马喻马之非马,不若以非马喻马之非马也。天地一指也。万物一马也。"公孙龙说:"物莫非指,而指非指。"这就是"以指喻指之非指"。公孙龙又说:"白马非马。"这就是"以马喻马之非马"。然"以道观之","道通为一"。则指与非指通为一,马与非马亦通为一。所以说:"天地一指也。万物一马也。"

名家以"辩"批评了一般人的对于事物底见解。《齐物论》又以"道"批评了名家的辩。《齐物论》说:"辩也者有不见也。""大辩不言。"不言之辩，是高一层次底辩，所以我们说：道家经过了辩者的批评而又超过了他们的批评。

《齐物论》于"万物与我为一"一句之下，又转语云："既已为一矣，且得有言乎？既已谓之一矣，且得无言乎？一与言为二，二与一为三，自此以往，巧历不能得，而况其凡乎？自无适有，以至于三，而况自有适有乎？无适焉，因是已。"此一转语，是庄子比惠施更进一步之处。这是《齐物论》的第二层意思。"万物与我为一"之一，是超乎形象底，亦是不可思议、不可言说底。因为如对于一有言说思议，则言说思议中底一，即是言说思议的对象，是与言说思议相对底，亦即是与"我"相对底。如此底一不是"万物与我为一"之一。庄子说，一不可说。他是真正了解一。惠施说："至大无外，谓之大一。"他只知说大一，不知大一是不可说底。道家知一是不可说底。这就是他们对于超乎形象底知识比名家更进了一步。

名家以为一般人的常识是错底。名家的这种见解，亦是错底。"道未始有封"，"言未始有常"。"道恶乎往而不存？言恶乎存而不可？"一般人对于事物底见解，亦是真理的一方面。他们可以批评之处，只是其不知其只是真理的一方面。他们不知，所以他们见解成为偏见。若知偏见是偏见，则它立时即不是偏见。再进一步说，人之互相是非，亦是一种自然底"化声"。凡物无不各以其自己为是，以异于己者为非。这亦是物性的自然。从道的观点看，这亦是应该是听其自尔底。所以"得其环中"底人，并不要废除一般人的见解，亦不要废除是非，他只是"不由而照之于天"。这就是不废之而超过之。《齐物论》说："是以圣人和之以是非，而休乎天钧。此谓之两行。"天钧是自然的运行。是非是相对底。一般人对于事物底见解，其是真亦是相对底。一切事物所有底性质亦是相对底。但"万物与我为一"之一是绝对底。不废相对而得绝对,此亦是"两行"。

这又是庄子比惠施更进一步之处。惠施只知辩,而不知不辩之辩;只知言,而不知不言之言。惠施、公孙龙只知批评一般人对于事物底见解,以为他们是错底,而不知其亦无所谓错。所以名家"与众不适"(《天下》篇谓惠施语),而道家则"与天地精神往来而傲倪于万物","不谴是非以与世俗处"(《天下》篇谓庄子语)。所以我们说:道家经过名家而又超过之。

不过道家只知无名是超乎形象底,不知有名亦可以是超乎形象底。名之所指,若是事物,则是在形象之内底。名之所指,若是共相,则亦是超乎形象底。公孙龙所说,坚、白、马、白马等亦是有名,但亦是超乎形象底。由此方面说,道家虽对立于名家所说底有名,而说无名,但他们对于名家所说底有名,尚没有完全底了解。在他们的系统中,他们得到超乎形象底,但没有得到抽象底。

《齐物论》又云:"是不是,然不然。是若果是也,则是之异乎不是也亦无辩。然若果然也,则然之异乎不然也亦无辩。化声之相待,若其不相待。和之以天倪,因之以曼衍,所以穷年也。忘年忘义,振于无竟,故寓诸无竟。"这是得道枢底人的境界。上文说到"道通为一"。又说到"天地与我并生,万物与我为一"。此尚是就得道枢底人的知识方面说。得道枢底人,不仅有此种知识,且有这种经验。他的经验中底此种境界,就是《新原人》中所谓同天的境界。有这种境界底人,忘了一切底分别。在他的经验中,只有浑然底"一"。"忘年忘义",就是说,忘分别。"寓诸无竟"就是寓诸浑然底"一"。

因为要忘分别,所以要去知,去知是道家用以达到最高境界底方法。此所谓知，是指普通所谓知识底知，这种知的主要工作，是对于事物作分别。知某物是某种物，即是对于某物作分别，有分别即非浑然。所谓浑然，就是无分别的意思。去知就是要忘去分别。一切分别尽忘，则所余只是浑然底一。《老子》说："为学日益，为道日损。"为学要增加知识，所以日益；为道要减少知识，所以日损。

所谓道，有两意义：照其一意义，所谓道，是指一切事物所由以生成者。照其另一意义，所谓道，是指对于一切事物所由以生成者底知识。一切事物所由以生成者，是不可思议不可言说底。因为若思议言说之，则即加以一种性质，与之一名。但它是无名，不可以任何名名之。它既是如此，所以它是不可知底。所以对于道底知识，实则是无知之知。《齐物论》说："故知止其所不知，至矣。孰知不言之辩，不道之道？"不知之知，就是知之至。《庄子·天地》篇云："黄帝游乎赤水之北，登乎昆仑之丘，而南望，还归，遗其玄珠，使知索之而不得，使离朱索之而不得，使吃诟索之而不得也。乃使象罔，象罔得之。"知是普通所谓知识，离朱是感觉，吃诟是言辩。这些均不能得道，只有象罔能得之。象罔就是无象，无象是超乎形象。"超以象外"，然后可以"得其环中"。这种知识，就是无知之知，无知之知是最高底知识。

求最高底境界，须去知。去知然后能得浑然底一。求最高底知识，亦须去知。去知然后能得无知之知。总之，为道的方法，就是去知。在《庄子》书中，有数次讲"为道"的程序，亦即是"为道"的进步的阶段。《大宗师》云："南伯子葵问乎女偊曰：'子之年长矣，而色若孺子，何也？'曰：'吾闻道矣。'南伯子葵曰：'道可得学耶？'曰：'恶，恶可？子非其人也。夫卜梁倚有圣人之才，而无圣人之道；我有圣人之道，而无圣人之才。吾欲以教之，庶几其果为圣人乎？不然，以圣人之道，告圣人之才，亦易矣。吾犹守而告之，三日，而后能外天下。已外天下矣，吾又守之七日，而后能外物。已外物矣，吾又守之九日，而后能外生。已外生矣，而后能朝彻。朝彻而后能见独。见独而后能无古今。无古今而后能入于不死不生。杀生者不死，生生者不生。其于物也，无不将也，无不迎也，无不毁也，无不成也。其名为撄宁，撄宁也者，撄而后成者也。'"所谓"外天下"、"外物"之外，是不知或忘的意思。外天下即是不知有天下，或忘天下。天下亦是一某物。一某物比较易忘，物比较难忘。所以于外天下之后，又七日始能外物。外物即是不知有物或忘物。人的生最难忘，所以于外物之后，九日而后能不知有生或忘生。已外物，又外生，则所谓"我"与"物"的分别，"我"与"非我"之间底鸿沟，在知识上已不存在。如此则恍然于己与万物浑然为一。此恍然谓之朝彻。言其"恍然如朝阳初起，谓之朝彻"（成玄英《疏》语），如所谓豁然贯通者。此时所见，惟是浑然底一。此谓之见独。独就是一。一包括一切，亦即是大全。大全是无古今底。古今是时间上的衡量。大全亦包括时间，所以不能于大全之外，另有时间，以衡量其是古是今。大全是不死不生底，因为大全不能没有，所以无死。大全亦不是于某一时始有，所以无生。大全是如此，所以与大全为一底人，亦无古今，不死不生。在此种境界中底人，从大全的观点，以看事物，则见"凡物无成与毁"，亦可说是，凡物"无不成无不毁"。此之谓撄宁。撄是扰动，宁是宁静。撄宁是不废事物的扰动，而得宁静。

《大宗师》又一段说："颜回曰：'回益矣。'仲尼曰：'何谓也？'曰：'回忘仁义矣。'曰：'可矣，犹未也。'他日复见，曰：'回益矣。'曰：'何谓也？'曰：'回忘礼乐矣。'曰：'可矣，犹未也。'他日复见，曰：'回益矣。'曰：'何谓也？'曰：'回坐忘矣。'仲尼曰：'何谓坐忘？'颜回曰：'隳肢体，黜聪明，离形去知，同于大通，是谓坐忘。'仲尼曰：'同则无好也，化则无常也，而果其贤乎？丘也，请从而后也。'"忘仁义礼乐，相当前段所说"外物"。仁义是抽象底，故较易忘。礼乐是具体底，故较难忘。"隳肢体，黜聪明，离形去知"，相当于前一段所说"外生"。"同于大通"，相当于前一段所说"朝彻见独"。"同则无好"，相当于前一段所说"其于物也，无不将也，无不迎也"。"化则无常"，相当于前一段所说"无不成也，无不毁也"。"同于大通"，"朝彻见独"，是坐忘底人所有底境界。"同则无好"，"化则无常"，是坐忘底人所可能有底活动。

或可问：上文说，道家不废是非而超过之，此之谓两行。今又说"为道"须去知，忘分别。去之忘之，岂不是废之？于此我们说：说去知忘分别，是就圣人的境界说。这是属于"内圣"一方面底。不废是非，不废分别，这是就他应付事物说，这是属于"外王"一方面底。他不废应付事物，而仍能有他的境界。这就是所谓撄宁，也就是所谓两行。

圣人有最高底境界，也可有绝对底逍遥。庄子所谓逍遥，可以说是自由的快乐。《庄子·逍遥游》篇首说大鹏、小鸟，小知、大知，小年、大年。这些都是大小悬殊底。但它们如各顺其性，它们都是逍遥底。不过它们的逍遥都是有所待底。《逍遥游》说："列子御风而行，泠然善也"，"此虽免乎行，犹有所待者也。若夫乘天地之正，而御六气之辩，以游无穷者，彼且恶乎待哉？"列子御风而行，无风则不能行，所以其逍遥有待于风。大鹏一飞九万里，其逍遥有待于远飞。大椿以八千岁为春，八千岁为秋，其逍遥有待于久生。这都是有所待，其逍遥是有待底逍遥。圣人游于无穷。游于无穷，就是

《齐物论》所说:"振于无竟,故寓诸无竟。""其于物也,无不将也,无不迎也,无不成也,无不毁也。"所以他无所待而逍遥,他的逍遥是无待底,所以亦是绝对底。

早期道家中底人原只求全生、避害。但人必须到这种最高底境界,始真为害所不能伤。《庄子·田子方》篇云:"夫天下也者,万物之所一也。得其所一而同焉,则四肢百体将为尘垢,而死生终始将为昼夜,而莫之能滑,而况得丧祸福之所介乎?"人又必到这种最高境界,而后可以真能全生。《大宗师》篇云:"夫藏舟于壑,藏山于泽,谓之固矣。然而夜半有力者负之而走,昧者不知也。藏小大有宜,犹有所遁。若夫藏天下于天下,而不得所遁,是恒物之大情也。""故圣人游于物之所不得遁而皆存。"这是真正底全生避害之道。这是庄子对于早期道家的问题的解决。从世俗的观点看,庄子并没有解决什么问题。他所说底并不能使人在事实上长生不死,亦不能使人在事实上得利免害。他没有解决问题,不过他能取消问题。照他所说底,所谓全生避害的问题,已不成问题。他对于这问题,可以说是以不解决解决之。

道家求最高知识及最高境界的方法是去知。去知的结果是无知。但这种无知,是经过知得来底,并不是未有知以前底原始底无知。为分别起见,我们称这种无知为后得底无知。有原始无知底人,其境界是自然境界。有后得无知底人,其境界是天地境界。

后得底无知有似乎原始底无知,天地境界有似乎自然境界。自然境界是一个浑沌。天地境界亦似乎是一个浑沌。在自然境界中底人,不知对于事物作许多分别;在天地境界中底人,忘其对于事物所作底分别。道家说忘,因为在天地境界中底人,不是不知,亦不是没有,对事物作分别。他是已作之又忘之。不知对于事物作分别,是其知不及此阶段。忘其对于事物所作底分别,是其知超过此阶段。王戎说:"圣人忘情,最下不及情。"(《世说新语·伤逝》篇)就知识方面说,亦是如此。原始底无知是不及知。有原始无知底人,亦可说是在知识上与万物浑然一体,但他并不自觉其是如此。无此种自觉,所以其境界是自然境界。后得底无知是超过知。有后得底无知底人,不但在知识上与万物浑然一体,并且自觉其是如此。有此种自觉,所以其境界是天地境界。

此点道家往往不能认识清楚。他们论社会则常赞美原始社会。论个人修养,则常赞美赤子、婴儿,以及愚人。因为在原始社会中底人及婴儿、愚人等,浑沌无知,有似乎圣人。其实这种相似是表面底。其境界的差别,是两个极端的差别。道家的圣人的境界,是天地境界。但他们有时所赞美底,却只是自然境界。

道家反对儒家讲仁义。他并不是说,人应该不仁不义。他们是说,只行仁义是不够底。因为行仁义底人的境界,是道德境界。自天地境界的观点,以看道德境界,则见道德境界低,见行道德底人,是拘于社会之内底。道家作方内方外之分。拘于社会之内底人,是"游方之内"底人。超乎社会之外底人,是"游方之外"底人。"游方之外"底人,"与造物者为人(王引之曰:人,偶也;为人,犹为偶),而游乎天地之一气。以生为附赘悬疣,以死为决疣溃痈。假于异物,托于同体。忘其肝胆,遗其耳目。反复终始,不知端倪。芒然彷徨乎尘垢之外,逍遥乎无为之业"。"游方之内"底人,"愦愦然为世俗之礼,以观众人之耳目"(《庄子·大宗师》)。道家以为孔孟是如此底"游方之内"底人。如果真是如此,则孔孟的境界是低底。

不过孔孟并不是如此底"游方之内"底人,孔孟亦求最高境界,不过其所用方法与道家不同。道家所用底方法是去知。由去知而忘我，以得与万物浑然一体的境界。孔孟的方法是集义。由集义而克己，以得与万物浑然一体的境界。孔孟用集义的方法，所得到底是在情感上与万物为一。道家用去知的方法，所得到底是在知识上与万物为一。所以儒家的圣人，常有所谓"民胞物与"之怀。道家的圣人，常有所谓"遗世独立"之概。儒家的圣人的心是热烈底。道家的圣人的心是冷静底。

　　用集义的方法，不致有方内方外之分。用去知的方法，则可以有方内方外之分。道家作方内方外之分。"游方之外"底人，他们称为"畸人"。"畸人者，畸于人而侔于天"，"天之小人，人之君子。人之君子，天之小人也"（《大宗师》）。道家的哲学中有这种对立，其哲学是极高明，但尚不合乎"极高明而道中庸"的标准。

　　固然道家亦主张所谓"两行"。"其一与天为徒，其不一与人为徒。天与人不相胜也，是之谓真人。"（《大宗师》）这是人与天的两行。"独与天地精神往来"，而又"不谴是非，以与世俗处"（《天下》篇）。这是方内与方外的两行。不过就"极高明而道中庸"的标准说，"两行"的可批评之处，就在于其是"两"行。在"极高明而道中庸"的标准下，高明与中庸，并不是两行，而是一行。

第五章　易庸

　　于上文第一章中我们说,儒家虽以"说仁义"著名,但他们所讲,并非只限于仁义。他们所讲到底人生境界,亦并非只是道德境界。不过若衡以"极高明而道中庸"的标准,他们所讲,亦可以说是高明,但不能说是极高明。

　　孟子以后,战国末年的儒家,都受道家的影响。在当时的儒家中,荀子是一位大师,他得到道家的自然主义。在以前儒家中,孔子所说底天,是主宰之天;孟子所说底天,是义理之天或命运之天。荀子所说底天,则是自然之天。他所说底天,就是自然。在这一点,我们看见,他所受于道家的影响。不过他虽受道家的影响,但并没有能使儒家的哲学,在"极高明"一方面,有什么进步。他代表儒家的传统。他是一个礼乐典籍专家。他所讲底人生境界可以说是只限于道德境界。

　　对于当时的别家学说,在某种范围内,荀子亦有清楚底认识及中肯底批评。他说:"老子有见于诎,无见于信(伸)。墨子有见于齐,无见于畸。"(《荀子·天论》)又说:"墨子蔽于用而不知文。……惠子蔽于辞而不知实。庄子蔽于天而不知人。故由用谓之,道尽利矣。……由辞谓之,道尽论矣。……由天谓之,道尽因矣。此数具者,皆道之一隅也。夫道者,体常而尽变,一隅不足以举之。曲知之人,观于道之一隅,而未之能识也。故以为足而饰之。内以自乱，外以惑人，上以蔽下，下以蔽上。此蔽塞之祸也。"（《荀子·解蔽》篇）荀子批评当时别家的学说，其主要底看法与《庄子·天下》篇，有相同之点。他的批评，也很中肯。但因为他只说到道德境界，所以对于道家所讲底天地境界，他不能认识，亦不能批评。"老子有见于诎，无见于信（伸）。""庄子蔽于天而不知人。"就老庄的哲学的一部分说，这批评很中肯。但老庄的哲学的最高底义理，并不在此。所以我们说，"在某种范围内"，荀子对于别家的学说，有清楚底认识，有中肯底批评。

　　受道家的影响，使儒家的哲学，更进于高明底，是《易传》及《中庸》的作者。照传统底说法，《易传》是孔子所作。现在历史家研究的结果，已证明这是不确底。照传统底说法，《中庸》是孔子的孙子子思所作。大概其中有一部分是子思所作，其余是子思一派的儒家所作。《易传》不是一人所作。《中庸》也不是一人所作。这些作者的大部分都受道家的影响。《老子》说："道常无名，朴。"（三十二章）又说："朴散则为器。"（二十八章）道与器是对待底。《系辞》亦说："形而上者谓之道，形而下者谓之器。"道与器亦是相对待底。《系辞》说："唯神也，故不疾而速，不行而至。"《中庸》说："如此者不见而章，不动而变，无为而成。"这些话亦都很像《老子》中"下士闻而大笑"底话。《系辞》说："形而上者谓之道。"《中庸》说："《诗》曰：'德輶如毛。'毛犹有伦。'上天之载，无声无臭'，至矣。"他们也讲到超乎形象底。孟子讲浩然之气"塞乎天地之间"，"上下与天地同流"。他所谓天地，亦可以是超乎形象底。不过孟子好似并不自知其是如此。《易传》及《中庸》的作者讲到超乎形象底，而又自己知道其所讲底是超乎形象底。这就是他们更进于高明之处。

　　《易传》与《中庸》的作者，虽都受道家的影响，但他们却又与道家不同。他们接着儒家的传统，注重"道中庸"。这是他们与道家不同底。但他们与道家的不同，还不止此。于上文第四章，我们说：道家只知无名是超乎形象底，不知有名亦可以是超乎形象底。道家讲超乎形象底必说"无"。《易传》及《中庸》的作者虽亦说"上天之载，无声无臭"，亦说"神无方而易无体"。但《中庸》说"上天之载，无声无臭"，是说"上天之载"是不可感觉底。《易传》说"神无方而易无体"，是说"神"是"变化不测"，"易"是"不可为典要"。在这些话中，虽亦有"无"字，但与"无名"的无不同。不必说"无"，而亦讲到超乎形象底。这就是他们与道家中间的主要不同。因为他们亦讲到超乎形象底。所以南北朝时代的玄学家，以《周易》与《老子》、《庄子》并列，称为"三玄"。其时人亦有为《中庸》作讲疏者，但他们又确与老庄不同。这是玄学家所未看出，而又待至宋明道学家，始为证明者。

道家只知无名是超乎形象底，不知有名亦可以是超乎形象底。名之所指，若是事物，则是在形象世界之内底。但名之所指，若是共相，则亦是超乎形象底。例如公孙龙所说坚、白、马、白马等，是超乎形象底，但亦是有名。这些不但是有名，而且可以真正地说是有名。这些亦可以说是"自古及今，其名不去，以阅众甫"。坚永远可名为坚。白永远可名为白。马永远可名为马。

坚之共相，是坚之所以为坚，可以说是坚道。白之共相，是白之所以为白，可以说是白道。此所谓道，是所谓君道、臣道、父道、子道之道。此所谓道，就是《新理学》所谓理。理是超乎形象底，但亦是有名底，而且是真正地有名底。

照《易传》所说，《易》是讲理底书。《系辞》说："乾以易知，坤以简能"，"易简而天下之理得矣"。《说卦》说："昔者圣人之作

《易》也，穷理尽性，以至于命。"又说："昔者圣人之作《易》也，将以顺性命之理。是以立天之道，曰阴与阳。立地之道，曰柔与刚。立人之道，曰仁与义。"《系辞》、《说卦》虽明说《易》是讲理底书，但什么是理，他们没有说明。专就字面，我们不能断定他们所谓理，是否即《新理学》所谓理。不过《说卦》说"将以顺性命之理"，下即接说"是以立天之道"云云，可见他们所谓理，同于他们所谓道。他们所谓道，如所谓"妻道"、"臣道"（坤卦《文言》）之道，是同于《新理学》所谓理。他们所谓道，如《系辞》"一阴一阳之谓道"之道，有似于《新理学》所谓理。

道家所谓道，有似于《新理学》所谓气。《易传》所谓道，有似于《新理学》所谓理。此二者是绝不相同底。魏晋玄学家以《易》、《老》、《庄》为"三玄"，常以《老》、《庄》所谓道，解释《易传》所谓道。如《系辞》"一阴一阳之谓道"，韩康伯注云："道者何？无之称也。无不通也，无不由也。况之曰道，寂然无体，不可为象。必有之用极，而无之功显。故至神无方而易无体，而道可见矣。"此种解释，从历史的观点看，是完全错误底。

我们说道家所谓道，"有似于"《新理学》所谓气。只是"有似于"，因为专靠《新理学》所谓气，不能有物；而道家所谓道，则能生物。我们说《易传》所谓道，"有似于"《新理学》所谓理，亦只是"有似于"，因为专靠《新理学》所谓理，亦不能有物。而《易传》所谓道，则能生物。我们可以说，道家所谓道是《新理学》所谓气的不清楚底观念，《易传》所谓道，是《新理学》所谓理的不清楚底观念。

《易》本是筮占之书，其本来底性质与现在底《牙牌神数》等书是一类底。这一类底书，其中底辞句，都是要活看底。例如用《牙牌神数》，如占得下下、下下、上上，其占辞是："三战三北君莫羞。

一匡天下霸诸侯。"在字面上,此占辞是说一军人先败后胜。但实则凡是先凶后吉底事,都为此占辞所包括。此占辞是一个套子,凡先凶后吉底事,都可以套入这个套子。《易》中底辞句,本来也只是如此。后来讲《易》底人,因套子而悟到公式。照他们的说法,《易》中所包括底是很多底公式。每一公式,皆表示一道或许多道。总《易》中底公式,可以完全表示所有底道。《易传》就是如此说。

《系辞》说:"易者,象也。"六十四卦、三百八十四爻都是象。象如符号逻辑中所谓变项。一变项可以代入一类或许多类事物,不论什么类事物,只要合乎某种条件,都可以代入某一变项。《系辞》说:"方以类聚,物以群分。"事物皆属于某类。某类或某某类事物,只要合乎某种条件,都可以代入某一卦或某一爻。这一卦的卦辞或这一爻的爻辞,都是公式,表示这类事物,在这种情形下,所应该遵行底道。这一类底事物,遵行道则吉,不遵行道则凶。

《系辞》说:"夫《易》,彰往而察来,而微显阐幽。开而当名,辨物,正言,断辞,则备矣。其称名也小,其取类也大。其旨远,其辞文,其言曲而中,其事肆而隐。因贰以济民行,以明失得之报。"这一段文字似有脱误,但其大意则是如我们于上段所说者。《易》的卦辞爻辞,都是些公式,可以应用于过去,亦可以应用于未来。所以说,"夫《易》,彰往而察来"。说出底公式是显,其所表示底道是微,是幽。以说出底公式,表示幽微底道,所以说,"而微显(似应作显微)阐幽"。其公式乃关于某类事物者。按类之名,以分别事物,谓之"当名,辨物"("开而"二字疑有误,未详其义)。以某公式之辞,应用于某种事物,谓之"正言,断辞"。一卦或一爻之象,可套入许多类。此类之名,或甚不关重要。但彼类则或甚关重要。所以"其称名也小,其取类也大"。此类或甚近而易知,彼类或甚远而难知。所以说:"其旨远"。于辞中常不直说彼类,由此类可以见彼类,所以说,"其辞文,其言曲而中"。辞中所说,或只是事物。但其所表示,则是道。所以说,"其事肆而隐"。《易》表示道,以为人的行为的指导,所以说,"因贰(此二字疑有误,未详其义)以济民行"。人遵照此指导则得,不遵照此指导则失。所以说,"以明得失之报"。得是吉,失是凶,《系辞》说:"吉凶者,言乎其失得也。"

每一卦或每一爻,皆可代入许多类事物。《系辞》说:"引而伸之,触类而长之,则天下之能事毕矣。"王弼《周易略例》说:"义苟在健,何必马乎? 类苟在顺,何必牛乎? 爻苟合顺,何必坤乃为牛? 义苟在健,何必乾乃为马?"《说卦》说:"乾为马,坤为牛。"马牛可代入乾坤之卦。但乾坤之卦,不只限于可代入马牛。凡有"健"之性质底事物,均可代入乾卦;凡有"顺"之性质底事物,均可代入坤卦。坤卦《文言》说:"阴虽有美,含之以从王事,弗敢成也。地道也,妻道也,臣道也。"地,妻及臣,都是以"顺为正",所以都可以代入坤卦。坤卦是地之象,是妻之象,是臣之象。坤卦的卦辞爻辞所说,是地道,是妻道,是臣道。与坤卦相对底卦是乾卦。乾卦是天之象,是夫之象,是君之象。乾卦的卦辞爻辞所说,是天道,是夫道,是君道。易中底卦皆不是只表示一类事物。其卦辞爻辞亦均不是只说一种事物的道。所以《系辞》说:"神无方而易无体。"又说:"《易》之为书也,不可远。其为道也屡迁。""不可为典要,惟变所适。"

整个底易,就是一套象。《系辞》说:"是故易者,象也。象也者,像也。"又说:"圣人有以见天下之赜,而拟诸其形容,象其物宜,是故谓之象。圣人有以见天下之动,而观其会通,以行其典礼,系辞焉以断其吉凶,是故谓之爻。言天下之至赜,而不可恶也。言天下之至动,而不可乱也。"宇宙间底事物是繁杂底,是变动底。有象及其辞所表示底道,则于繁杂中见简,于变动中见常。见简则见"天下之至赜,而不可恶"。见常则见"天下之至动,而不可乱"。

《易纬·乾凿度》,及郑玄《易赞》及《易论》云:"易一名而含三义:易简,一也。变易,二也。不易,三也。"(孔颖达《周易正义》引)易于繁杂中见易简。《系辞》说:"乾以易知,坤以易能。易则易知,简则易从。""易简而天下之理得矣。"这是易的易简之义。易又于动中见常。《系辞》说:"动静有常,刚柔断矣。"又说:"天下之动,贞夫一者也。"这是易的不变之义。简者、常者,是易中底象及公式。但象及公式不只可以代入某类事物,所以易又是"不可为典要,惟变所适"。这是易的变易之义。

照《系辞》的说法,易虽只有六十四卦,三百八十四爻,但因可以"引而伸之,触类而长之",所以易的象及其中底公式,已包括所有底道。《系辞》说:"易与天地准,故能弥纶天地之道。""与天地准"就是与天地等。"弥纶天地之道",就是遍包天地之道。《系辞》说:"夫《易》,何为者也? 夫《易》,开物成务,冒天下之道,如斯而已者也。"冒天下之道,也就是遍包天下之道。不过天下之道,与天地之道不同。天下之道,是说世界中所有底道。天地之道,是说一切事物所皆遵循底道。例如君道、臣道、夫道、妻道,是属于天下之道。"一阴一阳之谓道",是天地之道。

所有底事物不能离开道,亦不能违反道。事物可有过差,道不能有过差。易的象包括所有底道。所以易的象及其中底公式,亦是事物所不能离开,不能违反者,亦是不能有过差者。《系辞》说:"与天地相似故不违。知周乎万物,而道济天下,故不过。"又说:"范围天地之化而不过,曲成万物而不遗。"又说:"夫《易》广矣,大矣。以言乎远，则静而正。以言乎天地之间，则备矣。"又说：
"《易》之为书也，广大悉备。""其道甚大，百物不废。"这都是说，易
象及其中底公式，表示所有底道。

《系辞》中有两套话。一套是说道，另一套是说易中之"象"，及
其中底公式，与道相"准"者。例如《系辞》说："易有太极，是生两
仪。两仪生四象。四象生八卦。八卦定吉凶。吉凶生大业。"这一
套话是就易中之象说。《系辞》说："一阴一阳之谓道。继之者善
也，成之者性也。仁者见之谓之仁。智者见之谓之智。百姓日用
而不知。故君子之道鲜矣。显诸仁，藏诸用，鼓万物而不与圣人同
忧。盛德大业，至矣哉。富有之谓大业，日新之谓盛德。"这一套
话，是就天地之道说。这两段话都说"大业"，但其意义不同。太极
的大业是六十四卦、三百八十四爻所表示底"象"及公式。道的大
业是宇宙所有底事物。这两个大业是不同底。虽不同，而又却是
完全相准底。《系辞》说：易"广大配天地，变通配四时，阴阳之义配
日月，易简之义配至德"。所谓"配"，也是所谓"准"的意思。

宇宙间底事物，不是静止底。道有"富有"底大业，亦有"日新"
的盛德。它的大业，即成就于日新之中。《系辞》说："日往则月来，
月往则日来，日月相推而明生焉。寒往则暑来，暑往则寒来，寒暑
相推而岁成焉。往者屈也，来者信(伸)也。屈信相感，而利生焉。"
这就是所谓"功业见乎变"。《系辞》说："天地之大德曰生。"生就
是"日新"。总所有底变谓之神。《系辞》说："阴阳不测之谓神。"
又说："知变化之道者，其知神之所为乎!"《系辞》所谓神，有似乎
《新理学》中所谓道体。

宇宙间底事物，不是静止底。它们都在"天下之至动"中，易象
及其中底公式，大部分亦是关于变动者。《系辞》说："天地之大德

曰生。"又说:"生生之谓易。"这不是说,易能生生。这是说,易中多有关于"生生"底象及"生生"所遵循底公式。《系辞》说:"爻也者,效天下之动者也。"这不是说:爻能动,或爻是动底。这是说:爻是某种动的象。如果爻是某种动的象,爻辞就是某种动的公式。

"一阴一阳之谓道。"这是事物的生生的公式。"无平不陂,无往不复。"(泰卦九三爻辞)这是"变化之道"。这是说,这就是事物变动所依照底公式。一事物之生,必有能生之者,又必有能生之者所用以生底材料。前者是主动底,后者是被动底。用《易传》所用的话说,前者是刚底,是健底;后者是柔底,是顺底;前者谓之阳,后者谓之阴。用《易传》中底象说,阳之象是乾,阴之象是坤。《系辞》说:"乾,阳物也。坤,阴物也。"又说:"乾知大始,坤作成物。"朱子《本义》说:"知,犹主也。"乾所主底是开始,坤所作底是完成。乾是主动底,是领导者的象。坤是被动底,是随从完成者的象。《系辞》说:"夫乾,其静也专,其动也直,是以大生焉。夫坤,其静也翕,其动也辟,是以广生焉。"就乾坤相对说,乾是动底,坤是静底。就乾坤本身说,乾坤各有动静。乾是主动底,其尚未实际地主动是其静,其已实际地主动是其动。坤是被动底,其尚未能实际地被动是其静,其已实际地被动是其动。专、直,是形容乾是主动底。翕、辟,是形容坤是被动底。翕是收敛以预备有所接受,辟是开辟以有所接受。凡事物,在其为主动时,它都是阳。在其为被动时,它都是阴。凡是阳者,都可代入乾卦。乾卦的六爻,表示主动底事物的动所依照底公式。凡是阴者都可代入坤卦。坤卦的六爻表示被动底事物的动所依照底公式。

凡事物都可以为阳,亦都可以为阴。但一切事物所从以生底阳,则只能是阳。一切事物所从以生底阴,则只能是阴。乾坤二卦虽可代入凡有健顺的性质底事物,但《易传》解释之,则多就一切事物所从以生底阴阳说。《系辞》说:"夫乾,天下之至健也。""夫坤,天下之至顺也。"这是就一切事物所从以生底阴阳说。此阴只能是阴,所以是至顺。此阳只能是阳,所以是至健。此一阴一阳,就是生一切事物者。"一阴一阳之谓道",若泛说,则泛指事物中底阴阳;若专说,则专指此所谓阴阳。

一事物若有所成就,则此事物必须得其位,得其中,得其时。得其位,言其必在其所应在底地位。得其中,言其发展必合乎其应有底限度。得其时,言其必有其所需要底环境。照《易传》的解释,易卦以二爻四爻为阴位,三爻五爻为阳位(初爻、六爻不算位,说见王弼《周易略例》)。《系辞》说:"二与四同功而异位,其善不同:二多誉,四多惧,近也。柔之为道,不利远者。其要无咎,其用柔中也。三与五同功而异位:三多凶,五多功,贵贱之等也。其柔危,其刚胜耶?"阴"先迷失道,后顺得常"(坤卦《彖辞》)。四近于五,有先进领导的嫌疑,所以多惧。二"不远"又得其中,所以多誉。阳应先进领导,所以五贵而多功,三贱而多凶。易卦中一阳爻居阴位,或一阴爻居阳位,谓之不当位。若没有别底情形,不当位大概总是不吉。若阳爻居阳位,阴爻居阴位,谓之当位或正位。若没有别底情形,正位大概总是吉。得其位亦可谓之得其正。家人卦《彖辞》泛论正位云:"家人,女正位乎内,男正位乎外。男女正,天地之大义也。家人有严君焉,父母之谓也。父父,子子,夫夫,妇妇,而家道正。正家而天下定矣。"父父,子子,夫夫,妇妇,就是父子夫妇,各当其位。

照《易传》的解释,易卦中二爻、五爻为得其中。二爻居下卦之中,五爻居上卦之中,都不太过,亦不不及,所以为得其中。若无别底情形，得其中大概总是吉。即不得位之阴阳爻，亦可因其得中而吉。如未济九二《象》云："九二贞吉，中以行正也。"九为阳爻而居阴位，是其位不正。但是得其中，所以亦吉。王弼注云："位虽不正，中以行正也。"若以阳爻居五，阴爻居二，则谓之中正。若没有别底情形，大概总是吉底。

事物的发展，不能违反其时。其时就是其于某一时所有底环境。丰卦《彖辞》云："日中则昃，月盈则食。天地盈虚，与时消长。而况于人乎？况于鬼神乎？"天地尚不能违反其时，何况别底事物？照《系辞》的解释，易卦之爻，得时则吉，失时则凶。节卦九二爻辞云："不出门庭，凶。"《象》曰："不出门庭，凶，失时极也。"既济卦九五爻辞云："东邻杀牛，不如西邻之禴祭，实受其福。"《象》曰："东邻杀牛不如西邻之时也。"杀牛是盛祀。禴是薄祭。盛祭反不如薄祭之受福，是因其不得其时。《易传》常说："与时偕行。"（乾《文言》，损《彖辞》，益《彖辞》）"与时偕行"就是"时止则止。时行则行。动静不失其时，其道光明"（艮《彖辞》）。《系辞》说："刚柔者，立本者也。变通者，趣时者也。"《易传》中言时之处甚多。一卦可以表示一种时。一爻可以表示一种时。

一卦之六爻，阴阳皆当其位者，是既济☲☵。既济是既成功的意思。生一事物底阴阳，若各在其应在之处，那就是说，阴阳各尽其道，此事物的生成，是一定成功底。但既济的《象》说："君子以思患而豫防之。"为什么于成功之时，却"思患而豫防之"？说到此，我们须说《易传》中所说底"变化之道"。

我们说："无平不陂，无往不复"，是变化之道。与往相对者是来。《系辞》说："阖户谓之坤，辟户谓之乾，一阖一辟谓之变，往来不穷谓之通。"又说："往者，屈也；来者，信（伸）也。屈信相感而利生焉。"宇宙间底变化，其内容不过是事物的成毁。事物的成毁，也就是乾坤的开阖。事物的成是其来，其毁是其往。一来一往，就是变。这种往来是无穷底。惟其无穷，所以世界无尽。此所谓"往来不穷谓之通"。"往来不穷"就是来者往，往者再来。再来谓之复。"无平不陂"，就是说无来者不往。"无往不复"，就是说无往者不再来。

《系辞》说："易穷则变，变则通，通则久。"易注重在"往来不穷之通"。所以他注重复。复卦《彖辞》说："复其见天地之心乎!"事物变化的洪流，无论从何处截断，所可见底都是复。因为没有一个最初底"来"。《老子》亦说："万物并作，吾以观复。"（十六章）不过《老子》所谓复，是"归根复命"的意思。《老子》说："夫物芸芸，各归其根。归根曰静，是谓复命。"这是说：万物皆出于道，并复归于道。"吾以观复"，王弼注说："凡有起于虚，动起于静，故万物虽并动作，卒复归于虚静。""复其见天地之心乎!"王弼注云："复者，反本之谓也。天地以本为心者也。凡动息则静，静非对动者也。语息则默，默非对语者也。然则天地虽大，富有万物，雷动风行，运化万变，寂然至无，是其本矣。"这是以《老》解《易》，不合《易传》的本义。《老子》所谓复，是所谓"归根复命"。其所注重是在"无"。《易传》所谓复，是所谓"往来不穷"，其所注重是在"有"。这一点是儒家与道家中间底一个根本不同。

不过在这一点，《易传》与《老子》最相近。前人说："《易》、《老》相通。"大概也是就这一点说。《易传》与《老子》皆认为"物极则反"是事物变化所遵循底一个通则。照《序卦》所说，六十四卦之次序，即表示这种通则。六十四卦中，相反底卦，常是在一起底。《序卦》说："泰䷊者，通也，物不可以终通，故受之以否䷋。""剥

☶者,剥也。物不可以终尽,剥穷上反下,故受之以复☷。""震☳者,动也。物不可以终动,故受之以艮☶。艮者,止也。"于既济☵之后,又有未济☲。《序卦》说:"物不可以终穷也。故受之以未济终焉。"

《易传》与《老子》皆以为:如欲保持一物,则必勿使其发展至极,必常预备接受其反面。如此则可不至于变为其反面。所以既济《象辞》说:"君子以思患而预防之。"君子能如此,他就可以保持着他的"既济"。《系辞》说:"危者,安其位者也。亡者,保其存者也。乱者,有其治者也。是以君子安而不忘危,存而不忘亡,治而不忘乱。是以身安而国家可保也。《易》曰:'其亡其亡,系于苞桑。'""安不忘危","思患预防",就是知几。《系辞》说:"知几其神乎?君子以上交不谄,下交不渎,其知几乎?几者,动之微,吉凶之先见者也。"易教人知几。《系辞》说:"夫《易》,圣人所以教人极深而研几也。"知几底人,安不忘危,则可以保持安;存不忘亡,则可以保持存;治不忘乱,则可以保持治。

能如此底人,其所表现底态度就是谦。谦卦《象辞》说:"天道亏盈而益谦,地道变盈而流谦,鬼神害盈而福谦,人道恶盈而好谦。谦尊而光,卑而不逾,君子之终也。"《易传》尚谦,与《老子》"以濡弱谦下为表",是相同底。

不过这种人的境界,并不是最高底境界,有最高境界底人,《易传》称为圣人,亦称大人。乾卦《文言》云:"夫大人者,与天地合其德,与日月合其明,与四时合其序,与鬼神合其吉凶。先天而天弗违,后天而奉天时。天且弗违,而况于人乎?况于鬼神乎?"这就是说,圣人的境界,是《新原人》中所谓同天的境界。他的心与道合一。道是先事物而有,亦是事物所不能违者。所以圣人亦是"先天而天弗违"。但他的身体亦是事物。是事物则需遵循事物所遵循底通则。所以他又是"后天而奉天时"。在此等最高底境界中,他自然能行君子所能行底。乾卦《文言》解释"上九亢龙有悔"云:"亢之为言者,知进而不知退,知存而不知亡,知得而不知丧。其唯圣人乎! 知进退存亡而不失其正者,其唯圣人乎!"他是自然如此,并不是特意欲趋利避害。他的目的,亦不在于趋利避害。他只是"不失其正"而已。

圣人得到最高底境界,因为他有最高底知。照《易传》所说,《易》就是所以使人有此种知底学问。《系辞》说:"《易》其至矣乎! 夫《易》,圣人崇德而广业也。知崇礼卑,崇效天,卑法地。"《易》所知极广,《系辞》说:"《易》与天地准,故能弥纶天地之道。仰以观于天文,俯以察于地理,是故知幽明之故。原始反终,故知生死之说。""知周乎万物。""通乎昼夜之道而知。"又说:"穷神知化,德之盛也。"照我们于《新理学》及《新原人》中所说,"知周乎万物"之知,只能是形式底知识。使人有高底境界,本来亦只需要此种形式底知识。但《易传》于此点,似乎以为《易》尚能使人有积极底知识。它似乎以为,以"仰观""俯察"的方法,研究天文地理,可以使人积极地"知周乎万物"。这是不可能底。《易传》所以尚未完全合乎极高明的标准,此亦是其一原因。

圣人有最高底知识,知"一阴一阳之谓道"。此道就是百姓日用之道,不过他们是"日用而不知"。圣人虽知之,但此道仍是此道。他虽是"先天而天弗违",但还是"后天而奉天时"。所以他虽是"知周乎万物",但在行为方面,他还是"庸言之信,庸行之谨","居上位而不骄,在下位而不忧"(乾卦《文言》)。他所做底事,还就是一般人在他的地位所做底事。不过他的境界,是天地境界。

　　《中庸》的主要意思与《易传》的主要意思,有许多相同之处。例如《中庸》说中,《易传》亦说中。《中庸》注重时中,《易传》亦注重时。不但如此,《中庸》与《易传》中底字句,亦有相同者。如乾《文言》云:"不易乎世,不成乎名,遁世无闷,不见是而无闷。"《中庸》亦云:"君子依乎中庸,遁世不见知而不悔。"《文言》云:"庸言之信,庸行之谨。"《中庸》亦云:"庸德之行,庸言之谨。"《文言》云:"夫大人者,与天地合其德,与日月合其明,与四时合其序,与鬼神合其吉凶。"《中庸》亦云:(仲尼)"辟如天地之无不持载,无不覆帱,辟如四时之错行,如日月之代明"。这些字句,都是大致相同底。《易传》的作者,不只一人。《中庸》的作者亦不只一人。《易传》的作者,也许有些就是《中庸》的作者。至少我们可以说,他们的中间,有密切底关系。

　　《中庸》首段云:"天命之谓性,率性之谓道,修道之谓教。"此所谓道是人道,与《系辞》所说"一阴一阳之谓道"之道不同,后者所谓道是天道。《中庸》说:"天命之谓性。"《系辞》说:"一阴一阳之谓道,继之者善也,成之者性也。"这都是要说明人性的来源,及其与天底关系。孟子说:"心之官则思,思则得之,不思则不得也。此天之所与我者。"(《孟子·告子》下)心是天之所与。性亦是天之所与。心性与天底关系如此。所以孟子说:"尽其心者,知其性也。知其性则知天矣。"(《尽心》上)《易传》及《中庸》所说,与孟子所说,意思相同。率性就是顺性,顺性而行,就是人道。性是天之所命。道就只是率性。如此说,则人道也就是天道。人德也就是天德。《中庸》说"达天德"。知人德只是人德底人,其境界只可以是道德境界。知人德也是天德底人,其境界才可以是天地境界。

　　"修道之谓教",修如修房修路之修。将道修立起来就是教。

《中庸》说："道也者，不可须臾离也。可离非道也。"道既是不可须臾离者，又何必修之？这可分两点说。

就第一点说。一般人不能须臾离道。他们时时都在行道。但他们并不自知其是如此。他们是"日用而不知"。他们是"终身由之而不知其道"。《中庸》说："人莫不饮食也，鲜能知味也。"教的功用，就是在使人知道是人所不可须臾离者，知其时时都在行道。就是在使人知味。道本来是人所不可须臾离底，人本来都时时在行道。就此方面说，道无须修。但就人的知识方面说，道则须修。

就第二点说。一般人虽都时时在行道，但他们都不能尽道。"率性之谓道"，所以尽道就是尽性。《中庸》说："惟天下至诚，为能尽其性。"这不是不学而能底。教的功用，就是使人能尽性。能尽性则能尽道。《中庸》说："苟不至德，至道不凝焉。"尽性底人，有至德。有至德，则有至道。道，或者无须修；但有至道，则须修。

圣人所知底道，亦就是一般人所不可须臾离之道，不过是一般人由之而不知。他所得底至道，也就是一般人所不可须臾离之道，不过是将其行之至其极至。《中庸》说："君子之道费而隐。夫妇之愚，可以与知焉。及其至也，虽圣人亦有所不知焉。夫妇之不肖，可以能行焉。及其至也，虽圣人亦有所不能焉。""君子之道，造端乎夫妇。及其至也，察乎天地。""造端乎夫妇"，是一般人所本来行底，此无需乎修而至。"察乎天地"，则须修而至。

圣人的至道，就是一般人时时所行底道，所以谓之庸。朱子注说："庸，平常也。"又引程子云："不易之谓庸。"因其是一般人所本来行底，所以是平常。但又是人所不可须臾离底，所以是不可易。圣人亦行此道而又将其行至于极至。这就是说，将其行至于恰好之点。恰好就是所谓中。朱子注说："中者，不偏不倚，无过不及之名。"这就是恰好，恰好也就是至善。这是极难能底。《中庸》说："中庸其至矣乎!"又说："天下国家可均也，爵禄可辞也，白刃可蹈也，中庸不可能也。"均天下国家，辞爵禄，蹈白刃，固亦是难能。但其均必须是恰好应该如此均。其辞必须是恰好应该辞。其蹈必须是恰好应该蹈。必如此方是合乎中。这是更难能底。

《中庸》说："喜怒哀乐之未发谓之中，发而皆中节谓之和。中也者，天下之大本也;和也者，天下之达道也。致中和，天地位焉，万物育焉。"喜怒哀乐未发之时，心无所偏倚，亦无过不及，所以谓之中。此是指一种情形，以为中之例证。并不必是说，只此是中。"发而皆中节"，亦是中。所以谓之和，因为和就是中的功用。和与同不同。《国语·郑语》引史伯云："夫和实生物，同则不继。以他平他谓之和，故能丰长而物生之。若以同裨同，尽乃弃矣。"《左传》昭公二十年亦说："和与同异。"引晏子云："和如羹焉。水、火、醯、醢、盐、梅，以烹鱼肉。燀之以薪。宰夫和之。……若以水济水，谁能食之? 若琴瑟之专壹，谁能听之? 同之不可也如是。""以他平他谓之和。"如以咸味加酸味，即另得一味。酸为咸之"他"。咸为酸之"他"。"以他平他"，另得一味，此所谓"和实生物"。若"以水济水"，仍是水味。此所谓"以同裨同"，"同则不继"。同与异是反对底。和则包含异。合众异以成和。不过众异若成为和，则必须众异皆有一定的量度，各恰好如其量，无过亦无不及，此所谓得其中，亦即所谓中节。众异各得其中，然后可成为和。所以说"发而皆中节谓之和"。此亦是举一种情形，以为和之例证。并不是说，只此是和。

宇宙间"万物并育而不相害，道并行而不相悖"。这就是一个和。所以说："致中和，天地位焉，万物育焉。"这个和并不是普通社会中，人与人间底和。所以《易传》称之为太和。乾卦《象辞》说：

"大哉乾元!""保合太和,乃利贞。"

《中庸》说:"诚者天之道也。诚之者人之道也。"又说,诚是"合内外之道"。天本是包括一切,本是无内外之分。人有我与非我之分,此分就是内外之分。其所以有内外之分,是因为他不知,他的性、别人的性,以及物的性,均是天之所命,均是来自一源。不知,《中庸》谓之不明。《中庸》说:"自诚明谓之性,自明诚谓之教。"自诚而明,就是说:"天命之谓性,率性之谓道。"自明而诚,就是说:"修道之谓教。"自明而诚,就是"诚之"。

由明得诚,就如《新原人》中所说,由了解及自觉,得到最高底境界。有了解自觉谓之明,无了解自觉谓之无明。诚是"合内外"之道。其能"合内外"者,有如《新原人》中所谓同天的境界。此种境界,《中庸》谓之至诚。

《中庸》说:"惟天下至诚,为能尽其性。能尽其性,则能尽人之性。能尽人之性,则能尽物之性。能尽物之性,则可以赞天地之化育。可以赞天地之化育,则可与天地参矣。"此段的前一半,可以用一种逻辑讲法以解释之。我们可以说:天下之至诚者,也是一个人,也是一个物。它的性蕴涵有人之性,有物之性,所以天下之至诚者,能尽其性,当然亦能尽人之性,尽物之性。不过这种讲法,大概不是《中庸》的本意。《中庸》的本意大概是说,一个人的性,与别人的性,与物的性,均出于一源,所以一个人尽其性,亦是尽别人之性,亦是尽物之性。

至诚怎么能参天地之化育?《中庸》又说:"唯天下至诚为能经纶天下之大经,立天下之大本,知天地之化育。"《中庸》说:"凡为天下国家有九经。""中也者,天下之大本也。"此所谓大经大本,就是指此说。知天地之化育,就是赞天地之化育。"鸢飞戾天,鱼跃于渊。"这都是天地之化育。人的生活中,一举一动,亦都是天地之化育。人若了解其一举一动,都是天地之化育,则他的一举一动,就都是赞天地之化育。能赞天地之化育,即可以与天地参。若不了解其一举一动都是天地之化育,则他的一举一动,都是为天地所化育。为天地所化育,即只是天地中之一物,不能与天地参。道家常说:"物物而不物于物。"为天地所化育者,"物于物"。赞天地之化育者,"物物而不物于物"。此二者分别的关键,就在于明或无明。

所以至诚底人,并不必须做与众不同底事。就他的行为说,他可以只是"庸德之行,庸言之谨"。但就他的境界说,他的境界是与宇宙同其广大,同其悠久。就他的境界说,他是如《中庸》所说:"博厚配地,高明配天,悠久无疆。"

《易传》及《中庸》所说底圣人,都是"庸德之行,庸言之谨"。他们所以达到最高境界的方法都是孟子所谓"配义与道"的方法。道德境界可以集义的方法得来。天地境界亦可以集义的方法得来。都用集义的方法,其所得底境界的差别,是由于其所"配"底道有高低。集义的结果,可以去私。去私即所谓克己。在道德境界中底人,是无私底。在天地境界中底人,亦是无私底。集义可以无私。能无私,则依其所配底道的高低,而有道德境界或天地境界。用如此方法,则无道家所谓方内方外之分。方内与方外,是一行不是两行。

不过《易传》及《中庸》的作者,虽知有名亦可以是超乎形象底,但他们不知,若对超乎形象底,有完全底讲法,则必亦须讲到无名。超乎形象底不必是无名,但有名决不足以尽超乎形象底。由此我们可以说:《易传》及《中庸》的哲学,十分合乎"道中庸"的标准,但尚不十分合乎"极高明"的标准。由此哲学所得到底生活,还是不能十分"经虚涉旷"。

第六章　汉儒

有些古代底哲学著作，我们不能确定它们的时代，是先秦或是秦汉。但就我们所确知是汉人的著作说，这些著作，有一个共同的特点。这就是其中所表现底思想，都不能"超以象外"。道家的哲学是最注重超乎形象底。但汉代的道家所讲底，也都限于形象之内。

淮南王刘安及其宾客所作底《淮南鸿烈》，汉人以为"其旨近老子澹泊无为，蹈虚守静"（高诱注叙）。书中《要略》一篇，自述其作书之意，亦说："故言道而不言事，则无以与世浮沉。言事而不言道，则无以与化游息。"这部书中，至少有一部分是汉代道家的人的著作，他们继续用老庄所用底名词，亦继续说老庄所说底话。但在老庄哲学中，有些名词，本来只表示形式底观念；有些话，本来只表示形式底命题。写《淮南鸿烈》底这些道家，都予以积极底解释。他们在表面上是继承老庄，但他们所说底是形象之内底。老庄所说底，是超乎形象底。

在老庄哲学中，道、太一、无、有等名词，所表示底观念，都是形式底。但写《淮南鸿烈》底这些道家，都予以积极底解释。《淮南子·天文训》云："天坠未形，冯冯翼翼，洞洞灟灟（高注云："无形之貌。"），故曰太昭。道始于虚霩，虚霩生宇宙。宇宙生气。气有涯垠。清阳者薄靡而为天，重浊者凝滞而为地。清妙之合专易，重浊之凝竭难。故天先成而地后定。天地之袭（高注云：“合也。”）精为阴阳。阴阳之专精为四时。四时之散精为万物。”这是汉人所想像底世界发生的程序。此所谓道，似乎是先天地而有底一种原质。如此说，则道即是一物。道的观念，即是一积极底观念，有道即是一积极命题。此所谓“天坠未形”的“无形之貌”，实则也是一种形，也是感觉的一种可能底对象。虽说是“无形”，但并不是超乎形象底。

庄子《齐物论》云：“有始也者，有未始有始也者，有未始有夫未始有始也者。有有也者，有无也者，有未始有无也者，有未始有夫未始有无也者。”这本都是些形式命题，并不必肯定实际上有有始者，有未始有始者等，更不肯定什么是有始者，什么是有未始有始者等。这就是说，这些命题，对于实际无所肯定。《淮南子·俶真训》亦有此一段话，但与之以积极底解释。《俶真训》说：“所谓有始者”，是“繁愤未发，萌兆芽蘖”，“将欲生兴，而未成物类”；“有未始有有始者”，是“天气始下，地气始上，阴阳错合”，“欲与物接而未成兆朕”；“有未始有夫未始有有始者”，是“天含和而未降，地怀气而未扬，虚无寂寞”，“而大通冥冥者也”。“有有者，言万物掺落”，“可切循把握而有数量”；“有无者，视之不见其形，听之不闻其声”，“浩浩瀚瀚，不可隐仪揆度，而通光耀者”；“有未始有有无者，包裹天地，陶冶万物，大通混冥，深闳广大，不可为外。析豪剖芒，不可为内。无环堵之宇，而生有无之根”；“有未始有夫未始有有无者，天地未剖，阴阳未判，四时未分，万物未生，汪然平静，寂然清澄，莫见其形”。此所说亦是汉人所想像底世界发生的程序。有、无等观念，经此解释，亦成为积极底观念。有有、有无，亦都是积极底命题。此亦说“无形”，但其“无形”，亦不是“超乎形象”底。

《淮南子·诠言训》云:"洞同天地,浑沌为朴,未造而成物,谓之太一。同出于一,所为各异。有鸟,有鱼,有兽,谓之分物。方以类别,物以群分。性命不同,皆形于有。隔而不通,分而为万物。莫能及宗,故动而谓之生,死而谓之穷。皆为物矣,非不物而物物者也。物物者,亡乎万物之中。"此段所说,近于老庄,但所谓"洞同天地,浑沌为朴",若是如《天文训》所说"天坠未形,冯冯翼翼,洞洞灟灟",则太一仍是在"形象之内"底。在形象之内底,即仍是一物。照《淮南子》所说,如上所引者,则道、有、无等观念,所能予人者,是一种历史底知识。这一种历史,是世界发生的历史,普通亦以之属于科学,如天文学、地理学,亦属于科学。

科学能增进人的知识,但不能提高人的境界。哲学能提高人的境界,但不能增进人的知识。《老子》说:"天下万物生于有,有生于无。"这话并不能使我们知道,天地万物是如何"生"底。《淮南子》所说,确能使我们知道,天地万物是如何"生"底。不过其所说不见得是真而已。这种分别就是科学与哲学底分别。

严格地说,汉代只有宗教、科学,没有纯粹底哲学。纯粹底哲学中底主要观念及命题,都是形式底,对于实际,无所肯定。宗教及科学中底主要观念及命题,则是积极底,对于实际,有所肯定。宗教及科学,在近代常立于反对底地位。但在古代社会中,原始底宗教,与原始底科学,往往混而不分。先秦诸子中底阴阳家,继承中国古代底原始底宗教,及原始底科学。司马谈《论六家要指》说:"阴阳之术,大祥而众忌讳,使人拘而多畏。然其序四时之大顺,不可失也。"此言前一段所说,是阴阳家所继承于古代底宗教者,后一段所说,是阴阳家所继承于古代底科学者。利用古代的科学底宗教底知识,发展之,综合之,以与实际世界以有系统底积极底解释。

这种观点,就是阴阳家的观点。这种精神,就是阴阳家的精神。

汉人注意于实际,他们不能作,或不愿作抽象底思想。对于先秦哲学中底"玄之又玄"底一部分,他们不能了解。他们在政治上得到全中国的统一(在当时,其意义就是全世界的统一)。他们在思想上也想得到宇宙的统一。所以阴阳家的"闳大不经"之谈,最合于他们的需要。汉代的思想家,无论他们自以为是道家,或是儒家,他们的观点,都是阴阳家的观点。他们的精神,都是阴阳家的精神。

上所引《淮南鸿烈》所说实际世界发生的程序,是先秦道家所不讲,亦不能讲底。因为这是关于实际底问题,不是靠形式底观念及形式底命题所能讲底。汉代道家讲这些问题,是受阴阳家的影响。他们的理论,大概也是取自阴阳家底。

阴阳家对于汉人思想底影响,大致可分为科学及宗教二方面。汉代道家所受影响,以科学方面居多。汉代儒家所受影响,以宗教方面居多。汉代道家,没有一个中心人物,可为代表。他们的思想,也无显著底系统。除汉初一短时期外,他们的思想,也不是汉代思想的主流。这个主流是儒家的思想。其代表人物是董仲舒。

就儒家说,董仲舒是继承子思及孟子一派底儒家。孟子"道性善",以为人生来都有善端。董仲舒亦以为人生来有善端,不过他以为,人生来所有底善,既只是善端,则尚不能说"性已善"。他说:"孟子下质于禽兽之所为,故曰性已善。吾上质于圣人之所为,故曰性未善。"(《春秋繁露·深察名号》)此标明他的性说,是接着孟子讲底。孟子说:"孔子作《春秋》,《春秋》,天子之事也。"董仲舒更推衍其说,谓:孔子受天命,继周为王,作《春秋》为一王之法。《中庸》说:人可与天地参。董仲舒亦说:人与天地参。这都可以见董仲舒是继承子思、孟子一派底儒家。

孔子、子思、孟子,似都未完全脱离古代的宗教观念。所以他们的话,有时带一点阴阳家的色彩。孔子说:"凤鸟不至,河不出图,吾已矣夫。"(《论语·子罕》)《中庸》说:"国家将兴,必有祯祥。国家将亡,必有妖孽。"这些话有阴阳家灾祥之说的色彩。孟子说:"天之生民久矣,一治一乱。"(《孟子·滕文公》下) 又说:"五百年必有王者兴。"(《孟子·公孙丑》下)此话有阴阳家的"五德转移"的历史哲学的色彩。荀子《非十二子》篇说:子思、孟轲"按往旧造说,谓之五行"。此批评也是说,他们的思想有阴阳家的色彩。

董仲舒继承了儒家的这一点底传统,更发挥阴阳家的宗教与科学。他的系统,广大整齐,在汉人的思想中,建立了宇宙的新秩序。他又发挥儒家的社会哲学,道德哲学,为当时社会的新秩序,建立理论底根据。这是他对于汉人底贡献。汉人推他"为群儒首"(《汉书·董仲舒传》),并不是偶然底。

照董仲舒的说法,所谓宇宙是十种成分构成底。他说:"天、地、阴、阳、木、火、土、金、水:九,与人而十者,天之数毕也。"(《春秋繁露·天地阴阳》)此第一天字,指与地相对底天。第二天字是所谓宇宙。此所谓宇宙,是科学中所谓宇宙,不是哲学中所谓宇宙。科学中所谓宇宙,是指一种结构,其观念是一个积极底观念。哲学中所谓宇宙,只是说"一切",其观念是个形式底观念。董仲舒此所谓宇宙之天,确指为十种成分所构成,所以其所谓宇宙的观念,正是一个积极底观念。

阴阳是两种气。董仲舒说:"天地之间,有阴阳之气常渐人者,若水常渐鱼也。所以异于水者,可见与不可见耳。""是天地之间,虽虚而实。人常渐是澹澹之中,而以治乱之气,与之流通相淆也。"(《春秋繁露·天地阴阳》)在中国言语中,"气"是一个意义非常分歧的名词。一个人可以有喜气、怒气,可以有正气、元气。天地间亦可以有正气、元气,及所谓"四时不正之气"。现在更有所谓"空气"、"电气"。在中国哲学中,"气"亦是一个意义非常分歧底名词,如此所谓阴阳之气,及治乱之气。董仲舒又云:"天地之气,合而为一。分为阴阳,判为四时,列为五行。行者行也,其行不同,故谓之五行。"(《春秋繁露·五行相生》)据此则又有所谓天地之气。阴阳之气,又是从其中分出来底。凡不可看见、不可捉摸底东西或势力,旧日多称之为气。近来"空气"或"电气"之所以称为气者,其故亦由于此。用现在的话说,所谓天地之气,大概可以说是宇宙间底根本底本质或势力。

五行亦可称为五气,《吕氏春秋·有始览·名类》篇即称五行为五气。《白虎通义·五行》篇云:"五行者,何谓也?谓金、木、水、火、土也。言行者,欲为天行气之义也。"这大概就是《春秋繁露》所谓"行者行也"的意思。照《白虎通义》的说法,地就是五行中之土。它说:"地之承天,犹妻之事夫,臣之事君也。其位卑,卑者亲视事,故自同于一行,尊于天也。"

宇宙是一个有机底结构。与地相对底天,是这个结构底主宰。天与地是这个结构的轮廓。阴阳五行是这个结构的间架。从空间方面想象,木居东方,火居南方,金居西方,水居北方,土居中央。这五种势力,好像是一种"天柱地维",支持住整个底宇宙。从时间方面想象,五行中之四行,各主一年四时中一时之气。木主春气,火主夏气,金主秋气,水主冬气,土无所主。它是统主四时。《春秋繁露·五行之义》云:"土者,天之股肱也,其德茂美,不可名以一时之事。故五行而四时者,土兼之也。金、木、水、火,虽各职,不因土方不立。若酸咸辛苦之不因甘肥不能成味也。甘者,五味之本也。土者,五行之主也。五行之主，土气也，犹五味之有甘肥也，不得不成。"

春、夏、秋、冬，四时的变化，每年一周，周而复始。其所以有如此底变化，乃因一年之中，阴阳之气，互为盛衰。《春秋繁露·天道无二》云："天之常道，相反之物也，不得两起，故谓之一。一而不二者，天之行也。阴与阳，相反之物也。"所以阴盛则阳衰，阳盛则阴衰。阳盛助木，使木气胜，其时即为春；助火，使火气胜，其时即为夏；阴盛助金，使金气胜，其时即为秋；助水，使水气胜，其时即为冬。

在四时中，值春则万物生，值夏则万物长，值秋则万物实，值冬则万物藏。四时的变化，由于阴阳的消长。阳是利于万物之生长底，阴是不利于万物之生长底。所以阳是"天之德"。阴是"天之刑"。"天亦有喜怒之气，哀乐之心。与人相副，以类合之，天人一也。"（《春秋繁露·阴阳义》）天的"喜怒之气，哀乐之心"，在正常情形下，表现于四时的变化。不过天是"任阳不任阴，好德不好刑"（《春秋繁露·阴阳位》），所以在四时之中"春华秋实"，秋亦并不是完全不利于万物底。完全不利于万物底只有冬。所以说："天之气，以三时成生，一时丧死。"（《春秋繁露·阴阳义》）

在宇宙的这个间架中有万物。其中最灵最贵者是人。天与人相副。人是天的副本，是天的缩影。《春秋繁露》说："莫精于气，莫富于地，莫神于天。天地之精所以生万物者，莫贵于人。"因为人是物中之最高贵底，所以其头向上当天，与植物之头（根）向地，其他动物之头"旁折"不同。"所取于天地少者旁折之。所取于天地多者正当之。此见人之绝于物而参天地。"不但如此，人的身体的构造，亦是天的副本。"天地之符，阴阳之副，常设于身。"人的身体中，有"小节三百六十六，副日数也。大节十二，副月数也。内有五藏，副五行数也。外有四肢，副四时数也"。"乍视乍瞑，副昼夜也。乍刚乍柔,副冬夏也。乍哀乍乐,副阴阳也。""于其可数也,副数;于其不可数也,副类。皆当同而副天,一也。"(《春秋繁露·人副天数》)在董仲舒的系统中,人是宇宙的缩影,是一个小宇宙。反过来我们也可以说,在他的系统中,宇宙是人的放大,是一个"大人"。

人是宇宙的副本,是宇宙的缩影,所以与天地并立而为三,此所谓参天地。《春秋繁露·立元神》云:"天、地、人,万物之本也。天生之,地养之,人成之。"人的工作是完成天地未竟之功。这是人对于宇宙底最大底贡献,于上章我们说到《中庸》所说底"与天地参",彼所说是一种形式底说法,此所说则是一种积极底说法。

就心理方面言之,人之心有情有性,与天之有阴有阳相当。《春秋繁露·深察名号》云:"身之有性情也,若天之有阴阳也。言人之质而无其情,犹言天之阳而无其阴也。"人的性表现于外为仁。人的情表现于外为贪。《深察名号》云:"身之诚有贪有仁。仁贪之气,两在于身。身之名取诸天。天两有阴阳之施,身亦两有贪仁之性。"(此所谓性是质的意思,非与情相对之性。)

天"任阳不任阴",人亦应该以"性禁情"。这是心的功用。《深察名号》云:"栣众恶于内,弗使得发于外者,心也。故心之为名栣也。""天有阴阳禁,身有情欲栣,与天道一也。是故阴之行不得干春夏,而月之魄常厌于日光,乍全乍伤,天之禁阴如此。安得不损其欲而辍其情,以应天。天所禁而身禁之。……禁天所禁,非禁天也。"人必禁天所禁,然后可为完全底道德底善人。道德是"人之继天而成于外也,非在天所为之内也。天所为,有所至而止。止之内谓之天,止之外谓之王教"(《春秋繁露·实性》)。

王是天之所立以教人者。《深察名号》云:"天生民性,有善质而未能善,于是为之立王以善之,此天意也。民受未能善之性于天,而退受成性之教于王。王承天意,以成民之性为任者也。"(此所谓性,亦是质的意思)王所以教人底规矩制度,谓之王道。王道亦是取法于天底。例如王道中有所谓三纲者,"王道之三纲,可求于天",三纲者:"君为臣纲,父为子纲,夫为妻纲。"这是取法于"阴阳之道"。《春秋繁露·基义》云:"阴者,阳之合。妻者,夫之合。子者,父之合。臣者,君之合。物莫无合,而合各有阴阳。""君臣父子夫妻之义,皆取诸阴阳之道。"

　　人是天之副本,是宇宙的缩影。其在宇宙间底地位,既如此底高,而王又是天之所立以教人者,王的行事如有不得当,而异乎正常者,天亦感而显现非常底现象。天所显现底非常底现象,即所谓灾异。王的行事如何能感天而使之应,董仲舒有两说。一说云:"天地之物,有不常之变者,谓之异,小者谓之灾。灾常先至,而异乃随之。灾者,天之谴也。异者,天之威也。谴之而不知,乃畏之以威。"(《春秋繁露·必仁且智》)照此说,灾异起于天的不悦。又一说云:"美事召美类,恶事召恶类。类之相应而起也,如马鸣则马应之,牛鸣则牛应之。""物故以类相召也。""天有阴阳,人亦有阴阳。天地之阴气起,则人之阴气应之而起。人之阴气起,而天地之阴气亦宜应之而起,其道一也。"(《春秋繁露·同类相动》)照此说,灾异起于机械底感应。这两种说法,是大不相同底,也许是不相容底。因为第一种说法是目的论的说法,近于宗教。第二种说法是机械论的说法,近于科学。但这个问题,阴阳家并未觉到,董仲舒亦未觉到。因为在他们的系统中,宗教与科学,本来是混合底。在董仲舒的系统中,人在宇宙间底地位,是极高底。人不但是可以参天地,而且在事实上,他是参天地。不过在董仲舒的系统中,人的地位虽已抬高,但他的系统,并不能使人有极高底境界。我们可以问:假使有人对于宇宙底了解,是如董仲舒所说者,他的行事,皆以继天,而以完成天之未竟之功为目的,他的境界是甚么境界? 是不是天地境界?

我们对于此问题的回答是:他的境界近乎天地境界。严格地说,他的境界,是道德境界。因为他所了解底天,是能喜怒、能赏罚底。假使我们可以创造一个生硬底名词,我们可以说:他所了解底天,是一个宇宙底人。天是人身的放大,他是一个大人身。我们可以说:他是一个"大人",他对于人底关系,是如所谓社会底关系。董仲舒说:"天亦人之曾祖父也。此人之所以上类天也。"(《春秋繁露·为人者天》)人继天而完成天未竟之功。正如人继其曾祖父,而完成其未竟之功。若以如此底了解而继天,其境界只是近乎天地境界。严格底说,其境界是道德境界。

在这一点,我们可以看出,宗教与哲学的不同。宗教家用想,哲学家用思。宗教是想像的产品,哲学是思的产品。宗教的思想,近乎常人的思想。而哲学的思想,反乎常人的思想。于《新原人》中,我们说:常人的思想,大概都是图画式底。严格地说,他们是只能想而不能思。他们仿佛觉到人以外,或人之上,社会以外,或社会之上,还有点什么,但对于这个什么,他们不能有清楚正确底知识。用图画式的思想,去想这个什么,他们即想它为神,为帝,为天国,为天堂。在他们的图画式底思想中,他们所想像底神、帝等,所有底性质,大部分是从人所有底性质类推而来。例如人有知识,许多宗教以为上帝亦有知识,不过其知是全知。人有能力,许多宗教以为上帝亦有能力,不过其能是全能。人有意志,许多宗教以为上帝亦有意志,不过其意志是全善。他们所想像底天堂的情形,亦是从我们的这个世界的情形类推而来。这个世界及其中事物,都是具体底。天堂及其中事物亦都是具体底。不过这个世界及其中事物都是不完全底，而天堂及其中事物都是完全底。在这个世界中，有苦有乐，在天堂中则只有乐，天堂是所谓极乐世界。他们所想象底世界发生的程序，亦是从实际世界中工人制造物品的程序，类推而来。神或上帝如一工人，实际底世界如其所制造底制造品。诸如此类，总而言之，所谓上帝者，不过是人的人格的无限底放大。所谓天堂者，不过是这个世界的理想化。这都是人以人的观点，用图画式底思想，以想像那个什么所得底结果。

　　一般人所称为宗教者，其中往往有艺术，亦有哲学。其仪式、诗歌、音乐等，是其艺术的成分。其教义中可以使人知的部分，是其哲学的成分。其教义不可以使人知，只可以使人信的部分，是真正底宗教的成分。我们说宗教，即就此成分说。

　　董仲舒对于天底说法，是从人的观点，用图画式底思想，所得到者。他说人与天是一类底。他实应该说，天与人是一类底。因为他所说底天所有底性质，是从人类推而得底。一个人对于天底了解，若如董仲舒所了解者，他的境界不是很高底。照我们的看法，董仲舒的哲学，不合乎极高明的标准。汉人注重实际，注重实行，但他们的境界，大概都不甚高。这并不是因为注重实际，注重实行，即不能有高底境界，而是因为他们对于宇宙底了解不够。他们的哲学，不能"超以象外"。所以他们的境界，也不能"经虚涉旷"。前人论最高境界底话，汉人多不了解。例如第一章中所引《论语》中，孔子自论其境界底话"四十而不惑"，孔注云："不疑惑。""五十而知天命"，孔注云："知天命之始终。""六十而耳顺"，郑注云："耳闻其言而知其微旨。""七十而从心，所欲不逾矩"，马注云："从心所欲无非法。"（俱何晏《集解》引）这都是所谓"望文生义"底讲法。又如第一章中所引孟子讲浩然之气，董仲舒释之云："阳者,天之宽也。阴者,天之急也。中者,天之用也。和者,天之功也。举天地之道而美于和。是故物生皆贵气,而迎养之。孟子曰:'我善养吾浩然之气'者也。"(《春秋繁露·循天之道》)董仲舒以养浩然之气为养天地之和气。他虽是继承孟子底,但可以说是对于孟子的境界,毫无了解。

汉人富于宗教信仰。他们以宗教底态度,尊崇儒家,尊崇孔子。孔子在先秦是创立一家之学的第一人。他固然在历史上占重要底地位,但他的地位只是师。但汉人以为孔子不只是师。董仲舒及公羊春秋家,以为孔子受天命为王。代周为王者,在实际上虽是秦,但受天命者是孔子。所以孔子作《春秋》,"托王于鲁",立一王之法。这已是"非常可怪"之论了。但后来出底纬书,又说孔子不仅是一代的王,而且是神。《春秋纬》说:孔子是黑帝之子。于是孔子的地位,由王而进为神。后人有称儒家的学说为儒教者。在汉代,儒家的学说,真可以称为儒教。孔子就是儒教的教主。

后来经过所谓古文经学的运动,混于汉代儒家中底阴阳家底成分,又分出与道家混合。于是孔子又返于师的地位。老子成为教主。这就是后来底道教。

道教后来成为中国的"民族宗教",以与外来底佛教相抗衡。不过道教虽用老庄的旗号,但并未接受老庄的哲学。所以道教中底哲学的成分,远不及佛教。道教后来只流行于未受教育底下层社会。中国多数受教育底人,并不信什么宗教。因为他们可于哲学中,得到所谓"极高明而道中庸"底生活。"超以象外"底哲学,使他们在日用生活中,即"经虚涉旷"。所以他们不需要上帝,亦不需要天国。"不离日用常行内,直到先天未画前。"这是中国哲学的成就。但这种成就,是经过许多贤哲的努力,而始有底。

第七章　玄学

魏晋人对于超乎形象底始更有清楚底认识。也可以说,他们对于超乎形象底有比《老》、《庄》及《易传》、《中庸》的作者更清楚底认识。于上数章中,我们屡次说到"玄之又玄"。魏晋人了解玄之又玄,他们也喜欢玄之又玄。他们称《老子》、《庄子》及《周易》为三玄,称谈玄之又玄底言论为玄谈,称谈玄之又玄底学问为玄学,称谈玄谈、谈玄学底风气为玄风。他们可以说是一玄而无不玄。

他们也深知讲到超乎形象底哲学能使人"经虚涉旷"。《世说新语》谓向秀《庄子注》"妙析奇致,大畅玄风"(《文学》)。《竹林七贤论》云:"秀为此义,读之者无不超然若已出尘埃而窥绝冥。始了视听之表,有神德玄哲,能遗天下,外万物。"(刘孝标《世说新语》注引)向秀、郭象称赞庄子,亦说:"虽复贪婪之人,进躁之士,暂而揽其余芳,味其溢流,仿佛其音影,犹足旷然有忘形自得之怀,况探其远情而玩永年者乎? 遂绵邈清遐,去离尘埃而返冥极者也。"(《庄子注》序)此所说底境界是极高底。玄学的功用就是能使人有这种境界。

玄学是老庄哲学的继续。老庄的思想是经过名家,而又超过名家底。玄学家的思想也是如此。名家之学,在魏晋时亦盛行。《世说新语》云:"谢安年少时,请阮光禄(阮裕)道《白马论》。为论以示谢,于时谢不即解阮语,重相咨尽。阮乃叹曰:'非但能言人不可得,正索解人亦不可得!'"(《文学》)又云:"司马太傅(司马孚)问谢车骑(谢玄):'惠子其书五车,何以无一言入玄?'谢曰:'故当是其妙处不传。'"(《文学》)说惠子"无一言入玄",这是错底。不过于此两条可见魏晋人对于名家底注意,及他们对于公孙龙、惠施底推崇。

魏晋人的思想,也是从名家出发底。所以他们于谈玄时所谈之理,谓之名理。[《世说新语·文学》篇谓:"王(长史)叙致作数百语,自谓是名理奇藻。"又注引《谢玄别传》云:"玄能清言,善名理。"]"善名理",就是"能辩(疑当作辨)名析理"(向郭《庄子·天下》篇注)。于第三章中,我们见名家所做底工作,例如公孙龙辩"白马非白"、"离坚白",都是辨名析理,就是专就名而分析理,不管实际,不管事实。此亦是所谓:"专决于名,而失人情。"

《世说新语》谓:"客问乐令(乐广)'旨不至'者,乐亦不复剖析文句,直以麈尾柄确几曰:'至不?'客曰:'至。'乐因又举麈尾曰:'若至者,那得去?'"(《文学》)"旨不至"就是《庄子·天下》篇所说"指不至",是公孙龙一派的辩者之言。以麈柄确几上,普通以为麈尾至几。但其至若是真至,则至者不能去。今至者能去,则至非真至。此就至之名析至之理,就至之理批评某一至之事实。此即所谓辨名析理。

《世说新语》此段,刘孝标注云:"夫藏舟潜往,交臂恒谢,一息不留,忽焉生灭。故飞鸟之影,莫见其移;驰车之轮,曾不掩地。是以去不去矣,庸有至乎?至不至矣,庸有去乎?然则前至不异后至,至名所以生;前去不异后去,去名所以立。今天下无去矣,而去者非假哉?既为假矣,而至者岂实哉?"此注不知是刘孝标自己的话或是引他人的话。"飞鸟之影,未尝动也","轮不辗地",亦是

《庄子·天下》篇所述辩者之言。此段的大意是说：事物时时刻刻在变，一息就是一个生灭。此一息间的飞鸟之影，并不是上一息间的飞鸟之影。上一息间的飞鸟之影，于上一息间已灭。此一息间的飞鸟之影，于此一息间新生。联合观之，则见其动。分别观之，则不见其移。轮不辗地，理亦如是。所谓去者，是许多一息间的去，所谓前去后去，联合起来底。所谓至者，亦是许多一息间的至，所谓前至后至，联合起来底。因为前至与后至相似，所以似乎是一至，所以至之名可以立。也正因为前去与后去只是相似，所谓一去，亦只是似乎一去，所以去之名不可以立。专就一息间的生灭说，实是无去。既无去亦无至。

这就是所谓辨名析理。《庄子·天下》篇末段向郭注，以为辩者之言，"尺棰连环之意"，"无经国体致，真所谓无用之谈也。然膏粱之子，均之戏豫，或倦于典言，而能辨名析理，以宣其气，以系其思，流于后世，使性不邪淫，不犹贤于博奕者乎？"向郭超过了名家，得鱼忘筌，所以他们似乎是反对辨名析理。其实向郭并不是反对辨名析理，他们是反对只辨名析理。他们自己是最能辨名析理底，他们的《庄子注》是辨名析理的工作的最好底模范。

王弼、向秀、郭象都"善名理"，所以他们注《老》、《庄》，与《淮南子》讲《老》、《庄》，大不相同。《老子》四十二章"道生一"，王弼注云："万物万形，其归一也。何由致一？由于无也。由无乃一，一可谓无。已谓之一，岂得无言乎？有言有一，非二如何？有一有二，遂生乎三。从无之有，数尽乎斯。过此以往，非道之流。"又说："一者数之始，而物之极也。"（三十九章注）这一段话的确切底意义。我们姑不必详说。但其所谓道，所谓无，所谓有，所谓一，确乎与《淮南子》所解释不同，这是可以一望而知底。经王弼的解释，道、无、有、一等观念，又只是形式底观念，不是积极底观念。有道，有一，等命题，又只是形式命题，不是积极命题。

玄学虽说是老庄的继续，但多数底玄学家，都以孔子为最大底圣人，以为老庄不及孔子。例如《世说新语》云："王辅嗣（王弼）弱冠诣裴徽。徽问曰：'夫无者，诚万物之所资，圣人（孔子）莫肯致言，而老子申之无已，何耶？'弼曰：'圣人体无，无又不可以训，故言必及有。老庄未免于有，恒训其所不足。'"（《文学》）王弼的意思是说，在老子的思想中，尚有有无的对立。他从有希望无，所以常说无。在孔子的思想中，有无的对立，已统一起来，孔子已与无同体。从无说有，所以常说有。用"极高明而道中庸"的标准说，老子不"道中庸"，正因其尚未"极高明"；孔子已"极高明"，所以他"道中庸"。

向秀、郭象是庄子的最大底注释者，亦是庄子的最大底批评者。现在流传底郭象《庄子注》，大概有一部分是向秀的《庄子注》，我们于本书称为向郭注。向郭《庄子注》叙说："夫庄子者，可谓知本矣。故未始藏其狂言，言虽无会，而独应者也。夫应而非会，则虽当无用；言非物事，则虽高不行。与夫寂然不动，不得已而后起者，固有间矣。斯可谓知无心者也。夫心无为，则随感而应，应随其时，言唯谨尔。故与化为体，流万代而冥物。岂曾设对独遘，而游谈乎方外哉。此其所以不经，而为百家之冠也。然庄生虽未体之，言则至矣。通天地之统，序万物之性，达死生之变，而明内圣外王之道。上知造物无物，下知有物之自造也。"向郭此段对于庄子底批评，可分两点说。就第一点说，向郭亦以为庄子的境界，不及孔子。向郭许庄子为"知本"、"知无心"，但虽"知"之，而"未体之"。所以"未始藏其狂言"。设为对话，独自谈天，所谓"设对独遣"。若圣人既已"与化为体",不但"知无心",而且是"心无为"。心无为则随感而应,这就是所谓"寂然不动,不得已而后起"。既是"不得已而后起",所以只是随着实际底应对,随机指点,而不"设对独遣"。这就是所谓"应随其时,言唯谨尔"。向郭对于庄子底此种批评,若用我们于《新原人》中所用底名词说,庄子的境界,是所谓知天的境界;孔子的境界,是所谓同天的境界。所谓"与化为体",所谓"体之",正是我们所谓同天的意思。庄子仅知与化为体,而尚未能与化为体。故其境界虽亦是天地境界,但仅是天地境界中底知天的境界,而不是同天的境界。

就向郭对于庄子底批评的第二点说,庄子的"狂言",既只是设为对话独自谈天,所以其言是"无会而独应"。"应而非会,则虽当无用,言非物事,则虽高不行。""会"是应付事物之意。庄子"设对独遣,而游谈乎方外",他是离开日常事物而别求"玄冥之境","恍惚之庭"。所以其言是"虽当无用","虽高不行"。他所讲虽亦是内圣外王之道,但实在是内圣多而外王少。向郭对于庄子底批评的此点,正是说庄子的哲学,是"极高明"而不"道中庸"。

因此两点,所以向郭说:庄子与圣人"固有间矣"。其言亦不足为经,而只为诸子之冠。其境界比圣人低,其言的价值亦比圣人的言低。

老庄"知无",孔子体无,虽有程度上底不同;老庄只能游于方之外,圣人亦能游于方之内,虽有内外的不同;但老庄与圣人俱"明内圣外王之道"。所以玄学家中,亦有谓老庄与孔子,在根本上没有不同者。《世说新语》说:"阮宣子(阮修)有令闻。太尉王夷甫(王衍)见而问曰:'老庄与圣教同异?'对曰:'将无同?'"(《文学》)阮修的意思是说,老庄与孔子不能说是完全相同,亦不能说是完全相异。所以说是"将无同?"意谓他们在根本上是相同底。

王弼、向秀、郭象以为先秦道家,有其缺点。他们继续先秦道家,实则是修正先秦道家。用我们的名词说,他们以为先秦道家不合乎"极高明而道中庸"的标准,所以他们修正之,以使其合乎此标准。王弼对于先秦道家底主要修正,是圣人喜怒哀乐之说。何晏有"圣人无喜怒哀乐论"。论今不传,其大意,大概是先秦道家所持以理化情,或"以情从理"之说。照庄子的说法,人的感情,如喜怒哀乐等,起于人对于事物底不了解。圣人对于事物有完全底了解。所以"哀乐不能入"(《庄子·养生主》)。哀乐不能入,就是无哀乐,也就是无情。圣人所以无情,并不是冥顽不灵,如所谓槁木死灰,而是其情为其了解所融化。此所谓以理化情。王弼以为这是不可能底。王弼底说法是:"夫明足以寻幽极微,而不能去自然之性。""圣人之所茂于人者神明也,同于人者五情也。神明茂,故能体冲和以通无。五情同,故不能无哀乐以应物。然则圣人之情,应物而无累于物者也。"(《三国志·钟会传》裴松之注引)圣人不是无情,而是有情而不为情所累。先秦道家以有情为累,以无情为无累。王弼以有情而为情所累为累,以有情而不为情所累为无累。这是王弼对于先秦道家底一个修正。这个修正是将有情与无情的对立,统一起来。这个对立,与高明与中庸的对立,是一类底。

向郭对于先秦道家哲学底修正,其要点在于取消"有"与"无"的对立,取消"天"与"人"的对立,统一"方内"与"方外"的对立。

在先秦道家哲学中,有"有"与"无"的对立。"天下万物生于有,有生于无"。所谓"无"是无名的简称,并不是等于零之无。向郭则以为所谓"无"就是等于零之无。《庄子·庚桑楚》云:"有乎生,有乎死,有乎出,有乎入,出入而无见其形,是谓天门。天门者,无有也。万物出乎无有。"向郭注云:"生死出入,皆欻然自尔,未有为之者也。然有聚散隐显,故有出入之名。徒有名耳,竟无出入,门其安在乎?故以无为门。以无为门,则无门也。""非谓无能为有也。若无能为有,何谓无乎?""一无有则遂无矣。无者遂无,则有自欻然生明矣。"照向郭的说法,说"有生于无",就是说没有生有者。也就是说,有是自生,"未有为之者"。说有是自生,只是说没有生有者;不是说,有一时,没有有,忽然从没有生有。《庄子·知北游》注云:"非惟无不得化而为有也,有亦不得化而为无矣。是以有之为物,虽千变万化,而不得一为无也。不得一为无,故自古无未有之时而常存也。"

有是本来常存,不生于无。物是欻然自生,亦不需要一"先物者"以生之。《庄子·知北游》注云:"谁得先物者乎哉?吾以阴阳为先物,而阴阳者即所谓物耳。谁又先阴阳者乎?吾以自然为先之,而自然即物之自尔耳。吾以至道为先之矣,而至道者,乃至无也。既以无矣,又奚为先?然则先物者谁乎哉?而犹有物无已,明物之自然,非有使然也。"

向郭的主要底意思,在于破有"造物者"之说。说有上帝是造物者,这是须破底。说有某种气是造物者,这亦是须破底。这些固然须破,但即说有"一切物所由以生成者",这亦是须破底。俱破之后,则见"造物者无主,而物各自造。物各自造而无所待焉,此天地之正也"(《齐物论》注)。

没有"一切物所由以生成者",则所谓道即是等于零之无。道既真是无,则说道生万物,即是说万物各自生;说万物皆有所得于道,也就是说万物皆各自得。《大宗师》注云:"道无能也。此言得之于道,乃所以明其自得耳。""凡得之者,外不资于道,内不由于己,掘然自得而独化也。"照向郭的说法,只有先秦道家所谓有,没有先秦道家所谓无。"有生于无",还是可以说底,不过其意义是:没有生有者,如此则即没有"有"与"无"的对立。晋人裴颜有《崇有论》。向郭的这种说法,才真正是崇有论。

在先秦道家哲学中,有"天"与"人"的对立。《庄子·秋水》篇云:"天在内,人在外。""牛马四足,是谓天。落(络)马首,穿牛鼻,是谓人。"天是现在所谓天然。人是现在所谓人为。属于天底活动,活动者不知其所以然而然,所以其为是无为。属于人底活动,活动者是有意底,所以其为是有为。以属于人底活动,替代属于天底活动,是所谓"以人灭天"。先秦道家以为"以人灭天"是一切痛苦的根源,他们主张"勿以人灭天"。

向郭的《庄子注》,取消了这个对立。上所引《庄子》"落马首,穿牛鼻",向郭注云:"人之生也,可不服牛乘马乎?服牛乘马可不穿落之乎?牛马不辞穿落者,天命之固当也。苟当乎天命,则虽寄之人事,而本乎在天也。"向郭所谓天命,似亦是自然之义。《庄子·人间世》云:"天下有大戒二。其一,命也;其二,义也。子之爱亲,命也。不可解于心。"向郭注云:"自然结固,不可解也。"《大宗师》云:"然而至此极者,命也夫。"向郭注云:"言物皆自然,无为之者也。"据此,则向郭所谓天命,亦是自然之义。鸟筑巢,是出于自然;人盖房子,亦是出于自然。若人盖房子亦是出于自然,则纽约之摩天大厦,亦是出于自然。

从此方面看,则所谓人为,亦是自然。《庄子·大宗师》向郭注云:"知天人之所为者,皆自然也。"《人间世》向郭注云:"千人聚不以一人为主,不乱,则散。故多贤不可以多君,无贤不可以无君。此天人之道,必至之宜。"有国家的组织,是人道,亦是天道,此亦可见"天人之所为者,皆自然也"。天人之所为皆自然,则即没有天与人的对立。

由此方面看,则以前道家所认为是有为者,亦可以说是无为。《庄子·天道》注云:"故对上下,则君静而臣动;比古今,则尧舜无为而汤武有事。然各用其性,而天机玄发,则古今上下无为,谁有为也?"照向郭的新义,无为并不是"拱默之谓"(《在宥》注)。"苟当乎天命",则一个人的行为,无论如何繁多,一个社会的组织,无论如何复杂,都是"天机玄发",都是无为,不是有为。

在向郭的系统中,所谓天,又是万物之总名。《齐物论》注云:"天者,万物之总名也。"《逍遥游》注说:"天地者,万物之总名也。"所谓天或天地,是新理学所谓大全。整个底天,是一"玄冥之境"。一切事物,皆"独化于玄冥之境"(《庄子注》叙),各是"自己而然"(《齐物论》注)。它们彼此之间,虽互有作用,但彼不是为此而生,亦不待此而生;此亦不是为彼而生,亦不待彼而生。此所谓"虽复玄合,而非待也"。所以"万物虽聚而共成乎天,而皆历然莫不独见矣"(《齐物论》注)。万物共成为天,但每一物的存在,还是由于独化。这就是"天地之正"。

在先秦道家的系统中,道占重要底地位。在向郭的系统中,天占重要底地位。天是大全。圣人是自同于大全者。《大宗师》注说:"夫圣人游于变化之涂,放于日新之流。万物万化,亦与之万化。化者无极,亦与之无极。""与物无不冥,与化无不一,故无外无内,无死无生。体天地而合变化,索所遁而不得矣。""体天地而合变化",就是与天为一,与化为一。这个一是不可言说,不可思议底。《齐物论》注云:"夫以言言一,而一非言也。则一言为二矣,一既一矣,言又二之。""故一之者与彼未殊。而忘一者无言而自一。"

大全是超乎形象底。自同于大全者,亦神游于象外,但神游于象外,并不必是"拱默乎山林之中"。《庄子·逍遥游》极力推崇许由等隐士,轻视尧舜。《逍遥游》说:尧让天下于许由,许由说:"归休乎君,余无所用天下为。"《逍遥游》又说:"其尘垢秕糠,将犹陶铸尧舜者也。"又说:"尧治天下之民,平海内之政,往见四子藐姑射之山,汾水之阳,窅然丧其天下焉。"许由诸隐士是游于方之外底人,尧舜是游于方之内底人。但向郭的新义,则极力推崇尧舜,轻视许由诸隐士。《逍遥游》注云:"夫自任者对物,而顺物者与物无对,故尧无对于天下,而许由与稷契为匹矣。何以言其然耶?夫与物冥者,故群物之所不能离也。是以无心玄应,惟感之从。泛乎若不系之舟,东西之非己也。故无行而不与百姓共者,亦无往而不为天下之君矣。以此为君,若天之自高,实君之德也。若独亢然立乎高山之顶,非夫人有情于自守,守一家之偏尚,何得专此?此固俗中之一物,而为尧之外臣耳。"各物皆守一己的偏尚,所以每一物皆是与他物相对者。顺物者"得其环中",不守一己的偏尚,而随顺万物。所谓随顺万物,实则是超越万物,超越万物者不与万物立于对待的地位。所以他不是"俗中之一物"而"无对于天下"。虽日有万几,而他亦应以无心。所以"应物而无累于物"。《逍遥游》向郭注又云:"夫圣人虽在庙堂之上,然其心无异于山林之中,世岂识之哉?徒见其戴黄屋,佩玉玺,便谓足以缨绂其心矣。见其历山川,同民事,便谓足以憔悴其神矣。岂知至至者之不亏哉?"他不亏因为他应世而不为世所累,应物而无累于物。

圣人的境界虽至高;而其行为,则可以是至平凡。《逍遥游》向郭注云:"至远之迹,顺者更近。而至高之所会者反下。"又云:"若乃厉然以独高为至,而不夷乎俗累,斯山谷之士,非无待者也。"又云："若谓拱默乎山林之中，而后得称无为者，此庄老之谈，所以见弃于当涂。当涂者自必于有为之域而不反者，斯之由也。"

照向郭的新义，对于圣人，无所谓方内方外之分。《大宗师》注云："夫理有至极，外内相冥。未有极游外之至，而不冥于内者也。未有能冥于内而不游于外者也。故圣人常游外以宏内，无心以顺有。故虽终日见形，而神气无变；俯仰万机，而淡然自若。"真能游外者，必冥于内；真能冥于内者，必能游外。圣人无心以顺有。顺有就是所谓随顺万物。无心就是所谓冥于内。顺有就是游于外。向郭注以为这是庄子"述作之大意"。明此大意，"则夫游外冥内之道，坦然自明，而庄子之书，故是涉俗盖世之谈矣"（《大宗师》注）。向郭的努力，就是在于使原来道家的寂寥恍惚之说，成为涉俗盖世之谈。将方内与方外，统一起来。他们已有很大底成就。但其成就仍有可批评之处（说见下文）。

于魏晋时，佛法已入中国，在当时人的思想中，已有甚大底势力。在佛学中，有真如与生灭法的对立，常与无常的对立，涅槃与生死的对立。当时的思想家，以为真如与生灭法的对立，就是道家哲学中底无与有的对立；常与无常的对立，就是道家哲学中底静与动的对立；涅槃与生死的对立，就是道家哲学中底无为与有为的对立。当时底有一部分佛学家讲佛学，亦用有、无、动、静、有为、无为等观念。因此他们虽讲佛学，但其所讲底佛学，可以说是玄学中底一派。僧肇便是这一类底佛学家的杰出人才。僧肇的《物不迁论》、《不真空论》诸论，所讲底便是这一类底佛学的代表作品。王弼、向秀、郭象拟统一道家哲学中的对立。僧肇亦拟统一佛学中底对立，他的《物不迁论》，是拟统一动与静的对立，他的《不真空论》是拟统一有与无的对立，他的《般若无知论》是拟统一有知与无知的对立,及有为与无为的对立。

　　僧肇《物不迁论》云:"夫人之所谓动者,以昔物不至今,故曰动而非静。我之所谓静者,亦以昔物不至今,故曰静而非动。动而非静,以其不来。静而非动,以其不去。""求向物于向,于向未尝无;责向物于今,于今未尝有。于今未尝有,以明物不来;于向未尝无,故知物不去。覆而求今,今亦不往。是谓昔物自在昔,不从今以至昔;今物自在今,不从昔以至今。""如此,则物不相往来,明矣。既无往返之微朕,有何物而可动乎? 然则旋岚偃岳而常静,江河竞注而不流,野马飘鼓而不动,日月历天而不周,复何怪哉?"上文引刘孝标《世说新语》注,谓至有前至后至,去有前去后去。僧肇所说,亦有此意。前至前去,不从昔至今;后至后去,亦不从今至昔。则在某一息间的某事物,自只是在某一息间的某事物。普通所谓另一息间的某事物实另是一事物,并非前一息间底某事物,继续而来者。《物不迁论》云:"是以梵志出家,白首而归,邻人见之曰:‘昔人尚存乎?’梵志曰:‘吾犹昔人,非昔人也。’"今日底梵志不过是似乎昔日底梵志。昔日底梵志自在昔日,不从昔来今。今日底梵志自在今日,不从今至昔。"言往不必往,古今常存,以其不动。称去不必去,谓不从今至古,以其不来。不来,故不驰骋于古今;不动,故各性住于一世。"昔日曾经有某事物的事实,不但常存而且有其功用。《物不迁论》云:"是以如来,功流万世而常存,道通百劫而弥固。成山假就于始篑,修途托至于初步,果以功业不可朽故也。功业不可朽,故虽在昔而不化。不化故不迁,不迁故则湛然明矣。"譬如人筑山,一篑土有一篑土的功业。又譬如人走路,一步有一步的功业。现在筑成一山,这山之筑成,靠最初的一篑土。现在走完一段路,这路之走完,靠最初底一举步。最初一篑土,最初一举步的功业，是在昔而不化。不化可见其不迁。

普通人以为，如说事物是静底，则须说今日底事物，就是昨日底事物。此所谓静，是与动对立底。普通人以为，如说事物是动底，则须说昨日底事物，变为今日底事物。此所谓动，是与静对立底。其实今日底事物，并不是昨日底事物，亦不是昨日底事物所变底。动是"似动而静"，去是"似去而留"。动只是似动，不是与静对立底。去只是似去，不是与留对立底。《物不迁论》云："寻夫不动之作，岂释动以求静？必求静于诸动。必求静于诸动，故虽动而常静。不释动以求静，故虽静而不离动。""虽静而常动"，"静而不离动"。所以动静不是对立底。如此说，即取消了普通所谓动静的对立，也可以说是，统一了普通所谓动静的对立。

僧肇《不真空论》云："万物果有其所以不有，有其所以不无。有其所以不有，故虽有而非有；有其所以不无，故虽无而非无。"一切事物都是众缘和会而生底，"夫有若真有，有自常有，岂待缘而后有哉？譬彼真无，无自常无，岂待缘而后无也？若有不能自有，待缘而后有者，故知有非真有。有非真有，虽有不可谓之有矣。不无者，夫无则湛然不动，可谓之无。万物若无，则不应起。起则非无。以明缘起，故不无也"。"然则万法果有其所以不有，不可得而有；有其所以不无，不可得而无。何则？欲言其有，有非真生；欲言其无，事象既形。象形不即无，非真非实有。然则不真空义，显于兹矣。故《放光》云：'诸法假号不真。譬如幻化人，非无幻化人，幻化人非真人也。'"一切诸法，缘会而生，缘离则灭，如幻化人。就此方面说，"万物有其所以不有"。但幻化人虽不是真人，而幻化人却是有底。万物虽都在生灭中，但生灭底万物，却是有底。由此方面说，所谓空是空而不空，"万物有其所以不无"。普通所谓无，是说没有事物;普通所谓有,是说真有事物。其实是有事物而事物非真有。若就普通所谓有无说,有事物而事物非真有,是不有不无,亦可说是亦有亦无。《不真空论》云:"若有不即真,无不夷迹,然则有无称异,其致一也。"如此说即取消了普通所谓有无的对立,也可以说是统一了普通所谓有无的对立。

般若,僧肇称为圣智。就广义底知识说,圣智亦是一种知识。但这种知识,与普通知识不同。知必有所知。所知就是现在所谓知识的对象。圣智的对象,是所谓真谛,但真谛是不可为知的对象底。其所以不可为知的对象者,因知是知其对象是什么,真谛不是什么,所以不可为知的对象。《般若无知论》说:"智以知所知,取相故名知。真谛自无相,真智何由知?"一事物的是什么,是其相。知知其是什么,是取其相。真谛不是什么,故无相。无相故不可知。从另一方面说,知与所知,是相对待底。有知则必有所知。有所知则必有知。《般若无知论》云:"夫知与所知,相与而有,相有而无。""所知既生知,知亦生所知。所知既相生,相生即缘法。缘法故非真。非真故非真谛也。"知的对象,是由知之缘而生,知亦是因其对象而生。所以知的对象是缘生。缘生底不是真。不是真底不是真谛。所以真谛不可为知底对象。

但般若是对于真谛底知,此种知以不可为知的对象者为其对象。所以这种知与普通底知不同。《般若无知论》云:"是以真智观真谛,未尝取所知。智不取所知,此智何由知?"所以般若之知,可以称为无知。"圣人以无知之般若,照彼无相之真谛。""寂怕无知,而无不知者矣。"(《般若无知论》)无知而无不知,就是无知之知。

然所谓真谛者,并非于事物之外,另有存在。真谛就是一切事物的真正底样子,就是所谓"诸法实相"。诸法都是众缘和会而生,

"如幻化人"。其"是什么"是虚幻底。其相就是无相,无相就是诸法实相。知诸法实相之知,就是般若。无相不可为知的对象,所以般若无知。僧肇云:"夫智之生也,极于相内。法本无相,圣智何知?"(《答刘遗民书》)圣智是"无相之知"。有"无相之知",则有"不知之照"(《般若无知论》)。

"不知之照",照于诸法实相。所以圣智也不离于诸法。不离于诸法,就是所谓应会,或抚会。应会或抚会就是应付事物。圣人有般若之无知,是谓"虚其心"。亦有"不知之照",是谓"实其照"。"虚不失照,照不失虚。""然则智有穷幽之鉴,而无知焉。神有应会之用,而无虑焉。神无虑,故能独王于世表。智无知,故能玄照于事外。智虽事外,未始无事。神虽世表,终日域中。"(《般若无知论》)"是以照无相,不失抚会之功;睹变动,不乖无相之旨。""是以圣人空洞其怀,无识无知,然居动用之域,而止无为之境;处有名之内,而宅绝言之乡;寂寥虚旷,莫可以形名得,若斯而已矣。"(《答刘遗民书》)"居动用之域","处有名之内",是就圣人的行为说。"止无为之境","宅绝言之乡",是就圣人的境界说。

《般若无知论》云:"故《宝积》曰:'以无心意而现行。'《放光》云:'不动等觉而建立诸法。'所以圣迹万端,其致一而已矣。是以般若可虚而照,真谛可亡而知,万动可即而静,圣应可无而为。斯则不知而自知,不为而自为矣。复何知哉?复何为哉?"圣人亦有知,亦无知;亦有为,亦无为。如此说,即取消了有为与无为的对立,也就是统一了有为与无为的对立。

僧肇及王弼、向秀、郭象所说底圣人,其境界是"经虚涉旷",而其行事则可以是"和光同尘"。这是高明与中庸的统一。这是原来底道家、佛家所欠缺,而是玄学家所极欲弥补底。不过他们所得到底统一,还有可以批评之处。

《庄子·在宥》云:"物者,莫足为也,而不可不为。"玄学家所谓"应务"、"应世",似乎都有这种态度,他们说,圣人亦应务应世,不过是说,圣人亦能应务应世。王弼《老子》四章注:"和光而不污其体,同尘而不喻其真。"此是说圣人虽应世随俗,但亦无碍于其是圣人。《庄子·大宗师》向郭注云:"夫游外者依内,离人者合俗,故有天下者,无以天下为也。是以遗物而后能入群,坐忘而后能应务。愈遗之,愈得之。"此亦不过是说,惟有高底境界底人,最能应务。亦尚不是说,对于圣人,"依内"就是"游外","合俗"就是"离人"。

僧肇说:圣人"居动用之域,而止无为之境;处有名之内,而宅绝言之乡"。这也是说,圣人"居动用之域","处有名之内",无碍于其"止无为之境","宅绝言之乡"。他尚不是说,对于圣人,"居动用之域",就是"止无为之境";"处有名之内",就是"宅无为之乡"。

玄学家极欲统一高明与中庸的对立。但照他们所讲底,高明与中庸,还是两行,不是一行。对于他们所讲底,还需要再下一转语。禅宗的使命,就是再下此一转语。

第八章　禅宗

禅宗的来源,可以推到道生。道生与僧肇同时同学。立有"善不受报义"、"顿悟成佛义",又有"辩佛性义"。他的这些"义"是唐代的禅宗的理论底基础。

道生的著作,今多不存。其"善不受报义"的详细理论,今亦不可知。但与道生同时的慧远,有《明报应论》,亦主"善不受报义"。其说或受道生的影响。照慧远所说,所谓报应,就是心的感召。心有所贪爱,则即有所滞,有所着。有所滞着,则其作为即是有为。有为即在佛家所谓生死轮回中造因,有因即有果。果即是其所受底报应。慧远《明报应论》云:"无用(当作明)掩其照,故情想凝滞于外物。贪爱流其性,故四大结而成形。形结则彼我有封,情滞则善恶有主。有封于彼我,则私其身而身不忘;有主于善恶,则恋其生而生不绝。于是甘寝大梦,昏于所迷。抱疑长夜,所存惟著。是故失得相推,祸福相袭。恶积而天殃自至,罪成则地狱斯罚。此乃必然之数,无所容疑矣。"(《弘明集》卷五)圣人应物,出于无心。所以虽应物而无所滞着。无所滞着则其应物,虽似有为,实是无为。所以虽有作为,而不于佛家所谓轮回中造因。无因亦无果。慧远《明报应论》云:"(圣人)乘去来之自运,虽聚散而非我。寓群形于大梦,虽处有而同无。岂复有封于所受,有系于所恋哉?""若彼我同得,心无两对,游刃则泯一玄观,交兵则莫逆相遇。伤之岂唯无害于神,固亦无生可杀。""若然者","虽功被犹无赏,何罪罚之有耶?"圣人虽有作为而不于佛家所谓生死轮回中造因。无因即无果。所以虽杀人亦"无生可杀"。他"虽处有而同无",所以虽有作为,而不受佛家所谓生死轮回中底因果律的支配。

道生的"顿悟成佛义",见于谢灵运的《辩宗论》。圣人"虽处有而同无",同无是圣人的境界。刘遗民与僧肇书云:"夫圣心冥寂,理极同无。""虽处有名之中,而远与无名同。"(见《肇论》)谢灵运《辩宗论》亦说:"体无鉴周,理归一极。"无就是无相。无相就是诸法实相。对于诸法实相底知识,谓之般若。然诸法实相,不可为知的对象。所以般若是无知之知。得般若者之知诸法实相,实是与诸法实相同为一体。此即所谓"理极同无"。亦即所谓"体无鉴周,理归一极"。鉴是鉴照。周是周遍。与无同体者,普照诸法。故体无则鉴周。体无同无的境界,就是涅槃。涅槃与般若,是一件事的两个方面。涅槃是得般若者的境界,般若是得涅槃者的智慧。得涅槃则得般若,得般若则得涅槃。

因为同无是一同即同,所以涅槃般若,亦是一得即得。修行者不能今日同一部分无,明日又同一部分无。无不能有部分。他同无即一下同无,不同无即不同无。涅槃般若,亦是得即一下得,不得即不得。一下同无即一下得涅槃般若。此所谓顿悟成佛。顿悟是得般若。成佛是得涅槃。《辩宗论》谓:"有新论道士,以为寂鉴微妙,不容阶级。"又说:"阶级教愚之谈,一悟得意之论矣。"新论道士,即谓道生。

所谓"无"究竟是什么,关于此问题,有两种说法。一种说法是:无不是什么,无就是"毕竟空"。空诸所有,又空其空。无是无相,无相故不能说是什么。圣人的心与无同体。所以说圣人心如虚空。另一种说法是：无是能生诸法底心。诸法都由心造。心生则种种法生，心灭则种种法灭。法的生灭，就是心的生灭。诸法实相，就是众生的本心，或称本性，或称佛性。见诸法实相，就是明心见性。道生称为"反迷归极，归极得本"（《涅槃经集解》卷一引）。僧肇持第一种说法。道生的佛性义，则似是持第二种说法。后来禅宗中亦有两种说法。有一派持第一种说法，常说：非心非佛。有一派持第二种说法，常说：即心即佛。用我们的标准说，第二种说法不如第一种说法之完全超乎形象。

禅宗中底人，无论持第一种说法或第二种说法，大概都主张下列五点：（一）第一义不可说，（二）道不可修，（三）究竟无得，（四）"佛法无多子"，（五）"担水砍柴，无非妙道"。

第一义不可说：因第一义所拟说者，都在"攀缘之外，绝心之域"（僧肇语）。禅宗相传，神秀所作偈云："身如菩提树，心如明镜台。时时勤拂拭，莫使染尘埃。"反对此偈，慧能作偈云："菩提本无树，明镜亦非台，本来无一物，何处染尘埃。"（《六祖坛经》）神秀的偈前二句，是对于第一义所拟说者，有所说。有所说，则即与无相者以相。神秀的偈的后二句是说，欲得到第一义所拟说者，须用修行的工夫。慧能的偈前二句，是说：对于第一义所拟说者，不能有所说。后二句是说：欲得到第一义所拟说者，不可修行。不可修行，不是不修行，而是以不修行为修行。禅宗的人，大都以不说第一义为表显第一义的方法，其方法是"不道之道"。他们以不修行为修行的方法，其方法是"无修之修"。

慧能的大弟子怀让《语录》云："马祖（道一）居南岳传法院，独处一庵，惟习坐禅，凡有来访者都不顾。""（师）一日将砖于庵前磨，马祖亦不顾。时既久，乃问曰：'作什么?'师云：'磨作镜。'马祖云：

'磨砖岂能成镜?'师云:'磨砖既不成镜,坐禅岂能成佛?'"(《古尊宿语录》卷一)说坐禅不能成佛,是说,道不可修。马祖《语录》云:"问:'如何是修道?'师云:'道不属修。若言修得,修成还坏,如同声闻。若言不修,即同凡夫。'"得道的方法,是非修非不修。非修非不修,就是无修之修。

有修之修,是有心底作为,就是所谓有为。有为是生灭法,是有生有灭底,所以修成还坏。黄檗(希运)云:"设使恒沙劫数,行六度万行,得佛菩提,亦非究竟。何以故?为属因缘造作故。因缘若尽,还归无常。"又说:"诸行尽归无常。势力皆有尽期。犹如箭射于空,力尽还坠。都归生死轮回。如斯修行,不解佛意,虚受辛苦,岂非大错?"(《古尊宿语录》卷三)有心底修行,是有为法,其所得,亦是万法中之一法,不是超乎万法者。超乎万法者,就是禅宗所谓不与万法为侣者。庞居士问马祖:"不与万法为侣者是什么人?"马祖说:"待汝一口吸尽西江水,即向汝道。"(《古尊宿语录》卷一)不与万物为侣者,是不可说底。因为说之所说,即是一法,即是与万法为侣者。马祖说,"待汝一口吸尽西江水,即向汝道",即是说,不能向汝道。说不能向汝道,亦即是有所道。此即是"不道之道"。欲说不与万法为侣者,须以"不道之道"。欲得不与万物为侣者,须用"无修之修"。

有修之修的修行,亦是一种行。有行即是于佛法所谓生死轮回中造因。造因即须受报。黄檗云:"若未会无心,着相皆属魔业。乃至作净土佛事,并皆成业。乃名佛障,障汝心故。被因果管束,去住无自由分。所以菩提等法,本不是有。如来所说,皆是化人。犹如黄叶为金钱,权止小儿啼。故实无法,名阿耨菩提。如今既会意,何用驱驱?但随缘消旧业,莫更造新殃。"(《古尊宿语录》卷三)不造新业，所以无修。然此无修，正是修。所以此修是无修之修。

不造新业，并不是不做任何事，而是做事以无心。马祖云："自性本来具足，但于善恶事上不滞，唤作修道人。取善舍恶，观空入定，即属造作。更若向外驰求，转疏转远。""经云：但以众法，合成此身。起时唯法起，灭时唯法灭。此法起时，不言我起；灭时，不言我灭。前念，后念，中念，念念不相待，念念寂灭，唤作海印三昧。"（《古尊宿语录》卷一）于善恶事上不滞，就是无心。不滞就是不着，也就是不住，也就是无情系。百丈怀海《语录》云："问：'如何是有情无佛性，无情有佛性？'师云：'从人至佛，是圣情执；从人至地狱，是凡情执。只如今但于凡圣二境，有染爱心，是名有情无佛性。只如今但于凡圣二境及一切有无诸法，都无取舍心，亦无取舍知解，是名无情有佛性。只是无其情系，故名无情。不同木石太虚，黄华翠竹之无情。……'又云：'若踏佛阶梯，无情有佛性。若未踏佛阶梯，有情无佛性。'"（《古尊宿语录》卷一）

无心也就是无念。《坛经》云："我此法门，从上以来，先立无念为宗，无相为体，无住为本。无相者，于相而无相。无念者，于念而无念。无住者"，"念念之中，不思前境"，"于诸法上念念不住，即无缚也"，"此是以无住为本"。所谓无念，不是"百物不思，念尽除却"。若"百物不思"，亦是"法缚"（《坛经》）。神会云："声闻修空，住空，被空缚；修定，住定，被定缚；修静，住静，被静缚；修寂、住寂，被寂缚。"（《神会遗集语录》卷一）"百物不思"，即"修空，住空"之类也。无念是"于诸境上心不染"，"常离诸境"（《坛经》）。"于诸境上心不染"，即是"于诸法上念念不住"，此即是无住，此亦即是"于相而离相"，亦即是"无相"。所以《坛经》所谓"无念为宗，无相为体，无住为本"，实只是"无念"。"前念着境即烦恼，后念离境即菩提。"（《坛经》)此即是"善不受报""顿悟成佛"之义。

临济(义玄)云:"如今学者不得,病在甚处? 病在不自信处。你若自信不及,便茫茫地徇一切境转,被它万境回换,不得自由。你若歇得念念驰求心,便与祖佛不别。你欲识得祖佛么? 只你面前听法底是。"(《古尊宿语录》卷四)又说:"道流佛法无用功处。只是平常无事,屙屎送尿,着衣吃饭,困来即卧。愚人笑我,智乃知焉。"(同上)学者要自信得及,一切放下。不必于日用平常行事外,别有用功,别有修行。只于日用平常行事中,于相而无相,于念而无念。这就是不用功的用功,也就是无修之修。

临济又云:"有时夺人不夺境,有时夺境不夺人,有时人境俱夺,有时人境俱不夺。"人是能知底主体,境是所知底对象。禅宗传说:"明上座向六祖(慧能)求法。六祖云:'汝其暂时敛欲念,善恶都莫思量。'明上座乃禀言。六祖云:'不思善,不思恶,正当与么时,还我明上座父母未生时面目来。'明上座于言下忽然默契,便礼拜云:'如人饮水,冷暖自知。'"(《六祖坛经》)父母未生明上座时,并无明上座。无明上座之人,亦无对此人之境。令明上座还其父母未生时面目,就是令其人境俱夺。人境俱夺,与"无"同体,谓之默契。契者契合,言其与无契合为一,并不是仅知有"无"。

忽然默契,就是所谓顿悟,所谓"一念相应,便成正觉"(《神会语录》)。悟与普通所谓知识不同。普通所谓知识,有能知与所知的对立。悟无能悟与所悟的对立。因其无对象,可以说是无知。但悟亦并不是普通所谓无知。悟是非有知非无知,是所谓无知之知。

赵州(从谂)《语录》云:"师问南泉(普愿):'如何是道?'泉云:'平常心是道。'师云:'还可趣向不?'泉云:'拟即乖。'师云:'不拟争知是道?'泉云:'道不属知不知。知是妄觉,不知是无记。若真

达不疑之道,犹如太虚廓然,岂可强是非也。'"(《古尊宿语录》卷十三)
舒州佛眼禅师(清远)云:"先师(法演)三十五,方落发。便在成都,听
习唯识百法。因闻说:菩萨入见道时,智与理冥,境与神会,不分
能证所证。外道就难,不分能所证,却以何为证?时无能对者,不
鸣钟鼓,返披袈裟。后来唐三藏至彼,救此义云:'智与理冥,境
与神会时,如人饮水,冷暖自知。'遂自思惟,冷暖则可矣,作么生
是自知底事?无不深疑。因问讲师,不知自知之理如何。讲师不
能对。……后来浮渡山见圆鉴,看他升堂入室,所说者尽皆说着心
下事。遂住一年,令看'如来有密语,迦叶不覆藏'之语。一日云:
'子何不早来,吾年老矣,可往参白云端和尚。'先师到白云,一日上
法堂,便大悟:'如来有密语,迦叶不覆藏',果然果然。智与理冥,
境与神会,如人饮水,冷暖自知,诚哉是言也。乃有《投机颂》云:
'山前一片闲田地,叉手叮咛问祖翁。几度卖来还自买,为怜松竹
引青风。'端和尚觑了点头。"(《古尊宿语录》卷三十二)理为智之对象,
境为神之对象。智与神为能,理与境为所。"智与理冥,境与神会"
即是知对象之能,与对象之所,冥合不分。不分而又自觉其是不
分,此所谓"如人饮水,冷暖自知"。南泉云:"道不属知不知。"普
通所谓知识之知,有能知所知之分。知道之知不能有此等分别。
故曰:"知是妄觉。"道不属知。然人于悟中所得底能所不分,亦不
是不自觉底。如其是不自觉底,则即是一个浑沌,一个原始底无
知,一个"顽空"。所以说:"不知是无记。"道不属不知。

　　禅宗人常形容悟"如桶底子脱"。桶底子脱,则桶中所有之物,
均一时脱出。得道底人于悟时,以前所有底各种问题,均一时解
决。其解决并不是积极地解决,而是在悟中,了解此等问题,本来
都不是问题。所以悟后所得底道,为"不疑之道"。

悟之所得，并不是一种积极底知识，原来亦不是得到什么东西。舒州云："如今明得了，向前明不得底，在什么处？所以道，向前迷底，便是即今悟底。即今悟底，便是向前迷底。"(《古尊宿语录》卷三十二)禅宗人常说：山是山，水是水。在你迷中，山是山，水是水。在你悟中，山还是山，水还是水。"山前一片闲田地"，"几度卖来还自买"。田地本来就只是那一片田地，而且本来就是你的。除此外另找田地，谓之"骑驴觅驴"。既得驴之后，自以为真有所得，谓之"骑驴不肯下"。舒州云："只有二种病，一是骑驴觅驴，二是骑驴不肯下。你道骑却驴了，更觅驴，可杀，是大病。山僧向你道，不要觅，灵利人当下识得。除却觅驴病，狂心遂息。既识得驴了，骑了不肯下，此一病最难医。山僧向你道，不要骑。你便是驴，尽大地是个驴，你作么生骑？你若骑，管取病不去。若不骑，十方世界廓落地。此二病一时去。心下无一事，名为道人，复有什么事？"(《古尊宿语录》卷三十一)

于悟前无道可修，于悟后亦无佛可成。黄檗《语录》云："问：'今正悟时，佛在何处？'师云：'语默动静，一切声色，尽是佛事。何处觅佛？不可更头上安头，嘴上安嘴。'"(《古尊宿语录》卷三)不但无佛可成，且亦无悟可得。"对迷说悟。本既无迷，悟亦不立。"(马祖语，见《古尊宿语录》卷一)此所谓"得无所得"。亦谓为"究竟无得"。

所以圣人的生活，无异于平常人的生活。禅宗人常说："着衣吃饭，屙屎送尿。"平常人所做底，是此等平常底事。圣人所做底，亦是此等平常底事。《续传灯录》载灵隐慧远禅师与宋孝宗谈话：师云："昔时叶县省禅师有一法嗣，住汉州什邡水禅院，曾作偈示众曰：'方水潭中鳖鼻蛇，拟心相向便揶揄。何人拔得蛇头出？'"上曰："更有一句。"师曰："只有三句。"上曰："如何只有三句？"师对：

"意有所待。"后大隋元靖长老举前三句了,乃著语云:"方水潭中鳖鼻蛇。"(《续传灯录》卷二十八)拔得蛇头出以后,还是方水潭中鳖鼻蛇。此所谓"究竟无得"。

禅宗的主要意思,说穿点破,实是明白简单。舒州云:"先师只道,参禅唤作金屎法。未会一似金,会了一似屎。"(《古尊宿语录》卷三十二)此主要意思,若说穿点破,亦毫无奇特秘密。所以禅宗人常说:"如来有密语,迦叶不覆藏。"云居(道膺)云:"汝若不会,世尊密语。汝若会,迦叶不覆藏。"(《传灯录》卷十七)密语之所以是密,因众人不会也。佛果云:"迦叶不覆藏,乃如来真密语也。当不覆藏即密,当密即不覆藏。"(《佛果禅师语录》卷十五)不覆藏底密,即所谓公开底秘密。

原来佛法中底宇宙论、心理学等,都可以说是"戏论之粪"(百丈语,见《古尊宿语录》卷二),亦可以说是"闲家具"[药山(惟俨)禅师语,见《传灯录》卷十四]。戏论之粪是需要"运出"底。闲家具是用不着底。把这些一扫而空之后,佛法所剩,就是这一点底公开底秘密。临济云:"在黄檗先师处,三度问佛法大意,三度被打。后于大愚处大悟云:'元来黄檗佛法无多子。'"(《古尊宿语录》卷四)不只黄檗佛法无多子,佛法本无多子。《传灯录》卷十一,记临济此言,正作佛法无多子。

自迷而悟,谓之从凡入圣。入圣之后,圣人的生活,也无异于平常人的生活。"平常心是道",圣人的心也是平常心。此之谓从圣入凡。从圣入凡谓之堕。堕亦可说是堕落,亦可说是超圣[此皆曹山(本寂)《语录》中语]。超圣是所谓"百尺竿头,更进一步"。南泉云:"直向那边会了,却来这里行履。"(《古尊宿语录》卷十二。《曹洞语录》引作"先过那边知有,却来这里行履")"直向那边会了",是从凡入圣。"却来这里行履",是从圣入凡。

　　因为圣人做平常人所做底事,是从圣入凡,所以他所做底事虽只是平常人所做底事,而其做此等事,又与平常人所做此等事不同。百丈(怀海)云:"未悟未解时名贪嗔,悟了唤作佛慧。故云:'不异旧时人,只异旧时行履处。'"(《古尊宿语录》卷一)黄檗云:"但无一切心,即名无漏智。每日行住坐卧,一切言语,但莫着有为法,出言瞬目,尽同无漏。"(《古尊宿语录》卷二)庞居士偈云:"神通并妙用,担水及砍柴。"担水砍柴,平常人做之,只是担水砍柴;圣人做之,即是神通妙用。

　　因有此不同,所以圣人虽做平常人所做底事,而不受所谓生死轮回中底果报。黄檗《语录》云:"问:'斩草伐木,掘地垦土,为有罪相否?'师云:'不得定言有罪,亦不得定言无罪。有罪无罪,事在当人。若贪染一切有无等法,有取舍心在,透三句不过,此人定言有罪。若透三句外,心如虚空,亦莫作虚空想,此人定言无罪。''禅宗下相承,心如虚空,不停留一物,亦无虚空相,罪何处安着?'"(《古尊宿语录》卷一)圣人虽做平常人所做底事,但不沾滞于此等事,不为此等事所累。黄檗云:"但终日吃饭,未曾咬着一粒米。终日行,未曾踏着一片地。与么时,无人无我相等。终日不离一切事,不被诸境惑,方名自在人。"(《古尊宿语录》卷三)云门(文偃)亦云:"终日说事,未尝挂着唇齿,未曾道着一字。终日着衣吃饭,未曾触着一粒米,挂着一缕丝。"(《古尊宿语录》卷十五)《洞山语录》云:"师与密师伯过水次,乃问曰:'过水事作么生?'伯曰:'不湿脚。'师曰:'老老大大,作这个话。'伯曰:'尔作么生道?'师曰:'脚不湿。'"过水而脚不湿,谓做事而不沾滞于事,不为事所累。圣人就是这一种底自在人,禅宗亦称为自由人。

这是"无修之修"所得底成就。于修时，也是要念念不着于相，于相而无相；于成就时，也是念念不着于相，于相而无相。不过于修行时如此，是出于努力；于成就时如此，则是不用努力，自能如此。这不是说，因为修行底人，养成了一种习惯，所以不必努力，自能如此。而是因为修行底人于成就时，顿悟"同无"，所以不必努力，自能如此。

圣人的境界，就是所谓"人境俱不夺"底境界。在此等境界中，山还是山，水还是水，但人已不是旧日底，从凡入圣底人了。百丈所引："不异旧时人，只异旧时行履处。"严格地说应该说："只异旧时人，不异旧时行履处。"人是从圣入凡，所以虽有人有境，而仍若无人无境。"人境俱夺"，是从凡入圣的工夫。"人境俱不夺"，是从圣入凡的境界。

于上章我们说，玄学家所说圣人亦应务应世，不过是说，圣人亦能应务应世。僧肇所谓："圣人居动用之域，而止无为之境。"不过是说："居动用之域"无碍于"止无为之境"。若此说，则圣人的玄远，与其应务应世，动用之域，与无为之境，仍是两行，不是一行。如照禅宗所说，则应务应世，对于圣人，就是妙道；"动用之域"，就是"无为之境"。如此说，则只有一行，没有两行。

禅宗更进一步，统一了高明与中庸的对立。但如果担水砍柴，就是妙道，何以修道底人，仍须出家？何以"事父事君"不是妙道？这又须下一转语。宋明道学的使命，就在再下这一转语。

第九章　道学

张横渠的《西铭》,是道学家的一篇重要文章。《西铭》云:"乾称父,坤称母。余兹藐焉,乃混然中处。故天地之塞吾其体,天地之帅吾其性。民吾同胞,物吾与也。""尊高年所以长其长,慈孤弱所以幼其幼,圣其合德,贤其秀也。""知化则善述其事,穷神则善继其志。""富贵福泽,将厚吾之生也。贫贱忧戚,庸玉汝于成也。存,吾顺事,没,吾宁也。"(《正蒙·乾称》)当时及以后底道学家,都很推崇这篇文章。程明道说:"《西铭》某得此意,只是须得他子厚有此笔力。他人无缘做得。孟子后未有人及此。得此文字,省多少言语。"(《二程遗书》卷二上)

横渠以"气"为万物的根本。气之全体,他称之为太和或道。他说:"太和所谓道。中涵浮沉升降动静相感之性,是生缊缊相荡胜负屈伸之始。"(《正蒙·太和》)气之中,涵有阴阳二性,气之涵有阴性者,是静底,是沉而下降底;气之涵有阳性者,是动底,是浮而上升底。气如是"升降飞扬,未尝止息","相荡","相感",故有聚散。聚则为物,散复为气。"气之聚散于太虚,犹冰凝释于水。"(同上)

乾坤是天地的别名。人物俱生于天地间。天地可以说是人物的父母。《西铭》说:"乾称父,坤称母。"人与物同以乾坤为父母。不过人与物有不同者,就是人于人的形体之外,还得有"天地之性"。我与天地万物,都是一气之聚,所以我与天地万物本是一体。

所以说"天地之塞吾其体"。"天地之性"是天地的主宰。我的性就是我所得于"天地之性"者,所以说"天地之帅吾其性"。就我的七尺之躯说,我在天地之间,是非常渺小底;就我的形体及心性的本源说,我是与天地万物为一体底。了解至此,则知"民吾同胞,物吾与也"。横渠说:"性者,万物之一源,非有我之得私也。惟大人为能尽其道,是故立必俱立,知必周知,爱必兼爱,成不独成。彼自蔽而不知顺吾理者,则亦未如之何矣。"(《正蒙·诚明》)不但性是万物之一源,非有我所得私。气亦是万物之一源,非有我所得私。

人之性发为知觉。"合性与知觉,有心之名。"(《正蒙·太和》)人有心所以能觉解,性与气都是万物之一源,圣人有此觉解,所以"立必俱立,知必周知,爱必兼爱,成不独成"。此即是所谓能尽心,能尽性。横渠说:"大其心则能体天下之物。物有未体,则心为有外。世人之心,止于闻见之狭。圣人尽性,不以闻见梏其心。其视天下无一物非我。孟子谓尽心,则知性,知天,以此。天大无外,故有外之心,不足以合天心。"(《正蒙·大心》)

无外者是至大,是大全。天无外。"大其心"者"合天心",故亦无外。合天心者,一举一动都是"赞天地之化育"。所以《西铭》说:"尊高年所以长其长,慈孤弱所以幼其幼。"篇中诸"其"字,都指天言。尊高年、慈孤弱,若只是长社会的长,幼社会的幼,则其事是道德底事,做此等事底行为,是道德行为。但社会的长,亦是天的长。社会的幼,亦是天的幼。合天心者本其觉解,以尊高年、慈孤弱,虽其事仍是尊高年、慈孤弱,但其行为的意义则是长天之长,幼天之幼。其行为的意义,是超道德底。科学上所谓研究自然,利用自然,在合天心者的觉解中,都是穷神知化的工作。穷神是穷天的神,知化是知天的化。天有神化,而人穷之知之。人继天的未继之功。合天心者做此等事,亦如子继其父之志,述其父之事。所以亦有事天的意义。合天心者本其觉解,做其在社会中所应该做底事。富贵亦可,贫贱亦可,寿亦可,夭亦可。一日生存,一日继续做其在社会中所应做底事。一日死亡,即作永久底休息。此所谓"存,吾顺事,没,吾宁也"。

此所说底是一种生活态度,亦是一种修养方法。此种修养方法,亦是所谓"集义"的方法。道学家的"圣功"都是用这一种方法。所以他们以为他们是直接孟子之传。合天心者,所做底事,虽仍是道德底事,但因他所做底事对于他底意义,是超道德底,所以他的境界亦是超道德底。他并不是拘于社会之内,但对于他并没有方内方外之分。高明与中庸的对立,如是统一起来。横渠《西铭》讲明了这个义理。这就是这篇的价值之所在。

程明道说:"《西铭》某得此意。"此意就是"万物一体"之意。明道的《识仁篇》亦说此意。他说:"学者须先识仁。仁者浑然与物同体,义礼智信皆仁也。识得此理,以诚敬存之而已。""此道与物无对,大不足以明之。天地之用,皆我之用。孟子言万物皆备于我。须反身而诚,乃为大乐。若反身未诚,则犹是二物有对,以己合彼,终未有之,又安得乐?《订顽》(即《西铭》)意思,乃备言此体。以此意存之,更有何事?"(《遗书》卷二上)此所谓仁,是道学家所谓"万物一体之仁"。明道云:"医书言手足痿痹为不仁,此言最善名状。仁者以天地万物为一体,莫非己也。认得为己,何所不至? 若不有诸己,自与己不相干,如手足不仁,气已不贯,皆不属己。故博施济众,乃圣人之功用。"(《遗书》卷二上)于上第四章中,我们说:用道家的反知的方法,所得到底浑然底一,是知识上底浑然底一;用儒家底集义的方法,所得到底浑然底一,是情感上底浑然底一。明道所谓"浑然与物同体"之仁,正是情感上底浑然底一。仁者在情感上与万物浑然一体。此一体是包括一切底。此一体是一个大全。不过此大全不止是一个形式底全。在实际上,大全中的一切,在其生意上,是彼此息息相通底。明道说:"天地之大德曰生。""万物之生意最可观。斯所谓仁也。仁与天地一物也,而人特自小之,何哉?"(《遗书》卷十一)万物的生意就是天地的仁。在情感上"浑然与万物同体",就是仁者的仁,仁者的仁,与天地同其广大,所以说:"仁与天地一物也。"

仁与天地同其广大,所以说:"此道与物无对,大不足以名之。"就实际上说,任何事物,皆在天地的一团生意中,皆在天地的仁中,但不是任何事物皆觉解其是如此。大部分底人亦不觉解其是如此。此所谓"物自小之"。圣人在天地一团生意中,而又觉解其真是如此。此所谓"反身而诚"。反者如所谓"回光返照",是人的觉解的自反。自反而真觉解"万物皆备于我",是所谓反身而诚。若反身未诚,则仍有人我之分。我是我,天地是天地,"以己合彼",终未能与之相合,此所谓"终未有之"。"识得此理",即《新原人》所谓知天。又以实心实意,时时注意此理,即所谓"以诚敬存之"。如此久之,则可得到"浑然与物同体"的经验,是即《新原人》所谓同天。孟子养浩然之气的方法是集义。集义是孟子所谓"必有事焉"。时时集义,不可间断。此所谓无忘。集义既久,浩然之气,自然而生。不可求速效,助之长。此所谓勿助。"必有事焉,勿忘勿助",是集义的方法。明道于此说:"以诚敬存之而已,更有何事?""以诚敬存之",是"必有事焉",是"勿忘"。"更有何事",是"勿助"。

真正底仁者,就是圣人。圣人与天地万物为一体,所以天地万物,对于他不是外,他亦不是内。他与天地万物,不是"二物有对",所以中间没有内外之分。他于应物处世,亦无所谓内外之分。明道答张横渠书云:"所谓定者,动亦定,静亦定,无将迎,无内外。苟以外物为外,牵己而从之,是以己性为有内外也。且以性为随物于外,则当其在外时,何者为在内? 是有意于绝外诱,而不知性之无内外也。既以内外为二本,则又乌可遽语定哉? 夫天地之常,以其心普万物而无心。圣人之常,以其情顺万事而无情。故君子之学,莫若廓然而大公,物来而顺应。""人之情各有所蔽,故不能适道。大率患在于自私而用智。自私则不能以有为为应迹;用智则不能以明觉为自然。……与其非外而是内,不若内外之两忘也。两忘则澄然无事矣。无事则定,定则明,明则尚何应物之为累哉?"(《明道文集》卷三)明道的这一封信,后人称为《定性书》,此书中所说底意思,有许多与禅宗相同。将禅宗的意思,推至其逻辑底结论,即有明道《定性书》的意思。

道学家所谓动静的对立,就是我们于上数章中所说入世出世,"游于方之内"及"游于方之外"的对立。出世底人,"游于方之外",离俗玄远,是主于静。入世底人,"游于方之内",应付世事,是主于动。老庄及原来底佛家,都是主于静。早期的道学家,亦注重静。周濂溪说:"圣人定之以中正仁义而主静,立人极焉。"(《太极图说》)后来道学家,说境界,则不说静,而说定;说方法,则不说静而说敬。这是一个很大底改变。静是与动对立底。定与敬不是动的对立,而是静与动的统一。就境界说,"动亦定,静亦定"。就方法说,动亦敬,静亦敬。

圣人动亦定,静亦定,对于他无所谓内外之分。因为他已"浑然与物同体"。"万物皆备于我","天地之用,皆我之用",故对于他无所谓"外物"。主静者以世间底事为"外物"，视之为一种引诱，可以扰乱他的静者。但对于圣人，既无所谓外物，故亦不"有意于绝外诱"。他的心与天地同其广大，亦与天地同其无私。其心是如"鉴空衡平"。有事来则顺心的明觉的自然反应以应之。此所谓"廓然而大公，物来而顺应"。

圣人不自私亦不用智。这就是玄学家及禅宗所谓无心。玄学家及禅宗都说圣人无心。道学家说：天地无心，圣人有心。明道说："天地之常，以其心普万物而无心。圣人之常，以其情顺万事而无情。"伊川说："天地无心而成化。圣人有心而无为。"不过玄学家及禅宗所谓圣人无心，亦是说圣人有心而无所沾滞系着。其意亦是如明道所说，"圣人之常，以其情顺万事而无情"；如伊川所说，"圣人有心而无为"。《定性书》说："自私则不能以有为为应迹。用智则不能以明觉为自然。"圣人廓然大公，物来顺应，应物以无心，这就是"以有为为应迹"，"以明觉为自然"。应物顺于明觉之自然，就是于念而无念；"以有为为应迹"，就是于相而无相。如此则有为即是无为。

说至此，可见明道《定性书》的意思，有许多与禅宗的意思相同。不过禅宗仍要出家出世，这就是他有"恶外物之心"，而"求照无物之地"。他们还不能"内外两忘"。他们有了一个意思，但还没有把那个意思，推到它的逻辑底结论。他们还不十分彻底。若真正内外两忘底人，则世间底事，与出世间事，对于他并无分别。不仅担水砍柴是妙道，即事父事君亦是妙道。就他的境界说，他是廓然大公，如天地"心普万物而无心"。就他的行为说，他是物来顺应，对于物无所选择，无可无不可。高明与中庸的对立，如此即统一起来。

伊川与明道,旧日称为二程,旧日并以为二程的思想,是相同底。其实明道近于道家及禅宗,是道学中底心学一派的鼻祖。伊川是注重于《易传》所说的"道",他重新发现了理世界,为道学中底理学一派的领袖。

伊川云:"天下物皆可以理照,有物必有则。一物须有一理。"(《遗书》卷十八)严格地说,他应该说,有一类物,须有一理。他的意思亦是如此。在中国语言中,言物之多,则称为万物或百物;言理之多,亦曰万理或百理。伊川说:"若论道则万理具备。"(《遗书》卷十五)又说:"天理云者,万理具备,元无少欠。"(《遗书》卷十八)万理都是本来有底,它们不会先无后有,亦不会先有后无。伊川云:"天理云者,这一个道理,更有甚穷已? 不为尧存,不为桀亡。""这上头更怎生说得存亡加减? 是佗元无少欠,百理具备。"(《遗书》卷二上)又说:"此个亦不少,亦不剩,只是人看它不见。"(《遗书》卷二上)"人看它不见",言其是超乎形象底。

理是不变底。伊川说:"理在天下,只是一个理,放诸四海而准。须是质诸天地,考诸三王,不易之理。"(《遗书》卷二上)理亦是不动底。伊川又说:"天理具备,元无少欠。不为尧存,不为桀亡。父子君臣,常理不易,何曾动得?"(《遗书》卷二上)

实际底事物,是理的实例。理是本来如此底,人知之与否,对于其有,不发生影响。一理在实际上有实例与否,对于其有,亦不发生影响。伊川说:"百理俱在平铺放着。几时道尧尽君道,添得些君道多,舜尽子道,添得些孝道多? 元来依旧。"(《遗书》卷二上)尧尽君道,为君道之理,立一实例。舜尽子道,为子道之理,立一实例。但君道之理,并不因有实例而有所增,亦不因无实例而有所减,它是"元来依旧"。此所谓:"不为尧存,不为桀亡。"

理世界中,"万理具备"。虽"看它不见",但它是不增不减,"元来依旧"。理世界是所谓"冲漠无朕,万象森然"。"冲漠无朕",言其是超乎形象。"万象森然",言"百理俱在平铺放着"。

《易·系辞》说:"形而上者谓之道,形而下者谓之器。"照伊川的解释,理是形而上者,事物是形而下者。形而上者是本来如此底,不会先无后有,亦不会先有后无。这就是说,它是无生灭底,或可以说,它是无所谓生灭底。形而下者则是有生有灭底。其生由于气之聚,其灭由于气之散。形而下底事物之存在,以理为其形式,以气为其原质。用亚力士多德的话说,理是事物存在的式因,气是事物存在的质因。

理学的系统,至朱子始完全建立。形上形下,朱子分别更清。朱子说:"形而上者,无形无影,是此理。形而下者,有情有状,是此器。"(《语类》卷九十五)在形上方面,必先有某理,然后在形下方面,始能有某种事物。朱子说:"做出那事,便是这里有那理。凡天地生出那物,便是那里有那理。"(《语类》卷一百一)又说:"阶砖便有阶砖之理。竹椅便有竹椅之理。"(《语类》卷四)有某理然后可有某种事物。有某种事物必有某理。但有某理,不必即有某种事物。朱子说:"若在理上看,则虽未有物而已有物之理。然亦但有其理而已,未尝实有是物也。"(《答刘叔文》,《文集》卷四十六)

一类事物的理,是一类事物的最完全底形式,亦是一类事物的最高底标准。标准亦称为极。《语录》云:"事物皆有个极,是道理极至。蒋元进曰:'如君之仁,臣之敬,便是极。'先生曰:'此是一事一物之极。总天地万物之理,便是太极。'"(《语类》卷九十四)太极是万理的总和,亦就是天地万物的最高标准。

太极是本来如此底。朱子云:"要之理之一字,不可以有无论。

未有天地之时,便已如此了也。"(《答杨志仁》,《文集》卷五十八)我们亦不能问:太极在什么地方。朱子说:"太极无方所,无形体,无地位可顿放。"(《语类》卷九十四)太极亦无动静。"太极理也,理如何动静?有形则有动静。太极无形,不可以动静言。"(郑子上问语,朱子以为然。见《文集》卷五十六)太极亦不能造作。朱子云:"若理则只是个洁静空阔底世界,无形迹,它却不会造作。"(《语类》卷一)

　　这是一个超乎形象底世界,"人看它不见",但它却不是空底。朱子常称理为"实理",言其确是有底,其有是无妄底。朱子说:"太极是五行阴阳之理皆有,不是空底物事。若是空时,如释氏说性相似。"又曰:"释氏只见得皮壳,里面许多道理,他却不见,他皆以君臣父子为幻妄。"(《语类》卷九十四)又说:"释氏说空,不是便不是。但空里面须有道理始得。若只说道,我是个空,而不知有个实底道理,却做甚用?譬如一渊清水,清冷澈底,看来一如无水相似。他便道此渊只是空底,不曾将手去探,是冷是温,不知道有水在那里面。释氏之见正如此。"(《语类》卷一二六)

　　道家佛家均未说及理世界。他们说到超乎形象底,但其所说超乎形象底,均是不可言说、不可思议底。所以他们只能说无,只能说空。理是超乎形象底,但却是可言说、可思议底。严格地说,只有理才是可言说、可思议底。理才真正是言说思议底对象。严格地说:具体底事物,亦是不可言说、不可思议底。它只是可感觉底。理真正是有名。具体底事物,亦不是有名,它是可以有名。它是个"这",不过"这"是可以有名底。我们可以说:有不可感觉、亦不可思议底。这是无名。有只可思议、不可感觉底。这是有名。有不可思议、只可感觉底。这是可以有名。

　　理世界的重新发现,使人得一个超乎形象底、洁净空阔底世界。它是不增不减，不生不灭，无动无静。有某种实际底事物，必有某理。但有某理，不一定有某种实际底事物。人"见"此世界，方知其以前所见，拘于形象之内者，是如所谓井蛙之见。这个新"见"，可以"开拓万古之心胸"。这是一个精神的极大底解放。

理不会造作，无动无静。其能动而"会造作"者是气。气是形下世界所以能构成底原质。朱子说："天地之间，有理有气。理也者，形而上之道也，生物之本也。气也者，形而下之器也，生物之具也。是以人物之生，必禀此理，然后有性；必禀此气，然后有形。"（《答黄道夫》，《文集》卷五十八）又说："疑此气，是依傍这理行。及此气之聚，则理亦在焉。盖气则能凝结造作，理却无情意，无计度，无造作。只此气凝聚处，理便在其中。"（《语类》卷一）在理学的系统中，气的地位有似于在道家系统中底道。不过在此方面，程朱是横渠的继续，其所谓气，有似于横渠所谓。横渠所谓气，如"野马尘埃"（《正蒙·太和》），亦是一种物。朱子所谓气，虽未明说是如"野马尘埃"，但亦有清浊正偏可说，所以仍是一种物，是可以有名，不是无名。他不是超乎形象底。在横渠及程朱的系统中，气之观念，不是一个形式底观念，而是一个积极底观念。

气凝聚为某物，此某物必是某种物，是某种物，必是禀受某理。其所禀受底某理，即是其性。所以说："人物之生，必禀此理，然后有性。"其形则是气凝聚。所以说："必禀此气，然后有形。"

人禀受有知觉灵明之性，有仁义礼智之性，所以人能有知觉灵明，有恻隐、善恶、是非、辞让之情。知觉灵明之性，仁义礼智之性是未发。实际底知觉灵明，及恻隐、善恶、是非、辞让之情，是已发。未发谓之性，已发谓之情。所谓心包括已发未发。此所谓"心统性情"。

人的心中,不仅有上述诸理,而且有万理的全体。这就是说:人的心中,有整个底太极。不仅人如此,每一物皆如此。朱子说:"人人有一太极,物物有一太极。"(《语类》卷九十四)又说:"统体是一太极。然又物物各具一太极。"(《语类》卷九十四)或问朱子:"如此,则是太极有分裂乎?"朱子说:"本只是一太极,而万物各有禀受,又自各全具一太极尔。如月在天,只一而已。及散在江湖,则随处而见,不可谓月已分也。"(《语类》卷九十四)

虽人人有一太极,物物有一太极,然因其所禀之气,有清浊偏正之不同,所以或知之,或不知之。人以外底物,所禀底气,是较浊而偏底,所以人以外底物,完全不知有理有太极。人所禀之气,较清而正,所以人可以知其禀受有理有太极。不过虽可以知,但仍须用一番工夫,然后能知。照朱子的说法,此工夫即是《大学》所说"格物致知"的工夫。

朱子《大学章句》格物章补传云:"所谓致知在格物者,言欲致吾之知,在即物而穷其理也。盖人心之灵,莫不有知,而天下之物,莫不有理。惟于理有未穷,故其知有未尽也。是以大学始教,必使学者,即凡天下之物,莫不因其已知之理,而益穷之,以求至乎其极。至于用力之久,而一旦豁然贯通焉,则众物之表里精粗无不到,而吾心之全体大用无不明矣。"朱子此说,正如柏拉图的"回忆说"。照柏拉图的说法,人的灵魂,对于所有的"观念",本已有完全底知识。但因为肉体所拘,所以灵魂不记忆其本有底知识。哲学家或诗人,以灵感或其研究算学或科学底工夫,能使其灵魂上升,离肉体之拘,而回复其原有底知识。在此时,哲学家或诗人,如出了洞穴而重见天日。他在洞穴中,所见者不过是些事物的影像,及灯火的光。既出洞穴,他始能见真实底事物,及日月的光明。这是柏拉图于《理想国》中所设底比喻，以比喻一种境界。这种境界，是朱子所谓"一旦豁然贯通"，"众物之表里精粗无不到"，"吾心之全体大用无不明"的境界，有此等境界底人，朱子谓之圣人，柏拉图谓之哲学家或诗人。

有这种境界底人所做底事，也就是君臣父子、人伦日用之事。不过这些事对于他都不只是事，而是永恒底理的实例。他的境界极高，而所做底仍就是一般人所做底事。高明与中庸的对立，亦如是统一起来。

继明道之后，心学的领袖是陆象山。象山可以说是直接为禅宗下转语者。象山的哲学及修养的方法，是禅宗的方法，至少可以说是，最近乎禅宗的方法底方法。

若用禅宗的方法，则见程朱理学一派，所求太多，所说亦太多。这就是象山所谓"支离"。象山幼时闻人诵伊川语，"自觉若伤我者"。"尝谓人曰：'伊川之言，奚为与孔子孟子不类？'""他日读古书，至宇宙二字，解者曰：'四方上下曰宇。往古来今曰宙。'忽大省曰：'宇宙内事，乃己分内事。己分内事，乃宇宙内事。'又尝曰：'宇宙便是吾心，吾心便是宇宙。'"（《全集》卷三十三）他的"大省"，就是禅宗所谓悟。有了此悟，以后只须自信得及，一切放下。明道《识仁篇》说："识得此理，以诚敬存之而已，不须防检，不须穷索。"亦有此意。

学者须先有此悟。这就是所谓"先立乎其大者"。象山云："近有议吾者云：'除了先立乎其大者一句，全无伎俩。'吾闻之曰：'诚然。'"（《全集》卷三十四）先立乎其大者以后，可以自信得及。自信者，自信"万物森然于方寸之间，满心而发，充塞宇宙，无非是理"（《全集》卷三十四）。于此点自信得及，则知"道遍满天下，无些子空阙。

四端万善,皆天之所予,不劳人妆点,但是人自有病,与他相隔了"(《全集》卷十五)。知不劳妆点则即无须妆点。知有病则只须去病。此谓一切放下。

象山云:"此理在宇宙间,何尝有所碍?是你自沉埋,自蒙蔽,阴阴地在个陷阱中,更不知所谓高远底。要决裂破陷阱,窥测破罗网。"又说:"激厉奋迅,决破罗网,焚烧荆棘,荡夷污泽。"又说:"龌鸡终日营营,无超然之意。须是一刀二断。营营地讨个甚么?"这很有临济"逢着就杀"的意思。这也就是所谓"一切放下"。

象山自以为他的方法是减,朱子的方法是添。《语录》云:"因说定夫旧习未易消。若一处消了,百处皆可消。予谓晦庵逐事为他消不得,先生曰:'不可将此相比。他是添。'"(《全集》卷三十五)又说:"圣人之言自明白。且如'弟子入则孝,出则弟',是分明说与你,入便孝,出便弟。何须得传注!学者疲精神于此,是以担子越重。到某这里,只是与他减担。"(《全集》卷三十五)

减的方法也是一切放下的方法。一切放下之后,只有我的一个心,我一个"人"。象山云:"仰首攀北斗,翻身依北辰。举头天外望,无我这般人。"此所谓我一个"人",正是"这般人"。这般人是所谓大人、大丈夫。象山云:"大世界不享,却要占个小蹊小径子。大人不做,却要为小儿态。可惜。"至此境界,不仅所谓传注的担子不必要,即六经也不必要。此所谓"学苟知本,六经皆我注脚"(《全集》卷三十四)。

自信得及,一切放下。四端万善,皆吾性中所固有,只须顺之而行。象山云:"人精神在外,至死也劳攘。须收拾作主宰。收得精神在内。当恻隐即恻隐,当羞恶即羞恶,谁欺得你?谁瞒得你?见得端的后,常涵养,是甚次第!"所谓收拾精神,就是注意于自己。

这是所谓"反身"。亦是禅宗所谓"回光返照"。普通人都只注意于外界事物。此所谓"精神在外,至死也劳攘"。收拾精神,回光返照,能悟到宇宙即是吾心,吾心即是宇宙。则所谓外物,又不是外。即应付外物,亦不是劳攘。其所以不是劳攘,因其心已是"廓然而大公",其应事亦是"物来而顺应"也。象山云:"凡事莫如此滞滞泥泥。某平生于此有长,都不去着他事。凡事累自家一毫不得。每理会一事时,血脉骨髓,都在自家手中。然我此中都似个闲闲散散,全不理会事底人,不陷事中。"此正是禅宗所谓:"终日吃饭,未曾咬着一粒米。终日穿衣,未曾挂着一缕丝。"

由上所说,我们可见,象山的哲学及修养方法,是最近于禅宗底。说他的哲学及修养方法是"易简",是"直捷",是不错底。程朱一派,说象山是近禅,也是不错底。不过象山自己不承认他是近禅,这也是不错底。因为他是说:事父事君,也是人的性分内事,也是妙道。他下了这个转语,他所讲底,便是道学,不是禅宗。

心学的最后底大师是王阳明。阳明的哲学及修养方法,也是注重在自信得及,一切放下。自信得及是自信自己有知善知恶底良知。一切放下,是不拟议计较,只顺良知而行。阳明的《大学问》解释大学的三纲领云:"大人者,以天地万物为一体者也。其视天下犹一家,中国犹一人焉。若夫间形骸而分尔我者,小人矣。大人之能以天地万物为一体也,非意之也,其心之仁,本若是其与天地万物而为一也。岂惟大人,虽小人之心,亦莫不然,彼顾自小之耳。""是故苟无私欲之蔽,则虽小人之心,而其一体之仁,犹大人也。一有私欲之蔽,则虽大人之心,而其分隔隘陋,犹小人矣。故夫为大人之学者,亦惟去其私欲之蔽,以自明其明德,复其天地万物一体之本然而已耳。非能于本体之外,而有所增益之也。""明明

德者,立其天地万物一体之体也。亲民者,达其天地万物一体之用
也。故明明德必在于亲民,而亲民乃所以明其明德也。""至善者,
明德亲民之极则也。天命之性,粹然至善,其灵昭不昧者,此其至
善之发现,是乃明德之本体,而即所谓良知者也。至善之发现,是
而是焉,非而非焉,轻重厚薄,随感随应,变动不居,而亦莫不有天
然之中,是乃民彝物则之极,而不容少有拟议增损于其间也。少有
拟议增损于其间,则是私意小智,而非至善之谓矣。"(《王文成公全书》
卷二十六)人的良知,就是人的明德之发现。顺良知的命令而行,就
是致良知。对于良知如有拟议增损,就是私意小智。私意小智就
是明道《定性书》所谓自私用智。

良知是人的明德的发现。所以致良知乃所以回复人的明德的
本体,人的"天地万物一体之仁"。阳明云:"人心是天渊,无所不
赅。原是一个天,只为私欲障碍,则天之本体失了。""如此念念致
良知,将此障碍窒塞,一齐去尽,则本体已复,便是天渊了。"(《全书》
卷二)象山说:"宇宙不曾限隔人,人自限隔宇宙。"致良知就是所以
去此限隔。

致良知就是明明德。明德是"天地万物一体之仁",所以明明
德就在于实行仁。所以说:"明明德必在于亲民,而亲民乃所以明
其明德也。"致良知也就是致良知于行事。顺良知的命令行事,然
后良知之知,方为完成。这就是阳明所谓"知行合一"。《传习录》
云:"爱曰:'如今人尽有知得父当孝,兄当弟者,却不能孝,不能弟。
便是知与行分明是两件。'先生曰:'此已被私欲隔断,不是知行的
本体了。未有知而不行者,知而不行,只是未知。圣贤教人知行,
正是要复那本体,不是着你只恁的便罢。'""某尝说:'知是行的主
意,行是知的功夫。知是行之始,行是知之成。若会得时,只说一

个知,已自有行在;只说一个行,已自有知在。'"(《王文成公全书》卷一)人的心之本体,在其不为私欲所蔽之时,知行只是一事。如人"乍见孺子将入于井,有怵惕恻隐之心"。顺此心之自然发展,则必奔走往救之。此奔走往救之行,只是怵惕恻隐之心之自然发展,不是另一事。此所谓"知是行之始,行是知之成"。此时若有转念,或因畏难而不往,或因恶其父母而不往,则有知而无行,这都是由于自私用智,非知行本体如此。又如人知当孝父,顺此知之自然发展,则必实行孝之事。其有不能行孝之事者,则亦是其心为私欲所蔽。其心为私欲所蔽,则有良知而不能致之,其良知之知亦即不能完成。致良知就是去其私欲之蔽,以回复知行的本体,也就是回复明德的本体。

王阳明《传习录》云:"先生尝言,佛氏不着相,其实着了相。吾儒着相,其实不着相,请问。曰:'佛怕父子累,却逃了父子。怕君臣累,却逃了君臣。怕夫妇累,却逃了夫妇。都是为个君臣父子夫妇着了相,便须逃避。如吾儒有个父子,还他以仁。有个君臣,还他以义。有个夫妇,还他以别。何曾着父子君臣夫妇的相?'"这就是把禅宗的理论推至其逻辑底结论。禅宗说:于相而无相,于念而无念。如果如此,则何不于父子君臣夫妇之相,亦于相而无相;于事父事君之念,亦于念而无念?这是禅宗的一间未达之处,亦是其不彻底处。心学就在这些处批评禅宗,也就在这些处接着禅宗。

良知是知,致良知是行,一心一意专注于致良知,即是用敬。真觉解良知是万物一体底明德的发现,而又一心一意专注于在行事上致良知,如此,则高明与中庸的对立即统一起来。阳明的形上学,不如明道象山的空灵。用禅宗的话说,他的形上学是有点"拖泥带水"。用我们的话说,他的形上学对于实际,太多肯定。不过致良知三字,把心学的修养方法,说得更确切、更清楚。

照以上所说,道学家已把所谓高明、中庸、内外、本末、精粗等对立,统一起来。明道说:"居处恭,执事敬,与人忠。此是彻上彻下语。圣人元无二语。"(《遗书》卷二上)伊川说:"后人便将性命别作一般事说了。性命孝弟,只是一统底事。至如洒扫应对,与尽性至命,亦是一统底事。无有本末,无有精粗。""然今时非无孝悌之人,而不能尽性至命者,由之而不知也。"(《遗书》卷十八)圣人所做底事,就是这些事。虽就是这些事,但这些事圣人做之,都成妙道。此所谓"迷则为凡","悟则为圣"。彻上彻下,都是一统底事,是一行不是两行。事父事君,亦是妙道,这是把禅宗所一间未达者,也为之戳穿点破。这可以说是"百尺竿头,更进一步"了。

所以用道学家的方法而成为圣人底人,"即其所居之位,乐其日用之常","而其胸次悠然,直与天地万物,上下同流"(《论语》曾点言志章朱子注)。程明道诗云:"年来无事不从容,睡觉东窗日已红。万物静观皆自得,四时佳兴与人同。道通天地有形外,思入风云变态中。富贵不淫贫贱乐,男儿到此自豪雄。"(《明道文集》卷一)这就是道学家所谓孔颜乐处,也就是在天地境界底人的乐处。

第十章 新统

宋明道学,没有直接受过名家的洗礼,所以他们所讲底,不免着于形象。于第六章中,我们说:阴阳家的宗教与科学,与道家混合,成为道教。早期的道学的宇宙论,出于道教。周濂溪的太极图,邵康节的先天易,出于道教是很显然底。张横渠的关于气底说法,似亦是起源于道教。他的《西铭》说"乾称父,坤称母",免不了有一点图画式底思想。他所说底气,更是在形象之内底。他对于他所谓气的说法,都是对于实际底肯定。

程朱所说底气,虽比横渠所说底气,比较不着形象,然仍是在形象之内底。他们所谓理,应该是抽象底,但他们对于抽象,似乎尚没有完全底了解。例如朱子说:"阴阳五行之不失其序,便是理。"这是以秩序为理,秩序虽亦可称为理,但抽象底理并不是具体事物间底秩序,而是秩序之所以为秩序者,或某种秩序之所以为某种秩序者。

有人说:"朱子道,陆子禅。"这话是有根据底。道学中底理学一派,受道教底影响多。心学一派,受禅宗的影响多。心学虽受禅宗的影响,但他们亦只讲到禅宗的"是心是佛",没有讲到禅宗的"非心非佛"。这就是说,他们所讲底,还有一点着于形象。阳明尤其是如此。

由此我们可以说,宋明道学家的哲学,尚有禅宗所谓"拖泥带水"的毛病。因此,由他们的哲学所得到底人生,尚不能完全地"经虚涉旷"。他们已统一了高明与中庸的对立。但他们所统一底高明,尚不是极高明。

清朝人很似汉朝人,他们也不喜作抽象底思想,也只想而不思。他们喜欢"汉学",并不是偶然底。中国哲学的精神的进展,在汉朝受了一次逆转,在清朝又受了一次逆转。清朝人的思想,限于对道学作批评,或修正。他们的修正,都是使道学更不近于高明。他们的批评,是说道学过于玄虚。我们对于道学底批评,则是说它还不够玄虚。

中国哲学的精神的进展,在汉朝受了逆转,经过了三四百年,到玄学始入了正路。中国哲学的精神的进展,在清朝又受了逆转,又经过了二三百年,到现在始又入了正路。我们于本章以我们的新理学为例,以说明中国哲学的精神的最近底进展。

在西洋,近五十年来,逻辑学有极大底进步。但西洋的哲学家,很少能利用新逻辑学的进步,以建立新底形上学。而很有些逻辑学家利用新逻辑学的进步,以拟推翻形上学。他们以为他们已将形上学推翻了,实则他们所推翻底,是西洋的旧形上学,而不是形上学。形上学是不能推翻底。不过经过他们的批评以后,将来底新底形上学,必与西洋的旧形上学,不大相同。它须是"不着实际"底,它所讲底须是不着形象,超乎形象底。新底形上学,须是对于实际无所肯定底,须是对于实际,虽说了些话,而实是没有积极地说什么底。不过在西洋哲学史里,没有这一种底形上学的传统。西洋哲学家,不容易了解,虽说而没有积极地说什么底"废话",怎样能构成形上学。在中国哲学史中,先秦的道家、魏晋的玄学、唐代的禅宗,恰好造成了这一种传统。新理学就是受这种传统的启示,利用现代新逻辑学对于形上学底批评,以成立一个完全"不着实际"底形上学。

但新理学又是"接着"宋明道学中底理学讲底,所以于它的应用方面,它同于儒家的"道中庸"。它说理有同于名家所谓"指"。它为中国哲学中所谓有名,找到了适当底地位。它说气有似于道家所谓道。它为中国哲学中所谓无名,找到了适当底地位。它说了些虽说而没有积极地说什么底"废话",有似于道家、玄学禅宗。所以它于"极高明"方面,超过先秦儒家及宋明道学。它是接着中国哲学的各方面的最好底传统,而又经过现代的新逻辑学对于形上学的批评,以成立底形上学。它不着实际,可以说是"空"底。但其空只是其形上学的内容空,并不是其形上学以为人生或世界是空底。所以其空又与道家、玄学、禅宗的"空"不同。它虽是"接着"宋明道学中底理学讲底,但它是一个全新底形上学。至少说,它为讲形上学底人,开了一个全新底路。

在新理学的形上学的系统中,有四个主要底观念,就是理、气、道体及大全。这四个都是我们所谓形式底观念。这四个观念,都是没有积极底内容底,是四个空底观念。在新理学的形上学的系统中,有四组主要底命题。这四组主要底命题,都是形式命题。四个形式底观念,就是从四组形式底命题推出来底。

在新理学的形上学的系统中,第一组主要命题是:凡事物必都是什么事物,是什么事物,必都是某种事物。有某种事物,必有某种事物之所以为某种事物者。借用旧日中国哲学家底话说:"有物必有则。"

凡事物都是可以说它是甚么底。例如山是山,水是水。山可以说它是山,水可以说它是水。既是甚么,则即属于甚么类。例如山属于山类。水属于水类。形上学不能说,实际中有些甚么类。但可以说,凡事物都必属于某些类。

山是山,水是水。山不是非山,水不是非水。山之所以是山而不是非山,必因山有山之所以为山。水之所以是水而不是非水,必因水有水之所以为水。这是对于山水的形式底解释。山之所以为山或水之所以为水,不是这座山或这条水所独有。因为别底山亦有山之所以为山,别底水亦有水之所以为水。别底山与这座山不同,但均有山之所以为山。别底水与这条水不同,但均有水之所以为水。一切山所共有之山之所以为山,或一切水所共有之水之所以为水,新理学中称之为山之理或水之理。有山则有山之理。有水则有水之理。有某种事物,则有某种事物之理。某种事物之理是有名,某种事物是可以有名。

有某种事物必有某种事物之所以为某种事物者。这就是说:"有某种事物,涵蕴有某种事物之所以为某种事物者。"在此命题中,其所涵蕴者所说,不能多于其涵蕴者所说。在此命题中,"有某种事物"是涵蕴者。"有某种事物之所以为某种事物者"是所涵蕴者。所以在此命题中"有某种事物之所以为某种事物者"之有,其意义不能多于"有某种事物"之有。有某种事物之有,新理学谓之实际底有,是于时空中存在者。"有某种事物之所以为某种事物者"之有,新理学谓之真际底有,是虽不存在于时空而又不能说是无者。前者之有,是现代西洋哲学所谓存在。后者之有,是现代西洋哲学所谓潜存。

"有某种事物,涵蕴有某种事物之所以为某种事物者。"从此命题,我们又可推出两命题。一是:某种事物之所以为某种事物者,可以无某种事物而有。一是:某种事物之所以为某种事物者,在逻辑上先某种事物而有。

例如："有山涵蕴山之所以为山者。"在此命题中，如"有山"是真底，则"有山之所以为山者"亦是真底。但如"有山之所以为山者"是真底，则"有山"不必是真底。这就是说，如有山，则必有山之所以为山者，但有山之所以为山者，不必有山。如有山之所以为山者不必有山，则山之所以为山者，可以无山而有。

又例如："有山涵蕴有山之所以为山者。"照此命题所说，如有山，必先有山之所以为山者。此犹如"甲是人涵蕴甲是动物"，则甲如是人，必先是动物。此所谓先，是就逻辑上说，并不是就时间上，或实际上说。山之所以为山者，本来并不在时间，本来不是实际底。

就知识方面说：若无某种事物，我们不能知有某种事物之所以为某种事物者。但就逻辑方面说：无某种事物之所以为某种事物者，不能有某种事物。我们可以从无某理推知无某种事物，不能从无某种事物推知无某理。因此我们可以说：理可以多于实际事物的种类。假如我们可以说：理是有数目底，则理的数目可以大于实际的事物的种类的数目。

总所有底理，新理学中，名之曰太极，亦曰理世界。理世界在逻辑上先于实际底世界。"冲漠无朕，万象森然"，如用图画式言语说，我们可以说，其中底花样可以多于实际底世界。于是从对于实际作形式底解释，我们发现一新世界，一"洁净空阔底世界"（朱子语）。

在新理学的形上学的系统中，第二组主要命题是：事物必都存在。存在底事物必都能存在。能存在底事物必都有其所有以能存在者。借用中国旧日哲学家的话说，有理必有气。

第一组主要命题，是就某种事物着思。此一组主要命题，是就一个一个底事物着思。就某种事物着思,有某种事物,必有某种事物之所以为某种事物者。但有某种事物之所以为某种事物者,不必有某种事物。我们不能从理推到事实,更不能从理推出事实。即存在的理,我们亦不能从某中推出存在。存在的理,是存在之所以为存在者。有存在之所以为存在者,不必即有存在。但一个一个底事物是存在底。我们从一个一个底事物着思,对于一个一个事物的存在,作形式底解释,即得如上述诸命题。能存在底事物,都必有其所有以能存在者。事物所有以能存在者,新理学中谓之气。实际底事物,都是某种事物。这就是说,实际底事物,都实现某理。理不能自实现。必有存在底事物,理方能实现。事物必有其所有以能存在者,方能存在。所以说:有理必有气。我们借用这一句话所要说底意思是,有实现底理必有实现理底气。

所谓气,有相对底意义,有绝对底意义。就其相对底意义说,气亦可是一种事物。例如我们问:甚么是一个人之所有以能存在者? 或可说:他的血肉筋骨,是他所有以能存在者。一个人的血肉筋骨,可以说是一个人的气。此所谓气是就其相对底意义说。血肉筋骨,还是一种事物。一个人的血肉筋骨,必仍有其所有以能存在者。或可说:某种有机底原质,是一个人的血肉筋骨所有以能存在者。某种有机底原质,还是一种事物。一个人的血肉筋骨所有的某种有机底原质,必仍有其所有以能存在者。如此推问,以至于一不能说什么者。此不能说是什么者,只是一切事物所有以能存在者,而其本身,则只是一可能底存在。因为它只是一可能底存在,所以我们不能问:什么是它所有以能存在者。这就是新理学中所谓真元之气。气曰真元,就是表示,此所谓气,是就其绝对意义说。我们说气,都是就其绝对底意义说。

我们不能说气是什么。其所以如此，有两点可说。就第一点说，说气是什么，即须说：存在底事物是此种什么所构成者。如此说，即是对于实际，有所肯定。此种什么，即在形象之内底。就第二点说，我们若说气是什么，则所谓气，亦即是一能存在底事物，不是一切事物所有以能存在者。气并不是什么。所以气是无名，亦称为无极。

在新理学的形上学的系统中，第三组主要命题是：存在是一流行。凡存在都是事物的存在。事物的存在，是其气实现某理或某某理的流行。实际的存在是无极实现太极的流行。总所有底流行，谓之道体。一切流行涵蕴动。一切流行所涵蕴底动，谓之乾元。借用中国旧日哲学家的话说："无极而太极。"又曰："乾道变化，各正性命。"

这一组命题，都是从对于实际底事物，作形式底解释得来者。所以我们可以断定其为实际底事物所不可逃。存在是一流行。因为存在是一动，是一建立。动必继续动，然后才不至于不动。存在必继续存在，然后才不至于不存在。继续就是流行。事实上没有仅只存在底存在。所以凡存在都是事物的存在。存在者是事物，是事物者必是某种事物，或某某种事物。是某种事物或某某种事物，即是实现某理或某某理。实现某理或某某理者是气。气实现某理或某某理，即成为属于某种或某某种底某事物。没有不存在底事物。亦没有存在而不是事物者，亦没有是事物而不是某种事物者。所以凡事物的存在都是其气实现某理或某某理的流行。

实际就是事物的全体。太极就是理的全体，所以实际的存在就是无极实现太极的流行。总一切底流行谓之道体。道体就是无极而太极的程序。

一切流行涵蕴动。因为流行就是动。就逻辑方面说,于实现其余底理之先,气必实现动之理;气必先实现动之理,然后方能有流行。但就事实方面说,只是流行底流行,事实上是没有底。事实上,所有底流行,总是实现某种事物的理的流行。犹之实际上所有底动物,都是某种动物。无论是何种动物,都涵蕴是动物。就逻辑方面说,一个某种动物,必先是动物,然后方能是某种动物。但就事实方面说,不是任何种动物,而只是动物底动物,事实上是没有底。只是动物底动物,虽为事实上所没有,而却为任何种动物所涵蕴。在逻辑上说,它是先于任何种动物。在图画式底思想中,所谓先后,都是时间底先后,如此看,则先于任何种动物底动物,即是动物之祖。但上所谓先后,不是时间底。所谓动物,不是动物之祖,而只是"动物"。事实上虽没有只是流行底流行,但只是流行底流行却为任何流行所涵蕴。在逻辑上说,它是先于任何流行。它是第一动者。在图画式底思想中"第一动者"创造一切,就是所谓上帝。但它不是上帝,亦不是创造者,只是一切流行所涵蕴底动。此动既已是动,则是气已实现动之理。在《新理学》中,我们称之为"气之动者"。后来又说:"气之动者"可称为乾元(《新理学答问》)。可称为乾元者,言其有似于图画式底思想中,所谓创造者。我们所谓乾元,可以说是气的纯活动。所谓纯活动者,言其只实现动之理,而尚未实现别底理。我们说"尚未",只是就逻辑说,不是就实际或时间说。说有乾元,亦只是对于实际,作形式底解释,不是作积极底解释。所以说有乾元,对于实际并无所肯定。说有上帝或创造者,则对于实际有所肯定。

在新理学的形上学的系统中,第四组主要命题是:总一切底有,谓之大全。大全就是一切底有。借用中国旧日哲学家的话说:

"一即一切，一切即一。"

大全就是一切底有的别名，所以说大全是一切底有，是一重复叙述底命题。一切事物均属于大全。但属于大全者不仅只一切事物。形上学的工作，是对于一切事实作形式底解释。既作此等解释，又有有理世界的发现。形上学的对象，就是一切。于其工作开始之时，形上学见所谓一切，是实际中底一切。于其工作将近完成之际，形上学见所谓一切，不只是实际中底一切，而且是真际中底一切(真际包括实际)。有有实际底有者，有只有真际底有者。总一切底有，谓之大全。因其是一切底有，故谓之全，此全非一部分底全，非如所谓全中国全人类之全，所以谓之大全。

大全亦称宇宙。此所谓宇宙，并不是物理学或天文学中所谓宇宙。物理学或天文学中所谓宇宙，是物质底宇宙。物质底宇宙，亦可以说是全，但只是部分底全，不是大全。此所谓宇宙不是物质底宇宙，是大全。

大全亦可名为一。中国先秦哲学家、佛家，及西洋哲学家，亦常说一。为表示其所说底一，不是普通所谓一，先秦哲学家说太一或大一。佛家常说妙一。西洋哲学家常将其所谓一的第一字母作大写。新理学亦借用佛家的话说："一即一切，一切即一。"

我们虽借用佛家的话，说我们的意思，但我们的意思与佛家不同。新理学虽说：一即一切，一切即一，但并不肯定，一切事物之间，有内部底关联或内在底关系。新理学所谓一，只肯定一形式底统一。一只是一切的总名。所以虽说"一即一切，一切即一"，但对于实际并无所肯定。

以上四组命题，都是分析命题，亦可说是形式命题。此四组形式命题，予人以四个形式底观念，即理之观念，气之观念，道体之观念,大全之观念。新理学以为,真正底形上学底任务,就在于提出这几个观念并说明这几个观念。

理及气是人对于事物作理智底分析,所得底观念。道体及大全是人对于事物作理智底总括,所得底观念。于上文第五章中,我们说:《易传》所谓道,是我们所谓理的不清楚底观念;道家所谓道,是我们所谓气的不清楚底观念。我们说它们是不清楚底,因为《易传》所谓道的观念,及道家所谓道的观念,都还是可以再分析底。《易传》所谓道,及道家所谓道,都是能生者。我们还可以说,有能生者,必有能生者之所以为能生者。这是能生之理。实际底能生者,是存在底。存在必有其所有以能存在者。这是能生者之气。《易传》所说底道,近乎是我们所谓理,而又不纯是理。道家所说底道,近乎是我们所谓气,而又不纯是气。所以我们说,这些观念是不纯粹底观念。它们所表示底,还不是"物之初"(《庄子》中底名辞)。此所谓"物之初"之"初",不是就时间说,是就逻辑说。理与气是"物之初"。因为理与气都是将事物分析到最后所得底。我们不能对事物作再进一步底分析。所以它们就是"物之初",不能有再"初"于它们者。

理之观念有似于希腊哲学(如柏拉图、亚力士多德的哲学)中及近代哲学(如海格尔的哲学)中底"有"之观念;气之观念,有似于其中底"无"之观念;道体之观念,有似于其中底"变"之观念;大全之观念,有似于其中底"绝对"之观念。照西洋传统形上学的说法,形上学的任务,也就是在于说明这一类底观念。我们说,新理学中所得到底四个观念,"有似于"西洋传统形上学中底四个观念。因为新理学中底四个观念,都是用形式主义底方法得来底。所以完全是形式底观念,其中并没有积极底成分。西洋传统形上学中底四个观念,则不必是用形式主义的方法得来底,其中有积极底成分。有积极底成分者,对于实际,有所肯定。无积极底成分者,对于实际,无所肯定。

严格地说,大全的观念,与其所拟代表者,并不完全相当。大全是一观念,观念在思中,而此观念所拟代表者,则不可为思之对象。大全既是一切底有,则不可有外。惠施说:"至大无外,谓之大一。"大全是不能有外底大一,如有外于大全者,则所谓大全,即不是大全。如有外于大一者,则是有二,有二,则所谓大一,即不是一。如以大全为对象而思之,则此思所思之大全,不包括此思。不包括此思,则此思所思之大全为有外。有外即不是大全。所以大全是不可思议底。大全既不可思议,亦不可言说,因为言说中,所言说底大全,不包括此言说。不包括此言说,则此言说所言说之大全为有外,有外即不是大全。不可思议、不可言说者,亦不可了解。不可了解,不可说它是"漆黑一团",只是说其不可为了解的对象。

由此方面说,道体亦是不可思议、不可言说底。因为道体是一切底流行。思议言说亦是一流行。思议言说中底道体,不包括此流行。不包括此流行,即不是一切底流行。不是一切底流行,即不是道体。

气亦是不可思议、不可言说底。不过其所以是如此,与大全或道体之所以是如此不同。大全或道体所以是如此,因为我们不可以大全或道为思议言说的对象。为思议言说底对象底大全或道体,不是大全或道体。气所以是不可思议、不可言说底,因为我们不能以名名之。如以一公名名之,则即是说它是一种什么事物,说它依照某理。但它不是任何事物,不依照任何理。所以于新理学中,我们说:我们名之曰气。我们说:此名应视为私名。但形上学并非历史,其中何以有私名,这也是一困难。所以名之以私名,亦是强为之名。

或人可说:清朝人所以批评道学者,就是因它是"空虚之学"(顾亭林语),没有实用。颜习斋说:"圣人出,必为天地建承平之业。"南北两宋,道学最盛,"乃上不见一扶危济难之功,下不见一可相可将之材","多圣多贤之世,乃如此乎?"(《存学编·性理评》)道学已是空虚无用。若新理学中底几个观念,都是形式底观念,更不能使人有对于实际底知识。道学尚讳言其近玄学近禅宗,新理学则公开承认其近玄学近禅宗。新理学岂不是更无实用?

于此我们说:我们现在是讲哲学。我们只能就哲学讲哲学。哲学本来是空虚之学。哲学是可以使人得到最高境界底学问,不是使人增加对于实际底知识及才能底学问。《老子》作为道与为学的分别。讲哲学或学哲学,是属于为道,不是属于为学。

以前大部分中国哲学家的错误,不在于他们讲空虚之学,而在于他们不自知,或未明说,他们所讲底,是空虚之学。他们或误以为圣人,专凭其是圣人,即可有极大底对于实际底知识,及驾驭实际底才能。或虽无此种误解,但他们所用以描写圣人底话,可使人有此种误解。例如《易传》说:"圣人与天地合其德,与日月合其明,与四时合其序,与鬼神合其吉凶。"《中庸》说:"圣人可以赞天地之化育。"《庄子·逍遥游》向郭注:"夫圣人之心,极两仪之至会,穷万物之妙数。"僧肇《肇论》说:圣人"智有穷幽之鉴,神有应会之用"。又说:"夫圣人功高二仪而不仁,明逾日月而弥昏。"朱子讲格物致知的工夫,说:"至于用力之久,而一旦豁然贯通焉,则众物之表里精粗无不到,而吾心之全体大用无不明矣。"这些话可予人以印象,以为圣人,专凭其是圣人,即可无所不知,无所不能。学为圣人，亦如佛教道教中，所谓学为佛，学为仙。学到某种程度，自然有某种灵异。普通人以为圣人必有极大底知识才能，即道学中，亦有许多人以为是如此。于是有许多道学中底人，都自以为，他们已经用了"居敬存诚"的工夫，对于实际底知识、才能，都可以不学而自能。于是他们不另求知识，不另求才能。不另求当然无知识，无才能。这些人"徒以生民立极，天地立心，万世开太平之阔论，钤束天下，一旦有大夫之忧，当报国之日，则蒙然张口，如坐云雾"（黄梨洲语，《南雷文定》后集卷三）。这些人是无用之人。他们成为无用之人，因为他们不知他们所学底是无用之学。若使他们知他们所学底是无用之学，他们即早另外学一点有用之学，他们亦不至成为无用之人。

新理学知道它所讲底是哲学，知道哲学本来只能提高人的境界，本来不能使人有对于实际事物底积极底知识，因此亦不能使人有驾驭实际事物底才能。哲学可能使人于洒扫应对中，尽性至命，亦可能使人于开飞机放大炮中，尽性至命。但不能使人知怎样洒扫应对，怎样开飞机放大炮。就此方面说，哲学是无用底。

在以上所讲底各家中，了解并明说上所说底意思者，只有禅宗与阳明。禅宗明白承认圣人，专凭其是圣人，不必有知识才能。他们说：圣人所能做底事，也就是穿衣吃饭，拉屎撒尿。他们说：禅是金屎法，不会一似金，会了一似屎。不过一般人都以为他们这种说法，是反说底。又因禅宗未完全脱去宗教的成分，一般人又传说禅宗的大师，有种种底灵异。因此禅宗虽有此说，而未为后来底人，所了解、所注意。

阳明有"拔本塞源之论"。他说："夫拔本塞源之论，不明于天下，则天下之学圣人者，将日繁日难。斯人沦于禽兽夷狄，而犹自以为圣人之学。""圣人之学，所以至简至易，易知易从，易学易能，而以成才者,正以大端惟在复心体之同然,而知识技能,非所与论也。"(《答顾东桥书》,《传习录》中)阳明又说:"所以为精金,在足色,而不在分两。所以为圣者,在纯乎天理,而不在才力也。故虽凡人而可为学,使此心纯乎天理,则亦可为圣人。犹一两之金,比之万镒。虽分两悬绝,而其到足色处,可以无愧。故曰:人皆可以为尧舜,以此。"(《传习录》上)此说虽是而尚有一间未达。才力与境界,完全是两回事。两者不必有联带底关系。说有才力底圣人是万镒之金,无才底圣人是一两之金,似乎才力与境界,尚多少有联带底关系。于此点我们可以说,阳明尚未尽脱流俗之见。

新理学中底几个主要观念,不能使人有积极底知识,亦不能使人有驾驭实际底能力。但理及气的观念,可使人游心于"物之初"。道体及大全的观念,可使人游心于"有之全"。这些观念,可使人知天、事天、乐天,以至于同天。这些观念,可以使人的境界不同于自然、功利,及道德诸境界(详见《新原人》)。

这些观念,又都是"空"底。他们所表示底都是超乎形象底。所以由这些观念所得到底境界,是虚旷底。在这种境界中底人,是"经虚涉旷"底。

在这种境界中底人,虽是"经虚涉旷",但他所做底事,还可以就是人伦日用中底事。他是虽玄远而不离实用。在这种境界中底人,虽"经虚涉旷",而还是"担水砍柴","事父事君"。这也不是"担水砍柴","事父事君",无碍其"经虚涉旷",而是"担水砍柴","事父事君",对于他就是"经虚涉旷"。他的境界是极高明,但与道中庸是一行不是两行。

在这种境界中底人,谓之圣人。哲学能使人成为圣人。这是哲学的无用之用。如果成为圣人,是尽人之所以为人,则哲学的无用之用，也可称为大用。

　　圣人是"人之至者"（邵康节语），人之至者，也就是所谓至人。某种对于实际底知识才能，可以使人成为某种职业底人，例如医生、工程师等。但哲学不能使人成为某种职业底人，只能使人成为至人。至人是不限于职业底。任何有用于社会底职业中底人，都可成为至人，但人不可专以成至人为他底职业。如果他若如此，他即如和尚之专以成佛为职业，他即落于高明与中庸的对立。

　　圣人不能专凭其是圣人即能做事，但可以专凭其是圣人，即能做王。而且严格地说，只有圣人，最宜于做王。所谓王，指社会的最高底首领。最高底首领并不需要亲自做什么事，亦不可亲自做什么事。这就是道家所谓"无为"。"上必无为而用天下，下必有为为天下用。"当最高首领的"无为"，并不是无所作为，而是使用群才，令其自为。当最高首领者，无须自为，所以亦不需要什么专门底知识与才能。他即有专门底知识与才能，他亦不可自为。因为他若有为，则即有不为。他不为，而使用群才，令其自为，则无为而无不为。

　　当最高首领底人，所需要底是"廓然大公"底心，包举众流底量。只有在天地境界中底人，最能如此。他自同于大全。自大全的观点，以看事物，当然有"廓然大公"底心。在他的心中，"万物并育而不相害，道并行而不相背"，他当然有包举众流底量。在他的境界中，他"不与万法为侣"，真是"首出庶物"，所以他最宜于做社会的最高底首领。

　　所以圣人，专凭其是圣人，最宜于做王。如果圣人最宜于做王，而哲学所讲底又是使人成为圣人之道，所以哲学所讲底，就是所谓"内圣外王之道"。新理学是最玄虚底哲学，但它所讲底，还是"内圣外王之道"，而且是"内圣外王之道"的最精纯底要素。

新　知　言

自　　序

　　前发表一文《论新理学在哲学中底地位及其方法》（见《哲学评论》八卷一期至二期），后加扩充修正，成为二书，一为《新原道》，一即此书。《新原道》述中国哲学之主流，以见新理学在中国哲学中之地位。此书论新理学之方法，由其方法，亦可见新理学在现代世界哲学中之地位。承百代之流，而会乎当今之变，新理学继开之迹，于兹显矣。将返北平，留滞重庆，因取已抄成之稿，校阅付印。新理学之纯哲学底系统，将以《新理学》、《新原人》、《新原道》及此书，为其骨干。《新理学》脱稿于南渡途中，此书付印于北返道上，亦可纪也已。写此书时，与沈公武先生（有鼎）时相讨论，原稿承金龙荪先生（岳霖）校阅一过，多所指正，并此致谢。民国三十五年六月，冯友兰序于重庆。

绪　　论

假使我们要只用一句话，说出哲学是甚么，我们就可以说：哲学是对于人生底有系统底、反思底思想。每一个人，只要他没有死，他都在人生中，但不是每一个人，都对于人生有有系统底、反思底思想。这种思想，所以谓之反思，理由有二点。就第一点说，反思底思想，是以人生为对象底。以人生为对象底思想，仍是在人生中。在人生中思想人生底思想，是反思底思想。就第二点说，思想亦是人生中底一种主要底活动。以人生为对象而思之，不免也要以思想为对象而思之。这就是思想思想。思想思想底思想是反思底思想。思想是人生中底光。反思底思想是人生中底光的回光返照（此所谓回光返照，是取其字面底意义。在禅宗中，这四个字，有这种用法）。

以人生为对象而思之，就是对于人生有觉解。于《新原人》中，我们说：人之所以异于禽兽者，其主要底一点，是人对于他的生活有觉解。如果禽兽亦对于它们的生活有觉解，我们可以说：人对于他的生活，有较高底觉解。此所谓觉是自觉，此所谓解是了解。人做某事，了解某事是怎样一回事，他于做某事时，并自觉他是在做某事，这就是他对于做某事有觉解。这也就是他对于他的生活的片断有觉解。不过一般人虽对于他的生活的片断有觉解，但未必对于他的生活的整个有觉解。一般人虽都有觉解，但未必了解觉解是怎样一回事；于有觉解时，亦未必自觉他是有觉解。这就是说,他未必觉解其觉解。人的生活的整个,就是人生,对于人生底觉解,就是对于人生底反思底思想。对于觉解底觉解,就是对于思想底思想。这种思想,如成为系统,即是哲学。

这可以说是人的心的向内底发展。说到向内底发展,颇可引起误会。因为有些人说到心的向内底发展,有轻视或敌视中国哲学史中所谓外物的意思。他们作中国哲学史中所谓内外之分,有中国哲学史中所谓"是内而非外"的倾向。我们并没有这个意思。我们所谓心的向内底发展,不过是说,人注意到他自己的全部生活,他的全部生活,包括了中国哲学史中所谓内外。

在《新理学》中我们说:哲学乃自纯思之观点,对于经验,作理智底分析、总括,及解释,而又以名言说出之者。这是就哲学的方法及研究哲学底出发点,以说哲学。凡有关于实际底学问,都需以经验为其出发点。因为所谓实际,就是经验的对象,或可能底经验的对象。纯思是哲学的方法。理智底分析、总括,及解释,是思的方法。此所谓理智,亦可以说是逻辑底。我们用理智对于经验作分析、总括,及解释,所得底是逻辑底分析、总括,及解释。说理智底,是就我们的官能说。说逻辑底,是就所得底结果说。

在《新理学》中,我们说到思与想的不同。在中国旧日言语中,本来有此分别。《世说新语》说:"卫玠总角时,问乐令梦。乐云:'是想。'卫曰:'形神所不接而梦,岂是想邪?'乐云:'因也。未尝梦乘车入鼠穴,捣齑啖铁杵,皆无想无因故也。'卫思'因',经日不得,遂成病。"(《文学》篇)在这一段中,我们可以看出,在中国旧日言语中,思与想的分别。我们说"纯思",我们是要表明,在哲学中不可有想的成分。近来底中国言语,以"思想"二字合文,表示思。我们上文所谓思想,意思就是思。

　　我们对于经验，可以注意于其内容，亦可只注意于其程序。所谓经验的内容，就是经验者对于经验的对象所有底知识。对于经验底理智底分析、总括，及解释，又可分为对于经验的程序者，及对于经验的内容者。前者就是哲学中底知识论，后者就是哲学中底形上学。

　　形上学是哲学中底最重要底一部分。因为它代表人对于人生底最后底觉解。这种觉解，是人有最高底境界所必需底。我们对于经验的内容，作逻辑底分析、总括及解释，其结果可以得到几个超越底观念。所谓超越就是超越于经验。用中国哲学史中底话说，就是超乎形象底。我们的理智，自经验出发而得到超越于经验者。对于超越于经验者底观念，我们称之为超越底观念。这几个超越底观念，就是形上学底观念，也就是形上学中底主要观念。

　　形上学中底主要观念，既都是从纯思来底，所以形上学并不能增加人对于实际底积极底知识。在这一方面，它有似于逻辑学、算学。逻辑学、算学虽亦不能增加人对于实际底积极底知识，但其中亦有一套原则公式，为科学所依靠，以求积极底知识。由此方面说，我们可以说，逻辑学、算学可以间接地增加人的积极底知识。它们虽不依靠科学，科学却要依靠它们。形上学既不依靠科学，科学亦不依靠它，它是真不能增加人的积极底知识。它也有一套命题，但这一套命题，都近乎是自语重复底。从求积极底知识的观点看，这一套命题，没有甚么用处，可以说是"废话"。

　　不过形上学的功用，本不在于增加人的对于实际底积极底知识。形上学的功用，本只在于提高人的境界。它不能使人有更多底积极底知识。它只可以使人有最高底境界。这就是《新原人》中所谓天地境界。人学形上学，未必即有天地境界。但人不学形上学,必不能有天地境界。

《老子》说:"为学日益,为道日损。"为学与为道的工夫的分别,是否在于日益或日损,我们于此不必讨论。但为学与为道,是有分别底。用我们的话说,为学是求一种知识,为道是求一种境界。说求一种境界,所求一定是一种境界,高于普通人所有者。因为普通人所有底境界,是所谓自然的礼物,不是求而后得者。在《新原人》中,我们说:人所可能有底最高底境界,是天地境界。在天地境界中底人,就是中国所谓圣人。学为圣人的工夫,就是所谓圣功。学形上学可以说是圣功的一部分。王阳明说他早年信朱子之说,以为学为圣人,始于穷理。一日,他开始穷竹子之理。思之七日七夜,至于成疾,终不能得。他只得放弃这种工夫,以为圣人不是常人所可学底。他的这种办法,有两种错误。第一种错误是,以为学为圣人,必须知各种事物之理的内容。第二种错误是,以为纯靠思可以知事物之理的内容。纯靠思不能知事物之理的内容。学为圣人亦不需知各种事物之理的内容。不过人求天地境界,需要对于人生底高底觉解。形上学所能予人底,就是这种觉解。

本书所讲,不是哲学,而是哲学方法,更确切地说,是形上学的方法。于《新理学》中,我们说:有最哲学底哲学。于本书中,我们说:有最哲学底形上学。本书所讲形上学的方法,就是最哲学底形上学的方法,也就是新理学的方法。

第一章 论形上学的方法

　　"形上学"，是一个西洋哲学中底名词。有时也译为玄学。民国八九年间，在中国曾有所谓科学与玄学的论战，其所谓玄学，即是形上学。

　　就最哲学底形上学说，科学与形上学没有论战的必要。因为科学与形上学，本来没有冲突，亦永远不会有冲突。最哲学底形上学，并不是"先科学底"科学，亦不是"后科学底"科学，亦不是"太上科学"。它不必根据科学，但亦不违反科学，更不反对科学。所以它与科学，决不会发生冲突。既不发生冲突，当然亦没有论战的必要。

　　科学的目的是对于经验作积极底释义（释义就是解释其中所涵蕴底义理。这是一个新词。其意义相当于英文 interpretation 一词，作名词用则曰释义，作动词用则曰义释）。其方法是实验底，其结论的成立，靠经验的证实。在人类的知识的进步过程中，人的知识中底有些理论，其目的亦是对于经验作积极底释义，但其方法，却不是实验底。这就是说，持这些理论底人，虽持这些理论，但却不以，或不能以，实验底方法，从经验上证实之。此种理论，就其目的说，是科学底；就其方法说，不是科学底。此种理论，可以说是"先科学底"科学。因为此种理论，就其目的说，是与科学一类底。但其方法，是人未知严格底科学方法以前所用底方法。所以我们说：此种理论是"先科学底"科学。

例如,就医学说,说传染病的病源是一种微生物,这是可以实验底方法从经验中证实底,这是科学的理论。说传染病的病源是"四时不正之气",这是"想当然耳",是不能以实验底方法,从经验中证实底。这是"先科学底"科学的理论。这种理论,虽是"想当然耳",但亦是对于传染病的病源底一种比较合理底解释。比于说传染病是上帝降罚,或鬼神作祟,这种理论,已经是进步得多。

说传染病的病源是上帝降罚或鬼神作祟,是宗教的说法。说传染病的病源是"四时不正之气",是"先科学底"科学的说法。说传染病的病源是一种微生物,是科学的说法。从宗教的说法,到科学的说法,是一种进步,是人的知识在医学方面底进步。

"先科学底"科学,有些人称为形上学。孔德说:人类进步,有三阶段:一、神学阶段;二、形上学阶段;三、科学阶段。他所谓形上学,正是我们所谓"先科学底"科学。如所谓形上学是如此底性质,则形上学只可于"无佛处称尊",于没有科学的时候,此所谓形上学,在人的知识中占现在科学在现在人的知识中所占底地位。换句话说,此所谓形上学,就是那个时候的人的科学。于既有现在底科学以后,此所谓形上学,即应功成身退,将其地位让与现在底科学。如既有现在底科学,此所谓形上学,仍不退位,则即与现在底科学冲突。此等冲突,严格地说,是现在底科学与以往底科学的冲突。是进步底、好底科学,与落伍底、坏底科学的冲突。

照另有一部分人底说法,形上学可以说是"后科学底"科学。照这一部分人的说法,科学以实验底方法,义释经验。但现在底科学,尚不能以实验底方法,义释所有底经验。现在底科学所尚不能义释底经验,形上学可暂以另一种方法义释之。等到科学进步,形上学所义释底经验,科学亦能以实验底方法义释之。至此时,科学的释义替代形上学的释义。用另一套话说,形上学专讨论科学所尚未讨论,或尚未能解决底问题。形上学的问题与科学的问题,是一类底。在这一类底问题中,有些问题是科学所不能以实验底方法解决者。形上学随科学之后,取此等问题,以另一种方法,试为解决。不过这种解决是临时底。将来科学进步,即能以实验方法解决此等问题,这是真正底解决。真正底解决将来即替代临时底解决。形上学专在科学后面,检拾问题。科学愈进步,形上学即愈无问题可检拾。至全无问题可检拾之时,形上学即没有了。有人说:哲学亦没有了。

照这一部分人的说法,形上学是"后科学底"科学。它亦是科学,因为它的问题,与科学的问题是一类底,形上学与科学,都以积极底义释经验为目的。形上学随科学之后,试以另一种方法解决科学以实验底方法所不能解决底问题。由此方面说,它是"后科学底"科学。但它必为将来底科学所替代。由此方面说,所谓"后科学底"科学,仍是"先科学底"科学。对于现在底科学说,它是"后科学底"科学。对于将来底科学说,它是"先科学底"科学。

或可说,形上学的问题,虽与科学的问题,是一类底,但并不是科学所尚不能解决底问题,而是科学所永不能解决底问题。形上学于科学之后,专检拾科学所永不能解决底问题,以另一种方法解决之。所以它只是"后科学底"科学,不是"先科学底"科学。例如在西洋哲学史中,所谓上帝存在、灵魂不灭、意志自由等问题,都是关于宇宙人生底根本问题,亦都是科学所永不能解决底问题。这一类底问题,正是形上学的问题。形上学专讨论这一类底问题,所以是"后科学底"科学。

亦有人认为科学的问题是无穷尽底，解决一个问题之后，随之就有别底问题发生。科学的进步，永远是一波未平、一波又起的情形。所以"后科学底"科学，不会没有。它是随着科学发展而发展底，不过它的领域，时时移动。

照另有一部分人的说法，形上学可以说是"太上科学"。照这一部分人的说法，形上学的目的，是求所谓"第一原理"。从"第一原理"可以推出人的所有底知识，中国古代有些人以为，《周易》一书就包涵有这一种底原理。现在虽有很少人持这种说法，但颇有些人以为，形上学的第一原理，可为科学中底原理之根据。它是一切科学原理的原理。例如海格尔所讲底辩证法，在他的形上学中，就是这一种底第一原理。在辩证唯物论的形上学中，马克思所讲底辩证法，也是这一种底第一原理。照此一部分人的说法，形上学是科学之母，也就是"太上科学"。

以上各部分人的各种说法，虽不尽相同，但有一相同之点，即均以为形上学的目的，与科学同是积极地义释经验。不过形上学的方法与科学不同。形上学不以实验底方法，从经验证实其结论，因此即可与科学冲突。因为积极地义释经验，而又不用实验底方法，从经验证实其结论，是为科学所不许底。

形上学不用实验底方法，不从经验证实其结论，如何可以解决有关于积极地义释经验底问题？这是很不容易回答底。在西洋现代哲学中，维也纳学派，即从此观点，以批评形上学。如所谓形上学是"先科学底"科学，或"后科学底"科学，或"太上科学"，则维也纳学派，对于形上学底批评，是很有理由底。他们说，形上学中命题是没有意义底，形上学是应该取消底。如所谓形上学是如上文所说者，形上学似乎没有方法，可以应付维也纳学派的批评。

不过最哲学底形上学,亦可说是真正底形上学,并不是"先科学底"科学,亦不是"后科学底"科学,亦不是"太上科学"。在哲学史中,有些哲学家的形上学,确不免有这些性质。但不能说"形上学"必需有这些性质。维也纳学派对于形上学底批评,可以说是对于西洋传统底形上学底批评。这些批评,对于真正底形上学,是无干底。

我们于以下,将要说明真正形上学的性质。本书主要底目的,是讲形上学的方法。一门学问的性质,与它的方法,有密切底关系。我们于以下希望,从讲形上学的方法,说明形上学的性质。

真正形上学的方法有两种:一种是正底方法;一种是负底方法。正底方法是以逻辑分析法讲形上学。负底方法是讲形上学不能讲,讲形上学不能讲,亦是一种讲形上学的方法。犹之乎不屑于教诲人,或不教诲人,亦是一种教诲人的方法。孟子说:"不屑于教诲者,是亦教诲之而已矣。"《世说新语》说:"谢公夫人教儿,问太傅:'那得初不见公教儿?'答曰:'我自常教儿。'"孟子、谢公此言,正可引以说明此义。讲形上学不能讲,即对于形上学的对象,有所表显。既有所表显,即是讲形上学。此种讲形上学的方法,可以说是"烘云托月"的方法。画家画月的一种方法,是只在纸上烘云,于所烘云中留一圆底或半圆底空白,其空白即是月。画家的意思,本在画月。但其所画之月,正在他所未画底地方。用正底方法讲形上学,则如以线条描一月,或以颜色涂一月。如此画月底画家,其意思亦在画月。其所画之月,在他画底地方。用负底方法讲形上学者,可以说是讲其所不讲。讲其所不讲亦是讲。此讲是其形上学。犹之乎以"烘云托月"的方法画月者,可以说是画其所不画。画其所不画亦是画。

正底方法,以逻辑分析法讲形上学,就是对于经验作逻辑底释义。其方法就是以理智对于经验作分析、综合及解释。这就是说以理智义释经验。这就是形上学与科学的不同。科学的目的,是对于经验,作积极底释义。形上学的目的,是对于经验作逻辑底释义。

我们所谓"逻辑底",意思是说"形式底"。我们所谓"积极底",意思是说"实质底"。在本书中,"积极底"是与"逻辑底"或"形式底"相对待底,并不是与"消极底"或"否定底"相对待底。所谓"形式底",意思是说"没有内容底",是"空底"。所谓"实质底",意思是说"有内容底"。这种分别,我们于下文举例说明之。

《世说新语》谓:"钟士季精有才理,先不识嵇康。钟要于时贤俊之士,俱往寻康。康方大树下锻。向子期为佐鼓排。康扬锤不辍,傍若无人,移时不交一言。钟起去。康曰:'何所闻而来?何所见而去?'钟曰:'闻所闻而来,见所见而去。'"(《简傲》篇)又传说:邵康节与程伊川闻雷声,康节"谓伊川曰:'子知雷起处乎?'伊川曰:'某知之,尧父不知也。'先生(康节)愕然曰:'何谓也?'曰:'既知之,安用数推之?以其不知,故待推而知。'先生曰:'子云知,以为何处起?'曰:'起于起处。'先生咥然。"(《宋元学案》引)在此二故事中,钟会及伊川的答案,都是形式底答案。这就是说,这种答案是空底,没有内容底。因为专凭程伊川的答案,我们并不能知道他所闻底雷果从何处起。专凭钟会的答案,我们并不能知道他果何所闻而来,何所见而去。若程伊川答说:雷从北邙山起。若钟会答说,他闻嵇康是个狂士,他见嵇康打铁。他们的答案,即不是形式底,而是有内容底。有内容底即是积极底。

钟会及伊川的答案,以前人却觉其颇有意思,这就是说都觉其有哲学底兴趣。为甚么如此？其原因约有三点：（一）这些答案几乎都是重复叙述命题。（二）就一方面说，这些答案可以说是对于实际都没有说甚么，至少是所说很少。（三）但就又一方面说，这些答案又都是包括甚广。形上学中底命题，就是有这种性质底命题。

为讨论方便起见，我们把钟会及伊川的答案，写成下列三个命题："我看见我所看见底。""我听见我所听见底。""我们所听见底雷起于它所起底地方。"这三个命题，都几乎是重复叙述底。为甚么说"几乎"？因为这三个命题，都是肯定其主辞的存在。钟会肯定他是听见些甚么，看见些甚么。伊川肯定他所听见底是雷声，而且雷有其起处。这些就是他们所从以说起底事物。他们肯定其存在。这就是肯定其主辞的存在。肯定其主辞的存在底命题，不是重复叙述命题。不过这三个命题的客辞，只是重复叙述它的主辞。所以我们说它们几乎是重复叙述命题。我们说：钟会、伊川的答案，可以说是对于实际没有说甚么，至少是所说甚少。所以要加上末一句，就是因为他们并非全无所说。

重复叙述命题，不能是肯定其主辞的存在底命题，因为肯定其主辞存在底命题，不能是必然地真底。例如我们说："现在底法兰西国王是现在底法兰西国王。""那个使圆为方底人，是那个使圆为方底人。"这两个命题都是重复叙述命题。但照罗素在《数学原理》中，对于这两个命题底解释，这两个命题，都不是真底。因为这两个命题的主辞，都是不存在底。现在底法兰西没有国王，亦没有能使圆为方底人。照这种解释，这两个命题固不是真底，但同时它们亦失去重复叙述命题所有底性质。以为它们不是真底，而同时又是重复叙述命题，这是错误底。这两个命题，应解释为："如果甲是现在底法兰西国王，甲是现在底法兰西国王。""如果甲是那个使圆为方底人,甲是那个使圆为方底人。"照如此解释,则虽现在底法兰西没有国王,虽没有人能使圆为方,而这两个命题还是真底,因为它们意义是"如果甲,则甲",并不肯定主辞的存在。

"我听见我所听见底","我看见我所看见底","我们所听见底雷声,起于它所起底地方"。我们当然亦可将其解释为重复叙述命题。我们可以将其解释为"如果我有所听见,我所听见底是我所听见底";"如果我有所看见,我所看见底是我所看见底";"如果我们所听见底是雷声,又如果雷声有其起处,它的起处是它的起处"。照这样解释,这三个命题,对于实际,都没有说甚么。它们都是重复叙述底命题。不过这样解释,显然不是钟会、伊川的意思。而形上学中底命题,也不是这一种底命题。

重复叙述命题,不可能是假底。上面所述三个命题,只有在一个情形下才可能是假底。只有在钟会没有听见甚么,没有看见甚么的情形下,钟会所说,才会是假底;只有在伊川没有听见雷声,或雷声根本无起处的情形下,伊川所说,才会是假底。

这三个命题,都是从实际底事物说起,所以不是逻辑中底命题。逻辑中底命题,不从实际底事物说起。讲逻辑底书中,亦常有关于实际底事物底命题,但此不过是为学人举例,并不是逻辑中有这一类底命题。钟会、伊川所说底命题,虽都从实际底事物说起,而对于他们所说底事物,除其存在外,均无所肯定,无所建立。钟会并没有肯定,他所听到底是甚么,他所见到底是甚么。伊川并没有肯定,他所听底雷声,从甚么地方起。就这一方面说,他们对于实际,是没说甚么,至少是所说甚少。

钟会虽没有肯定他所闻底是甚么,他所见底是甚么,但无论他所闻底是甚么,他所见底是甚么,他的这个答案,都可以适用。只要他是有所闻,有所见,他所说底命题,都是真底。伊川的答案亦是如此。于此我们又可见,这一种命题,与逻辑中底命题不同。严格地说,有许多逻辑中底命题,只是命题套子。从套子中可以套出命题。例如"甲是甲",并不是个命题,只是个命题套子。从这个套子中,我们可以套出山是山,水是水。虽是如此,但"甲是甲"并不包括山是山,水是水。这就是说,从"甲是甲",我们虽可以套出山是山,水是水,但山或水都不是"甲"的外延。甲不能有外延。"我听见我所听见底","我看见我所看见底","我所听见底雷声,起于它所起底地方"。这些是命题,并不是命题套子,从这些命题中,我们不能套出,钟会所听见底是甚么,所看见底是甚么,伊川所听见底雷声,起于甚么地方。但无论钟会所听见底所看见底是甚么,他所实际听见底或实际看见底,都是"我所听见底"或"我所看见底"这两个辞的外延。伊川所听见底雷声,无论起于何处,但它的实际起处(如果它有起处),就是"我所听见底雷声的起处"这个辞的外延。由这一方面说,这三个命题,所包括甚广。

这三个命题,并不是形上学中底命题,不过有上所述底三种性质。这三种性质是形上学中底命题所有底。因此,人觉这三个命题有哲学底兴趣,我们也以它们作例,说明形上学中底命题的性质。

形上学的工作,是对于经验作逻辑底释义。科学的工作,是对于经验作积极底释义。所以形上学及科学,都从实际底事物说起。所谓实际底事物,就是经验中底事物。这是形上学与逻辑学、算学不同之处。在对于实际事物底释义中,形上学只作形式底肯定,科学则作积极底肯定,这是形上学与科学不同之处。

逻辑学中,及算学中底命题,都是分析命题,所以不可能是假底。科学中底命题,是综合命题,可能是假底。形上学中底命题,仅几乎是重复叙述命题,所以也是综合命题,也可能是假底。不过形上学中底命题,除肯定其主辞的存在外,对于实际底事物,不积极底说甚么,不作积极底肯定,不增加我们对于实际事物底知识。所以它是假的可能是很小底。只有在它所从说起底事物的存在不是真底的情形下,它才能是假底。形上学是对于一切事物作形式底释义,只要有任何事物存在,它的命题都是真底。任何事物都不存在,如果是有这种可能,其可能是很小底。所以形上学中底命题,虽不如逻辑学、算学中底命题,是必然地真底,但亦近乎是必然地真底。

　　人的知识,可以分为四种。第一种是逻辑学、算学。这一种知识,是对于命题套子或对于概念分析底知识。第二种知识是形上学。这一种知识,是对于经验作形式底释义底知识。知识论及伦理学的一部分,亦属此种。伦理学的此部分,就是康德所谓道德形上学。第三种是科学。这一种知识,是对于经验作积极底释义底知识。第四种是历史。这一种知识,是对于经验底记述底知识。

　　真正形上学底命题,可以说是"一片空灵"。空是空虚,灵是灵活。与空相对者是实,与灵相对者是死。历史底命题,是实而且死的。因为一个历史底命题,所说者是一件已定底事实,亦止于此一件事实。科学底命题,是灵而不空底。科学底命题,对于经验作积极底释义,积极则有内容,所以不是空底。但一科学命题,可以适用于一类事实,不为一件事实所限,不沾滞于一件事实,所以是灵底。逻辑学、算学中底命题,是空而不灵底。因为逻辑学中底命题,其只是命题套子者,因其是套子,所以是空底。从套子中虽可以套出许多命题,但一个套子,只是一个套子,所以是死底。其是分析概念,以及算学中底命题,都只分析概念,不管事实,所以是空底。分析一个概念底命题,只是一个分析概念底命题,所以是死底。形上学底命题,是空而且灵底。形上学底命题,对于实际,无所肯定,至少是甚少肯定,所以是空底。其命题对于一切事实,无不适用,所以是灵底。

真正底形上学,必须是一片空灵。哲学史中底哲学家底形上学,其合乎真正底形上学的标准的多少,视其空灵的程度。其不空灵者,即是坏底形上学。坏底形上学即所谓坏底科学。此种形上学,用禅宗的话说,是"拖泥带水"底。沾滞于"拖泥带水"底形上学底人,禅宗谓为"披枷带锁"。

第二章　柏拉图的辩证法

在西洋哲学史中，大多数底哲学家讲形上学所用底方法，都是我们所谓正底方法。他们对于形上学的方法，也多有所讨论。我们于本章及下数章略述在西洋哲学史中几位重要哲学家所讨论底哲学方法，以与我们于上章所述底两种方法相比较。

在西洋哲学史中，柏拉图是第一个大形上学家。他的形上学的方法，是他所谓辩证法（此是希腊哲学中底辩证法，与近代哲学中底辩证法，如海格尔、马克思所讲者，不同）。柏拉图的形上学，有神秘主义与理性主义两方面。他所谓辩证法，也有神秘底与逻辑底两方面。在《理想国》有一段中，苏格拉底说："我说：'葛老贡，我们最后到了辩证法的歌颂。这是只与理智有关底努力，但也是视觉的官能所摹仿底。你记得，我们想像，视觉迟了一会，才能看见真底动物及真底星辰。最后才能看见太阳自身。（柏拉图于上段有洞穴之喻。一个自洞穴出来底人，因其视觉习于黑暗，不能在光明中视物，最先只能看动物及太阳在水中底影子。）辩证法亦是如此。一个人只用理性的光，不靠感觉的任何帮助，发现了绝对。以这个发现为开端，他继续努力，以至于看见了绝对底善。最后他发现他自己在理智世界的极端。正如上所说视觉的情形，是在感觉世界的极端。'他说：'真是如此。''这个进展，你叫作辩证法么？''真底。'""没有任何别底方法，可以整齐底程序，使我们了然一切底真实底存在，并确定一物，在它的本性中是甚么。这是无可争辩底。"(《理想国》第七章)在这段对话中,柏拉图说到辩证法的两种功用:一种是"用理性底光,发现绝对";一种是"用纯粹底理智,看见了绝对底善"。前一种功用,使我们"确定一物,在其本性中是甚么"。后一种功用,"使我们了然一切底真底存在"。有前一种功用,是辩证法的逻辑方面。有后一种功用,是辩证法的神秘方面。

在其神秘方面,辩证法是一种"力量,能使灵魂中底最高底原理,高举至对于存在中之最善者底冥思"。这种高举,也称为"转变"(conversion)。在这种转变中,"灵魂的眼",可以"看见""绝对底善"(均见《理想国》第七章)。这种"看见",是一种神秘经验,这种经验,是从"用理性的光发现绝对"得来底。所以辩证法的神秘方面,实是其逻辑方面的继续。辩证法的两方面,也可以说是辩证法的两段。前一段是知有绝对。后一段是"看见"绝对。

在其逻辑方面,辩证法是"问答问题的最大技巧"(同上)。辩证法是问答问题的方法,这似乎是当时所谓辩证法的普通底意义。在《理想国》及别底对话中,柏拉图极力说明辩证法家(dialectician)与诡辩家(eristic)不同。辩证法家以寻求真理为目的,诡辩家则以互相非难为快乐(同上)。柏拉图常说辩证法是教人知道怎样问问题及怎样回答问题的方法。他所注重底问,大概是问甚么是甚么。例如甚么是道德? 甚么是知识? 这就是问甚么是一类事物的要素? 他所注重底答,大概是说出甚么是甚么。这就是说出一类事物的要素是甚么。

一类事物的要素,也就是上文所谓绝对。在《理想国》中,苏格拉底说:"我说:'你赞成我们说,辩证法家是一个人,他得到每一事物的要素的概念么? 一个人没有这种概念,因此也不能传达这个概念与别人；在这一方面，他失败到甚么程度，就是在理智方面，他失败到甚么程度，你承认这些么？'他说：'是底，我怎么能否认这些？''对于善的概念，你也可以同样地说。一个人必需能抽象并且理性地确定善之概念，并且能经过所有底反对底辩论，立即能驳倒它们，在辩驳中，他能不求助于意见，而只求助于绝对底真理。在辩驳的任何阶段中，他能不游移其辞。除非一个人能如此，你将说，他既不知善之概念，也不知任何底善。如果能了解一点甚么，他也只是了解一些影子，这是意见所给予，不是确切底学问所给予者。如此之人，一生在睡梦中，睡梦尚未觉醒，他已入于地下，而永远地休息了。'"（同上）此所说底能如此底人，就是能用辩证法以"发现绝对"底人。他先发现绝对，然后"看见"绝对。前者是辩证法的开始，后者是辩证法的完成。

　　用辩证法，我们怎样能积极地知道某一类事物的要素？这就是说，我们怎样能知道一类事物的要素的内容？在《理想国》中，柏拉图未有说明。在别底对话中，柏拉图对此问题有详细底讨论。我们于以下举《智者》及《政治家》二对话中，柏拉图对于辩证法底讨论，以见他对于此问题底意见。在这两篇对话中，柏拉图要与智者及政治家以定义，这就是说，要找出智者及政治家的性质，这也就是说，要积极地知道智者及政治家的要素的内容。在这两篇对话中，柏拉图对于他所用底方法有很详细底讨论。柏拉图称这种方法为辩证法，亦称为分析法（见《智者》）。

　　在《政治家》中，主持讨论底客说："如果一个人先有见于事物中底统一，他进行研讨，必至于他找出所有底不同。包括于统一中，而构成清晰底诸类者，然后他方停止。对于事物的纷纭不齐，他进行研讨，必至于认识了有相同之点底事物，是在于一同的范围内，并包括于一个单一底类中，他始满意。这是正确底路。"（《政治家》二八五）这就是说，正确底路，有两方面：一方面是同中求异，如这一段话的前一半所说者；一方面是异中求同，如这一段话的后一半所说者。在《政治家》中，客又说：有"两个普遍应用底大技术：一个是合的技术（the art of composition）；一个是分的技术（the art of division）"（《政治家》二八二）。辩证法也有分与合的两方面。分就是同中求异，合就是异中求同。

在《智者》及《政治家》二对话中，主持讨论底客举了许多例以说明智者及政治家的性质。举例以说明一事物，就是用辩证法的合的方面。客说："我们将一事物，与此事物的另一明显底例相比较，对于此另一例，我们是有正确底概念底。由此比较，生出一个真底概念，将此事物及其另一例都包括了。"（《政治家》二七八）客于《政治家》中，以织布比政治。他说："我们意欲从小底事物推到高底一类。这高底与那小底有同一底性质，但是其最高底形式。由此照技术的规则，我们求发现甚么是治国。"（同上）织布是将不同的纤维，合成一片。治国是将不同底人，合成一片。治国以勇敢底人为经，以温良底人为纬，组织社会。这就是织布与治国的相同的性质。而治国是其最高底形式。在《智者》对话中，主持讨论底客以钓鱼人与智者相比。因为钓鱼人引诱一种动物（鱼）而欲得之。智者亦引诱一种动物（人）而欲得之。这就是他们相同之点。从这种比较，我们可于异中求同，这就是辩证法的合的方面。

作这种比较时，我们必需分析用作比较底事物底性质。这就是同中求异。这就是辩证法的分的方面。在《智者》对话中主持讨论底客，分析钓鱼人的性质。客谓人可以分为两种，一种是有技艺者，一种是无技艺者。技艺又分为二种，一种是生产新物底，一种是获得成品底。后者又分为二种,一种是交易底,一种是夺取底。后者又分为二种,一种是用公开底力量,一种是用神秘底力量。后者又分为二种,一种以无生物为对象,一种以生物为对象。钓鱼者与智者都是有,以生物为对象底,以神秘底力量夺取成品底技艺底人。

智者的性质,又可从另一方面看。在《智者》对话中,客以为交易的技艺,又可分为二种。一种是买,一种是卖。卖又分二种,一种是卖自己所制造底,一种是卖别人所制造底。后者又分二种,一种是批发,一种是零售。后者又分二种,一种是售身体食粮,一种是售精神食粮。后者又分二种,一种是炫人底方术,一种是学问。后者又分二种,一种是道德底知识,一种是别种底知识。贩卖零售道德知识底商人,就是智者。这是用分的方法,来求智者的性质。主持讨论底客说:"分得对底人,能清楚地看见,一个形式,笼罩着分散底众多。许多不同底形式,又包括于一个更高底形式之下。又有一种形式,将分离底诸全体及诸形式,合为一个全体,而笼罩之。"(《智者》二五四)

程明道说邵康节的哲学方法是"加一倍法"。柏拉图的辩证法,就其分的方面说,可以说是"分一半法"。在《政治家》中,主持讨论底客说:"将探讨底主题,立即划分,是一个很好底计划,假使分别得对。""比较稳妥底办法,是从中间砍开。这也是分类底比较好底办法。""比如对于数目底逻辑底分类,是将其分为奇或偶。对于人底分类,是将其分为男与女。"(《政治家》二六二)这就是逻辑学中所谓二分法(dichotomy),也就是我们所谓分一半法。

在《政治家》对话中,主持讨论底客人又说到"依类而分之大法"(《政治家》二八六)。分必须依类,不是可以随意底。将一类分为

二小类,并不只是将一类分为二部分。"类与部分不同。一类必须是一部分。但一部分不必是一类。"(《政治家》二六三)

照以上所说,用辩证法以求积极地知道一类事物的要素的内容,其程序是:(一)找出一类的共同点;(二)分析此共同点的内容。前者是辩证法的合底方面,后者是其分底方面。这本是苏格拉底所用底方法。亚力士多德说:"有两件事可以归之于苏格拉底。这就是归纳底辩论及普遍底定义。"(《形上学》一〇七八乙)用归纳底辩论,乃所以找出一类事物的共同点。分析其内容是所以与以普遍底定义。不过照苏格拉底所用底及柏拉图在有些对话(例如《智者》及《政治家》)中所用底辩证法,都是对于一类事物作积极底"合"及"分"。这就是说,他们在这些地方,都要找出甚么是某一类事物之所以为某一类事物者,并要积极地分析它的内容。这显然不是形上学的目的。因为即使照一般底说法,形上学亦是以所有底事物,为其研究底对象,它的研究,不能限于某一类事物之所以为某一类事物的内容。但它若要研究所有底类的要素的内容,又是不可能底。所以苏格拉底虽常以归纳法求定义,但是不能得到一个形上学。柏拉图的一部分底对话,例如《智者》及《政治家》等,虽亦用辩证法,但不能有形上学。

柏拉图大概以求知善之概念的内容,为形上学的目的。但在《理想国》及别底对话中,他并没有说出善之概念的内容是甚么。这就是说,他没有说出绝对底善是甚么。他也常说有绝对底美及绝对底真。但绝对底美是甚么,绝对底真是甚么,他并没有说出。这并不是由于他以为绝对底真、善、美等是不可以说底。因为在我们所引底一段《理想国》的对话中,柏拉图明白地说,辩证法家必需能知道,并且能说出善之概念的内容。柏拉图没有如此做,在他或认为是他的一个失败。

但就另一方面说，柏拉图的失败，也就是他的成功。因为他发现我们可对于事物作形式底分析。这也可以说是辩证法的形式底用法。在他的《理想国》的前一部分，柏拉图对于"正谊"的内容，作积极底分析。但至正式提出他的"类型说"时，他就只用形式底分析法。林催（A. Lindsay）说："我们对于经验，有些极平常底判断。柏拉图的类型说，即由对此等判断作简单底分析而来。在其简单底形式中，是不能不为人所承认底，在任何判断中，我们以同一名字称不同底事物。我们说这个判断是真底，我们即含蕴说，我们所以如此，并不是由于我们偶然愿意，而是由于在不同底个体底事物中，有点甚么，使我们如此说，并且不能不如此说。例如我们说（虽然不如柏拉图所说底确切）：树叶与草是绿底，因为它们同有绿的性质。性质或关系，柏拉图称为类型。我们如用同一名字称事物时，这些事物，必是类型的表现。如其不然，我们不能以同一名字称之。例如某一动物是一马，因为此一动物与别底动物之是马者，有某种相同。这些同，使甚么事物是甚么事物。所以照柏拉图的说法，这些同，比表现这些同底个体底事物，更是真底。我们所感觉底困难是：所谓马性，不是事物，不是可以摸着、看见底。马性是可以思底。不过我们不能因此说，它不是真底。对于我们所见所摸者，我们所作任何判断，皆含蕴我们所只能思而不能见者，是真底。对于世界，我们所知愈多，我们愈须用可见可摸者为跳板，以及于只可思者。对于哲学家及科学家，真底世界是连合个体底类型的世界，或统制个体底规律的世界。"（林催译《理想国》导言页二五至二六）

柏拉图于《理想国》讲形上学的一部分，并没有说出任何类型的内容。他说有绝对底美、绝对底善，但他并没有说出甚么是美，甚么是善。因为他的类型论,本是用形式底分析法得来底。这种方法,对于事物,只作形式底分析。我们可以由此知有类型,但此方法不能使我们知道某一类型的内容是甚么。不过我们如知有类型,我们即有另一世界。此一知识,使我们的心,有另一种境界。《理想国》的洞穴之喻,就是说明这一点。

柏拉图就这样地建立了他的形上学。并且在西洋成为哲学的真正开山大师。他的哲学是在西洋用正底方法底哲学的正宗。

亚力士多德爱他的老师,但尤爱真理。他对于柏拉图有不少底批评。他的批评大多是由于不明,或者是不赞成,柏拉图的哲学中底形式主义的成分。亚力士多德的哲学中,也有形式主义的成分,这是我们所承认底。照亚力士多德的说法,形上学是以"有"为研究对象底学问。他说:有一门学问,专研究"有"及因"有"是"有"而有底性质。这就与别门学问不同。别门学问,没有普遍地以"有"为"有"而研究之者。它们取"有"的一部分,及此部分所有底性质而研究之。如算学即是一例。照他的说法,形上学研究"有"以求其第一原理及最高原因。这就是求一切存在底事物的第一原理及最高原因(《形上学》一〇〇一)。形上学普遍地以"有"为研究的对象。也就是普遍地以一切存在底事物为研究的对象。既是如此,则其研究以甚么为出发点,即是一个困难底问题。因为一门学问,于研究其对象时,对于其对象,不能先有所知。别门学问于研究其对象时,对于其对象,虽先无所知,但对于其对象以外底别底事物,则可先有所知。形上学既以一切事物为对象,则研究其对象时,必是对于任何事物,皆先无所知。但一切研究,皆必需有先已知底前提为出发点。形上学不能有这种出发点,它将如何出发?(《形上学》九九二乙)

亚力士多德为形上学发现了一个出发点，这就是矛盾律。这个律说："一个同一底性质，不能于同一时间，在同一方面，属于又不属于同一主体。"（《形上学》一〇〇五甲）亚力士多德不以为形上学的出发点，是任何对于实际事物底知识，而是一个逻辑底规律。这就是他的形上学中底形式主义的成分。照我们于第一章所说，哲学史中大哲学家的形上学，都有形式主义的成分，亚力士多德自亦不能例外。

照此所说，亚力士多德的形上学的出发点，也是"对于极平常底判断，作简单底分析"。我们以同一名字，称不同底事物，这就表示此不同底事物，有同一底性质。在这一点，亚力士多德与柏拉图是相同底。照同一律，一事物如有某性质，它就有某性质。照矛盾律，一事物如有某性质，它就不能不有某性质。如果亚力士多德以矛盾律为形上学的出发点，柏拉图可以说是以同一律为形上学的出发点，矛盾律是同一律的另一种说法。

一事物有某性质，此事物即属于某类。此某性质就是某类事物之所以为某类事物底要素的表现。要素亦是"有"。这也是亚力士多德的形上学所主张底。亚力士多德的形上学中，也有类型说。他的类型说与柏拉图的类型说中间底一个主要底不同，就是柏拉图并不以类型说作为对于事物存在底积极底解释。而亚力士多德则以其类型说作为对于事物存在底积极底解释。

照亚力士多德对于事物存在底解释，每一事物的存在，都靠四种原理或原因。一是材料。例如铜是一个铸像的原因，银是一个剪刀的原因。此种原因，名为质因。一是形式，这就是一类的要素或类型。此种原因，名为式因。一是发生动底动力。例如制造某物者，是某物的原因。此种原因，名为力因。一是事物的所为。例如健康是散步的原因。我们问为甚么散步？回答如此可以健康。此种原因，名为终因（《形上学》一〇一三甲）。就天然底事物说，此四因可以归纳为二因，就是质因与式因。形式是一种好，好能引起动，而自身不动。天然事物的生长变化，就是其式因所引起底动。其生长变化是其式因所引起底，所以其式因就是其力因。天然事物的生长变化，其目的就是要得到其形式的好，使其质因的可能，成为现实。所以其式因也就是其终因。形式是能引起动底，这是柏拉图所没有说，而且也不说底。因为如此说，就是要以类型说，作为对于事物存在底积极解释。

因为有此不同，所以亚力士多德常批评柏拉图的类型说。照他的批评，柏拉图所说底概念，对于感觉底事物，没有甚么贡献。因为概念不在事物之内，所以对于事物的存在，及对于人的对于事物底知识，俱无帮助（《形上学》一〇七九乙）。这些批评，就说明我们以上所说底，柏拉图的类型说与亚力士多德的类型说中间底不同。柏拉图说要素是"有"，对于实际，并无肯定，并没有说甚么。亚力士多德说要素是"有"，则对于实际，有所肯定，是说了点甚么。

实际底世界，如何发生，事物如何生长变化，柏拉图认为是不能确定地说底。在《理想国》中，柏拉图以为对于概念底知识，是确切底知识。在《泰米阿斯》对话中，讨论及实际世界的发生时，柏拉图以为对于这一类底问题，是不能有确切底知识底。在这篇对话中，泰米阿斯说："苏格拉底，关于上帝及世界发生底问题，在许多不同底意见中，如果我们不能有确切底及一致底观念，这是不足为异底。我们若能得一种或然底说法，其是真的可能，与别底说法相等，也就够了。因为我们必须记着，说话底我，及作裁判者底你，都不过是人而已。所以只能接受或然底说法，不必再进一步追求了。"(《泰米阿斯》二九)对于实际有所肯定底命题,与对于实际无所肯定底命题,有种类的不同。柏拉图对于这一点分别很清。他的形上学,大部分是空灵底。亚力士多德的形上学,有些地方,是将他的老师的形上学的空灵部分,加以坐实。经此坐实,亚力士多德的形上学,即近于是科学了。他是科学家,较多于是哲学家。西洋有许多门科学,都推原于亚力士多德,这并不是偶然底。他是西洋科学的开山大师;而他的老师,则是西洋哲学的开山大师。

第三章　斯宾诺莎的反观法

在西洋哲学史中,哲学家所用底另一种方法,是斯宾诺莎的反观法。斯宾诺莎并没有用这个名字,不过我们有理由称这种方法为反观法。这个方法,倡于笛卡尔,而大成于斯宾诺莎。

笛卡尔与斯宾诺莎都有专讲方法底著作。这些著作的题名,都是相当地长,而且很有意义底。笛卡尔的著作有《指导心底规则》,及《正当地运用理性及寻求科学中底真理的方法之论》(以下简称为《方法论》)。斯宾诺莎的著作,有《校正理解及指导之以趋向对于事物底真知识之路之论》,贺麟先生译为《致知篇》。在《致知篇》中,斯宾诺莎说,他所讲底方法,不过是反观底知识或观念的观念(详下)。因此我们称他的方法为反观法。笛卡尔所讲底方法,与此有相同之处,所以我们亦称之为反观法。

在他的《方法论》中,笛卡尔叙述他建立他的新哲学的经过。他说:"在普通底生活中,我们有时需顺从我们所知为极不一定是真底意见。但现在我要以我的全副心力寻求真理,我必需取一相反底方向。即我所认为是无理由怀疑者,我亦需认为是假底,以看在我的所信中,究竟还有没有可以确实完全为真底者遗留下来。"他怀疑他的感觉,他怀疑他的推论,他怀疑他心中底任何思想。他说:"在我思一切事物是假底的时候,我即刻发现思这个底'我',必需是一点甚么。我思到'我思故我在'这个真理,是十分地确实,是任何怀疑论所提出底假设,所不能动摇底。我于是作一个结论,认为这就是我所寻求底哲学的第一原理。""此后,我考虑甚么是一个真底,确实底命题所需要底。因为我刚才得到一个命题,我知道它是真底、确实底。我想,我应该知道它的确实性何在。'我思故我在'这个命题之所以使我确信其为真者,只有一点,那就是:我看得清清楚楚,我必存在然后思。因此我得一结论,在我的思中底极清楚底,与极明晰底事物必是真底。这可以作为一个极普遍底规则。虽然我们也要记着,决定那些事物是在思中明晰底,也是不无困难底。"(《方法论》第四节)

怎样底观念是清楚明晰底,对于这个问题,笛卡尔也有所说明。在另一著作中,他说:"凡是现前底,于一个注意底心是显然底,这就是我所谓清楚底。正如一个事物,现前于一个注视底眼,以充分底力量与眼以刺激,如此则我们说,我们清楚地看见一个事物。凡是确切而与其他事物不同,以致其中只涵有是清楚底,这就是我所谓明晰底。是清楚底不一定明晰,是明晰底必定清楚。"(《哲学原理》第四十五条,四十六条)

我们反观我们的思中底事物,其清楚地明晰地是真底。所以我们称这种方法为反观法。不过对于怎样是清楚明晰,笛卡尔虽有说明,但诚如他的警告,决定那些事物是在思中明晰底,还是不无困难底。即如"我思故我在"这一命题,笛卡尔所认为确实是真底者,也不是没有问题底。所谓"我"并不是一个清楚底观念,休谟已经指出。近来罗素说:"'我思故我在'这句话所说底,并不完全是十分地确实。因为如此说,似乎是假定今天的我们仍是昨天的我们。在某些意义下,这也是真底。但真底'我'之难于得到,正如真底桌子之难于得到。所以真底'我'不能有如某特殊经验所有之绝对底、不容怀疑底确实。我注视我的桌子，我看见某棕色。我们所可以为是绝对确实底，并不是'我看见一棕色'，而是'一棕色被看见'。这固然包含有些人或有些甚么，但是这并不包含一个多少永久底人格，叫作'我'者。只就直接底确实说，此能见棕色之甚么，或只是刹那生灭底。在次一刹那中，有不同经验底甚么，或只是另一甚么，不是同一底甚么。"（《哲学问题》页二九至三〇）

斯宾诺莎以为真理之所以为真理，在它有真底观念。真底观念之不同于假底观念，有两个特征。一个是外征，一个是内征。一个真观念的外征，是它与它的对象相合。一个真观念的内征，是它的清楚明晰及确实性。一个人若有真观念，他会知道他有真观念，他不能怀疑他有真观念（《伦理学》第二篇第四十三命题）。一个真观念带有确实性，使有真观念底人不能怀疑他有真观念。真观念以它自己为标准。犹如光明表现出了它自己，也表现出了黑暗。假使有人问：一个人怎么能知道，他有一个观念，与其对象相合？简单底回答是：因为他有一个观念，与其对象相合（上引命题附言）。这就是说，他若有一个真观念，他自然会知道他有一个真观念。

所以斯宾诺莎分别真观念与假观念，不注重观念的外征，而注重它的内征。一个观念，若专凭内征即可以断定其是真底者，斯宾诺莎称之为圆满底观念（《伦理学》第二篇定义四），真观念必同时是圆满底观念，也只有圆满底观念才是真观念。圆满底观念亦称为绝对底观念，或完全底观念（《伦理学》第二篇第三十四命题）。严格地说，一个观念，若只与其对象相合，还不能说就是真底。斯宾诺莎说：真思想之所以别于假思想，不仅在于其外征，而主要地在于其内征。例如一个工人，对于一个建筑，有正确概念，即令这个建筑不存在，他这个概念也是真底。但如果一个人说，彼得存在，其实他并不知道彼得是否存在，即令彼得果然存在，他这个思想也是假底，或者可以说是不是真底。"彼得存在"这句话，只对于确实知道彼得存在底人是真底（《致知篇》六九）。

假底观念，必定是不圆满底观念。一个假底观念，因为它是假底，是不会有确实性底；我们说，一个人同意于假观念而不怀疑；我们并不说，他自觉他的观念确是真底，只是说他不怀疑而已。他同意于假观念，只因为没有别底原因，使他不作决定。确实性是一种积极底性质，不仅只是无疑。仅只是无疑而没有确实性，就是假的内征（《伦理学》第二篇第四十九命题申论）。

凡是假底或虚构底观念，都是不清楚明晰底（《伦理学》第二篇第三十五命题）。这些观念，都是混乱底。一个有许多部分底事物，我们的心，若仅知其一部分，而又不知分别已知与未知，则混乱底观念，即由此而起。所以对于极简单底事物底观念，只能是清楚明晰底。因为这些事物，我们不能只知其一部分，只能全知或全不知。有许多部分底事物，我们的心，若能将其分为极简单底部分，则混乱亦必消失（《致知篇》六三）。

因为真观念之所以为真，靠其内征，所以我们只须反观我们的观念，我们即可以知道我们的观念是真或假。所以斯宾诺莎说，他的方法，不过是反观底知识或观念的观念（《致知篇》三八）。观念的观念，就是以观念为对象底观念。以观念为对象而观之，若见它是清楚底、明晰底，有确实性底，它就是真观念，否则就是假观念。

斯宾诺莎以为，在我们的心中，必须先有一个真观念为我们的天赋底工具。认识了这个真观念，我们就可以看出这个真观念，与其他底知识的不同（《致知篇》三九）。由已有底真观念，我们可以推出其他底真观念。"凡从我们心中底圆满观念推出底观念，也是圆满

底观念。"(《伦理学》第二篇第四十命题)

我们的心中所本有底真观念是甚么？在《致知篇》中，斯宾诺莎未明说，但在《伦理学》中，我们可以看出，斯宾诺莎以为，此真观念是对于上帝的观念。他说："对于上帝的永恒底、无限底要素，人底心有圆满底知识。"(《伦理学》第二篇第四七命题)"因此，我们可以看出，上帝的无限底要素，及其永恒，是人人可以知底，因为所有底事物，都在上帝之中，而且经过上帝，始能被了解。所以从这个知识，我们可以推出对于许多事物底圆满底知识。因此我们可以得到第三种知识。"(同上命题附言)所谓第三种知识，又称为直觉底学问。从对于上帝的某一性质底圆满底观念，进到对于事物的要素底圆满底知识(《伦理学》第二篇第四十命题附言)。这种知识，在永恒底形式下，了解事物，使人有对于上帝底理智底爱(《伦理学》第五篇第三三命题)。从这种知识，出生心的最高底宁静(同上第二七命题)。所以"心的最高底努力及其最高底德性，就是用第三种知识，了解事物"(同上第二五命题)。

"上帝存在"，斯宾诺莎以为是一个永恒底真理。所谓永恒底真理，是我们所谓分析命题所表示底真理。他说："我所谓永恒底真理，是只是肯定底而永不是否定底。'上帝存在'是第一个永恒底真理。但是'亚当思想'并不是一个永恒底真理。'一个虚幻不存在'是一个永恒底真理，但是'亚当不思想'不是一个永恒底真理。"(《致知篇》五四自注)

说"上帝存在"是一个永恒真理，就是说"上帝存在"这个命题是一个分析命题。如此说，斯宾诺莎似乎是用普通所谓本体论底证明，以证明上帝的存在。但其实不然。因为斯宾诺莎所谓上帝，并不是一般宗教家所谓上帝，而即我们所谓宇宙或大全。就一般底宗教家所谓上帝说，"上帝存在"不是一个分析命题。但"宇宙存在"是一分析命题，因为宇宙包括一切存在底事物。所以"宇宙存在"这一命题是必然地真底。如果所谓上帝是这个意思，说上帝不存在，就是一个矛盾。

如果斯宾诺莎所谓上帝就是我们所谓宇宙或大全，我们可以说，他虽说了许多关于上帝底话，但他所肯定底，并没有多少超过常识。他说，上帝有思想的性质，不过是说，宇宙间有心而已。他说上帝有广延的性质，不过是说，宇宙间有物而已。他说上帝有无限底要素，不过是说，宇宙间有无限底可能而已。就这一方面说，他的形上学是很空灵底。桑戴延那说："假如有人说，他的口袋中，有宇宙的钥匙，他能知谁创造世界，为什么创造，他知道一切都是物质，或一切都是心，如果有人如此说，则斯宾诺莎的无限的观念，包括所有底可能，对于我们是有利底。这个观念，可以使我们告诉这些自以为知者说：我不信你，上帝是伟大底。"（斯宾诺莎《伦理学》每人丛书本导言）

斯宾诺莎的反观法与笛卡尔的反观法有一大不同之处。笛卡尔的反观法是心理底，斯宾诺莎的反观法至少有一部分是逻辑底。他二人都以为，清楚明晰底观念，必是真观念。但笛卡尔决定所谓清楚明晰的标准是主观底，斯宾诺莎的标准则不只是主观底。在斯宾诺莎的《伦理学》中，主要底观念皆先以定义说明其内容。所以我们可以确知其为清楚明晰底。我们所确知为清楚明晰底观念，就是所谓圆满底观念。

斯宾诺莎又说，永恒底真理是不可否定底。他说："一个事物的性质使其存在涵蕴矛盾，我说它是不可能底。一个事物的性质使其不存在涵蕴矛盾，我说它是必然底。一个事物的性质，其存在或不存在均不涵蕴矛盾,我说它是可能底。"(《致知篇》五三)所以对于上帝的存在是不容怀疑底。如有怀疑上帝的存在者,他所谓的上帝必不是上帝(同上五四及自注)。这是以逻辑底方法证明上帝的存在。

笛卡尔的形上学以"我思故我在"为第一原理。斯宾诺莎的形上学以"上帝存在"为第一原理。笛卡尔反观法是心理底,其第一原理的真,是可以怀疑底。斯宾诺莎的反观法,有一部分是逻辑底,其第一原理的真,是无可怀疑底。由此看,纯是心理底反观法,不是一个好底形上学的方法。

在西洋中世纪,哲学是宗教的婢女,更确切一点说,是耶教的婢女。西洋近代哲学,虽说是已从耶教中解放出来,但其为婢女的习惯,仍未完全脱掉。在西洋近代哲学中,形上学所讨论底几个主要问题,仍是耶教教会中所讨论底几个主要问题。这些问题就是上帝存在,灵魂不灭,意志自由。笛卡尔以反观法得到"我思故我在"这个第一原理。他又以反观法,证明意志是自由底,灵魂是不灭底,上帝是存在底。我们反观,见我们能随意怀疑,我们能随意不同意于我们普通所认为是无可疑者。这就可以证明我们有自由意志(《哲学原理》第六条)。我们于得到"我思故我在"这个原理以后,我们可以看出灵魂与身的不同。因为我们对于世界中其他事物仍然怀疑的时候,我们对于思已不能怀疑了(《哲学原理》第八条)。思是心的要素。于此可见心是离物独立底,这样就证明了灵魂是不灭底。我们又用反观法,见在我们心中底许多观念中,有一"全知全能,最完全者"的观念。它的存在不是可能底,或然底,而是永恒底,必然底。我们清楚地见其是如此。正如我们清楚地见一个三角形的三个角之和,必等于两个直角。这个观念,就是上帝的观念。从这个观念，我们就知道它不仅只是一个观念。因为它既是完全底，它必是存在底。

斯宾诺莎的《伦理学》所讨论底主要问题，亦是上帝存在，灵魂不灭，意志自由。他证明了上帝存在是一永恒底真理。他说："人的心不能绝对地与身俱灭，其中有一点甚么是永恒而留底。"(《伦理学》第五篇第二十三命题)他又说：人用理智的能力，可以从情感束缚中得到自由。但就耶教中底普通教义说，他是否认上帝存在，灵魂不灭，意志自由底。他所谓上帝，并不是耶教中普通教义所谓上帝。他所谓心，是身的观念(《伦理学》第二篇第十一、十二、十三命题)。就时间方面说，只于身存在时，心始能存在(《伦理学》第五篇第二十三命题，证明)。如一般人所了解底意志自由，他以为是绝对没有底。他说：在心中，没有绝对底或自由底意志。心之有此或彼意愿，是被一个原因所决定。此一原因又为另一原因所决定。此另一原因又为另一原因所决定，如是以至无穷(《伦理学》第二篇第四十八命题)。所有底自然中底事物，都是如此地被决定。他说：在自然中，没有事物是偶然底。所有底事物，都被神性的必然所决定，以存在及行动，如某种样子(《伦理学》第一篇第二十九命题)。上帝的行动，也是顺其神性的必然(《伦理学》第一篇第八命题)。上帝也是没有一般人所谓自由底。

从经验主义的观点看，如上述底形上学的问题，都是不可讨论底。上帝存在，灵魂不灭，意志自由，既非理性所可证明，也非经验所能证实。我们于以下举休谟之说，以见此派之见解。

休谟说：人的理性及研究的所有底对象，可以分为两种。一种是观念的关系，一种是事实的事情。几何学、代数学，总之，凡直觉可以见其确实地是真底肯定，或证明可以证其确实地是真底肯定，都是属于第一类底。"一个直角三角形的弦边的平方，等于其两边的平方之和"，这个命题，是说这些形的关系。"三乘五等于三十之半"，这个命题是说这些数的关系。这一类的命题，专靠思的活动即可以发现，不必靠宇宙间任何地方存在底事物。即使在自然界中永远没有圆或三角，由可利所证明底真理，仍是永远保持它的确实性及明白性底。

人的理性的第二种目标，事实的事情，则不是如是可以知道底。它们的证据无论如何大，但它们的是真的性质，总与上不同。每一事实的事情的相反底事实，总是可能底。因为与它相反总不涵蕴矛盾。我们的心，可以同样底容易与明晰，思与它相反底事实，恰如是实有底。"太阳明天将不出来"，这个命题的可以了解的程度，并不亚于"明天太阳将出来"。我们不能专凭理性证明这个命题是假底(休谟《人智及道德原理研讨》第四章第一节)。

关于事实底知识，必须从经验得来。休谟说："人的科学(以人为研究对象底科学)既是别底科学的惟一底稳固底基础，这个科学的惟一底稳固底基础必须建在经验及观察之上"，"心的要素与外物的要素，同是不可知底。所以我们必须从谨慎底确切底试验，及对于在不同情形之下底特殊结果底观察，以得到些心的能力及性质的观念。不如此，是与研究外物同样地不可能底。虽然，我们必尽力设法，追溯我们的试验，以至其极，从最简最少底原因，解释所有底结果。以使我们的原理，于可能范围内，成为普遍底。但我们仍不能超过经验，这是一定底。任何假设，自命为发现了人性的最后底、原来底性质者，都应该开始即认是荒诞虚妄而拒绝之"(休谟《人性论》引言)。

从经验方面说，人的知识的来源，是他的知觉。就人的知觉说，人没有所谓"我"及本体底知觉。休谟说："我们没有，与特殊底性质的观念分异底，外界底本体的观念。这个原理，已为哲学家所承认。这个原理，必可为关于心底相同底原理开路。这个原理就是：我们没有与特殊知觉分异的心的观念。""所有底我们的分异底知觉，都是分异底存在。心不能看出在分异底存在间，有任何真底关联。"（休谟《人性论》第六章附录）这是经验主义的极端。就我们的经验说，所谓外界的事物，不过是一堆性质；所谓心，不过是一堆知觉。在这些一堆一堆底性质知觉中，我们找不着上帝、灵魂及意志。也就是无须讨论关于它们底问题了。休谟如是取消了西洋近代哲学中底形上学的问题，同时也就取消了形上学。

休谟的哲学方法，可以名之为经验法。不过经验法不能是形上学的一种方法。凡用经验法底哲学家，不能有形上学，而并且还要取消形上学。因为照他们的看法，形上学是属于关于事实的事情底知识。但其中底命题，是不能用经验证实底。而且这一类底知识是不能有确实性底，但讲形上学底人，总以为形上学中底命题，是有确实性底。所以经验主义者总是要取消形上学。现代底维也纳学派，就是继承休谟的这种精神底。

第四章　康德的批判法

休谟的经验主义及怀疑论把康德从"武断的迷睡"中唤醒。但康德是拥护形上学底。他创立了一个形上学的新法,这就是他的批判法。

康德的名著《纯粹理性批判》的本来底目的,就在讨论形上学的方法,在其第二版序言中,他说:"这是一个讲方法底著作,不是那学问(形上学)的系统的本身。不过这个著作,也同时对于那学问的限制及其他内部组织,制定了一个全部计划。"他又写了一本书。题名为《任何将来底形上学的前论》(以下简称《前论》)。这部书实是《纯粹理性批判》的一个缩本。它的题名意思是说,任何将来底形上学,都必须合乎他的这部书所提出底先决条件。

在《前论》中,康德先讨论形上学的性质,他说:一门学问的特点,在于其所研究底对象,与别底学问不同,或其知识的来源不同,或其知识的种类不同,或此三者均有不同。

就形上学底知识的来源说,康德说:形上学一概念,即涵蕴其知识不能是经验底,其原理不能从经验得来。它们不能从外面底经验得来。若其如此,它们即是物理学。它们也不能从内部底经验得来。若其如此,它们即是心理学。它们必须是先验底知识。(《前论》Paul Carus 英译本十三页)

就形上学底知识的种类说,康德说:形上学底判断,正常地说,必须是综合底。我们必须分别，有关于形上学底判断，及正当底形上学底判断。有关于形上学底判断之中，有许多是分析底，不过这些判断，只能作为形上学底判断的工具。形上学底判断，是形上学的目的之所在。这些判断，都是综合底。因为有些关于形上学底概念(例如本体)，从简单地分析这些概念而来底判断，亦是有关于形上学底，例如本体是只存在为主体者，这是一个分析判断，我们用如此底分析判断，以求一个概念的定义。不过这一种分析，对于经验底概念，亦同样适用。所以这种分析，不是正当底形上学底，虽然所分析底概念，可以是形上学底。这种分析，是各种理性底学问所同有。形上学如为一门学问，必须有其不同之处。比如说，事物中底本体，是常有底。这是一个综合命题，是正当底形上学底命题(《前论》英译本二二至二三页)。

照着这两个标准，所谓正当地形上学底判断，必须是先验底而又是综合底。这种判断底可能，康德以为是不成问题底。因为照他的看法，纯粹算学及纯粹物理学底命题，都是先验综合命题。他的问题是：这种命题若何可能？

纯粹算学中底命题之所以可能，因为这些命题并不是对于概念作分析，而是对于时间空间作一种综合底构造。时间空间是知觉的形式。所以纯粹算学中底命题，都是先验底。所有底经验，都必须经过时间空间的形式，所以纯粹算学中底命题，都是客观地有效底。

一个判断，若是只对于作这个判断者有效，康德说是主观底有效。若是对于任何人都有效，康德说是客观地有效。说一个判断是客观地有效，就是说它是必然地普遍底。客观地有效，及必然地普遍，是相等底名辞(《前论》英译本五六页)。

所有底经验，皆必须在知解的范畴之下，始能成为经验。所以没有不在范畴之下底经验。范畴不是从经验来底，所以是先验底。纯粹自然科学中底判断，都是经验判断。这种判断中，有这种范畴，以为其成立的条件，所以这种判断，是先验综合底判断，它的有效，是客观底、必然底。康德的说法，正与休谟相反。照休谟的说法，科学中底概念规律是从经验得来底。照康德的说法，经验是从这些概念规律得来底(《前论》英译本七三页)，知解并不从经验中得到规律，而是为经验制定规律(同上八二页)。

一切先验综合原理，都不过是可能底经验的原理。与物之自身无关。只与作为经验的对象底现象有关。纯粹算学与纯粹自然科学，都只与现象有关(《前论》英译本七三页)。纯粹算学的安全及确实，是在于它的自明。纯粹自然科学的安全及确实，虽然是从知解的纯粹来源生出，但也靠经验及在经验中底证实。形上学是与纯理性的观念打交涉底。纯理性的观念是不能在任何可能经验中得到底。因此它的客观底真实(就是它不仅是空想)，及形上学的肯定的真假，是不能在经验中发现或证实底(《前论》英译本九一页)。

每一个经验，只是可能底经验的全体的一部分。但可能底经验的绝对全体，并不是经验。而这却是理性的问题。仅只提出这个问题，就需要与知解范畴不同底观念。因为这些范畴只能用于经验之内，只与经验有关。理性的观念的目的，在于完全，在于可能底经验的全体的统一，所以它就超越了任何经验(《前论》英译本九二页)。

知解中有范畴，理性中有观念。所谓观念，就是必然底概念，其对象不在经验中。知解的概念出现于经验中，其原理亦能为经验所证实，但理性的观念不在经验中，所以也就是经验所不能证实，也不能否认底命题。所以这些观念最容易不自觉地走入错误底路。其错误在于以思想的主观条件,作为对象的客观条件;以满足我们的理性底假设,作为武断底真理(《前论》英译本一一七页)。以仅只是理性的观念,作为客观底对象(《前论》英译本九九页)。这就是所谓理性的辩证底使用,由此生出武断底形上学。

理性的第一个超越底观念,是心理底观念。理性要求完全,所以它为每一个客词,找一个主词(这就是说,为每一个性质找一个主体),它所找到底主词,仍可为客词。它就再为它所找到底主词找主词。如是依次找去,至于无穷。因此我们不能执定任何一事物,作为最后底主词。我们的知解,对于所谓本体,也不能有所思。因为知解用思,必依概念,依概念底思,所得只是客词。所以知解决不能思及绝对底主词(《前论》英译本九九页)。

有些人以为,在我们之内有所谓"我"或所谓灵魂,或所谓思想的主体。在我们之外,有所谓物体。"我"是内底直觉在时间中底对象。物体是外底直觉在空间中底对象。有些人以为这都是所谓本体。但是所谓"我"及所谓"物"既是在时空之内底,即是在经验中底。它们即只是现象,不能是绝对的主体,不能是本体,不能是物之自身(《前论》英译本一〇三页)。

所谓灵魂常存,是不能证明底。因为所谓常存,只是就可能底经验说。生命是可能底经验的主观条件。所以我们只能推论灵魂在我们有生命的时候常存。因为一个人的死,是他的可能底经验的终结,我们只能证明一个人的灵魂在他活着的时候常存,不能证明于他死后常存,但是后者正是一般人所希望底(《前论》英译本一〇一页)。

理性的第二个超越观念是宇宙论底观念。因为理性的观念是超越经验底。当成命题看,是不能以经验证实或否认底。所以在形上学中,有些矛盾底命题,虽相反而彼此皆不足以相胜,这就是康德所谓矛盾对立。照康德的说法,在形上学的宇宙论中,有四矛盾对立。其第三就是所谓自由与必然的矛盾对立。

照康德的说法,所谓自由必然,若都是就其现象说,或都是就物自身说,则第三矛盾对立中两方面的命题的矛盾,是不可避免底。但若自由是就物自身说,必然是就现象说,则这两个方面的命题的矛盾,是可以避免底(《前论》英译本一一一页)。

一个原因,发动一个结果,这个原因,又为其原因所发动,这就是所谓必然。但是一个没有原因底原因,虽然发动结果,而其本身却不为另一原因所发动。这就是所谓自由。被发动者总是在感觉世界中,但没有原因底原因,则可视为出于物之自身。我们假设,物之自身,可对于现象有所发动。其所发动者,是在自然的因果关系中,但发动者则是自由底。所以必然与自由,可以归于同一事物,而不相矛盾。因为这是就不同底关系说,一方面是把它当成现象,一方面是把它当成物自身(《前论》英译本一一二页)。

我们人有一种官能,能使我们的行为,为其所当为。这种行为就其亦是现象说,亦受自然的必然的支配。但就其只依理性而为其所当为说,这种行为是不受支配而是自由底。

理性的第三个超越观念,是神学底观念。理性要求完全,所以它要求有一最初底,完全底"有",以为一切事物的可能及实在的根据。这最初底、完全底有,就是所谓上帝。关于上帝的存在,一般底形上学家及神学家有三种证明,也就只能有三种证明。这三种证明是:(一)物理神学底证明,(二)宇宙论底证明,(三)本体论底证明(《纯粹理性批判》斯密士英译本五〇〇页)。证明虽有三种,但究其来源,物理神学底证明,还是依靠宇宙论底证明。宇宙论底证明,还是依靠本体论底证明。所以如果上帝存在的证明是可能底,本体

论底证明是惟一底证明。（同上五二四页）

　　所谓本体底证明，是从上帝的观念，推论上帝的存在。这样推论，大致是说：上帝是绝对地完全、绝对地必要底。既是如此，所以它必定存在。康德说：我们可以对于一个概念，作一个文字底定义，说它是一个甚么，其不存在是不可能底，我们这样办，是没有甚么困难底。但是这种办法，并不能使我们知道，所以使一事物的不存在为不可想象的条件。这种条件，正是我们所要知道底。惟有知道这些条件，我们才可以决定，我们是用这个概念思想点什么。如其不然，用这个概念，我们实在是甚么都没有思想。（《纯粹理性批判》斯密士英译本五〇一页）

　　一个绝对地必要底"有"的概念，如果我们拒绝了它的存在，我们也拒绝了这个"有"及其所有底性质。这并没有甚么矛盾。"上帝是全能底"，这是一个必然底判断。如果我们已承认上帝存在，我们就不能不承认它是全能底。如果我们说没有上帝，那也就没有"全能"及任何别底客词。这些客词是与其主词同时被拒绝了（《纯粹理性批判》斯密士英译本五〇二页）。

　　"存在"并不是一个真的客词。这就是说，它并不是一个甚么东西的概念，可以加上于一个某东西的概念。它只是一个事物的建立。譬如我们说："上帝存在"，我们并没有于上帝的概念上，加上甚么，只是建立这个主词及其所有的客词，只是为我们的概念，建立一个对象。概念与其对象的内容，必需是一致底。一百个真底钱并不比一百个可能底钱多一个。但是我如果有一百个真底钱，我的财政状况，必与我只有一百个钱的概念，大不相同。因为一个事物的存在并不分析地包括于我的概念之中，而是综合地加上于我的概念。但是概念中底一百个钱，并不因为有了存在而其数目有所增加(《纯粹理性批判》斯密士英译本五〇五页)。笛卡尔就是用本体论底证明,以证明上帝的存在。他的精力是枉费了底。我们不能仅靠观念以增加我们的智识。正如一个商人不能靠在他的账上加几个圈,以改善他的地位(同上五〇七页)。

武断底形上学武断地肯定上帝存在、灵魂不灭,笼统地肯定意志自由。这都是理性的错误。这些错误,起于理性底辩证底使用。康德说:我们对于理性底批判工作,就是要在原则上决定理性的使用的界限(《前论》英译本一二一页)。界限与限制不同。界限是一个积极底观念。它表示界限之外,还有些甚么,不过不在界限之内。限制是一个消极底观念,只是一种否定,只是表示不完全。我们的理性,在它的界限上,看见有物之自体的余地,不过关于物之自体,我们不能有观念。这就是说,我们被限制于现象(《前论》英译本一二二页)。

界限是属于界限之内底,也是属于界限之外底,这就是说,它是界限之内底甚么的界限,也是界限之外底甚么的界限。所以对于界限底知识,也是一种积极底知识。理性有了这种知识,它即不自限于这个界限以内,也不超过这个界限以外。但只要决定界限以外底与界限以内底,二者之间底关系。这是对于界限底知识,所最宜于作底。这是理性在经验中,完全底、最高底应用(《前论》英译本一三三至一三四页)。

理性带着它的先验原理,只能使我们知道可能底经验的对象。关于这些对象,我们只能知经验所能知者。不过这个限制,并不能阻止理性领导我们到经验的客观底界限。领导我们到有关于有些甚么,它不是经验的对象,但是所有底经验的根据。不过理性不能使我们知道那些甚么是甚么,但只表示它在经验中底、完全底、最高底应用而已(《前论》英译本一三四页)。

　　界限以外底虽不可知,但为使我们对之有某种观念起见,我们不妨对之有所假说。不过于说时,我们须知我们的假说,只是假说,只是一种象征底说法,只是与言语有关,并不是与对象本身有关(《前论》英译本一二九页)。这种假说的根据,是由于类推。例如我们说,世界是最高底理解,及意志的作品。我们若以此说为真底,则即是所谓拟人主义。但我们若以此说为假说,我们如此说,不过是说,一表、一船,或一军队,与表匠、造船者,及司令官之关系,有如感觉世界与"不可知"之关系。我们也并不是说,其关系真是如此,不过是说,对于我们感觉世界与"不可知"之间,关系是如此。如此说,则即是象征底拟人主义,不是拟人主义(《前论》英译本一二九页)。

　　又例如我们可以假说,世界的存在及其内部组织,是由一最高理性来底。如此假说,不过是说,这个最高底原因,对于世界底地位,有如人的理性,对于人的作品底地位。最高原因的性质,是不可知底。我们不过是将它的结果(世界之秩序)及其结果之合理性,与人的理性的结果,相比较。这两种结果,都是我们所知底,所以我们也称这个最高底原因为理性,这也不过是如此假说而已。并不是将人之所谓理性,或其他我们所知底甚么性质,作为最高原因的性质(《前论》英译本一三二页)。

　　康德说:休谟说"不要将理性的使用,武断地带到一切可能底经验以外"。此原理外,另有一原理,休谟未及注意。这就是:"不要以为,在理性的眼中,经验的地域,是一个自限底范围。"把这两个原理联合起来,《纯粹理性批判》,在武断主义与怀疑主义中间,得了一个真正底中道。武断主义是休谟所反对底。怀疑主义是他所要以替代武断主义底。这个中道,并不是如别底中道,只于两极端各机械地取一部分。这个中道,是照原理确切地决定底。

纯理批判是形上学的方法。康德说:批判,也只有批判,包含有,整个底、已证明已试过底计划,及一切方法,为完成一个科学底形上学所必需者。用别底方法,走别底路,是不可能底(《前论》英译本一四〇页)。

纯理批判,也是批评形上学的标准。康德说:要人放弃形上学的研究,正如要人,为避免吸入不净底空气,而停止呼吸。将来总是要有形上学底。不过形上学没有大家公认底标准。所以每一个能反思底人,都有他自己的形上学。以前所称为形上学者,皆不能满足批评底心。但完全不要形上学,亦是不可能底。所以《纯粹理性批判》,要试建一个批评形上学的标准(《前论》英译本一四二页)。

其实《纯粹理性批判》,实在已建立一新形上学。这就是武断主义与怀疑主义中间底一个形上学。康德说:批判对于各派底形上学底关系,正如化学与点金术底关系,正如天文学与星相家的天象学底关系(《前论》英译本一四〇页)。

康德并不是反对形上学,也不是要取消形上学。他是从休谟的经验主义中,救出了形上学。在西洋哲学史中,他为形上学立了一个新方法,这就是我们于第一章中所说,形上学的负底方法。他对于科学算学底理论,都是对于科学算学的有效性,加以限制,为形上学的对象,留一地步。形上学的对象,是不可知底。一知之就成了科学算学的对象了。不可知,所以亦不可思议,不可言说。但是说它不可思议言说,已经是对于它有思议言说了。这就是用负底方法讲形上学。

不过这是我们的看法。康德对于这一点,并没有充分底自觉。他并没有明说:"不可知"是形上学的对象。他对于上帝存在、灵魂不灭、意志自由三大问题,有很大底兴趣。在《纯粹理性批判》中,他以为，肯定上帝存在、灵魂不灭、意志自由，固是理性的辩证底使用；否定上帝存在、灵魂不灭、意志自由，也是理性的辩证底使用。因为肯定固是肯定，否定也是一种肯定。形上学的任务是讲上所说底假说，而同时又知其为假说。照这一方面说，康德还是用形上学的正底方法。他不自觉地发现了形上学的负底方法。也正因为是不自觉地，所以他没有充分利用这个方法。

海格尔自以为他发现了一个真正底哲学方法。他说："经验科学的方法，是尽其力之所能，对于其所有底材料，作定义及分类。纯粹算学的方法，是只关于抽象底东西，及量底决定者。斯宾诺莎、吴尔夫及另有些人，误以纯粹算学的方法，应用于哲学。因此以后哲学没有发现它自己的方法。哲学于没有方法的时候，只可借用算学的方法，或求助于经验科学的方法，或逃避于反对所有底方法。逻辑的本身，显示可以成为哲学的真正方法者。逻辑的内容的内部底，自发底运动所取底形式，对于这种形式底意识，就是方法。海格尔说，在他的《心的形态学》里，他将这个方法，应用到一个具体底东西，那就是意识。意识的每一样式，于实现它自己之中，取消了它自己，以它自己的否定，作为它自己的结果，如此进步为一较高底样式。我们欲使科学进步，我们必须知道一个逻辑底格言，那就是：否定是否定，也是肯定。一个自相矛盾者，不是消释它自己于抽象底无有，而是消释它自己于它自己的特殊内容的否定。这否定不是一个包罗一切底否定，而是一个确定底甚么的否定。这个确定底甚么，取消了它自己。所以这个否定是个确定底否定。所以结果包括了它所自来。结果是一否定，因为否定是一确定底否定，所以结果是有内容底。这是一个新底概念，比它以前底概念较高较富底概念。因为它否定了、反对了以前的概念，它也就因此更加充实了。它包括了以前底概念，它所包括底比以前底概念多，因为它是以前底概念及其反对的统一。顺着这个路线，概念的系统，建筑起来，以不可遏止底趋势，至于完成。绝不需要，也不容纳，外来底因素（《大逻辑学·绪论》英译本六四至六五页）。

这就是海格尔的有名底辩证法。他说，这个方法，在其细节，也许有可以修正或再发挥之处，但是他知道这是一个真底方法。这个方法，与它的对象及内容，是没有分别底。凡不合乎这个方法的途辙底，都是不正确底。因为这个途辙，就是事物本身底途辙（同上六五页）。

海格尔虽称这个方法为哲学方法，但并不是我们所谓哲学方法。照我们所谓方法的意义，这是一个哲学原理，并不是一个哲学方法。若果它是一个哲学方法，它的途辙，不能就是事物自身的途辙。它是"若何知道事物自身的途辙"的方法。

海格尔的《大逻辑学》的第一章的题目是："逻辑学必需用什么开始？"在这一章里，海格尔所讨论底，是我们所谓哲学方法。他说：直到近来，人才觉得，在哲学中找一个开始，是一个困难。有这个困难的理由，及解决这个困难的可能，近来已有很多底讨论（《大逻辑学》第一章英译本七九页）。海格尔也要解决这个困难。在解决这个困难中，他表示出他所用底哲学方法。

他说：哲学所用以为开始者，必需是在纯粹底知识范围之内底。所谓纯粹底知识，就是"自由地为它自己存在底思想"（《大逻辑学》英译本八十页）。纯粹知识的内容，即是纯粹底有。纯粹底知识，就是仅只是纯粹地抽象底知。纯粹底有，就是仅只是普遍底有。有只是有，没有别底决定或内容（同上八十一页）。哲学的这个开始，只需要一个决意，决意把思想当成思想。这个开始，必需是一个绝对底,或者可说是抽象底,开始。它必需不需别底先决条件,必需不是间接底,必需不要别底以为其基础。而其本身即是这个全学问的基础。它必需是个直接底甚么,或可以说,简直就是直接的自身。它不能有任何与非它自己底"他"有关底决定。所以它自己不能有何决定或内容。如果如此,那就有分别而是间接了。因其无分别,不是间接,所以是纯粹底有(同上八十二页)。

海格尔说:绝对底真理,必需是一个结果。哲学中底前进,实在就是后退,就是回到它的开始。在哲学中,开始底也就是最后底,最后底也就是开始底(《大逻辑学》英译本八十三页)。海格尔的这些话的形上学底意义,我们不论。就方法说,所谓纯粹底知识及纯粹底有,都是我们对于事实上底知识及事实上底有,作逻辑底分析得来底结果。纯粹底知识是仅只是知识底知识。纯粹底有是仅只有底有。这都是事实上所没有底。我们对于具体底事物,作逻辑底分析,去其所有底分别(即所谓决定),这就得到纯粹底有。对于具体底知识,作逻辑底分析,去其内容,只剩纯粹底有,为其内容,这就得到纯粹底知识。所以纯粹底有及纯粹底知识,都是逻辑分析的结果。逻辑分析的最后所得,又是哲学的开端。

在他的《心的形态学》中,海格尔也讨论到我们所谓哲学方法。在这部书的绪论的结尾,海格尔说:在说明这部书所要探究底以后,还要说一点怎样进行探究的方法。这部书所要探究及考查底,是知识的真实。在作探究及考查之先,我们似乎先需要有些先决定底,以为标准。因为考查就是应用一个先决定底标准于所考查者,将所考查者与标准比较,看其是否符合,以便决定其是否正确。但是因为我们所考查底是知识,所以我们不能有甚么先决底,以为标准(《心的形态学》英译本一三九页)。同时也正是因为我们的研究的对象的性质,所以不需要于意识之外,另找甚么先决底,以为标准。意识在它自身中,供给它自己的标准,我们的探讨,就是将它自己比较它自己(同上一四〇页)。意识在一方面是它的对象的意识,一方面也是它自己的意识。它意识甚么是真底,也意识它知道甚么是真底。这个同一底意识,决定并且知道对于对象底知识,是否与对象相符合。这个对象固然只是如意识所知者。意识似乎不能到其所知的后面,知其对象的本身。因此似乎不能以对象的本身为标准,以考验知识(同上一四一页)。假使此二者能够比较,而见其不相符合,意识似乎必须变更其知识,以迁就其对象。但是其知识若变更,其对象也就随之变更,因为知识就是对于对象底知识,而对象也就是属于这个知识底对象(同上一四二页)。经过这个程序,所谓对象的本身,就不是对象的本身,而只是如意识所知者(同上一四三页)。因为意识所知者,只是如其所知者,所以意识知道甚么是真底,而又知道它知道甚么是真底。

海格尔于此所讨论底方法是反观法。上一段所说,海格尔所讨论底方法是逻辑分析法。海格尔的形上学,也用此二种方法,但不是严格地用此二种方法。他的有名底辩证法,不是用逻辑分析法可以得到底,也不是用反观法可以得到底。至于说有宇宙底心,自然及历史都是宇宙底心的发展的表现,更不是用此二种方法所能得到底。

康德以为“世界是最高底理解及意志的作品”,“世界的存在及其内部的组织是由于最高底理性”,都只可作一种假说。假说只是假说,但是海格尔将此种假说坐实。他将康德的假说坐实,正如亚力士多德将柏拉图的类型说坐实。坐实即对于实际有所肯定,不合乎空灵的标准。

第五章　维也纳学派对于形上学底看法

在现代哲学中,持经验主义以批评形上学底哲学家,有维也纳学派。照他们所作底正式宣言,维也纳学派的主要工作,是:(一)为科学取得稳固底基础;(二)证明形上学中底命题是无意义底,以取消形上学。他们所用底方法,是对于概念及命题,作逻辑底分析。此等分析,可以使科学中底概念清楚,可以使科学中底命题确定。因此可以使科学得到稳固底基础。他们以为科学中底概念及命题,是经得起分析底。经过分析以后,科学中底概念即更清楚,科学中底命题即更确定。形上学中底概念及命题,则是经不起分析底。形上学中底概念及命题,一经分析,即见其是似是而非底概念,无意义底命题。严格地说,似是而非底概念,不是概念;无意义底命题,不是命题。所以所谓形上学者,不过是一堆字堆在一起,其没有意义正如我们说"砚台是道德","桌子是爱情"。形上学要不得,正如这一类底话说不得。说这一类底话底人,不是低能,便是疯癫。讲形上学底人,亦不是低能,便是疯癫。

照传统底说法,形上学是哲学中最重要底一部分。照维也纳学派的说法,形上学既被取消,则所谓哲学者,即不是一种知识的系统,而是一种思想的活动,一种替科学作廓清运动的活动。照维也纳学派的说法,也就是休谟的说法,学问不外两种,一种是关于概念底或言语底，这就是逻辑学算学，一种是关于事实底，这就是科学。于概念及事实之外，没有甚么，可以作为哲学的对象。幸而在事实中，有一种事物，不能为科学的对象，那就是科学。科学不能研究它自己。所以科学就成为哲学的对象。分析科学中底概念及命题，使之清楚确定，就成为哲学的主要任务。

维也纳学派分命题为二种，一种是分析命题，一种是综合命题。命题有此二种，亦只有此二种。一命题不属于此种，必属于彼种。分析命题是无关于事实底，我们只从形式上即可以断定其是真底。例如"白马是白底"，"一马必是白底或非白底"。这一类底命题，我们不必待事实的证实，即可断定其是真底。综合命题是有关于事实底，例如"太阳每天出来"，这一类命题必待事实的证明，我们才可以认它是真底。

我们说"以为"它是真底，因为事实只能证实一个命题或是真底，不能证明其必是真底。事实证实在过去"太阳每天出来"。但在将来太阳每天是否出来，过去底事实，不能保证。所以综合命题即有事实的证实，其是真仍是或然底。所以这种命题，亦称为或然命题，科学中底命题，都是这一种命题。

至于分析命题，我们只在形式上即可断定其是真底。这种命题，不能与我们积极底知识。"白马是白底"，从实用的观点看，这个命题可以说是废话。但我们不能不承认它是真底，而且是必然地真底。我们可以设想太阳不是每天出来，但我们不能设想，白马不是白底。说太阳不是每天出来，虽未必合乎事实，但在逻辑上并没有甚么矛盾。太阳每天出来，并不是由于逻辑底必然。但说白马不是白底，则在逻辑上是一个矛盾。无论事实上有没有白马，白马必然地是白底。如其不是白底，它必然地不是白马。这是我们不待事实的证实，而即可以断定底。这种命题，必然地是真底，所以这种命题，亦称为必然命题，逻辑学算学中底命题，都是这一种命题。

康德以为尚有第三种命题。他以为算学及纯粹科学中底命题，是综合底，但又是必然底。这种命题，他称为先验综合命题。他先以为有这种命题，然后问：这种命题，如何可能？他的《纯粹理性批判》，即从此问出发。但照维也纳学派的说法，命题只有上述二种。算学中底命题，是必然底，但不是综合底；科学中底命题，是综合底，但不是必然底。

照维也纳学派的说法，一个综合命题的意义，在于它的证实的方法。这就是说，一个综合命题，必有可证实性，然后才有意义；一个无可证实性底综合命题，只是一个似是而非底命题，严格地说，不是命题。此所谓可证实性，是说一个命题可以事实证实其是真或是假。一个命题有可证实性，并不必现在即可以事实证实，只需要在原则上有此种可能。例如我们说："火星上有人。"此命题可以是假底，但是一个有意义的命题。因为假使我们能飞到火星上，我们即可以事实证实这个命题是真底或是假底。我们现在不能飞到火星上，也许将来永远不能飞到火星上，因此这个命题是真底或是假底，永远不能证实。但这是事实问题，我们不能说，这个命题在原则上没有可证实性。它有可证实性，它即是一个有意义底命题。但如我们说："一个针尖上可站三个天使。"这是在原则上不能以事实证实底。这个命题没有可证实性，因此是无意义底，是个似是而非底命题，严格地说，不是命题。

维也纳学派，以为形上学中底命题，都是综合命题，又都无可证实性，所以形上学中底命题，都是无意义底。从知识的观点看，形上学中底命题,都是如"砚台是道德"、"桌子是爱情"之类,只是一堆好看好听底名词而已。其中底命题既是如此,所以形上学可以取消。这是维也纳学派对于形上学底最有力底批评,也是他们主张取消形上学的主要理由。

于上两章中,我们说:在近代西洋哲学史中,形上学所讨论底主要问题,是上帝存在,灵魂不灭,意志自由。对于这三个问题,无论作肯定底命题或否定底命题,其命题都是没有意义底。我们说:上帝是存在底,灵魂是不灭底,意志是自由底。这固然无可证实性。我们说:上帝是不存在底,灵魂不是不灭底,意志不是自由底。这也同样地无可证实性。这正如,在某一论域,我们说:砚台是道德,桌子是爱情,固是无意义底;但在同一论域,我们说:砚台不是道德,桌子不是爱情,也同样底是无意义底。关于这三大问题底讨论,既都是无意义底,所以都是可以取消底。

传统底形上学中,还有些别底永不能解决底争论,也可以用维也纳学派的方法,将其取消。例如在中国近来特别流行底所谓心物之争,照维也纳学派的标准,也都是没有意义底。普通所谓唯心论或唯物论的主要命题,都是综合命题,但无可证实性。普通所谓唯心论的主要命题是:一切事物,都从心生;或:一切事物,都有心的性质。普通所谓唯物论的主要命题是:一切事物,都由物生;或:一切事物,都有物的性质。这些命题,都是在原则上不能以事实证实底。照维也纳学派的说法,凡有意义底命题,其是真或假,必使事实有点不同。例如说:疟疾是人被疟蚊咬而得底。如果此命题是真底,如人不被疟蚊咬,即必不得疟疾。如果此命题是假底,则人即不被疟蚊咬,亦可得疟疾。但是唯心论或唯物论的主要命题,无论其中哪一个是真或是假,都不能使事实有甚么不同。无论哪一个命题是真或是假,我们都须承认"桌子"及"我想桌子"中间,有根本底不同。由此方面说,我们也可以说,普通所谓唯心论或唯物论的主要命题,都是没有意义底,严格地说,都不是命题。

普通所谓唯心论或唯物论的主要命题,是无意义底,又可从另一方面说。说一切事物都有心的性质,或说一切事物都有物的性质。此所谓心或物,如是普通所谓心或物,则说一切事物都有心的性质,即等于说,一切事物,都是有感觉底,有情意底。说一切事物,都有物的性质,即等于说,一切事物,都是在空间底,有硬度底。这都是与经验冲突底。如此所谓心或物,不是普通所谓心或物,则此所谓心或物,究竟是什么意义,亦是很难说底。一名词的外延愈大,则其内涵愈少。一名词的外延,如广至无所不包,则其内涵必少至不能有任何意义。普通所谓唯心论或唯物论所谓心或物的外延,如广至无所不包,则其内涵必少至不足以分别普通所谓心及物的分别。

如上所举底诸命题,维也纳学派说它们是无意义底,是有理由底。西洋传统底形上学中底命题,大部分都是这一类底命题,所以维也纳学派说形上学是应该取消底,亦是有理由底。但真正底形上学并没有这一类的命题。这一类的命题,都是综合命题,对于实际有积极底肯定,但是其肯定是无可证实性底。照我们于第一章所说,真正底形上学中底命题,虽亦是综合命题,但对于实际极少肯定。其所肯定底那一点,不但是有可证实性,而且是随时随地,都可以事实证实底。所以真正形上学中底命题,不在维也纳学派的批评的范围之内;而真正底形上学,也不是维也纳学派的批评所可以取消底。这还是就用正底方法底形上学说。至于用负底方法底形上学,更不在维也纳学派的批评的范围之内,而且照我们的看法，维也纳学派中底有些人，实在是以负底方法讲形上学。此点于下文第九章可见。

又有批评形上学者，以为形上学常拟自概念推出存在或事实。例如以本体论底证明证明上帝的存在者，以为我们只须分析上帝一概念，我们即可见上帝是存在底。又有批评形上学者，以为形上学常拟自内容少底概念，推出内容多底概念。例如斯宾诺莎拟自本体一概念，推出心、物等概念。本体一概念是内容少底概念，心、物等概念是内容多底概念。就逻辑说，我们只能从分析内容多底概念，推出内容少底概念；不能从分析内容少底概念，推出内容多底概念。我们分析人的概念，可以推出动物的概念。但我们分析动物的概念，不能推出人的概念。形上学拟自内容少底概念，推出内容多底概念，这是逻辑所不许底。

哲学史中底形上学，有些是应该受此等批评底。但此等批评亦与真正底形上学无干。真正底形上学并不拟从概念推出存在或事实。有存在底事物，这是事实。形上学并不拟从甚么推出事实，或创造事实。形上学只拟义释事实。自义释事实出发；这是形上学与科学之所同。但一种科学只拟义释一种事实，其释义是积极底。形上学则拟义释一切事实，其释义又是形式底。这是形上学与科学之所异。

就知识方面说，自内容少底概念，不能推出内容多底概念。就逻辑方面说，内容少的概念，先于内容多底概念。就知识方面说，知有动物，不能使我们知有人、狗等。但就逻辑方面说，有动物先于有人、狗等。因为有人、狗等涵蕴有动物，但有动物不能涵蕴有人、狗等。形上学常先讲内容少底概念，因为在逻辑上它先于内容多底概念。形上学所讲内容少底概念，亦是从分析内容多底概念而得者,形上学先讲内容少底概念,乃所以义释内容多底概念,并不是从内容少底概念,推出内容多底概念,至少就真正底形上学说是如此。

维也纳学派所批评底形上学,严格地说,实在是坏的科学。照我们所谓科学的意义,坏底科学是应该取消底。取消坏底科学,这是维也纳学派的贡献:不知道他们所取消底只是坏底科学,这是维也纳学派的错误。不过这也不专是维也纳学派的错误。因为向来大部分哲学家所讲底形上学,确是坏底科学。对于形上学之所以为形上学,向来哲学家也不是人人都有清楚底认识。所以维也纳学派,以为形上学不过是坏底科学,原也是不足为异底。

我们是讲形上学底。但是维也纳学派对于形上学的批评的大部分,我们却是赞同底。他们的取消形上学的运动,在某一意义下,我们也是欢迎底。因为他们的批评确能取消坏底形上学。坏底形上学既被取消,真正底形上学的本质即更显露。所以维也纳学派对于形上学底批评,不但与真正底形上学无干,而且对于真正底形上学,有"显正摧邪"的功用。由此方面说,维也纳学派虽批评形上学,而实在是形上学的功臣。

维也纳学派所用底方法,是逻辑分析法,是分析法的很高底发展。不过他们没有应用这个方法到形上学,而只应用这个方法,到历史中底形上学。这就是说,他们没有应用这个方法以研究形上学,而只应用这个方法以批评已有底哲学家的形上学。他们以逻辑分析法,批评已有底哲学家的形上学及科学。他们所讲底,是比形上学及科学高一层次底。他们所讨论底,大半是属于知识论及逻辑中间底问题。自一种意义说,知识论,也是比其余学问高一层次底。因为其余底学问都是知识,知识论是讨论知识底。

对于知识的来源,维也纳学派的见解是经验主义底。关于取得知识的方法,维也纳学派所提倡底方法是经验法。就此方面说,维也纳学派是休谟的继续。休谟的经验主义及怀疑主义使康德自"武断的迷睡中惊醒"。维也纳学派的经验主义及怀疑主义也应该使现代哲学家自"武断的迷睡中惊醒"。

第六章　新理学的方法

康德的批评底哲学的工作,是要经过休谟的经验主义而重新建立形上学。它"于武断主义及怀疑主义中间,得一中道"。新理学的工作,是要经过维也纳学派的经验主义而重新建立形上学。它也于武断主义及怀疑主义中间,得一中道。这中道也不是只于两极端各机械地取一部分,而是"照原理确切地决定底"。

于本书第一章,我们说明了真正形上学的性质,及真正形上学的方法。新理学的形上学,是用这种方法建立底,所以也是合乎真正底形上学的标准底。它的主要底观念,可以四组主要命题表示之。这四组主要命题,或是,或几乎是,重复叙述底。就一方面说,这些命题都是包括甚广;就又一方面说,又都是对于实际没有,或甚少肯定。

于第一章中,我们说:形上学的工作,是对于经验,作形式底释义。在我们的经验或可能底经验中,有如是如是底事物。禅宗中有禅师问僧云:《金刚经》的头一句的头两个字是甚么? 僧云:如是("如是我闻")。师云:如是如是。如是二字,应该是真正形上学的开端,也应该是真正形上学的收尾。所谓如是者,"山是山,水是水"(亦禅宗中用语)。山如山的是,水如水的是。这座山如这座山的是,这条水如这条水的是。一切事物,各如其是,是谓如是。一切底如是,就是实际。形上学就是从如是如是底实际出发,对之作形式底释义。

从如是如是底实际出发，形上学对于实际所作底第一肯定，也是惟一底肯定，就是：事物存在。这可以说是对于实际有所肯定底肯定。但这一个肯定，与普通对于实际有所肯定底肯定不同，因为说事物存在，就等于说有实际。从如是如是底实际出发，而说有实际，这一说并没有增加我们对于实际底知识。所以这一肯定，虽可以说是对于实际有所肯定，但仍是形式底肯定，不是积极底肯定。

这一肯定与普通对于实际有所肯定底肯定，还有一点不同。普通对于实际有所肯定底肯定，其是真都是或然底。但这一肯定，其是真，如果不能说是确实底，亦近乎是确实底。某些事物不存在，是可能底。但任何事物不存在，至少在我们作了这个肯定以后，是不可能底。我们可以说，所谓外界事物，不过都是些感觉，或感觉"堆它"。但照我们所谓事物的意义，感觉及感觉"堆它"也是某种事物。肯定有事物存在底这个肯定，也是某种事物。你如否认这个肯定，你的否认，也是一种事物。从这一方面着思（这也是一个事物），我们可见，任何事物不存在，至少在我们作了这个肯定以后，是不可能底。这一段推论，有似于笛卡尔的"我思故我在"的推论，但在这一段推论中，我们并不肯定有"我"。笛卡尔的推论，对于实际有所肯定。我们的推论，除了肯定有实际之外，对于实际，并无肯定。

事物存在。我们对于事物及存在，作形式底分析，即得到理及气的观念。我们对于事物及存在作形式底总括，即得到大全及道体的观念。此种分析及总括，都是对于实际作形式底释义，也就是对于经验作形式底释义。

新理学的形上学的第一组主要命题是：凡事物必都是什么事

物。是什么事物，必都是某种事物。某种事物是某种事物，必有某种事物之所以为某种事物者。借用中国旧日哲学家的话说："有物必有则。"

某种事物之所以为某种事物者，新理学谓之理。此组命题，肯定有理。有人批评新理学，谓《新理学》中说，有方底东西，则必有方之所以为方者，有圆底东西，则必有圆之所以为圆者。如此说，不过是将一句话重说一遍，于科学、哲学俱无帮助。这种批评，正是亚力士多德对于柏拉图底批评（见上第二章）。这些命题，本来是对于实际无所肯定底。因其是如此，所以与科学，本来不能有所帮助。但不能说这些命题与哲学无所帮助。因为这些命题，对于实际虽无所肯定；对于真际，却有所表显。这正是形上学所需要底。

对于这一组命题，我们于《新原道》中，已有说明（见《新原道》第十章）。在《新原道》中，在这一组命题中，有一命题是："有某种事物，必有某种事物之所以为某种事物者。"现在我们将此命题改为："某种事物是某种事物，必有某种事物之所以为某种事物者。"这就是说：山是山，必有山之所以为山者；水是水，必有水之所以为水者（这一点是沈有鼎先生的提示）。照原来底说法，我们固然可以说从"有某种事物，必有某种事物之所以为某种事物者"这个命题，我们可以推出两命题。一是：某种事物之所以为某种事物者，可以无某种事物而有。一是：某种事物之所以为某种事物者，可以先某种事物而有（参看《新原道》第十章）。不过这个推论，很可受批评。批评者可以说，在"有某种事物，必有某种事物之所以为某种事物者"一命题中，"有"的意义，非常含混。例如你说：有山必有山之所以为山者。这个命题中底两个"有"，若都是存在的意思，则这个命题，只能是说：如果山存在，山的性质必也存在，山的性质就存在于存在底山中。

如果山不存在,山的性质也不存在。如果这个命题中底第一个"有",是存在的意思,第二个"有"不是存在的意思,则这个命题的真与否,尚待讨论。至于你从"有某种事物必有某种事物之所以为某种事物者"所推出底两个命题,更似乎只是玩弄一种言语上底把戏,至少说,你亦是为文字所迷惑了。为免除这个批评,我们改用现在底说法。现在我们说:山是山,必有山之所以为山者。这个命题,并不肯定某些山的存在。只要"山是山"是有意义底一句话,有山存在,固然必有山之所以为山者,没有山存在,也必有山之所以为山者。因为如果"山是山"是有意义底一句话,所谓山者,必不只是一个空名,它必有其所指。其所指就是其对象。其对象就是山之所以为山者。所以从"山是山,必有山之所以为山者",确可推出二命题,一是:"山之所以为山者,可以无存在底山而有。"一是:"山之所以为山者,先存在底山而有。"专就山之所以为山者说,它不是存在底,而又不能说是无。它是不存在底有。不存在底有,我们称为真际底有。

我们还可从另一点证明有理。这就是,我们可以离开某种事物而专讨论,某种事物之所以为某种事物者。例如我们可以离开方底东西,而说方有四隅。这是一个分析命题。分析命题是必然地真底。从这一点,我们也可以证明有理。关于这一点,我们于以下另有专章论之。

在新理学的形上学的系统中,第二组主要命题是:事物必都存在。存在底事物必都能存在。能存在底事物必都有其所有以能存在者。借用中国旧日哲学家的话说:"有理必有气。"

对于这一组命题,我们于《新原道》中已有说明。现在我们专就方法方面说。我们虽亦说存在底事物,但存在并不是一事物的性质。这就是所谓"存在不是一个客词"。关于这一点,我们于上文第四章中,已引康德的说法,详为说明。第一组命题,是就事物的性质着思得来底。第二组命题是就事物的存在着思得来底。就事物"存在"这个事实加以形式底分析,我们即得到这一组命题及气之观念。

　　新理学所谓气,并不是有些中国哲学家所谓"体",亦不是有些西洋哲学家所谓"本体"。维也纳学派以为哲学家说有"本体"是由于受言语的迷惑。在言语中(尤其是欧洲言语中),一句话有主词客词。例如我们说:这个狗是白底,这个狗是长毛底。哲学家见我们的话如此说,他们即以为除了是白底、是长毛底之外,还有一个甚么东西,是这些现象的支持者。这个支持者,就是所谓本体。其实这个狗就是如此等等现象底全体。我们说这个狗时,我们所说底话,有主词客词,其实不过是话如此说而已。其实除了现象,更无本体,我们不可为文法所欺。维也纳学派的此种说法,是否不错,我们不论。我们只说,新理学中所谓气,并不是所谓本体,如维也纳学派所批评者。即令这个狗就是"是白底"、"是长毛底"等等现象的全体,这些等等现象总存在。既存在总能存在,总有其所有以能存在者。这就是新理学所谓气。

　　或可以说:从"能存在"说到"有其所有以能存在者",这中间还是有言语上底迷惑。"能存在"之"能"是一个助动词。"其所有以能存在者"是一个名词。将这一个助动词变成名词,便以为此名词代表一种实体。此若不是言语上底迷惑,亦是利用言语上底变换,以掩饰一句话的无意义。对于这种批评,我们说:我们说"其所有以能存在者"时,我们是将"能存在"之"能",由助动词变为名词。但虽如此变,我们并没有变"能存在"的意义,不过是将其意义说得更清楚。犹如我们说：人能生活，就是说，他有其所有以能生活者。我们并没有变更"能生活"的意义，不过是将其意义说得更清楚。将"能存在"的意义说得更清楚以后，如果"其所有以能存在者"代表一种实体，那亦是因为本来有一种实体，为"能存在"所拟说，但隐而未显。我们说"如果"，因为新理学所谓气，并不是一种实体。此于下文所说可见。

气并不是一种实体，因为我们不能说气是甚么。其所以如此，有两点可说。就第一点说，说气是甚么，即须说存在底事物是此种甚么所构成底。如此说，即是对于实际有所肯定。此是一综合命题，但是无可证实性，照维也纳学派的标准，此命题是无意义底，不是命题。就第二点说，我们若说气是甚么，则所谓气即是一种能存在底事物，不是一切事物所有以能存在者。新理学所谓气，是"一切事物"所有以能存在者，所以决不是一种事物。我们不可以此与科学所谓"能"相混，更不可以此与"空气"、"电气"等气相混。空气等气，固是存在底事物，科学中所谓能，亦是存在底事物，它们既能存在，都需有其所有以能存在者。所以它并不是新理学所谓气。新理学所谓气，并不是甚么。

哲学家多拟说一种事物，是其余事物所以构成者，是其余事物的根源。有说此种事物是心者。有说此种事物是物者。有说此种事物是非心非物底"事"者。在诸如此类的说法中，说是心是物者，对于实际所肯定者多。说是"事"者，对于实际所肯定者少。然总之，对于实际皆有所肯定。新理学中所谓气，不能说它是甚么。不但不能说它是心或物，亦不能说是"事"。新理学如此说，完全是只拟对于经验作形式底释义，除肯定有实际之外，对于实际，不作肯定。

柏拉图及亚力士多德哲学中所说"质料"，与新理学所说气相似。旧理学中亦说气。但其所谓气,是从横渠哲学中得来。横渠所谓气,"升降飞扬,未尝止息",是一种事物。旧理学中说,气有清浊正偏,可见其所谓气,是可以说是甚么者。既可以说是甚么,则即是一种事物。既是一种事物,则说"人物之生,必禀此气,然后有形"(朱子语),即是对于实际,有所肯定。

新理学亦可以借用朱子这两句话。新理学亦可以说:"人物之生,必禀此理,然后有性;必禀此气,然后有形。"新理学若如此说,亦不过是说:事物既是事物,必是某种事物。既是某种事物,必有依照于某种事物之所以为某种事物者。事物既存在,必能存在。能存在必有其所有以能存在者。

在新理学的形上学的系统中,第三组主要命题是:存在是一流行。凡存在都是事物的存在。事物的存在都是其气实现某理或某某理的流行。总所有底流行,谓之道体。一切流行涵蕴动。一切流行所涵蕴底动,谓之乾元。借用中国旧日哲学家的话说:"无极而太极。"又曰:"乾道变化,各正性命。"

对于这一组命题,在《新原道》中,亦有说明,专就方法方面说,此一组命题可分为两部分。第一部分是我们对于存在作形式底分析而得者。上述第二组命题,亦是我们对于存在作形式底分析而得者。不过我们于彼所分析,是存在的事实,如"存在"一名词所表示者。我们于此所分析,是存在的动作,如"存在"一动词所表示者。第二部分是我们对于一切底存在的动作,如"存在"一动词所表示者,作形式底总括而得者。

或可说,如此所说,似乎只是与"存在"以定义。照你的定义,存在是流行,存在当然是流行。不过这是一个分析命题。分析命题只代表一种言语上底约定。照言语上习惯底用法,"存在"是一动词,因此你就说:存在是流行,流行涵蕴动。你未免太为言语所迷惑了。对于此批评,我们说,我们承认,存在是流行,流行涵蕴动,是分析命题。但我们以为分析命题不是,或不只是代表言语上底约定。照我们的说法,并不是因为"存在"是一动词,所以存在是流行,流行涵蕴动。而是因为存在是流行,流行涵蕴动,所以"存在"是动词。关于这一点,我们于下文另有专章讨论。

存在是一种底有。其另外一种底有,是不需要"所有以能存在者"底。这就是我们所谓真际底有。属于这一种底有者,无所谓流行不流行,无所谓动或不动,不过它也不存在。它就是所谓永恒底。

在新理学的形上学的系统中,第四组主要命题是:总一切底有,谓之大全,大全就是一切底有。借用中国旧日哲学家的话说:"一即一切,一切即一。"

总一切底有而得到大全的观念,是我们对于一切底有作形式底总括所得底结果。对于事物作形式底总括所得底结果,我们都用"凡"或"一切"等词表示之。"凡"或"一切"是真正的哲学底词。因为它们所表示底,都是超乎经验底。无论甚么事物,只要我们一说到凡或一切甚么,这凡或一切甚么,都是超乎经验底。例如这个马、那个马是可经验底,但凡马、一切马,却不是可经验底。这一点是经验主义者所遇见底最大底困难。因为他们虽不承认我们可以有对于超乎经验底知识,但他们也常说凡或一切。例如他们说,凡知识都是经验底,他们虽如此说,但一说到凡知识,他们已超乎经验了。在我们的经验中,只有知识,没有凡知识。

"一即一切,一切即一",本是佛家哲学中所常用底一句话。新理学说"一即一切,一切即一",与佛家所说,意义不同。华严宗说"一即一切,一切即一",其所谓一是个体。"一一毛中,皆有无边师子"，此是所谓"一即一切"。又复"一一毛皆带此无边师子，还入一毛中"。此是所谓"一切即一"。新理学所谓"一"，则是大全，不是个体。又佛家及有些西洋哲学家说"一"，以"一"为事物的本源或本体。他们以为事物间本有内部底关联。一切事物，本来在实质上是"一"。事物的万殊是表面底，是现象。此"一"或是心或是物。或有些西洋哲学家，以为事物之间，有内在底关系。每一事物，皆与其余底事物，有内在底关系。一事物若离开其余底事物，则即不是其事物。所以一切事物，皆依其间底内在关系，联合为不可分底"一"。若所谓"一"有如此类底意义，则说"一即一切，一切即一"，即是综合命题，即是对于实际，有所肯定。新理学所谓"一"，不过是一切的总名。新理学虽说"一即一切，一切即一"，但对于实际，并无所肯定。普通所谓唯心论、唯物论、一元论、二元论等名称，对于新理学均用不上。

新理学中的四组命题，提出四个观念。在其所提出底四个观念中，有三个与其所拟代表者，不完全相当，其中有三个所拟代表者，是不可思议、不可言说底。这就是说，是不可以观念代表底。气是不可思议、不可言说底。因为气不是甚么，如思议言说它，就要当它是甚么。是甚么者就不是气。道体是一切底流行，大全是一切底有。思议言说中底道体或大全，不包括这个思议言说，所以在思议言说中底道体或大全，不是道体或大全。气、道体、大全，是"拟议即乖"。

由此方面说，则形上学不能讲。从形上学不能讲讲起，就是以负底方法讲形上学。形上学的正底方法，从讲形上学讲起，到结尾亦需承认，形上学可以说是不能讲。负底方法，从讲形上学不能讲讲起，到结尾也讲了一些形上学。

第七章　论分析命题

　　形上学的正底方法,是以分析法为主,反观法为辅。分析法就是逻辑分析法。

　　魏晋玄学家常说"辨名析理",辨与析都是分析的意思。在《新理学》书中,我们说:"哲学之有,靠人的思与辩。"思的工作是作分析。以名言说出其分析,就是辩。这是思、辨、辩之间底关系。

　　因为思、辨、辩之间,有这种关系,所以人常将它们弄混。先秦的名家,当时称为辩者。他们固然能辩,但他们的辩如不是诡辩,他们必能辨,然后能辩。公孙龙如不能辨白马非马,当然也不能辩白马非马。西洋逻辑学初入中国时,有人译为辩学(其实与其译为"辩"学,不如译为"辨"学)。西洋人固然很少说逻辑学是辩学,但很有人说,逻辑学所讲底,是思的规律,或推理的规律。这就是以逻辑学为思学。就这些地方,我们可以看出思、辨、辩是很容易被人弄混底。

　　照我们的看法,逻辑分析法,就是辨名析理的方法。这一句话,就表示我们与维也纳学派的不同。我们以为析理必表示于辨名,而辨名必归极于析理。维也纳学派则以为只有名可辨,无理可析。照他们的意见,逻辑分析法,只是辨名的方法;所谓析理,实则都是辨名。

　　析理所得底命题,就是所谓分析命题。我们析红之理,而见其涵蕴颜色，我们于是就说，红是颜色。我们如了解"红"及"颜色"的意义，我们就可见"红是颜色"这个命题，是必然地普遍地真底。分析命题的特点，就是它的必然性与普遍性。我们见一个命题是必然地普遍地真底，它就是必然地普遍地真底。斯宾诺莎说，我们如有真观念，我们会知道我们有真观念。他的此说，可于此应用，于此我们就用着反观法。

分析命题，为甚么是必然地普遍地真底？最简单直截的回答是：因为这是析理的命题。红之理本来涵蕴颜色之理。理是永恒底，所以分析命题是必然地普遍地真底。我们若用这个回答，我们就需承认有永恒底理。于上文讲到新理学的形上学的第一组命题时，我们说：我们说有理，还有另外底证明。这另外底证明，就是分析命题之所以可能。照我们的看法，若没有理，就不能有必然地普遍地真底分析命题。

对于分析命题之所以可能，还可以有另外底说法。于本章及下章，我们打算指出另外底说法的困难。

另外底第一种说法是说：所谓分析命题，也是靠归纳法得来底。照这种说法，三加二等于五这个命题，与明天太阳要出来这个命题，并没有根本上底不同。小孩子以三个指头，加两个指头，等于五个指头。以三个椅子，加两个椅子，等于五个椅子。用归纳法，他得到三加二等于五的结论。不过在他的经验中，三个东西加两个东西，总是等于五个东西，没有一次例外。于是他就得到一种习惯，以为它是必然地普遍地真底了。必然与普遍，只是由于人的习惯及感觉，并不是所谓分析命题真有这种性质。

这种说法，虽是要说明分析命题之所以可能，实则是等于说，没有分析命题。况且这种说法，显然也与事实不合。在我们知道一个分析命题是必然地普遍地真底之先，我们有时也需用经验以为说明。但既已说明以后，我们若是了解它，我们就看出它是必然地普遍地真底。这种说明，只需要一二例即足，并不需要很多底例，以养成我们的习惯。既已说明以后，我们也就知道，即有更多底例，也是多余。因为分析命题，只靠经验说明，并不靠经验证明。我们看出它必然地普遍地是真以后，我们就知道我们看出它必然地普遍地是真。斯宾诺莎的反观法于此正可以应用。

另外底第二种说法是如休谟所说者。休谟以为分析命题是有关于观念的关系底命题。因为它只是关于观念，不是关于事实，所以它必然地普遍地是真底（参看上文第三章）。

对于这种说法，我们可以问：这些观念是怎样来底？例如休谟说："一个直角三角形的弦边的平方等于其二边的平方和"，这是一个关于观念的关系底命题，也是一个必然地普遍地真底命题。但照休谟的知识论，我们的知识是从感觉来底。我们的感觉所给予我们底直角三角形，都不是绝对底。就我们的感觉所给予我们底直角三角形说，它的弦边的平方都未必等于其二边底平方和。只有绝对底直角三角形，才是如此。从感觉来底，不是绝对底三角形，我们怎样得一个绝对底三角形底观念？这是柏拉图在《斐都》一对话中所提出来底一个老问题。他问：我们没有感觉过绝对底相等，绝对相等底观念怎么会是从感觉来底？这个问题，是经验主义者所不容易答复底。

另外第三种说法是康德的说法，他说：分析命题之所以是必然地普遍地真，因为其客词本来包括于其主词之内。一个分析命题所说底，并没有超过其主词所包括底，所以不会是不真底。例如红是颜色，这个命题只是说红颜色是颜色。颜色本已包括于主词之内,所以这个命题是必然地普遍地真底。

这种说法,固然不错,但其意思很不清楚。所谓客词本来包括于主词之内,是说客词所表示底理本来涵蕴于主词所表示底理?或是说客词所表示底观念本来包括于主词所表示底观念?或是客词的词已包括于主词的词?若是第一个意思,则此种说法即同于我们的最简单直截底说法。若是第二个意思,则即同于上述休谟的说法。若是第三个意思,则即同于下述维也纳学派的说法。由此方面看,这种说法,并不是另外一种说法。

另外第四种说法是维也纳学派所持者。维也纳学派的思想大体上是继承休谟底。他们也分命题为两种:一种是关于事实底,这是综合命题。其另一种,他们不说是关于观念底,而说是关于言语底。这是分析命题。照他们的说法,分析命题只是言语命题。这种说法,现在颇为流行。我们于以下以卡纳普所说为例,作比较详细底讨论。

在其《哲学与逻辑语法》一书中,卡纳普分语句为三种。一种是他所谓有所指语句。例如“(一甲)这玫瑰是红底”;“(二甲)第一讲内容是形上学”;“(三甲)张三到非洲去了”;“(四甲)金星与地球大概相等”。第二种是他所谓似有所指语句。例如“(一乙)这玫瑰是物”;“(二乙)第一讲讲形上学”;“(三乙)这部书讲非洲”;“(四乙)金星与晓星是一个”。第三种是他所谓语法底语句。例如“(一丙)‘玫瑰’之名,是一个物名”;“(二丙)第一讲包括有‘形上学’之名”;“(三丙)这部书包括有‘非洲’之名”;“(四丙)金星之名与晓星之名是同义底”。卡纳普以为第一种语句是于言语外确有所指。第三种语句是于言语外确无所指。第二种语句是于言语外似有所指而实无所指。此种语句在表面上似乎是同于第一种语句,而实则是同于第三种语句。因为此种语句有这种欺骗性,所以引起了许多无谓底问题。旧哲学中,尤其是旧形上学中底问题大部分都是这种语句的欺骗性所引起底。其实这种语句都可翻译为与它们相等底第三种语句。翻译以后,这种语句没有了。其欺骗性所引起底问题,也就没有了。因此形上学也就没有了。

第一种语句于言语外确有所指,这是不必讨论底。我们于以下要说明,第二种语句,于言语外亦确有所指。第三种语句,虽似于言语外无所指,而实亦于言语外有所指。第二种语句不是都可翻译为第三种语句。即其可翻译者,翻译后原语句亦不因翻译而取消。

先说翻译问题。照卡纳普所举底例中,第二种语句的四例,性质不同。其中只有(一乙)是我们所谓析理命题。(一乙)与(一丙)是等义底。(四乙)与(四丙)是同义底。(二乙)与(二丙)、(三乙)与(三丙)是既不同义、又不等义底。等义者可以互相翻译,但翻译后原语句并不因翻译而取消。同义者可以互相翻译,翻译后原语句亦可因翻译而取消。既不同义又不等义者,不能互相翻译。

在卡纳普所举底例中,(四乙)与(四丙)是同义底。"金星"与"晓星"本是一物的异名。说金星与晓星是一个星,就是说"金星"与"晓星"二名是同义的。所以此二语句,可以互相翻译。翻译后原语句亦可因翻译而取消,这就是说,这两个语句是可以互相替代底,说了这一句,不必再说那一句,并没有少说甚么。

(二乙)与(二丙)、(三乙)与(三丙),既不同义,又不等义。一个讲形上学底讲演是一个形上学的讲演。但包括"形上学"之名底讲演,并不一定是一个形上学底讲演。一个人说个笑话,其中也可以包括"形上学"之名。讲非洲底书是一部地理书,但包括"非洲"之名底书,并不一定是地理书。一部小说也可以包括"非洲"之名。若没有这种分别,卡纳普的这本书中,即包括有"形上学"之名,及"非洲"之名。卡纳普的这本书,岂不也成了讲形上学底书,讲地理底书了。可见(二乙)与(二丙)、(三乙)与(三丙),是不能互相翻译底。

(一乙)与(一丙)是等义底,若(一乙)是真底,(一丙)亦是真底。若(一丙)是真底,(一乙)也是真底。因此此二语句,可以互相翻译。虽可以互相翻译,但不能互相替代。若只说这一句,不说那一句,确是少说了些什么。若只说"玫瑰"之名是一物名,是没有说,玫瑰是一物。你所说底是关于"玫瑰",并不是关于玫瑰。卡纳普于第三种语句中,也将玫瑰加上引号。这引号是有意义底,并不是随便加上底。

照我们的说法,(一乙)是表示析理底语句。我们分析玫瑰之所以为玫瑰者,而见其涵蕴有物之所以为物者,于是我们说:玫瑰是物,(一丙)是表示辨名底语句,我们辨别"玫瑰"之名,而见其是一物名,于是我们说,"玫瑰"之名是一物名。

卡纳普说:(一乙)这个语句是分析语句,我们只须考察"玫瑰"这个名是属于语法上底哪一类,我们只须知道"玫瑰"这个名是一物名,我们即可确知(一乙)这个语句是真底,无须观察任何玫瑰。所以我们知道,(一乙)所肯定底,与(一丙)相同。"因为常常,而且只在,一个东西是一个物时,称谓它的名,是一个物名。"(《哲学与逻辑语法》六二页)(一乙)与(一丙)所肯定底,并不相同。此点我们于上文已有说明。照卡纳普于此所说,我们只能说,因为一个东西是一个物,所以称谓它底名是一物名。不能说,因为称谓一个东西底名是一个物名,所以它是一个物。照此说,我们可知(一乙)与(一丙)虽然是等义底,但我们只能说,(一丙)是真底,因为(一乙)是真底。不能说,因为(一丙)是真底,所以(一乙)是真底。这就是说,因为玫瑰是一物,所以"玫瑰"之名是一物名,并不是因为"玫瑰"之名是一个物名,所以玫瑰是一物。我们于上文说:辨名必归极于析理,其理由在于此。

卡纳普以为用他的这种翻译法,可以免去许多麻烦。我们不说,玫瑰是物,只说"玫瑰"之名,是一物名。如此,我们就可以不必问甚么是物了。我们不说:"友谊不是一个性质,只是一个关系。"我们只说:"'友谊'之名不是一个性质名,只是一个关系名。"我们就可以不必问什么是性质,什么是关系了。我们不说:"七不是一个物,只是一个数。"只说:"'七'之名不是一个物名,只是一个数名。"(《哲学与逻辑语法》页七〇)这样我们就可以不必问什么是数了。用这种办法,卡纳普以为可以取消形上学中底问题。其实这只是避免问题,不是取消问题,更不是解决问题。问题还在那里,不过他避免之而已。假使我们问:什么是一个物名?回答说:指物之名,就是物名。再问:什么是物?你不能回答:为指物之名所指者就是物。所以说:问题仍在那里。愿意避免问题,是人的自由,你若是对于那一问题,没有兴趣,你可以避免讨论它。但你不可以为你若避免一问题,你就把它取消了。如果如此,你就是掩耳盗铃。

卡纳普以为将他所谓似有所指底语句,翻译为语法语句,确可除去许多哲学上底无谓底争论。他说:例如在怀特海及罗素的系统中,他们将数当做类的类。在比阿诺及希柏特的系统中,他们将数当做基本底东西。数究竟是什么,可以引起无穷底净论。假使将他们的话翻译为语法语句,我们可以说,在怀特海及罗素的言语系统中,对于数底说法,是第三级的类的说法。在比阿诺及希柏特的言语系统中,对于数底说法,是基本底东西的说法。如此则两种肯定,彼此相容,而且同是真底。争论也就没有了。

这样说仍只是避免问题,不是取消问题。我们还可以问:数究竟是甚么?维也纳学派可以说:这个问题,没有意义。你只能问:在某一算学家的言语系统中,对于数底说法是甚么?不能凭空问:数是什么?于此我们说:在各算学家的言语系统中,对于数底说法,虽有不同,但他们所说底毕竟都是数。这就是说,他们所谓数,必有共同之点,如其不然,他们所说底,就是天文与地理的不同,用不着比较,也用不着说,他们所说底相容或不相容。这个共同之点就是数之所以为数者。其内容是什么,虽不是形上学所必要讨论,但还是可以问底。

就以上所说,我们可见,卡纳普所谓似有所指底语句,虽可以翻译为语法语句,但并不能以语法语句替代之。说可以替代,只是避免那种语句而已。既不能替代,可见那种语句,并非似有所指,而是真有所指。

以下再说,卡纳普所谓语法语句,也并非无所指。在未说之前,我们须先说,(一乙)与(一丙)不是在一言语层次之内。(一乙)是在第一层言语之内。这层言语的对象是玫瑰及物,客观的有。(一丙)是第二层言语。这层言语的对象是第一层言语。我们于以上已说,(一乙)所说底是非言语底,这就是说,就第一层言语说,它是非言语底。现在我们要说,(一丙)所说底,也是非言语底,这就是说,就第二层言语说,它是非言语底。

例如"'玫瑰'之名是一物名"。我们先问:甚么是"玫瑰"之名?"玫瑰"之名并不是玫瑰。但也不是写在纸上底那些笔画,也不是说出底声音。若只是如此,则那些笔画、那些声音,各民族的文字语言,各不相同,怎么能互相翻译? 于第二层言语中,我们说:我们于第一层言语中,用"玫瑰"之名说玫瑰。于第三层言语中,我们说:我们于第二层言语中,用"玫瑰之名"之名,说"玫瑰之名"。在第一层言语中,我们用"玫瑰"之名说玫瑰。在这时候,玫瑰是言语的对象,是非言语底。这些名,这些语句,有其意义,有其所指。在第二层言语中,我们用"玫瑰之名"之名,说"玫瑰之名"。在这时候,"玫瑰之名"是言语的对象,是非言语底。这些名,这些语句,也有其意义,有其所指。各层次的语句,都有其所指。就其层次说,其所指又都是非言语底。因其是如此,所以各民族的不同底言语,在一层次之内,可以其所指为根据,而互相翻译。各语句亦因其是否符合于其所指,而有真伪之分。言语是多底,言语的对象是一底。

由以上所说,我们可见,析理不能消纳于辨名。辨名必归极于析理。若果如此,则分析命题不是言语命题。这就是说分析命题,不只是语法语句。它虽不对于实际有所肯定,但非对于真际无所表示。

所以由于有分析命题,我们亦可证明于真际中有理。

第八章　论约定说

卡纳普说，他所说底第一种语句，是科学中底语句。照我们于第一章中所说，这一种语句，是历史中底语句。科学并不讲这个玫瑰，它只讲玫瑰，它所讲底关于玫瑰底话，可以适用于任何一个玫瑰，但决不限于这个玫瑰。历史中底命题，都是与理无关底命题；科学中底命题，都是与理有关底命题。科学于研究某种事物的时候，它要说出甚么是某种事物之所以为某种事物者。某种事物之所以为某种事物者，是某种事物之理。甚么是某种事物之所以为某种事物者，是某种事物之理的内容。科学的目的，就是要发现并且说明这些内容，所以科学中底命题，也都是与理有关底。

但是科学中底命题，不能用逻辑分析法得到，这是科学与逻辑学算学不同之处，也是科学与形上学不同之处。由于人的知识的能力的限制，人欲知某种事物的理的内容，必需根据经验，以为推测。由此而得底命题，必需再由经验证实，然后才可能是真底。不过经验所能证实底，经验亦能推翻之。以往底经验都予以证实底命题，无人能保证，将来底经验亦必予以证实。所以科学中底命题，其是真是或然底。这就是说，截至现在止，它是真底。但它在明天是不是还是真底，没有人能予以保证。

不过这都是就实际底科学说，不是就我们于《新理学》中所谓本然命题说。就本然命题说，本然命题都是分析命题。一个普遍命题而是综合底,是由于人的知识的能力的限制。本然命题,本不是人所知底,所以它都是分析命题。历史中底命题,都是综合命题,但它也都不是普遍底。没有本然底历史,也没有本然底历史命题。

在人的知识的能力的限制的范围之内,只有普通所谓分析命题,是必然地真底。普通所谓分析命题,何以是必然地真底? 对于这个问题,维也纳学派另有一种说法,就是所谓约定说。

照维也纳学派的此一种说法,分析命题是一种命题,其是真靠其中所包括底符号的定义;综合命题是一种命题,其是真须决定于经验中底事实。例如"有些马是白底",这是个综合命题,其是真是假,我们必须从经验中决定。但如"或者有些马是白底,或者无马是白底","若非有些马是白底,则无马是白底",这都是分析命题,其是真并不必从经验中决定。我们可以专从"或者"、"若"、"则"等几个符号的定义,不管实际上马的颜色如何,即可看出这些命题一定是真底,决不会是假底。

又例如:"如果凡人皆有死,如果孔子是人,孔子有死。"这是一个形式底推论。我们不必研究凡人是否果皆有死,孔子是否果是人,我们即可断定这个推论,一定是真底。因为我们已经约定"如果"、"凡"等符号是这种用法。照这种用法,作这个推论,所以不靠经验,即可断定这个推论一定是真底。

因此,分析命题也就是重复叙述命题,例如"白马是马","白马是白底"。我们不能否定一个重复叙述命题而不陷于矛盾。我们若否定"白马是马",我们即须说:"白马不是马。"我们若否定"白马是白底",我们即须说:"白马不是白底。"这都是矛盾。(公孙龙说:"白马非马。"其意义与此不同,所以并非矛盾。)我们若否定一个重复叙述命题,我们即陷于矛盾;我们若否定一综合命题,我们不过另得一综合命题。我们若否定"有些马是白底",我们即得另一综合命题:"无马是白底。"从经验方面说,这个命题是假底。但我们说它,并不陷于矛盾。

分析命题的性质,既是重复叙述底,所以必然地是真底。此一种命题,不过表示人们自己底一种约定。逻辑学算学底系统,都出于人底这一种约定。人约定予某符号以某定义。从这些定义中推演出整个逻辑学算学底系统。所谓推演者,亦只是一些符号底变换。因其是如此,所以逻辑学算学中底命题,不能予我们有关于事实底积极知识,其是真亦不待事实决定。

照维也纳学派的这一种约定说,算学逻辑学比于科学,犹之小说比于历史。历史及小说中底命题,都是特殊命题。但历史中底命题,是可以客观底事实证实底。小说中底命题,则是人底主观底虚构。科学及算学逻辑学中底命题,都是普遍命题。但科学中底命题,是可以客观底事实证底。算学逻辑学中底命题,则是人底主观底虚构。

在上述维也纳学派的理论中,他们不说名而说符号。他们不说与名以定义,而说与符号以定义。他们如此说,因为符号更可以表示人定底意义。符号不过是一个符号,至于它是代表甚么底符号,完全是人约定底。我们于以下要讨论两个问题。第一,所谓"与符号以定义",究竟是甚么意义? 第二,如果分析命题的是真,只是靠其中底符号底定义,则说"分析命题是必然地真底",究竟是甚么意义? 这两个问题讨论完毕后,我们希望能指出维也纳学派的约定说的困难。

所谓"与符号以定义"究竟是什么意义? 最简单底回答是:与

符号以定义,就是规定其所代表者是甚么。不过这个回答,维也纳
学派大概不愿用。他们的回答是:与符号以定义,就是规定符号的
用法。维也纳学派喜欢用这种说法,因为说符号要代表什么可以
引起麻烦。但是假使我们再追问这种说法的意义,我们还是归到
前一种说法。假使我们说:一个人的符号的用法,与我们不同。我
们的意思只能是说,他的这个符号所代表底与我们的这个符号所
代表底不同。他用这个符号代表甲,我们用这个符号代表乙。符
号是同一符号,但是其所代表底可以不同。这就是,一个符号的用
法可以不同。

　　符号总有所代表。它是它所代表底的符号。不然,它就不成
其为符号。它所代表底,就是它的定义所说底。它的定义,并不是
那几个字,而是那几个字所说底。以什么为符号以代表那几个字
所说底,这是人约定底。但是那个定义所说底,不是人约定底。例
如命题间有涵蕴的关系。“如果凡人皆有死,如果孔子是人,则有
死。”“如果……则”所表示底关系,就是涵蕴的关系。有涵蕴的关
系,必有涵蕴之所以为涵蕴者,这就是涵蕴之理。人对于此理底知
识,是涵蕴之概念。人可以一命题说出此概念的内容,也可以一符
号代表此概念。若果如此做,则此命题即成为此符号的定义。以
甚么为符号,这是人约定底。我们可以说,“如果……则”是代表涵
蕴的符号,⊃是代表涵蕴的符号。这都是人约定底。在未约定之
前,人可以约定以别底甚么为符号以代表命题间底这种关系。但
命题间有这种关系,则不是人约定底,亦不是逻辑学所创造底。它
是本来就有底。

　　在⊃成为符号以前,它本是没有意义底。在日常言语中,有些
字的意义亦是不确定底。人以“如果……则”或⊃代表命题间底涵

蕴的关系，又以一命题说出这种关系的内容，作为这些符号的定义。于是在表面上看，似乎是，符号所代表底概念是人约定底。

维也纳学派常说，他们所注意底只是符号，并不是符号所代表底。但他们又说分析。我们可以问：他们所分析底，究竟是什么？他们所分析底，决不能是写在纸上底符号或文字。如果是符号或文字，则分析所得，不过是几个笔画或几个字母。他们的分析的工作，如果不是析理，至少也是辨名。例如在中文里，一个从纟从工底字(红)是一个文字或符号，代表红之名。我们说："红涵蕴颜色。"这是析理。维也纳学派说："红之名是一颜色之名。"这是辨名。至于说"红字从纟从工"，这是分析文字或符号，这是一文字学中底命题，与我们的及维也纳学派的讨论，俱是无干底。

照维也纳学派的说法，人可改变一符号的定义。一符号的定义如有改变，则包括此符号的命题，如其原来是分析底，即可以变为综合底。例如我们说："或者有些马是白底，或者无马是白底。"这是一个分析命题。假使我们所与"或者"的定义，不是如此，则此命题，即可变为一综合命题。照我们的说法，此命题是一分析命题，因"有些马是白底"及"无马是白底"二命题间底关系，是如"或者"所表示者。如我们予"或者"另一定义，则"或者"即不表示此种关系。如我们予"或者"另一定义，我们不过是不以"或者"表示此种关系，并不是此种关系有改变。我们若不以"或者"表示此种关系，则包括"或者"底命题，可以不是分析命题，而是综合命题，但此综合命题并不是原来底分析命题变成底，而完全是另一命题。原来底分析命题，仍是分析命题，不过其中所包括底符号要有改变而已。

从另一方面说，维也纳学派的约定说，其中有一部分底意思也是我们所赞成底。我们有时候,不但要知某概念的内容,并且要确知我们知某概念的内容。只有在一种情形之下,我们可以确知我们知某概念的内容。这就是,在从某概念作任何推论之先,预先对于某概念的内容,加以规定。这在表面上看,是规定了代表某概念底符号的意义,但是也规定了某概念的内容。例如我们规定了甲是乙丙,这是规定了甲这个符号的意义,同时也规定了这个符号所代表底这个概念的内容。

规定用什么为符号以代表一个概念,这是可以随便底。规定一个概念的内容,则不是可以随便底。规定概念的内容,一方面就是析理,一方面是对于我们对于理底知识,作一清算。概念的内容,显示理的内容。将一个概念的内容弄清楚,就是将它所显示底理的内容弄清楚。不过我们只能说,一个概念的内容,显示它所显示底理的内容,我们不能说,一理的内容,必尽为显示它底概念所显示。因为一理的内容可能为我们所不知,或不尽知。这就是说,我们对于理底知识,是有限度底。我们对于概念的内容作规定,也就是表明这种限度。我们对于一概念的内容作规定,也就是表明我们对于这一概念所显示底理底知识的限度。我们从一概念的已规定底内容作推论,表明我们绝不越过我们的知识的限度。所以这种推论,是分析底,也是必然地真底。算学逻辑学的系统就是如此地建立起来底。

斯宾诺莎用几何学的方法,建立他的系统。他的系统也是如此地建立起来底。我们确知我们确知底概念,就是斯宾诺莎所谓圆满底观念。从分析圆满底观念而得底观念,就是斯宾诺莎所谓永恒底真理。不过斯宾诺莎所讲底是形上学。形上学不是用讲算学逻辑学底方法可以讲底。所以他的系统虽如此地建立起来,而就方法上说，不是没有可以批评底。

或可以说，概念的内容，为甚么不可以随便规定？例如罗素及希柏特对于数的概念的内容，有不同底规定，而均可以推演出一个系统。这岂不证明一个概念的内容，可以随便规定？

于此我们说：我们规定了一个概念的内容，而又可以从之推演出一个系统，这就表明这个概念的内容，可以如此规定，这就是说，为这个概念的对象底理的内容，有与如此规定相当者。罗素规定数是类之类而可以从这个规定推演出一个系统，希柏特规定数是原始底东西，而亦可以从这个规定推演出一个系统，这就表明数在某方面本来可视为类之类，在某方面本来可视为原始底东西。假使我们说数是刀，这就是一句胡扯底话。假使我们一定如此规定，我们一定不能从这个规定推演出一个算学系统。于此可见，概念的内容，并不是可以真正地随便规定底。怎样规定是有限制底。这个限制，就是理所加底限制。

于下文我们再问：照维也纳学派的说法，如果分析命题的是真，只是靠其中所包括底符号的定义，则所谓是真，是什么意义？照我们的说法，分析命题是对于理有所表示，综合命题是对于事实有所肯定。一个分析命题的是真，与一个综合命题的是真，都在与其所表示或所肯定底相应，说一个分析命题是真底，与说一个综合命题是真底，其意义是相同底。如照维也纳学派对于分析命题的说法，则说一个分析命题是真底，与说一个综合命题是真底，其意义是不相同底。例如我们说："或者有些马是白底，或者无马是白底。"照维也纳学派的说法，因为我们约定了"或者"的用法是如此，所以这个命题是必然地真底，但如果这个命题的是真，不过是因为我们约定了"或者"的用法，则此所谓是真，即另有一种意义，这种意义是什么意义？

维也纳学派可以说他们说，分析命题是真底，他们的意思是说，它是妥当底。一个综合命题的是真，是其与事实相合。一个分析命题的是真，是其妥当。

但是所谓妥当，又是什么意思？对于这个问题，可有两个回答。一个回答是：所谓妥当，是合乎言语的用法。"红是颜色"是一个妥当底命题，因为照言语的用法，红之名是一颜色名。"或者有些马是白底，或者无马是白底"也是一个妥当底命题，因为照约定，"或者"的用法是这样底。不过这种说法，只是避免问题，而不是解决问题，在上章及本章，我们对于这种说法，已有详细底讨论。

第二个回答是：所谓妥当，是合乎逻辑底规律。"红是颜色"是一个妥当底命题，是不可否认底。你若否认这个命题，你就是说：红颜色不是颜色。也就是说：颜色不是颜色。这是违反逻辑中底同一律底。"或者有些马是白底，或者无马是白底。"这是一个妥当底命题，是不可否认底。因为照逻辑底规律，相矛盾底命题不能同是真底。"如果凡人皆有死，如果孔子是人，孔子有死。"这是一个妥当底推论，是不可否认底。因为照逻辑底规律，你若承认了前提，你就不能否认从之推出底断案。这种说法，是我们所赞同底。维也纳学派有时也不自觉地持这种说法，不过这种说法，是与他们的对于算学逻辑学底说法相冲突底。

于上文我们说：照维也纳学派的说法，算学逻辑学比于科学，犹之小说比于历史。但我们不说小说中底命题是真底，所以也就没有什么麻烦。至于算学逻辑学，照维也纳学派的说法，虽也是虚构底，但也须说是真底或妥当底，这就有了麻烦。若所谓妥当的意义，是合乎逻辑底规律，我们可以问：逻辑的规律，是不是人约定底？你可以说：于构造算学系统的时候，你先已约定了些逻辑底规律；但你不能说，于构造逻辑系统的时候，你先已约定了些逻辑底规律，因为那就等于说，在你构造逻辑系统的时候，已经有了逻辑。况且，逻辑底规律，若也是人约定底，那它也只是妥当底，它的妥当性又是从甚么来底？

事实上每一个逻辑学算学系统，都是根据于一些自明底理。维也纳学派的辩论，也是如此。不过他们未注意或不愿承认而已。照维也纳学派的说法，算学逻辑学中底命题，都是"如果……则"的一类的命题。每一个算学或逻辑学系统，都是为其基本符号的定义所涵蕴，你若承认了其基本符号的定义，你就不能不承认其所涵蕴的系统。你若有所承认，你就必须承认你承认的后果，这是维也纳学派所未说明，而暗中承认底一个自明底理。于讲算学的时候，维也纳学派可以说，你不如此，你是不逻辑底。但讲逻辑学的时候，他们不能如此说；因为照他们的说法，在讲逻辑学的时候，应是还没有逻辑。

有人可以说，维也纳学派也许可以说，他们可以承认在有逻辑学之先，已先有逻辑底规律，不过这种规律是人约定底，逻辑学就是研究这些规律。犹之于在有社会学之先，已先有社会，不过社会是人组织底，社会学就是研究这些社会。不过如果如此，逻辑学就成了一种与事实有关底科学。它要研究人所已约定底逻辑规律有多少规律，甚么是这些规律，这样底逻辑学不是我们所谓逻辑学，也不是维也纳学派所谓逻辑学。

维也纳学派以为实在论者，对于言语文字有一种原始人的迷信。这种迷信，以为每一个词都必有与之相当底"有"。例如"现在底法兰西国王"、"方底圆"、"使圆为方底人"、"孙悟空"等，既然都是一词,实在论者亦必以为有与之相当底"有",不过说其不是存在底有而已。这都是对于言语文字的迷信。

新理学并没有此种迷信,新理学并不以为凡文字言语中所可说者,都必有与之相当底"有"。但照维也纳学派的约定说,他们倒可以说是,对于言语文字,有原始人的迷信。原始人以为言语文字有一种魔力,画符念咒,可以"驱策鬼神,役使万物"。符亦是一种符号,咒亦是一种言语,这种符号言语,并不代表任何本然底规律,但自然中底事物,都必须遵循它们的命令。这是原始人对于言语文字的迷信。若照维也纳学派的约定说,其所谓符号及定义,正有与符咒相似底魔力。他们必不承认他们有这种迷信。但是有一点我们可以说底,这就是维也纳学派对于分析命题底说法,本来是要想取消有些形上学底问题。但结果只是避免了那些问题,而且又引起了许多新问题,这些新问题,还是形上学的问题。

第九章　禅宗的方法

以上所讲底,都是形上学的正底方法。本章以唐宋时代的禅宗为例,以说明形上学的负底方法。禅宗虽出于佛家的空宗,但其所用底方法,与空宗中有些著作所用底方法不同。空宗中有些著作,如《中论》、《百论》,其工作在于破别宗的、对于实际有所肯定底理论。它们虽破这些理论,但并不是从一较高底观点,或用一种中立底方法,以指出这些理论的错误。它们的办法,是以乙宗的说法破甲宗,又以甲宗的说法破乙宗,所以它们的辩论,往往使人觉其是强词夺理底。它们虽说是破一切底别宗,但它们还是与别宗在一层次之内。

维也纳学派是用一中立底方法,以证明传统底形上学中底命题是无意义底。他们所用底中立底方法,是逻辑分析法。他们用逻辑分析法以证明普通所谓唯心论,或唯物论,一元论,或多元论等等所谓形上学底命题,是无意义底。他们并不用乙宗的说法,以破甲宗,又用甲宗的说法,以破乙宗。

道家的哲学,是从一较高底观点以破儒墨。《庄子·齐物论》说:"故有儒墨之是非,以是其所非,而非其所是。欲是其所非,而非其所是,则莫若以明。"郭象以为"以明"是"还以儒墨反复相明"。"反复相明"正是上文所说以乙破甲,以甲破乙的办法。实则《齐物论》的方法,是"圣人不由而照之于天"。儒墨的是非,是起于他们各从其人的观点说。圣人不从人的观点说，而从天的观点说。"不由"是不如一般人站在他自己的有限的观点，以看事物。"照之于天"是站在天的观点，以看事物。天的观点，是一较高底观点。各站在有限的观点，以看事物，则"彼亦一是非，此亦一是非"。彼此互相对待，谓之有偶。站在一较高底观点，以看事物，则既不与彼相对待，亦不与此相对待。此所谓"彼是莫得其偶，谓之道枢。枢始得其环中，以应无穷：是亦一无穷，非亦一无穷也"。郭象所谓"反复相明"，正是在环上以儒墨互相辩论。这种辩论，是不能有穷尽底。站在环中，以应无穷，既不随儒墨以互相是非，亦不妨碍儒墨各是其所是，非其所非。站在这个较高底观点看，儒墨所争执底问题，都是不解决而自解决。

道家也是以负底方法讲形上学，他们的方法，我们于别处已经讨论（参看《新原道》第四章）。维也纳学派以一种中立底方法破传统底形上学中底各宗。破各宗的结果，可以是"取消"形上学，也可以是以负底方法讲形上学。前者是一切维也纳学派中底人所特意地建立底，后者是其中有一部分人或许于无意中得到底。前者我们于上数章中已有讨论，后者我们于本章亦将提及。

禅宗自以为他们所讲底佛法，是"超佛越祖之谈"。其所谓超越二字，甚有意思。他们以佛家中所有底各宗为"教"，而以其自己为"教外别传"。他们亦是从一较高底观点，以看佛家各宗的、对于实际有所肯定底理论。他们所讲底佛法，严格地说，不是教"外"别传，而是教"上"别传。所谓上，就是超越的意思。由此方面看，禅宗虽是继承佛家的空宗，亦是继承中国的道家。

所谓"超佛越祖之谈"，禅宗中人，称之为第一义或第一句。临济（义玄）云："若第一句中得，与祖佛为师；若第二句中得，与人天为师;若第三句中得,自救不了。"(《古尊宿语录》卷四)但超佛越祖之谈,是不可谈底;第一句或第一义,是不可说底。《文益禅师语录》云:"问:'如何是第一义?'师云:'我向尔道,是第二义。'"《佛果禅师语录》云:"师升座。焦山和尚白槌云:'法筵龙象众当观第一义。'师乃云:'适来未升此座,第一义已自现成。如今槌下分疏,知他是第几义也。'"道家常说"不言之辨"、"不道之道"及"不言之教"。禅宗的第一义,正可以说是"不言之辨"、"不道之道"。以第一义教人,正可以说是"不言之教"。

第一义不可说,因为第一义所拟说者不可说。《怀让禅师语录》云:"师白祖(慧能)云:'某甲有个会处。'祖云:'作么生?'师云:'说似一物即不中。'"(《古尊宿语录》卷一)南泉(普愿)云:"江西马祖说:'即心即佛。'王老师不恁么道,不是心,不是佛,不是物。"(《传灯录》卷八)《洞山(良价)语录》云:"云岩(昙晟)问一尼:'汝爷在?'曰:'在。'岩曰:'年多少?'云:'年八十。'岩曰:'汝有个爷,不年八十,还知否?'云:'莫是恁么来者?'岩曰:'犹是儿孙在。'师曰:'直是不恁么来者亦是儿孙。'"(又见《传灯录》卷十四)此是说,第一义所拟说者不能说是心,亦不能说是物,称为恁么即不是,即称为不恁么亦不是。如拟说第一义所拟说者,其说必与其所拟说者不合。所以禅宗说:"有拟义即乖。"所以第一义不可说。

如拟说第一义所拟说者,其说必不是第一义,至多也不过是第二义,也许不知是第几义。这些说都是戏论,僧问马祖(道一):"和尚为什么说即心即佛?"曰:"为止小儿啼。"曰:"啼止时将如何?"曰:"非心非佛。"(《古尊宿语录》卷一)百丈(怀海)说:"说道修行得佛,有修有证,是心是佛,即心即佛","是死语"。"不说修行得佛,无修无证,非心非佛","是生语"(同上)。所谓生是活的意思。这些语是生语或活语,因为这些语并不对于第一义所拟说者有所决定。说非心非佛,并不是肯定第一义所拟说者是非心非佛。说非心非佛,只是说,不能说第一义所拟说者是心是佛。

凡对于第一义所拟说者有所肯定底话,皆名为"戏论之粪,亦名粗言,亦名死语"。执着这种"戏论之粪",名为"运粪入"。取消这种"戏论之粪",名为"运粪出"(俱百丈语,见《古尊宿语录》卷二)。黄檗(希运)说:"佛出世来,执除粪器,蠲除戏论之粪。只教你除却从来学心见心,除得尽即不堕戏论,亦云搬粪出。"(《古尊宿语录》卷三)所以临济云:"你如欲得如法见解,但莫受人惑。向里向外,逢着便杀,逢佛杀佛,逢祖杀祖,逢罗汉杀罗汉,逢父母杀父母,逢亲眷杀亲眷,始得解脱。"(《古尊宿语录》卷四)

凡对于第一义所拟说者作肯定,以为其决定是如此者,都是所谓死语。作死语底人,用禅宗的话说,都是该打底。《宗杲语录》云:"乌龙长老访冯济川说话次云:'昔有官人问泗州大圣:师何姓?圣曰:姓何。官云:住何国?圣曰:住何国。'龙云:'大圣本不姓何,亦不住何国,乃随缘化度耳。'冯笑曰:'大圣决定姓何,住何国。'如是往返数次。遂致书于师(宗杲),乞断此公案。师云:'有六十棒:将三十棒打大圣,不合道姓何;三十棒打济川,不合道大圣决定姓何。'"(《大慧普觉禅师宗门武库》)普通所谓唯心论者或唯物论者肯定所谓宇宙的本体或万物的根原是心或物,并以为决定是如此。这些种说法,都是所谓死语。持这些种论者,都应受六十棒。他们作如此底肯定,应受三十棒。他们又以为决定是如此,应更受三十棒。

禅宗亦喜说重复叙述底命题,因为这种命题,并没有说甚么。《文益禅师语录》云:"师一日上堂,僧问:'如何是曹源一滴水?'师云：'是曹源一点水。'"又云："上堂。尽十方世界皎皎地无一丝头。若有一丝头，即是一丝头。"又云："举昔有老僧住庵，于门上书心字，于窗上书心字，于壁上书心字。师云：'门上但书门字，窗上但书窗字，壁上但书壁字。'"

第一义虽不可说，"超佛越祖之谈"虽不可谈，但总须有方法以表显之。不然则即等于没有第一义，没有"超佛越祖之谈"。"不言之教"亦是教。既是教，总有使受教底人可以受教底方法。禅宗中底人，对于这种方法，有很多底讨论。这些方法都可以说是以负底方法讲形上学底方法。

禅宗中临济宗所用底方法有所谓"四料简"、"四宾主"者，临济云："有时夺人不夺境。有时夺境不夺人。有时人境俱夺。有时人境俱不夺。"（《古尊宿语录》卷四）又说："我有时先照后用。有时先用后照。有时照用同时。有时照用不同时。先照后用有人在。先用后照有法在。照用同时，驱耕夫之牛，夺饥人之食，敲骨取髓，痛下针砭。照用不同时，有问有答，立宾立主，合水和泥，应机接物。"（同上卷五）照临济所解释，则"先用后照"就是"夺人不夺境"，"先照后用"就是"夺境不夺人"，"照用同时"就是"人境俱夺"，"照用不同时"就是"人境俱不夺"。这就是所谓"四料简"。

所谓"四宾主"者，即主中主，宾中主，主中宾，宾中宾。师家与学人辩论之时，"师家有鼻孔，名主中主。学人有鼻孔，名宾中主。师家无鼻孔，名主中宾。学人无鼻孔，名宾中宾"（《人天眼目》卷二）。所谓鼻孔，大概是要旨之义。如一牛，穿其鼻孔，则可牵其全体。故一事物可以把握之处，名曰把鼻。一人所见之要旨，名曰鼻孔。此二名词，均禅宗语中所常用者。临济云："参学之人，大须仔细。如主客相见，便有言论往来。……如有真正学人，便喝，先拈出一个胶盆子。善知识不辨是境，便上他境上作模作样。学人便喝，前人不肯放。此是膏肓之疾，不堪医，唤作客看主（一本作宾看主）。或是善知识不拈出物，随学人问处即夺。学人被夺，抵死不放。此是主看客（一本作主看宾）。或有学人，应一个清净境，出善知识前。善知识辨得是境，把得抛向坑里。学人言大好。善知识云：咄哉，不识好恶。学人便礼拜。此唤作主看主。或有学人，被枷带锁，出善知识前。善知识更与安一重枷锁。学人欢喜。彼此不辨。呼为客看客（一本作宾看宾）。"（《古尊宿语录》卷四）在此诸例中，第一例是学人有鼻孔，师家无鼻孔，名宾中主。第二例是师家有鼻孔，学人无鼻孔，名主中宾。第三例是师家学人均有鼻孔，名主中主。第四例是师家学人均无鼻孔，名宾中宾。

所谓境，有对象之义。思议言说的对象，皆名为境。境是对象，人是知对象者。第一义所拟说者，不可为思议言说的对象，故不能是境。凡可以是境者，必不是第一义所拟说者。欲得第一义，则须知有境之思议言说皆是"枷锁"，皆须"抛向坑里"。"抛向坑里"即是"夺"之。将思议言说之对象"抛向坑里"，谓之"夺境"。将思议言说"抛向坑里"，谓之"夺人"。或夺人，或夺境，皆至于"人境两俱夺"。既已"人境两俱夺"，则又可以"人境俱不夺"（观下文可知）。所怕者是被夺之人，"抵死不放"，此是"膏肓之疾，不堪医"。

就"夺境""夺人"说，禅宗有似于空宗。但空宗，如所谓三论所代表者，是以乙的辩论破甲，又以甲的辩论破乙，以见甲乙俱不能成立。禅宗则是从一较高底观点，说，凡有言说者，俱不是第一义。所以我们说，禅宗是从一较高底观点，以看佛家各宗的，对于实际有所肯定底理论。禅宗并不以乙的辩论破甲，又以甲的辩论破乙。

禅宗直接把甲乙一齐"抛向坑里"。所以他们所说底话，是比甲乙高一层次底。

禅宗中的曹洞宗，有所谓"五位君臣旨诀"。所谓五位者，即偏中正，正中偏，正中来，偏中至（或作兼中至），兼中到。照一解释，此五位亦表示义理。曹山说："正位即空界，本来无物。偏位即色界，有万象形。正中偏者，背理就事。偏中正者，舍事入理。兼带者，冥应象缘，不堕诸有。非染非净，非正非偏。故曰：虚玄大道，无著真宗。从上先德，推此一位，最妙最玄，当详审辨明。君为正位。臣为偏位。臣面君是偏中正，君视臣是正中偏，君臣道合是兼带语。"（《抚州曹山元证禅师语录》）临济宗所谓四料简亦可作如此一类底解释。若如此解释，则主中宾，即正中偏；偏中正，即宾中主；正中来，即主中主；偏中至，即宾中宾。

照另一解释，此五位所表示，乃表显第一义的方法。曹山《解释洞山五位显诀》云："正位却偏，是圆两意。偏位虽偏，亦圆两意。缘中辨得，是有语中无语。或有正位中来者，是无语中有语。或有偏位中来者，是有语中无语。或有相兼带来者，这里不说有语无语，这里直须正面而去，这里不得不圆转，事须圆转。"（《抚州曹山元证禅师语录》）照此所说，五位是表示五种表显第一义的方法。但原文意有不甚可晓者。原文于每条下，并各举数公案为例。此诸公案，意亦多不明。照禅宗例，有语无语相配，应尚有有语中有语，及无语中无语，而此无之；偏中正与偏中至均是有语中无语，亦难分别。此点我们不需深考。我们可以用曹山所说有语无语之例，并借用五位之名，将禅宗中人所常用以表显第一义底方法，分为五种。

（一）正中偏：此种表显第一义的方法，可以说是无语中有语。禅宗中常说："世尊登座，拈花示众，人天百万，悉皆罔措，独有金色头陀,破颜微笑。"又说:"俱胝和尚,凡有诘问,惟举一指。后有童子,因外人问:'和尚说何法要?'童子亦竖起一指。胝闻,遂以刃断其指,童子号哭而去。胝复招之,童子回首。胝却竖其指。童子忽然领悟。"(《曹山语录》)马祖"问百丈:'汝以何法示人?'百丈竖起拂子。师云:'只这个为当别有?'百丈抛下拂子。"(《古尊宿语录》卷一)临济云:"有时一喝如金刚玉宝剑。有时一喝如踞地师子。有时一喝如探竿影草。(《人天眼目》云:"探竿者,探尔有师承无师承,有鼻孔无鼻孔。影草者,欺瞒做贼,看尔见也不见。")有时一喝不作一喝用。"(《古尊宿语录》卷五)

禅宗中人常用此等动作,及扬眉瞬目之类,以表显第一义。此等动作,并无言说,但均有所表显。所以以此等方法表显第一义,谓之无语中有语。

(二)偏中正:此种表显第一义的方法,可以说是有语中无语。禅宗中底大师,如有以佛法中底基本问题相问者,则多与一无头无脑不相干底答案。例如僧问首山省念和尚:"'如何是佛心?'曰:'镇州萝葡重三斤。'问:'万法归于一体时如何?'曰:'三斗吃不足。'僧云:'毕竟归于何处?'曰:'二斗却有余。'"(《古尊宿语录》卷八)僧问赵州和尚(从谂):"'万法归一,一归何所?'师云:'我在青州作一领布衫重七斤。'"(同上卷十三)僧问云门(文偃):"'如何是释迦身?'曰:'干屎橛。'问:'如何是超佛越祖之谈?'曰:'蒲州麻黄,益州附子。'"(同上卷十五)此诸答案,在表面上看,是顺口胡说,其实也真是顺口胡说。这种答案,如有甚么深意,其深意只是在表示,这一类的问题,是不应该问底。《传灯录》径山道钦传云:"僧问:'如何是祖师西来意?'师曰:'汝问不当。'曰:'如何得当?'师曰:'待我灭后,即向汝说。'"(同上卷四)又马祖传云:"问:'如何是西来意?'师便打,曰:'我若不打汝,诸方笑我也。'"(《古尊宿语录》卷一)对于这一类的问题,无论怎样答,其答总是胡说,故直以胡说答之。这些答案,都是虽有说,而并未说甚么,所以都可以说是有语中无语。

（三）正中来:此种表显第一义的方法,可以说是无语中无语。《传灯录》谓:慧忠国师"与紫璘供奉论议。既升座,供奉曰:'请师立义,某甲破。'师曰:'立义竟。'供奉曰:'是什么义。'曰:'果然不见,非公境界。'便下座。"(《传灯录》卷五)慧忠无言说,无表示,而立义。其所立正是第一义。《传灯录》又谓:"有婆子令人送钱去请老宿开藏经。老宿受施利,便下禅床转一匝,乃云:'传语婆子送藏经了也。'其人回举似婆子。婆子云:'比来请阅全藏,只为开半藏。'"(卷二十七)宗杲以为此系赵州(从谂)事(见《大慧普觉禅师语录》卷九)。宗杲又云:"如何是那半藏? 或云:再绕一匝,或弹指一下,或咳嗽一声,或喝一喝,或拍一拍,恁么见解,只是不识羞。若是那半藏,莫道赵州再绕一匝,直绕百千万亿匝,于婆子分上,只得半藏。"或谓须婆子自证,方得全藏。众人之意,固是可笑。宗杲之意,亦未必是。婆子之意,应是以不转为转全藏。有所作为动作,即已不是全藏。《洞山语录》云:"因有官人设斋施净财,请师看转大藏经。师下禅床,向官人揖。官人揖师,师引官人俱绕禅床一匝,向官人揖,良久曰:'会么?'曰:'不会。'师曰:'我与汝看转大藏经,如何不会?'"此以绕禅床一匝为转全藏。以绕禅床一匝为转全藏是正中偏。以绕禅床一匝为反而不能转全藏,是正中来。

（四）偏中至:此种方法可以说是有语中有语。禅宗语录中,有所谓普说者,其性质如一种公开讲演。禅宗语录中亦间有不是所谓机锋底问答。这都是有语中有语。有语亦是一种表显第一义的方法,临济云:"十二分教,皆是表现之说,学者不会,便向表显名句上生解。"(《古尊宿语录》卷四)因此,禅宗认为这种方法,是最下底方法。临济云:"有一般不识好恶,向教中取义度商量,成于句义。如把屎块子向口里含过,吐与别人。"(同上)这是用这一种方法的流弊。

(五)兼中到:"这里不说有语无语",这就是说,用这一种方法表显第一义,也可以说是有语,也可以说是无语。"庞居士问:'不与万法为侣者是什么人?'师云:'待汝一口吸尽西江水,即向汝道。'"(《古尊宿语录》卷一)《传灯录》又谓:"药山(惟俨)夜参不点灯。药山垂语云:'我有一句子,待特牛生儿,即向尔道。'时有僧曰:'特牛生儿也。何以和尚不道。'(《洞山语录》引作:"特牛生儿,也只是和尚不道。")"(卷十四)一口吸尽西江水,特牛生儿,皆不可能底事。待一口吸尽西江水,待特牛生儿,再道,即是永不道。然如此说,即是说,此一句不可道。说此一句不可道,也就是对于此一句有所说。《传灯录》云:"药山上堂云:'我有一句子,未曾说与人。'僧问药山曰:'一句子如何说?'药山曰:'非言说。'师(圆智)曰:'早言说了也。'"(卷十四)说第一义不可说,也可以说是说第一义,也可以说是未说第一义。《传灯录》云:"有僧入冥,见地藏菩萨。地藏问:'你平生修何业?'僧曰:'念《法华经》。'曰:'"止止不须说,我法妙难思。"为是说是不说?'无对。"(卷二十七)《曹山语录》云:"师行脚时,问乌石观禅师:'如何是毗卢师法身主?'乌石曰:'我若向尔道,即别有也。'师举似洞山。洞山曰:'好个话头,只欠进语。何不问,为什么不道?'师却归进前语。乌石曰:'若言我不道,即哑却我口。若言我道,即謇却我舌。'师归,举似洞山,洞山深肯之。"(又见《传灯录》卷十三"福州乌石山灵观禅师"条下)乌石此意,即说,也可说他道,也可说他未道。

在上述诸方法中，无论用何种表示，以表显第一义，其表示皆如以指指月，以筌得鱼。以指指月，既已见月，则须忘指。以筌得鱼，既已得鱼，则需忘筌。指与筌并非月与鱼。所以禅宗中底人常说：善说者终日道如不道，善闻者终日闻如不闻。宗杲说："上士闻道，如印印空。中士闻道，如印印水。下士闻道，如印印泥。"（《大慧普觉禅师语录》卷二十）印印空无迹，如所谓"羚羊挂角，无迹可寻"。印印水似有迹。印印泥有迹。如印印泥者，见指不见月，得筌不得鱼。此等人是如禅宗所说："咬人屎橛，不是好狗。"如印印空者"无一切有无等见，亦无无见，名正见。无一切闻，亦无无闻，名正闻"（百丈语，《古尊宿语录》卷二）。无见无闻，并不是如槁木死灰，而是虽见而无见，虽闻而无闻，这就是"人境俱不夺"。这是得到第一义底人的境界。

如何为得到第一义？知第一义所拟说为得到第一义。此知不是普通所谓知识之知。普通所谓知识之知，是有对象底。能知底知者，是禅宗所谓"人"。所知底对象是禅宗所谓"境"。有"境"与"人"的对立，方有普通所谓知识。第一义所拟说者，"拟议即乖"，所以不能是知的对象，不能是境。所以知第一义所拟说者之知，不是普通所谓知识之知，而是禅宗所谓悟。普通所谓知识之知，有能知所知的分别，有人与境的对立。悟无能悟所悟的分别，无人与境的对立，所以知第一义所拟说者，即是与之同体。此种境界玄学家谓之"体无"。"体无"者，言其与无同体也；佛家谓之为"入法界"；《新原人》中，谓之为"同天"。

这是用负底方法讲形上学所能予人底无知之知。在西洋现代哲学家中，维替根斯坦虽是维也纳学派的宗师，但他与其他底维也纳学派中底人大有不同。他虽也要"取消"形上学，但照我们的看法，他实则是以我们所谓形上学的负底方法讲形上学。他所讲底，虽不称为形上学，但似乎也能予人以无知之知。

在维替根斯坦的《逻辑哲学论》的最后一段中，他说："哲学的正确方法是：除了可以说者外，不说。可以说者，是自然科学的命题，与哲学无干。如有人欲讨论形上学底问题，则向他证明：在他的命题中，有些符号，他没有予以意义。这个方法，别人必以为不满意，他必不觉得，我们是教他哲学。但这是唯一底严格底正确方法。"（六五三）"我所说底命题，在这个方面说，是启发底。了解我底人，在他已经爬穿这些命题，爬上这些命题，爬过这些命题的时候，最后他见这些命题是无意义底（比如说，他已经从梯子爬上去，他必须把梯子扔掉）。他必须超过这些命题，他才对于世界有正见。"（六五四）"对于人所不能说者，人必须静默。"（七）

照我们的看法，这种静默，是如上所引慧忠国师的静默。他们都是于静默中，"立义竟"。

第十章 论诗

维也纳学派以为形上学可以与诗比。石立克说:"形上学是概念的诗歌。"诗中所说底话,亦是不可以逻辑上底真假论,亦是无意义底。但其无意义底话,可以使人得到一种感情上底满足。形上学亦说无意义底话,其无意义底话,亦可以使人得到一种感情上底满足。例如:上帝存在,灵魂不灭,意志自由,都是些没有意义底话。这些话虽没有意义,但人听了这些话,可以得到一种感情上底安慰。由此方面说,对于人,形上学有与诗相同底功用。照维也纳学派的说法,这是形上学的真正底性质。形上学如在人的文化中,有其地位,亦是由于它有这种性质。

欲讨论维也纳学派的这种说法,我们须先分别,有止于技底诗,有进于道底诗。有有些哲学家的形上学,有真正底形上学。维也纳学派的这种说法,对于止于技底诗,及有些哲学家的形上学,我们亦以为是可以说底。

有只可感觉、不可思议者。有不可感觉、只可思议者。有不可感觉,亦不可思议者。只可感觉不可思议者,是具体底事物。不可感觉、只可思议者,是抽象底理。不可感觉亦不可思议者,是道或大全。一诗,若只能以可感觉者表示可感觉者,则其诗是止于技底诗。一诗,若能以可感觉者表显不可感觉只可思议者,以及不可感觉亦不可思议者,则其诗是进于道底诗。

　　例如温飞卿诗云："溪水无情似有情,入山三日得同行。岭头便是分手处,惜别潺湲一夜声。"此是一首止于技底诗。因为此诗想像一溪水为一同伴。一溪水是一可感觉底事物,一同伴亦是一可感觉底事物。此诗说溪水有情,说溪水惜别,都是没有意义底话,亦都是些自欺欺人底话。不但读诗者知其是如此,作诗者亦知其是如此。不过虽都知其是如此,作诗者与读诗者,都可于想像中得到一种感情上底满足。这种满足,是从一种假话得来底。

　　维也纳学派说,形上学应该自比于诗。或说,形上学是一种诗。其所谓诗,大概是这种止于技底诗。他们的这种说法,对于有些哲学家的形上学,是可以说底。有些哲学家,在其形上学中,所说底话,是假底,亦可说是无意义底。这些哲学家应该都如詹姆士明白宣布,其如此说,是出于其"信仰的意志"。詹姆士明知上帝的存在,是不可证明底。但他愿意信仰上帝存在。他信仰而又明知其信仰只是信仰。对于上帝存在之说,如持如此态度,则即是比此说于诗。有些哲学家的形上学,是应该自比于诗,或我们应该将其比于诗。

　　但维也纳学派的这种说法,对于真正底形上学,不可以说。因为真正底形上学,并不说维也纳学派所谓没有意义底话。此于我们于以上所讨论中可见。维也纳学派的此种说法,对于进于道底诗,亦不可以说。因为进于道底诗,并不是只说无意义底话,自欺欺人,使人得到一种感情上底满足。它也是以可感觉者表显不可感觉者。我们可以说,就止于技底诗及有些哲学家的形上学说,形上学可比于诗。就进于道底诗及真正底形上学说,诗可比于形上学。

　　进于道底诗亦可以说是用负底方法讲形上学。我们说"亦可以说是"，因为用负底方法底形上学其是"学"的部分，在于其讲形上学不能讲。诗并不讲形上学不能讲，所以它并没有"学"的成分。它不讲形上学不能讲，而直接以可感觉者，表显不可感觉只可思议者，以及不可感觉亦不可思议者。这些都是形上学的对象。所以我们说，进于道底诗"亦可以说是"用负底方法讲形上学。

李后主词云："独自莫凭栏，无限江山，别时容易见时难。"就此诸句所说者说，它是说江山，说别离。就其所未说者说，它是说作者个人的亡国之痛。不但如此，它还表显亡国之痛之所以为亡国之痛。此诸句所说，及所未说者，虽是作者于写此诸句时，其自己所有底情感。而其所表显则不仅只此，而是此种情感的要素。所以此诸句能使任何时读者，离开作者于某一时有此种情感的事，而灼然有"见"此种情感之所以为此种情感。此其所以能使任何时读者，"同声一哭"。江山是具体底物，别离是具体底事。这些都是可感觉底。此种情感的要素则是不可感觉，只可思议底。但作者可以只可感觉不可思议者表显之。

陶渊明诗云："采菊东篱下，悠然见南山。山气日夕佳，飞鸟相与还。此中有真意，欲辨已忘言。"渊明见南山、飞鸟，而"欲辨已忘言"。他的感官所见者，虽是可以感觉底南山、飞鸟，而其心灵所"见"，则是不可感觉底大全。其诗以只可感觉不可思议底南山、飞鸟，表显不可感觉亦不可思议底浑然大全。"欲辨已忘言"，显示大全之浑然。

陈子昂诗："前不见古人，后不见来者。念天地之悠悠，独怆然而涕下。""前不见古人"，是古人不我待；"后不见来者"，是我不待后人。古人不我待，我不待后人，藉此诸事实，显示"天地之悠悠"。"念天地之悠悠"，是将宇宙作一无穷之变而观之。"独怆然而涕下"，是观无穷之变者所受底感动。李白诗："登高壮观天地间，大江茫茫去不还。"此茫茫正如卫玠过江时所说："见此茫茫，不觉百端交集。"苏东坡《赤壁赋》："哀吾生之须臾，念天地之无穷。挟飞仙以遨游，抱明月而长终。"大江、明月是可感觉底。但藉大江、明月所表显者，则是不可感觉底无穷底道体。

我们说：进于道底诗可以自比于形上学。这并不是说，进于道底诗，是如普通所谓哲学诗或说理底诗。这一种的所谓诗，是将一哲学底义理用韵文写出之。严格地说，这并不是诗。进于道底诗，所表显者，虽是形上学的对象，但其所用以表显者，须是可感觉者。所以诗不讲义理，亦不可讲义理。若讲义理，则成为以正底方法讲形上学底哲学论文，不成为诗。旧说："诗不涉理路。"（《沧浪诗话》）所谓说理之诗，若说它是诗，它说理嫌太多；若说它是哲学论文，它说理又嫌太少。此种所谓诗，其功用实如方技书中底歌诀之类。其表面虽合乎诗的格律，但其实并不是诗。进于道底诗，并不讲道。讲道底诗，不是进于道底诗。

进于道底诗，必有所表显。它的意思，不止于其所说者。其所欲使人得到者，并不是其所说者，而是其所未说者。此所谓"超以象外"（《诗品》）。就其所未说者说，它是"不着一字，尽得风流"（《诗品》）。就其所说者说，它是"言有尽而意无穷"（《沧浪诗话》）。进于道底诗，不但能使人得到其所表显者，并且能使人于得其所表显之后，知其所说者，不过是所谓筌蹄之类，鱼获而筌弃，意得而言冥。此所谓"如羚羊挂角，无迹可寻"，"不落言诠"，"一片空灵"（《沧浪诗话》）。

禅宗中底人常藉可感觉者，以表显不可感觉、不可思议者。例如竖起指头，举拂子之类，都是如此。他们所用底方法，有与诗相同之处，所以他们多喜引用诗句。《圆悟佛果禅师语录》云："忽一日，官员问道次，先师云：'官人，尔不见小艳诗道："频呼小玉元无事，只要檀郎认得声。"'官人都不晓，老僧听得，忽然打破漆桶，向脚根下亲见得了。"（卷十三）禅宗中底人，用这些诗句，都是欲以可感觉者表显不可感觉，不可思议者。佛果"打破漆桶"，是藉诗句之所说者，得到其所未说者。

以上是将诗作为一种讲形上学的方法看。我们还可以将诗作为一种表达意思的方式看。诗表达意思的方式，是以其所说者暗示其所未说者。好底诗必富于暗示。因其富于暗示，所以读者读之，能引起许多意思，其中有些可能是诗人所初未料及者。沈德潜云："阮公《咏怀》，反复零乱，兴寄无端，和愉哀怨，俶诡不羁，读者莫求归趣。"（《说诗晬语》）此所谓"若有意，若无意，若可解，若不可解"。若有这种情形，我们不能问，亦不可问，某一诗的固定底意思是甚么。此所谓"诗无达诂"。

无论用正底方法，或用负底方法，讲形上学，哲学家都可用长篇大论的方式，或用名言隽语的方式以表达其意思。这是两种表达意思的方式。前者可称为散文底方式，后者可称为诗底方式。用散文底方式表达意思，凡所应该说底话，都已说了，读者不能于所说者外另得到甚么意思。用诗的方式表达意思，意思不止于其所说者。读者因其暗示，可以得到其所说者以外底意思，其中有些可能是说者所初未料及者。

例如在中国哲学史中，庄子可以说是以诗底方式表达意思。郭象的《庄子注》，如与庄子比较言之，则可以说是以散文底方式表达意思。庄子的书与郭象的注代表两种表达意思的方式，即使它们的意思完全相同，也不能互相替代。宗杲引其弟子无著云："曾见郭象注庄子。识者云:却是庄子注郭象。"(《大慧普觉禅师语录》卷二十二)正可借用以说此意。

但若将中国哲学史与西洋哲学史比较,则郭象所用底方式,还是名言隽语的方式。这是中国以前底大多数底哲学家所用底方式。他们的名言隽语,是不能以长篇大论替代底。例如《老子》一书只五千言,但我们不能说它没完全地表达它的意思。假使有一人,写五万字或五十万字底书,将《老子》书中底意思重说一遍,但它只是另外一部书,并不能替代《老子》的五千言。这两部书中底话是用两种方式说底。它们可以是"合则双美",但并不是"离则两伤"。

维替根斯坦的《逻辑哲学论》,也是用名言隽语的方式写出底。它是用诗底方式表达意思,我们并不是说,他所说底,并不是他的推理所得底结论。不过他的结论,以这种方式表达出来,就不仅只是一个推理的结论。他所说底是富于暗示底。读者可于其所说者得到许多意思,其中有些可能是他所初未预料者。我们于第九章,说他实则是以负底方法讲形上学。这也许不是他的意思。但却是他所说底所暗示底意思。

即在文学方面,所谓名言隽语与长篇大论,也并不是可以互相替代底。例如《世说新语》谓:"阮宣子有令闻。太尉王夷甫见而问曰:'老庄与圣教同异?'对曰:'将无同?'太尉善其言,辟之为掾。世谓三语掾。"(《文学》)老庄与儒家,不能说是尽同,亦不能说是完全不同,所以说"将无同"。假使有人作一长篇大论底"儒道异同论",将儒道异同,说得非常详细清楚,但也不能替代"将无同"三字。《世说新语》又谓:"桓公北征,经金城,见前为琅琊时种柳,皆已十围,慨然曰:'木犹如此,人何以堪?'攀枝执条,泫然流泪。"

(《言语》)后来庾信《枯树赋》说:"桓大司马……叹曰:'昔年种柳,依依汉南。今日看落,凄怆江潭。树犹如此,人何以堪?'"庾信的二十四个字,并不能替代桓温的八个字。即有人再作千言万语的文章,也只是另外一篇文章,并不能替代桓温的八个字。

这就是所谓晋人风流。风流底言语,是诗底言语。禅宗中底人喜欢用诗底言语,所以他们也常说:"不风流处也风流。"

冯友兰先生学术年表[*]

1895 年（清光绪二十一年）

12 月 4 日（乙未年十月十六日）生于河南省唐河县祁仪镇。

1901 年（清光绪二十七年）

始入家塾读书。

1904 年（清光绪三十年）

随父赴武昌任，由母亲监读。

1907 年（清光绪三十三年）

举家随父迁任湖北崇阳，先生与弟、妹随县教读师爷读书。

1908 年（清光绪三十四年）

夏，父病故。秋初与弟、妹随母返故里，仍在家塾读书。

1910 年（清宣统二年）

夏，考入唐河县立高等小学预科。

1911 年（清宣统三年）

春，考入开封中州公学。10 月，以武昌起义后时局动乱返唐河。

1912 年

夏，转入武昌中华学校。年底，考入上海中国公学。

---

* 本年表由陈来撰写。

1913 年

是年先生始因习逻辑而立志哲学。

1915 年

夏,中国公学预科结业,考入北京大学法科。入学后转入文科哲学门(中国哲学门)。

1918 年

夏,毕业于北京大学。

秋,任河南第一工业学校语文、修身教员。

是年与任载坤女士结婚。

1919 年

7 月,响应五四运动,与友人创办《心声》杂志。考取公费留学,12 月抵美国纽约。

1920 年

1 月,入哥伦比亚大学研究院哲学系,导师为约翰·杜威(John Dewey)等。同年在《新潮》杂志发表《柏林森的哲学方法》一文。

1921 年

在哥伦比亚大学哲学系宣读论文《为什么中国没有科学——对中国哲学的历史及其后来的一种解释》。该论文发表于次年《国际伦理学杂志》32 卷 3 号。

1923 年

毕业于哥伦比亚大学研究院。回国,任中州大学教授兼哲学系主任、文科主任。

1924 年

英文博士学位论文 *A Comparative Study of Life Ideals*(《人生理想之比较研究》)由上海商务印书馆出版。获哥伦比亚大学研究院授予之博士学位。

《一种人生观》由上海商务印书馆出版。

1925 年

应聘任中州大学文艺研究会顾问。9 月,至广州任中山大学哲学系教授兼任主任。

1926 年

任燕京大学哲学系教授、燕京大学研究生导师兼北京大学讲师,并在华语学校讲《庄子》。博士论文的中译本和《一种人生观》合并为《人生哲学》,作为高中教科书由上海商务印书馆出版。

1927 年

讲授"中国哲学史",开始研究并著写《中国哲学史》。

1928 年

9 月,任清华大学教授兼秘书长,亦仍在燕京大学、北京大学兼课。

1929 年

2 月,任清华大学秘书长职,专任哲学系教授。

9 月起,任清华大学哲学系主任。

1930 年

5 月,受聘为河南大学校长,荐张仲鲁代理,翌年 1 月即谢去。

6 月,代理清华大学文学院院长职。

7 月,主持清华校务会议及清华大学日常工作。

1931 年

4 月,辞代理清华校务及代理文学院院长等职。

7 月,任清华大学文学院院长。

《中国哲学史》上卷由上海神州国光社出版,英译《庄子》由上海商务印书馆出版。

1932 年

《新对话》（一）、（二）、（三）刊于《大公报·世界思潮》。

1933 年

《中国哲学小史》由上海商务印书馆出版。10 月,赴英国讲学。

1934 年

在英国各大学讲学。与罗素通信,会见维特根斯坦。

6 月离英,游历法、瑞士、德、奥、苏联。至布拉格出席国际哲学会议并宣读论文。10 月返国。

《中国哲学史》上下卷由商务印书馆在上海出版。

1935 年

4 月,出席中国哲学会第一届年会,并提交论文。是年颇多子学起源研究之作,多发表于《清华学报》等刊。

1936 年

4 月,出席中国哲学会第二届年会,并提交论文。会上正式成立中国哲学会,先生当选为理事、编委会主任,主编学会刊物《哲学评论》。

《中国哲学史补》由上海商务印书馆出版。

1937 年

1 月,出席中国哲学会第三届年会并提交论文。当选中国哲学会常务理事、编委会主任。

“七七”事变后,清华等校南迁,9 月,先生随迁至长沙,任长沙临时大学教授兼哲学心理教育学系教授会主席。

11 月,至南岳长沙临大文学院任课,著《新理学》。

1938 年

2 月,返长沙,往昆明。过镇南关时遭折臂之伤,即在河内治疗。

4月,抵昆明,又由昆明转蒙自。石印出版《新理学》。秋,自蒙自还昆明。

10月,任西南联合大学文学院院长。

著《新事论》,前半部各章陆续刊于《新动向》7—12期。

1939年

《新理学》由长沙商务印书馆出版。《新事论》后半部各章继刊于《新动向》2卷各期。

著《新世训》,前半部各章陆续刊于《中学生》10—14期。

作西南联大校歌歌词。

1940年

8月,出席中国哲学会第四届年会并主持开幕式,会中决定先生仍任哲学会常务理事、编委会主任。

是年先生任中国哲学研究会主任、西洋名著编译委员会委员、教育部学术评审会委员。

《新理学》获抗战以来最佳学术著作一等奖。《新事论》由上海商务印书馆出版,《新世训》由上海开明书店出版。

1941年

清华文科研究所成立,先生任所长兼哲学部主任。

1942年

《新原人》各章随撰而刊于《思想与时代》6—15期。应聘为部聘教授。

1943年

上半年休假,往重庆为中央训练团讲中国固有哲学,及在重庆中央政治学校、成都华西大学讲演。

《新原人》由重庆商务印书馆出版。

1944 年

春,往重庆中央训练团讲中国固有哲学。撰《新原道》。

1945 年

1 月,奔母丧返故里。

《新原道》由重庆商务印书馆出版。

1946 年

5 月,西南联大结束,撰《国立西南联合大学纪念碑碑文》。

7 月,返北平。

8 月,应邀访美,任宾夕法尼亚大学客座教授,讲中国哲学史。

《新知言》由商务印书馆在上海出版。

1947 年

4 月,参加普林斯顿大学 200 周年校庆并接受该校所赠名誉文学博士学位。

秋,至夏威夷大学任客座教授,讲中国哲学史。

1948 年

3 月,返国抵北平。

9 月,往南京出席中央研究院院士会议。当选中央研究院院士、研究院评议会委员。

12 月,任清华校务会议临时主席。

是年《南渡集》编就交商务印书馆,以时局变化,版制成未付印。

A Short History of Chinese Philosophy(《中国哲学简史》) 由美国麦克米兰公司出版。

1949 年

5 月,中共北京市军管会决定成立清华校务委员会,任命先生为委员。

9月,辞去哲学系主任、文学院院长、校委会委员。

1950 年

8月,哲学界开始批判新理学。

10月,先生亦开始自我检查。

1951 年

9月,参加中国文化代表团访问印度、缅甸。

11月,在德里大学接受名誉文学博士学位。

1952 年

1月底访印、缅后回北京。

院系调整后,调任北京大学教授、中国哲学史教研室主任。

《中国哲学史》下卷英译本由普林斯顿大学出版社出版。

1954 年

被任命为北大校务委员会委员、学报编委会委员、中国科学院哲学研究所筹备委员会委员。

1955 年

6月,中国科学院成立,被选为哲学社会科学部学部委员。

11月,哲学所成立,受聘为兼职研究员、中哲史组组长。

是年《哲学研究》创刊,先生任编委。

1956 年

9月,应邀往日内瓦出席"国际会晤"第11次大会并发言。

10月,以观察员身份往威尼斯列席欧洲文化协会会员大会。

11月,随中国佛教代表团往印度参加纪念释迦牟尼逝世2500周年活动并发言,12月回国。

1957 年

1月8日于《光明日报》发表《中国哲学遗产底继承问题》,提出区分哲学命题的具体意义与抽象意义（即所谓"抽象继承法"），引起热烈讨论。《再论中国哲学遗产底继承问题》刊于 3 月 29、30 日《人民日报》。

7 月，与潘梓年、金岳霖出席国际哲学研究所华沙会议并发言。

1958 年

4 月，校内外再次出现批判先生及"抽象继承法"的高潮，先生多次在系内检讨。

《中国哲学史论文集》由上海人民出版社出版。

1959 年

再次出现批判新理学高潮。

《四十年的回顾》由科学出版社出版。《南渡集》收入《资产阶级学术思想批判参考资料》第三辑。

1960 年

4 月，出席全国文科教材会议，会议决定由先生个人编写中国哲学史专著及中国哲学史史料学专著。

《论孔子》刊于 7 月 22、29 日《光明日报》。

1962 年

11 月，往济南参加第二次孔子学术讨论会，往长沙参加纪念王船山逝世 270 周年学术讨论会。

《中国哲学史论文二集》由上海人民出版社出版。《中国哲学史新编》第一册由人民出版社出版。《中国哲学史史料学初稿》由上海人民出版社出版。

1964 年

《中国哲学史新编》第二册由人民出版社出版。

1966 年

6 月,"文化大革命"开始,先生以"资产阶级反动学术权威"等罪名被批斗、抄家、隔离审查、劳动改造,并扣发工资,每月仅得生活费 12 元。

1967 年

3 月,北大成立"批冯联络站",编印《反共老手、反动学术权威冯友兰论文选编》。

1968 年

北大据毛泽东指示,允许先生回家,并退回部分住房。

1973 年

10 月,北大、清华成立大批判组,命先生等为顾问。

1975 年

《论孔丘》由人民出版社出版。

1979 年

10 月,由次女钟璞陪同往太原参加中国哲学史学术讨论会。会上成立中国哲学史学会,聘先生为顾问、《中国哲学史研究》杂志顾问。

修订《中国哲学史新编》。

1981 年

10 月,及门涂又光陪同赴杭州参加全国宋明理学讨论会。

1982 年

4 月,应聘为国务院古籍整理小组成员。出席全国古籍整理会议。

7 月,钟璞陪同赴夏威夷出席国际朱熹学术会议,并宣读论文。会后赴美国大陆,游华盛顿、大瀑布等地。

9 月,在纽约接受哥伦比亚大学所赠名誉文学博士学位。

《中国哲学史新编》修订本第一册由人民出版社出版。

1983 年

回忆录《三松堂自序》由涂又光笔录完成。

12 月,北大哲学系举行庆祝先生从教 60 周年茶话会。

1984 年

《三松堂自序》由三联书店出版。《中国哲学史新编》修订本第二册由人民出版社出版。《三松堂学术文集》选收先生 1949 年以前文章,由北京大学出版社出版。

12 月,北京大学哲学系一些学者发起成立中国文化书院,先生任名誉院长。

1985 年

A Short History of Chinese Philosophy 由涂又光译为中文,以《中国哲学简史》为名,由北京大学出版社出版。《中国哲学史新编》修订本第三册由人民出版社出版。先生全集《三松堂全集》第一卷收修订本《三松堂自序》等,由河南人民出版社出版。

1986 年

《中国哲学史新编》第四册由人民出版社出版。《三松堂全集》第四、五卷收入"贞元六书"及《南渡集》,由河南人民出版社出版。

1988 年

2 月,先生书一联自勉:"阐旧邦以辅新命,极高明而道中庸。"

《中国哲学史新编》第五册由人民出版社出版。《冯友兰学术论著自选集》(又题《冯友兰学术精华录》)由北京师范学院出版社出版。

1989 年

《中国哲学史新编》第六册由人民出版社出版。河南人民出版社出版《三松堂全集》第二、三、六、七卷。

1990 年

上半年多次入院医病,7 月上旬《中国哲学史新编》第七册杀青,其最后一章之末云:"乱曰:为天地立心,为生民立命,为往圣继绝学,为万世开太平。高山仰止,景行行止。虽不能至,心向往之。"至此《新编》全书完成。

9 月末因呼吸道感染住院医治。

11 月 26 日病逝于医院。

12 月 4 日向先生遗体告别仪式在北京医院举行。12 月 4 日至 6 日冯友兰哲学思想国际学术研讨会在北京举行。

1991 年

先生自序之英文《冯友兰哲学论著选集》由北京外文出版社出版。《三松堂全集》第八、九卷由河南人民出版社出版,其余各卷亦计于 1995 年先生百年诞辰前全部出齐。

新理学:冯友兰[*]

陈荣捷

　　无疑地,冯友兰(1895—1990)[①]是中国过去六十年之中最为突出的哲学家。1930年、1934年出版两本《中国哲学史》[②]时便崭露头角,1939年出版《新理学》,他的中国哲学大家的地位便稳固建立起来了。这是20世纪中国哲学著作中最具原创力的一种,深得广泛讨论。与熊十力的《新唯识论》同为20世纪中国仅有的展现个人庞大哲学体系的作品。意味深长的是,冯的体系是唯理新儒学的重建,而熊的则是唯心新儒学的再构。

　　"理学"一词通常指涉宋明新儒学,冯氏明白宣称他的体系乃"接着"——而不是"照着"——宋明理学而来的[③],冯氏哲学建立在四个主要形上概念上,即:理、气、道体和大全[④]。总合说来,此四

---

　　* 本文选自《中国哲学文献选编》之第四十二章。该书为陈荣捷(Wing-Tsit Chan)主编的英文著作 *A Source Book in Chinese Philosophy* (Princeton University Press,1969)之中译本。——编者

　　① 冯友兰,河南人,1928年毕业于北京大学后,留学哥伦比亚大学,1923年取得博士学位。返国后任教多所大学,自1928年起,成为清华大学的教授与教务长。1933年讲学英伦;第二次世界大战期间,任职西南联大教务长。他曾是美国宾州大学与夏威夷大学的访问教授,并获颁普林斯顿大学文学博士,晚年任北京大学教授。

　　② 参阅英文参考书目。

　　③ 参阅他的《新原道》,一八九页。

　　④ 前引书,一九〇页。

者盖从"有某种事物"这个命题推演而得,都是形式概念,均只有逻辑含意而无积极内容的空概念①;明确地说,都是从主要由程朱理学(兼有道家)发展而来的一个或一组命题中推演出的。

第一个概念"理",来自程朱"有物必有则"②的命题,某事物必定遵循其所以为某事物的理,才能存在。

理是自存的、绝对的、无限的,是如公孙龙③与西方哲学所理解的一种"共相"(universal)。理既不在世中,也不在世外,因为理自身并不进入任何时间或空间的关系之中。物必须循理,但理不必然会在物中实现,它隶属真际,而非实际④。因此,理之全体必然多于在世界中已经实现者,理之总和便是"太极"⑤。

第二个概念"气",取自程朱学派的命题"有理必有气"。若欲一物存在则必有其所借以存在的气⑥;此新儒学中之"气",可拟于西方哲学中之"质料"(matter)作为理借以实现的质料,气具备了存在的特征(译按:即气亦可相对地说为一事物),但其自身却不存在于理或现实世界中,气跟理一样也只是一个形式逻辑的概念⑦。

第三个概念"道体",出自新理学"无极而太极"⑧的命题,意谓宇宙是透过"日新"⑨或无尽活动变化的过程的一种大化"流行"

---

① 前引书,一九〇页。

② 《新理学》,五三页;《新原道》,一九〇页。

③ 《新理学》,四三页。

④ 前引书,一〇页、二七至二八页。

⑤ 前引书,三八、四二、四七、五三至五五、六一至六二页;《新原道》,一九二至一九三页。

⑥ 《新理学》,六三至六八页。

⑦ 《新原道》,一九四至一九五页。

⑧ 周敦颐,《太极图说》,参见本书第二十八章《太极图说》。

⑨ 出自《大学》第二章。

（universal operation）或"大用"（great functioning）①。

第四个概念是"大全""道"或"天"②，在其中，即如佛学或新理学所说的，"一即一切，一切即一"③。由于"大全"只是对一切物的共称，而对实际世界并未有所肯定，所以是一个形式的概念④。此概念在西洋哲学中便是"绝对"（the Absolute），正如同"理""气""道体"诸概念可以——和"存有"（being）、"非存有"（non-being）、"流变"（becoming）等概念相比对⑤。

"大全"是人生的目标，可以通过格物、尽性、事天来实现，一旦做到了，便可以达到"万物与我为一"的人生最高境界，这就是"大仁"的境界。

以上是《新理学》的大要，之后冯又写了五本书以完结其体系的其他层面。《新事论》（1939年）处理社会、政治和文化的重建，是对中国文明与历史的一番简要的解释。《新世训》（1940年）表达了他以儒学为主而融合道家学的伦理思想。《新原人》（1943年）提出四种不同的人生境界的理论，包括从不知所为的蒙昧层次进到谋取自利的功利层次，再进到服务社会的道德层次，最后达到事天而成为"天民"的超越层次⑥。《新原道》（1944年）解释了中国哲学的历史发展。在《新知言》（1946年）中，冯氏发展出他自己的方法论。这后五本书仅只补充，但未曾改变他的哲学的根本立场。

---

① 《新理学》，九七、九九、一〇〇、一〇九至一二一页；《新原道》，一九五至一九七页。

② 《新理学》，三六至三八页。

③ 《新原道》，一九八页。

④ 《新理学》，四〇页；《新原道》，一九九页。

⑤ 前引书，二〇〇页。

⑥ 《中国哲学小史》，三三八至三三九页。

冯直承他自己的体系是一个"新传统",他的新传统不仅表现中国哲学的复兴,也象征着中华民族的复兴①。冯的体系因此不仅仅新,同时也是自孔子,经过宋朝新儒学而传至他本身的道统的延续与重建。撇开这种对于天命的自信感不谈,他的体系之所以是新的,正在于他把西洋实在论与逻辑学的因子,以及道家否定论与超越论的因子,融入传统唯理的新儒学之中②。

当然,冯的最大创新是把新儒学的理念变换为逻辑概念,这种改变使得新儒学发生根本的变化,新儒学本质是内向的新理学,现在被一种超越哲学取而代之了。在新理学中,心性是根本的问题所在,对宇宙的形而上思辨,主要是用来帮助理解它们的。现在,冯认为心性隶属于实际的世界,似乎不像他对逻辑概念一样地加以重视。为了强调共相,他在中国哲学看到比实际存在的更多的普遍原则,例如把公孙龙的"指"(记号?)解释成共相,实属臆测。就理而言,若理仅属真际而不蕴涵实际(actuality),那么现实世界是否是一项意外,甚至于是一种错误呢?实在如何可以既真但又不存在呢?理是事物的道德本质,同时又在我们的本性之中,却又超越于现实世界之外,这如何可能呢?理如果不是内在于事物之中,我们对大化流行(universal operation)和理的直接关联便难以想象。排除了新儒学的内向性,冯氏连带地泯没了新儒学的实践特征与现世特征,这与中国哲学的一贯趋势直接冲突,于是冯所宣称的新传统是否正当便成为严重的问题。

这些问题有待解答,但更重要的问题却是:冯是否依旧坚持这

---

① 《新原道》,第十章《新统》;《中国哲学小史》,三三五页。
② 《新原道》,一八八至一八九页。

一套新理学？他在1950年放弃了新理学,说它正像新托马斯主义（Neo-Thomism）是西洋哲学的黄昏一样,不过是中国旧哲学的黄昏。他深深懊恼自己对具体与特殊的轻忽。他把马列主义比作现代医学,而将传统中国哲学比作中古医学①。同一年稍后,他更公开放弃了上述五书的主要论题,天民不再是人生的最高境界,而是逃避主义。对于《新理学》一书,他认为太过于重视共相,也受到过多的佛道影响,这反映了崩溃中的封建社会②。

这样的说法颇难评估。冯对于马克思主义产生兴趣并非不可能,早在1939年他撰写《新事论》,就采用唯物史观了。后来他也曾认为道家返本或复归的理念以及日新的概念是辩证的,但1952年,他又坚称中国新旧哲学的差异就在于前者比较接近人民。他认为旧的哲学必须加以批判,但对其中的正确部分,仍须加以继承③。1957年,他辩说孔子并非唯物论者,而是理想主义者,当孔子说"君君臣臣"时,是要使现实符合抽象观念的要求④。在理想（唯心）主义和抽象观念都受到严厉批判之时,冯氏还为二者提出辩护,这似乎显示出中国传统哲学以及他自己的本来思想仍然没有在他身上消失。

---

① 参阅他的《我发现了马列主义》,文载《人民中国》,1950年第6期,11页。

② 《新理学底自我检讨》,载《光明日报》,1950年10月8日,重刊于《新华月报》,1950年3月号,第1期,193—197页。

③ 《冯友兰论哲学在新中国》,载《东方与西方》,1952年7月,105—107页。本文摘要载《远东文摘》,66期,12—13页,1952年。

④ 冯著《关于研究孔子的困难》,载《人民中国》,1957年第1期,21—22,27—31页。引文摘自《论语·颜渊》一一。